SIEGHARD ROST
Meine Heimat Pommern

SIEGHARD ROST

Meine Heimat Pommern

Erinnerungen an das Land am Meer

LANGEN MÜLLER

Bildnachweis:
Archiv für Kunst und Geschichte, Berlin: 1, 7–10, 18, 26
Autor: 3, 4, 6, 15
Interfoto, München: 2, 25
Jürgens Ost + Europa Photos, Berlin: 11–14, 16, 17, 21
Pommersche Landsmannschaft NRW: 5
Süddeutsche Zeitung – Bilderdienst, München: 19, 20, 22–24, 27

© 1994 by Langen Müller
in der F. A. Herbig Verlagsbuchhandlung München · Berlin
Alle Rechte vorbehalten
Umschlaggestaltung: Bernd und Christel Kaselow, München,
unter Verwendung eines Fotos von Jürgens Ost + Europa Photos, Berlin
Satz: Fotosatz Völkl, Puchheim
Gesetzt aus: 10/12 Times
Druck: Jos. C. Huber KG, Dießen
Binden: R. Oldenbourg, München
Printed in Germany
ISBN: 3-7844-2477-5

Das Pommernlied

Wenn in stiller Stunde Träume mich umwehn,
bringen frohe Kunde Geister ungesehn,
reden von dem Lande meiner Heimat mir,
hellem Meeresstrande, düsterm Waldrevier.

Weiße Segel fliegen auf der blauen See,
weiße Möwen wiegen sich in blauer Höh',
blaue Wälder krönen weißer Dünen Sand.
Pommerland, mein Sehnen ist dir zugewandt.

Aus der Ferne wendet sich zu dir mein Sinn,
aus der Ferne sendet trauten Gruß er hin.
Traget, laue Winde, meinen Gruß und Sang,
wehet leis' und linde, treuer Liebe Klang.

Bist ja doch das eine in der ganzen Welt,
bist ja mein, ich deine, treu dir zugesellt.
Kannst ja doch von allen, die ich je gesehn,
mir allein gefallen, Pommerland, so schön.

Jetzt bin ich im Wandern, bin bald hier, bald dort,
doch aus allen andern treibt's mich immer fort,
bis in dir ich wieder finde meine Ruh',
send' ich meine Lieder dir, o Heimat, zu.

Text: Adolf Pompe, 1852

Inhalt

Vorwort	9
1. Zweifache Vertreibung	13
2. Pommern – was ist das? Eine Antwort aus historischer Sicht	23
3. Die langen Schatten von Versailles	49
4. An den Wurzeln der Stille: Dorfidylle	58
5. An der Peripherie der Stille: Landstädtchen	141
6. Die blau-weiße Ausgleichsküste	151
7. Im pommerschen Herzstück der Reformation	163
8. Köslin – eine Metropole mit eigener Prägung	179
9. Hinterpommerns Kennzeichen: Wasser, Wald, Weizacker	239
10. Die Oder – Pommerns Lebensnerv	263
11. Wiederkehrender Glanz in Vorpommern	279
12. Mein pommersches Vermächtnis	300
Personen- und Sachregister	305

Vorwort

Als ich mich im Oktober 1944 zu meiner Hochzeit – das letzte Mal vor dem Ende des Krieges – in Hinterpommern aufhielt, sprach man dort, wie seit Jahrhunderten, deutsch. Das Land sah so friedlich aus wie eh und je. Vom Krieg war kaum etwas zu spüren. Für die alliierten Bomber war das dünnbesiedelte Gebiet östlich der Oder ohne Kriegsindustrien uninteressant, und die Ostfront war noch Hunderte von Kilometern entfernt.

Als ich 32 Jahre später, im Juli 1976, Hinterpommern erstmals nach dem Kriegsende wiedersah, hatte sich alles verändert. Man sprach nicht mehr deutsch, sondern polnisch. Der Krieg hatte die Städte zerstört und verunstaltet. Die Dörfer siechten unter der polnisch-sozialistischen Mißwirtschaft dahin. Zwei Millionen deutsche Bewohner, deren Vorfahren das Antlitz Hinterpommerns in den letzten 700 bis 800 Jahren geprägt hatten, waren in den Jahren 1945/46 geflohen, umgekommen, verschleppt oder aus ihrer Heimat vertrieben worden.

In den Jahren zwischen 1618 und 1812 hatten die Pommern schon mehrmals unter Kriegen gelitten. Aber nie zuvor in zweieinhalb Jahrtausenden – solange man die Geschichte in dieser Region zurückverfolgen kann – hatte man in diesem »Land am Meer« alle Bewohner ausgerottet oder vertrieben, wie das nach dem Ende des Zweiten Weltkrieges geschah.

Den Pommern blieb nur die Hoffnung, daß etwas von ihrem Geist, von ihrer Kultur, von ihren Wurzeln in der alten Heimat erhalten bleiben würde. Mit zunehmendem Abstand von der Vertreibung stellte ich mir jedoch die Frage: Würden diese Spuren dauerhaft genug sein, um in Ostpommern trotz der polnischen Staatszugehörigkeit den deutschen Charakter dieses Landes zu erhalten?

Das war eine Kernfrage, die mich bei meinen Besuchen in Hinterpommern immer wieder beschäftigte. Dabei richtete sich meine Aufmerksamkeit auf die Entwicklung sowohl in Pommern als auch in Deutschland.

Selbstverständlich galt mein erster Nachkriegsbesuch meinem Geburtsort Woldisch Tychow (heute Tychowko) im Kreis Belgard. Dort hatte ich auf dem Kirchhof, der völlig verwildert, aber in Resten noch vorhanden war, eine entscheidende Begegnung, die mich daran zweifeln ließ, ob dieses Land, aus dem wir vertrieben worden waren, wenigstens noch als unsere geistige Heimat erhalten bleiben könnte.

Als ich dort nach den Namen der Verstorbenen auf den teils zugewachsenen oder umgestürzten Grabsteinen forschte, flüsterte mir Irmgard, eine meiner Schwiegertöchter, verstohlen zu: »Schau, Vati, was ich hier entdeckt habe!«

Obwohl das verrostete Stück Eisen in ihrer Hand unansehnlich ausschaute, war es ihr aufgefallen. Als es von Laub und Erde befreit war, entpuppte sich der Fund als eine Christusfigur mit wallendem Haar und einem den ganzen Körper umgebenden Mantel, so wie Künstler der Gotik im 15. Jahrhundert Jesus darzustellen pflegten. Der Figur fehlte der rechte Arm. Offensichtlich hatte der eiserne Christus ursprünglich seine rechte Hand zum Segnen erhoben. Ohne Zweifel stammte die Christusgestalt von einer ehemaligen Grabumrandung, einem eisernen Grabzaun, wie man ihn in früheren Zeiten häufig für die Verstorbenen errichtete.

Von Schmutz und Rost befreit, hängt heute diese Christusgestalt als Talisman – als Kulturbrücke zu der verlorenen Heimat – in meinem Arbeitszimmer. Gewiß ist dieses schlichte Schmiedeeisen keine wertvolle Antiquität, die man gewinnbringend veräußern könnte. Aber für mich ist es ein Symbol für die deutsche Vergangenheit in Hinterpommern, die achtlos oder sogar absichtlich dem Verfall preisgegeben wird.

Als ich ein Jahrzehnt später den Friedhof von Woldisch Tychow wieder aufsuchte, war ich zutiefst erschüttert. Wo früher Grabumrandungen und Gräber der Deutschen noch erkennbar gewesen waren, herrschte nur noch Öde. Das Gelände um die Kirche war völlig eingeebnet. Nichts deutete mehr auf die Gräber hin, die hier bis 1945 angelegt worden waren. Aus dem deutschen Friedhof war ein mit Unkraut bewachsener Acker geworden. Die deutsche Vergangenheit war ausgelöscht. Lediglich ein zwei Meter hohes Steinmonument stand noch. Auf ihm hatten die ehemaligen deutschen Bewohner die Namen der im Ersten Weltkrieg Gefallenen verewigen lassen. Auch sie hatte man gelöscht. Die Vertreibung der Deutschen aus meinem Geburtsort hatte zum zweiten

Mal stattgefunden. Dies war kein Einzelfall. Die Spurentilgung hatte Methode. Die Vertreibung deutschen Geistes und deutscher Kultur entsprach durchaus den Zielen der polnischen Geschichtsdarstellung, wie ich sie bei den Besuchen in meiner Heimat angetroffen hatte.
Erst die große politische Wende von 1989/90 mit dem Sturz der kommunistischen Diktaturen bescherte allgemein – auch im Osten – die Bereitschaft zur Anerkennung deutscher Kulturleistungen in Pommern und in den anderen Ostprovinzen. Für die veränderte Lage in Polen sei stellvertretend der Historiker Jan Jozef Lipski erwähnt, der in der »Gazeta Wyborca« die kulturpolitische Richtung folgendermaßen wies: »Es stellt dem polnischen Patriotismus kein gutes Zeugnis aus, wenn man die (deutschen) Denkmäler verfallen läßt, sie im Wert herabsetzt, weil sie nicht unsere sind, wenn man ihr Deutschtum verwischt. Im Gegenteil, ihre deutsche Herkunft sollte respektiert werden.«
Ein Satz, der Hoffnung macht. Aber er ist kein Freibrief für Gleichgültigkeit auf deutscher Seite. Zu viel haben die Umerziehung und der Zeitgeist vom Wissen um die Heimat verfälscht oder verschüttet. Damit dieses Bild wieder zurechtgerückt wird, damit wir und unsere Kinder das Vermächtnis Pommern unverfälscht bewahren können, habe ich dieses Buch geschrieben.

1. Zweifache Vertreibung

Die polnischen Darstellungen zur Geschichte Hinterpommerns, die ich bei meinen Besuchen in der Heimat vorgefunden habe, verfolgen offensichtlich das gleiche Ziel, nämlich die Auslöschung der deutschen Geschichte und Kultur. Der geschichtliche Laie muß beim Lesen der polnischen Städtebeschreibungen den Eindruck gewinnen, Hinterpommern sei ein altes polnisches Land. Exemplarisch seien Darstellungen herausgegriffen, die sich auf die beiden größten Städte in Pommern vor 1945 beziehen.

> »Noch zu Beginn des 19. Jahrhunderts war Pomerania (= Pommern) von slawischem Volk bewohnt, das polnisch sprach. Erst in den 100 Jahren zwischen dem Wiener Kongreß und dem Ersten Weltkrieg wurde dieses Land germanisiert.«

An dieser Behauptung ist alles falsch. Ein polnischsprechendes Volk hat es weder im Raum Stettin noch weiter östlich in Hinterpommern gegeben. Wohl saßen in diesen Landstrichen an der Ostsee im Mittelalter die Wenden, ein slawisches Brudervolk der Polen. Aber sie nahmen bereits im 14. Jahrhundert die Umgangssprache der eingewanderten Deutschen an, nämlich das Plattdeutsche, das seit etwa 1400 überall in Pommern gesprochen wurde, so daß bereits 100 Jahre später das Wendische ausgestorben war. Freilich setzte sich dann im 19. Jahrhundert das Hochdeutsche mehr und mehr durch. Aber polnisch haben die Pommern niemals gesprochen.

Beinahe kriminell wird es, wenn falsche Behauptungen mit Fotografien »belegt« werden. Diese Methode wurde beispielsweise in dem Buch »Szczecin« angewandt, das 1977 im Warschauer Arkady-Verlag erschienen ist. Dort heißt es in einer Erläuterung über die Fotografie einer Gedenktafel für Gefallene des Ersten Weltkrieges:

> »Die Kirche zum Apostel St. Jakob in der Bogurodzica-Straße (gemeint ist Stettin), Versammlungsort der Polen vor dem Zweiten Weltkrieg.«

Der arglose Leser ist nicht in der Lage, diese Erläuterung als raf-

finierte Fälschung zu erkennen. Denn man muß wissen, daß eine polnische Kirchengemeinde in Stettin vor dem Zweiten Weltkrieg gar nicht existiert hat und daß es in der evangelischen Jakobikirche (die Polen nennen sie heute St. Jakob) die genannte Gedenktafel überhaupt nicht gegeben hat. Richtig scheint zu sein, daß die Gedenktafel in der katholischen St.-Anna-Kirche (in der Greifenstraße) angebracht gewesen ist. Weil nun – so muß man wohl folgern – von den 121 auf der Fotografie erkennbaren Namen etwa 35 nicht deutsch klingen (z. B. Kubatzki, Raczkowski, Krolikowski), erfinden polnische Geschichtsfälscher eine angeblich polnische Minderheit in Stettin vor 1939. So einfach geht das!
In einem polnischen Prospekt über Stolp stößt der Leser auf folgenden Satz:

»Die Schloßmühle in Slupsk (Stolp) gehört zu den ältesten Wirtschaftsgebäuden Polens und wurde im Jahre 1310 auf dem Grundstück des Herzogshofes errichtet.«

Die Unterstellung, daß die Stadt Stolp 1310 zu Polen gehört habe, ist gleichfalls eine klassische Geschichtsfälschung. Zu keinem Zeitpunkt war Stolp polnisch. Was nun die genannte Jahreszahl betrifft, so ist bezeichnend, daß genau im Jahre 1310 Stolp deutsches Stadtrecht erhalten hat, und zwar von dem Markgrafen von Brandenburg, dem das Land Stolp von 1273 bis 1317 gehörte. Das einzig Richtige in der polnischen Behauptung könnte der Bau der Schloßmühle im Bereich des Herzogshofes im Jahre 1310 sein. Aber mit Polen hat dies alles nichts zu tun.

Meine Beobachtung hat ergeben, daß es kaum einen polnischen Prospekt über die hinterpommerschen Städte gibt, in dem die jeweilige vielhundertjährige deutsche Vergangenheit berücksichtigt und richtig dargestellt ist. Das Wort »deutsch« erscheint in den polnischen Veröffentlichungen überhaupt nicht. Die deutschen Bewohner werden kommentarlos totgeschwiegen.
Dagegen findet man für die Eroberung der deutschen Städte durch die Rote Armee und die Inbesitznahme durch Polen durchwegs die Formeln von der »Befreiung« oder der »Rückkehr der alten slawischen Stadt in die Heimat«, wie es in einem Prospekt über das Städtchen Belgard heißt.

Hier wird Slawe in historischer Betrugsabsicht mit Pole gleichgesetzt, und es wird bewußt verschwiegen, daß nicht Polen, sondern Wenden im Mittelalter in Pommern gelebt haben. Beim Studieren solcher Darstellungen wird der kenntnislose Leser zu der irrigen Annahme verleitet, daß die Polen im Jahre 1945 in »wiedergewonnene Gebiete« zurückgekehrt seien und somit ein historisches Anrecht auf den Besitz Hinterpommerns ableiten könnten, und genau dieses wird von Polen beabsichtigt.

Wer heutzutage Hinterpommern bereist, findet dort eine Kulturlandschaft vor, die sich folgendermaßen kennzeichnen läßt: Alle Orts- und Personennamen sind polonisiert, deutsche Grabkreuze und Friedhöfe sind zerstört, deutsche Inschriften und Denkmäler sind vernichtet, die Darstellung der vielhundertjährigen deutschen Geschichte ist slawisiert oder polonisiert.

Die geistige Vertreibung der Deutschen aus ihrer pommerschen Geschichte wurde in der Zeit der polnisch-kommunistischen Diktatur systematisch betrieben. Nur wenige Polen hatten den Mut zur geschichtlichen Wahrheit. So ist heute verständlich, daß die polnische Jugend der Meinung ist, Hinterpommern sei schon immer slawisch-polnisch gewesen. Aus dieser Einstellung heraus muß die erstaunte Frage eines jungen Polen an einen ergrauten Deutschen, der seine Heimatstadt an der Ostsee besuchte, verstanden werden: »Warum können Sie kein Polnisch, obwohl Sie doch in Kolberg geboren sind und hier gelebt haben?«

Fürwahr: 40 Jahre geschichtliche Legendenbildungen über Hinterpommern zeigen in Polen ihre Wirkung!

Angesichts der polnischen Absichten mit der geistigen Vertreibung der Deutschen aus ihrer pommersch-ostdeutschen Geschichte darf die Frage erlaubt sein: Wie reagiert man in Deutschland darauf?

Natürlich haben die Einrichtungen der Vertriebenen über die deutschen Ostprovinzen vielfältige Informationen publiziert; natürlich haben Lehrstuhlinhaber an den Universitäten sich der Thematik angenommen; natürlich haben die Medien Flucht und Vertreibung der Deutschen aufgearbeitet (so der Bayerische Rundfunk in seiner mehrteiligen Fernsehdokumentation); gewiß haben Verlage ihre Programme mit Darstellungen der Lebenssituation in den deutschen Siedlungsgebieten des Ostens bestückt. Aber reichen solche unkoordinierten Privataktionen aus, um den polnischen Absichten erfolgreich begegnen zu können? Wie ist es in den Schulen um die Kenntnis der deutschen Kultur im Osten bestellt? Welche Signale gehen von den geistigen Vertretern der deutschen Öffentlichkeit in Politik und Medien aus? Gibt es irgendwo Ansatzpunkte zu einer Kurskorrektur gegen die geistige Vertreibung der deutschen Pommern?

»Pommern – was ist das?« Diese Frage legten Lehrer in Nürnberg auf meine Bitte etwa 150 Schülerinnen und Schülern im September 1982 zur schriftlichen Beantwortung vor. Mir schwante Schlimmes, als ich die Antworten zu sichten begann. Aber daß von den 15jährigen Hauptschülern 78 Prozent ohne jede Kenntnis von Pommern waren, betrübte mich doch sehr. »Das Wort habe ich noch nie gehört«, so oder ähnlich stand es auf den meisten Zetteln. Und bei den 16jährigen Gymnasiasten war der Kenntnisstand nur unwesentlich besser. Zu jener Zeit – Bundeskanzler Dr. Helmut Kohl hatte gerade seinen Vorgänger Dr. Helmut Schmidt abgelöst – stand die deutsche Frage nicht auf der Tagesordnung der Politik und erst recht nicht Ostdeutschland mit Hinterpommern. Infolgedessen hatten nur 20 Prozent der Befragten eine, wenn auch verschwommene Vorstellung von Pommern.
Im Februar 1991 – nach dem Beitritt der DDR zur Bundesrepublik Deutschland – ließ ich abermals rund 150 Schülern gleichen Alters dieselbe Frage vorlegen. Diesmal sah das Ergebnis besser aus. Zwar konnten 49 Prozent der Hauptschüler und acht Prozent der Gymnasiasten immer noch mit Pommern überhaupt nichts anfangen. Aber immerhin bezeichneten 36 Prozent der Hauptschüler und 80 Prozent der um ein Jahr älteren Gymnasiasten Pommern als »Land an der Ostsee«. Manche Antworten verrieten sogar zusammenhängende Kenntnisse über die derzeitige Teilung Pommerns, über die staatliche Zugehörigkeit zu Preußen sowie zum Deutschen Reich vor 1945 und über wirtschaftliche Lebensbedingungen in der deutschen Vergangenheit. Die verbesserte Kenntnislage hing sicherlich mit der häufigen Berichterstattung in den Medien über den neuen Staatsbegriff Mecklenburg-Vorpommern zusammen, so daß der Name Pommern in Verbindung mit

der neuen Länderbezeichnung 1991 auch in das Bewußtsein der Schuljugend eindrang.
Eine Antwort verriet detaillierte Kenntnisse über Pommern. Die betreffende Schülerin hatte eine pommersche Urgroßmutter. Von dieser berichtete das Mädchen, daß sie immer von den frischen Fischen in ihrer Heimat geschwärmt und einen »typischen pommerschen Dickschädel« gehabt habe. Der Umgang mit der pommerschen Urgroßmutter hatte das Mädchen zu der allgemeinen Erkenntnis geführt, »daß die Leute dort oben an der Ostsee eigenwillig, aber auch zäh gewesen sein müssen«.
Gerne hätte ich gewußt, was die geborenen Pommern zu dieser ihrer Charakterisierung durch eine junge Schülerin aus Nürnberg sagen. Es soll ja Pommern geben, die mit dieser aufgedeckten Eigenwilligkeit und Sturheit offen kokettieren.
Zu meiner Überraschung fand ich bei zwei Gymnasiasten den Hinweis auf das bekannte Maikäferlied: »In einem Kinderlied wird gesungen ›Pommerland ist abgebrannt‹«, bemerkte der eine. Und ein anderer 16jähriger aus der Parallelklasse führte sogar den vollständigen Text des Kinderliedes aus der Zeit des Dreißigjährigen Krieges auf:

> Maikäfer flieg!
> Die Mutter ist im Krieg,
> der Vater ist im Pommerland;
> Pommerland ist abgebrannt,
> Maikäfer flieg!

Da schau her! ruft man in Bayern aus, wenn man ein besonderes Erlebnis hat. Da schau her, sagte auch ich voller Freude, als ich wahrnahm, daß man das Maikäfer-Kinderlied aus Pommern sogar in Bayern kennt. So begegnen die Kleinen im Kindergarten wenigstens schon einmal dem Begriff Pommern, den sie später mit Inhalt ausfüllen können.
Dieses lustig klingende Kinderlied hat 1945 eine bittere Bestätigung erfahren. Abermals war Pommern abgebrannt. Nun kam das Lied den Pommern gar nicht mehr lustig vor. Einer von ihnen, Rechtsanwalt Dr. Martin Kohz aus Köslin, traf haargenau die Stimmung seiner Landsleute, als er um 1950 folgende Fortsetzung des Liedes schrieb:

Maikäfer flieg!
So sang ich einst als kleines Kind –
gedankenlos, wie Kinder sind,
entwachsen kaum der Wiege.
Wußt' nichts von Brand und Kriege.

Dann war ich selbst im Kriege,
schritt mit von Sieg zu Siege.
Mein Weib und Kind im Pommerland,
das noch fest und sicher stand.

Und jetzt? – Jetzt ist es abgebrannt.
Der Pole steht im Pommerland.
Ich wollt', das Lied wär' Lüge.
Maikäfer fliege!

Gewiß darf man aus der privaten schulischen Befragungsaktion keine voreiligen Schlüsse ziehen. Aber gewisse Tendenzen sind doch erkenn- und interpretierbar. Hierzu gehört die Beobachtung, daß sich die Kenntnislage der Jugend über das »abgebrannte« Pommerland zweifellos gebessert hat, seitdem der Name wieder im Staatsbegriff Mecklenburg-Vorpommern aufscheint. Aber detaillierte Kenntnisse – vor allem über das an Polen abgetretene Hinterpommern – sind nicht zu erwarten.
Das hängt mit zwei entscheidenden Bedingungen zusammen, mit den Lehrplänen und der Lehrerausbildung. Solange die Lehrpläne für Geschichte einen »Überblick über die Entwicklung in Ostmitteleuropa« lediglich in der achten Jahrgangsstufe (Gymnasium) verpflichtend vorsehen, nicht mehr in höheren Klassen, wird dem Schüler keine ausreichende Kenntnisgrundlage vermittelt werden können. Und solange zudem die staatlichen Prüfungsordnungen für angehende Geschichtslehrer die deutsche Vergangenheit im Osten Europas ausklammern, werden die Studenten sich auch nicht mit dieser Thematik befassen. Aber gerade vom jeweiligen Lehrer hängt es ab, ob er bei seinen Schülern ein Interesse für Pommern und Ostdeutschland wecken kann. Nur wenn eine persönliche Affinität vorgegeben ist – etwa durch einen Abkömmling aus dem Osten oder durch einen Besuch in der Heimat an der Ostsee – wird dem jungen Menschen

Pommern nicht als Märchengebiet erscheinen, sondern als Realität. Infolgedessen ist ein deutscher Schüler seinem polnischen Freund in Geschichtskenntnissen total unterlegen und steht dem Polen hilflos gegenüber, wenn er ihn – beispielsweise in Kolberg – »auf altem polnischem Kulturboden« begrüßt, auf den die Polen 1945 angeblich »rechtmäßig zurückgekehrt« sind.

So wird im Endeffekt auf die Schule als Lehranstalt bei der Kenntnisvermittlung einer pommerschen oder ostdeutschen Geschichte nach dem gegenwärtigen Ausbildungs- und Unterrichtsverfahren nicht zu bauen sein. Eher dürfte die geschichtslose Leere in den Köpfen der heranwachsenden Jugend dominieren.

Eine weitere Tendenz hinsichtlich der Einstellung des Deutschen – nicht nur des Schülers – zum Thema Pommern scheint mir aus folgender Antwort eines befragten Gymnasiasten zu sprechen: »Pommern ist ein Gebiet in Polen oder sonstwo im Ostblock.« Mit anderen Worten: Es handelt sich um irgendeinen Landstreifen im Osten, der mir völlig gleichgültig ist.

Die Gleichgültigkeit gegenüber der verlorenen Heimat von 18 Millionen Deutschen im Osten Europas ist bei den deutschen Wohlstandsbürgern im Westen weit verbreitet. Sie kann bewirken, daß die historischen Fakten über die Entwicklung der alten deutschen Ostprovinzen wie über die Vertreibung nicht mehr in den Köpfen der Menschen vorhanden sind. Somit wächst die Unkenntnis über die deutschen Kulturlandschaften im Osten.

Die Gründe für die Gleichgültigkeit und Unwissenheit sind im psychologisch-politischen Bereich zu suchen. Hier ist in erster Linie die Umerziehungsabsicht der Siegermächte von 1945 zu nennen. Sie verfolgte das Ziel – so hat es einmal der amerikanische Publizist Walter Lippmann genannt –, den Deutschen einen Schuldkomplex einzuimpfen, damit sie alle politisch-rechtlichen Entscheidungen der Alliierten nach Kriegsende schuldbewußt und widerstandslos hinnähmen. Und die Deutschen ließen sich willenlos verbiegen. Spätestens seit 1969/70 war für sie die Vertreibung kein Thema mehr, und die Annexion Ostdeutschlands wurde gehorsamst geschluckt. Wer die Rechtswidrigkeit solcher Unrechtsentscheidungen beim Namen nannte oder wer die Erinnerung an die alten deutschen Kulturräume im Bewußtsein der Nachkriegsgeneration wachhalten wollte, wurde mit polemischen Schlagworten diskriminiert (Revisionist, Faschist usw.). Als guter Deutscher wollte man bei den Siegermächten nicht anecken, sondern als demutsvoll Geschlagener in gebückter Haltung verweilen. Da man schließlich sogar den Frieden nach Meinung der deutschen Umerzogenen gefährdete, wenn man unter deutscher Kultur auch die Geschichte Pommerns (und Ostdeutschlands) verstand, so verschwieg man diese Kulturgebiete und verdrängte sie aus dem Bewußtsein. Das Ergebnis war: Die Deutschen verloren Ostdeutschland jenseits von Oder und Neiße aus ihrem Blickfeld. Die lautlose Vertreibung aus der ostdeutschen Geschichte wurde billigend in Kauf genommen.

Es gab jedoch eine Gruppe in der Bevölkerung, die gegen das sich abzeichnende Defizit an historischer Wahrheit über die Rolle der deutschen Ostprovinzen ankämpfte. Das waren die Vertriebenen. Ihre Bemühungen, bei wissenschaftlichen Instituten, kulturverpflichtenden Medien oder angesehenen Intellektuellen Unterstützung zu finden, hatten vor der Wende in Osteuropa nur bedingten Erfolg. Bis 1989/90 redete und schrieb man in Deutschland so, wie man es in Moskau, Warschau oder Prag gerne las oder hörte.

Auch der höchste Repräsentant der Bundesrepublik, der Bundespräsident, enttäuschte die Vertriebenen. Weil er die geistige Kultur tonangebend mitbestimmen will, äußert er sich zu entsprechenden Anlässen und weist öffentlich in die Richtung, in die man denken soll. So ergriff er auch 1985 das Wort aus Anlaß des 40. Jahrestages der Kapitulation von 1945. Für ihn war »der 8. Mai ... ein Tag der Befreiung« und das folgende Verbrechen der Vertreibung lediglich eine »erzwungene Wanderschaft«. Kein Wunder, daß die Vertriebenen sich von dem geistigen Vorsprecher der Nation verraten fühlten.

»Herr Bundespräsident«, so empörten sie sich, »Befreiung nennen Sie die Zeit nach der Kapitulation. Als Befreiung feiern die Polen den gleichen Vorgang der Eroberung deutscher Städte östlich von Oder und Neiße. Haben Sie kein Empfinden dafür, was diese sogenannte Befreiung für uns ›Befreite‹ im Osten bedeutete? Sie war für uns eine Zeit der menschenunwürdigen Unterjochung, der erbarmungslosen Auslieferung an den Siegerwillen.

Vae victis! wußten schon die Römer. Wehe den Besiegten! Der Befreiungsjubel der Sieger im Osten ließ unser Wehklagen offensichtlich bis heute noch nicht an Ihr Ohr dringen!«
Und die Vertriebenen kamen zu der Erkenntnis: Ein intellektueller Vordenker, der von Befreiung der Deutschen statt von deren körperlicher und seelischer Demütigung spricht, der mit erzwungener Wanderschaft die brutale Vertreibung von Haus und Hof beschönigt, fördert die seit Jahrzehnten wirkende lautlose Vertreibung der Deutschen aus ihrer Geschichte, aber nicht die notwendige zeitgeschichtliche Wahrheitsfindung.

Was jahrzehntelang versäumt oder unterdrückt wurde, nämlich die objektive Beschäftigung mit der deutschen Pommern-Geschichte, das wird nun seit 1990 in lebendiger und offener Auseinandersetzung angepackt.
Dieser Aufgabe nehmen sich in Hinterpommern besonders die örtlichen Gruppen der deutschen Minderheit an. Wie Phönix aus der Asche stiegen diese deutschen Freundeskreise seit Frühjahr 1991 auf einmal aus dem Nichts empor. Unaufgefordert erklärten sie die Wiederentdeckung der pommerschen Geschichte als Teil der deutschen Kultur zu einem Programmpunkt von unbestrittener Priorität. Es ist geradezu ergreifend zu sehen, wie liebevoll diese Gruppen ihre Räume mit Symbolen des deutschen Pommern schmücken: mit den blau-weißen Fahnen, mit dem pommerschen Greif, mit dem Pommernlied oder Fotos bedeutender Persönlichkeiten aus Pommern.
Man muß einmal die Stettiner Heimstatt der deutschen Minderheit atmosphärisch in sich aufgenommen haben, dann weiß man, daß ein ganz neues Pommern-Gefühl heranwächst. Flure und Zimmer sind überbestückt mit Bildern von ehemaligen Repräsentanten aus Pommern, mit Zitaten und Liedtexten zur einheimischen Geschichte und Kultur. In solcher Dichte begegnet dem Besucher pommersche Symbolik kaum noch in Deutschland.
Jetzt, im Zeitalter der Befreiung von allen Pressionen, dürfen die Deutschen in Hinterpommern sich wieder zu ihrer Kultur und Geschichte bekennen. Sie folgen dem Ruf der Heimat und fordern uns auf, sie nicht zu vergessen und nicht allein zu lassen.
Als in der ehemaligen DDR der Spuk der kommunistischen Herr-

schaft sein Ende nahm, erhielt auch der westliche Teil Pommerns sein Lebensrecht im neuen Staat Mecklenburg-Vorpommern zurück. Deshalb konzentriert sich die Hoffnung aller Pommern besonders auf dieses Reststück vom »Land am Meer«, daß es sich dem Kulturerbe ganz Pommerns verpflichtet fühlt.

Somit zeichnet sich die erfreuliche Entwicklung ab, daß die nach 1945 erzwungene lautlose Vertreibung der Pommern aus ihrer deutschen Geschichte zum Stillstand gekommen ist. Man darf sich in Deutschland wie in Pommern wieder dem geteilten und geschundenen Maikäferland zuwenden, ohne scheel angesehen und mit Vorurteilen bestraft zu werden. Man darf sich wieder zu seinem deutschen Heimatland bekennen.

2. Pommern – was ist das?
Eine Antwort aus historischer Sicht

»Was weißt du von Pommern?« fragte ich kürzlich einen Freund in Bayern. Meine Vermutung bestätigte sich dabei: Viel mehr als das Maikäferlied kannte er nicht. Das ist kein Wunder. Denn Pommern spielte in der öffentlichen Erörterung der Vorkriegszeit eine ebenso untergeordnete Rolle wie heutzutage. Es hatte in der deutschen Geschichte keine herausragende politische Funktion und führte daher in der Darstellung von geschichtlichen Begebenheiten Europas ein Dornröschendasein. Das ist auch ein Grund dafür, daß die Polen nach 1945 alles mögliche – besser, alles unmögliche – über einen geschichtlich begründeten Anspruch Polens auf Pommern einfordern konnten, ohne daß der notwendige Widerspruch in Deutschland zu hören gewesen wäre.
Ein geschichtlicher Überblick über die Entwicklung Pommerns erscheint daher angebracht. Ich weiß, daß die Summierung von Jahreszahlen noch keine Geschichte ausmacht. Daher werden diese nur als zeitliche Orientierungspunkte genannt.

Die menschliche Geschichte beginnt mit Adam und Eva. Dieses erste Menschenpaar hat mit Sicherheit nicht in Pommern gelebt. Denn dort war es für paradiesische Erwartungen viel zu kalt. Als aus Adam und Eva sich hochgescheite Nachkommen entwickelt hatten, die in den warmen Gebieten des vorderasiatischen Zweistromlandes und Ägyptens bereits die ersten Weltwunder an Tempelstädten errichtet hatten, da litt der Ostseebereich noch unter den Nachwirkungen der letzten Eiszeit. Während Euphrat und Tigris sowie der Nil in wohlgeformten Flußbetten dahinströmten, war die Oder noch auf der Suche nach einem endgültigen Weg durch die Moränenwälle, die von den Eismassen zurückgelassen worden waren, zur neugebildeten Ostsee.
Man mache uns Pommern also keinen Vorwurf, daß wir so spät in die Menschheitsgeschichte eingetreten sind. Wir konnten gar nicht früher erscheinen. Zunächst mußte sich das Land zwischen Eisresten, großen Schmelzwasserseen und neugeformter Erdoberfläche seine endgültige Gestalt geben; zuerst mußte sich eine

Vegetation entwickeln, bevor unsere Urahnen in die menschenleere Urlandschaft an der Ostsee vorstoßen konnten.
Die Bodenfunde – u. a. in Steinkisten- und Urnengräbern – lassen darauf schließen, daß seit dem 3. Jahrtausend v. Chr. Menschen im südlichen Ostseeraum dauernd seßhaft geworden waren. Mehr noch: Die Sammler, Jäger und Fischer entwickelten eine gemeinsame Kultur. Sie hinterließen uns davon Zeugnisse aus Stein, Bronze, Eisen und Ton, damit wir nicht ganz ahnungslos über ihre Lebensweise blieben. Allerdings konnnten sie noch nicht lesen oder schreiben. Warum auch? Die Verständigung klappte mündlich hervorragend. Man lebte in Sippen zusammen und brauchte keine Briefe, um Eltern, Kindern oder Tanten zu schreiben. Bittgesuche an Verwaltungen brauchte man auch nicht; denn man schuf selber Ordnung in den Hütten oder Pfahlbauten im Wasser – ganz ohne aufsichtliche Beamte. Daß einige von ihnen schriftliche Informationen für die Nachwelt hinterlassen müßten, dieser Gedanke zündete auch nicht, weil man weder Papier noch Bleistift kannte. Um diesem Mangel ein für allemal abzuhelfen, hat man in Pommern später so viel Papierfabriken gebaut, daß von dem hergestellten Papier ganze Jahrhunderte hätten versorgt werden können.

Manche Historiker meinen, die Menschen der Stein- und Bronzezeit seien den Illyrern zuzurechnen. Darüber hinaus vermutet man, daß germanische Stämme bereits seit dem 2. Jahrtausend v. Chr. vom Osten in die Flußgebiete von Weichsel und Oder eingesickert sind.
Die ersten schriftlichen Zeugnisse über die Bewohner der südlichen Ostseeküste stammen von den Römern, das heißt, aus der Zeit um Christi Geburt. Tacitus (gestorben 116 n. Chr.) hat sich als Kronzeuge der Beschreibung jener urwüchsigen Landschaft und ihrer Bewohner einen Namen gemacht. Er selbst hat das Land im Norden nie gesehen, sondern sich auf Informationen aus zweiter Hand gestützt. Vor allem wußten wagemutige Kaufleute Abenteuerliches über das Barbarenland zu berichten. Sie hatten Handelskontakte mit dem Ostseegebiet hergestellt, um vor allem das Gold der Ostsee herbeizuschaffen. Denn Bernstein war damals in Rom der begehrteste Schmuck.

Jedenfalls überliefert uns Tacitus in seiner Schrift »De Germania« nicht nur, daß dort oben Germanen gelebt haben, sondern welche Stämme in welchen Gebieten herrschten. Als Hauptzweck seiner Schrift verfolgte er wohl die Absicht, den verwahrlosten Römern einen Sittenspiegel der tugendhaften Germanen vorzuhalten. In besonderer Gunst standen bei ihm die keuschen Germanenfrauen wegen ihrer strengen Moralauffassung.

So sind wir dank Tacitus und seiner Kollegen von der schreibenden Zunft zwei Jahrtausende später in der Lage, etwas Licht in die Besiedlungssituation im Ostseebereich zu bekommen. Demnach haben dort ostgermanische Stämme etwa 2000 Jahre lang gelebt. Einige Ostsee-Inseln erinnern noch heute an einzelne Stämme: Rügen an die Rugier, Bornholm an die Burgunder und Gotland an die Goten.

Aus welchen Gründen die Germanen ihre Siedlungen im Ostseegebiet aufgaben und nach Süden zogen, ist bis heute noch ungeklärt. Ob sie von Kontaktpersonen aus dem Mittelmeergebiet zu viel von dem Land gehört hatten, »wo die Zitronen blühen«, wo Milch und Honig fließen, ob sie also von materiellen Genüssen oder einem nicht erklärbaren Drang nach dem sonnigen Süden zur großen Völkerwanderung angetrieben wurden, ist nicht aufzuhellen. Wir können nur mit Staunen feststellen, daß die Germanen freiwillig ihre Siedlungsräume im Ostseebereich aufgaben, um – den Zugvögeln gleich – ins Ungewisse aufzubrechen. In den Geschichtsbüchern wird als Stichzahl für diesen Wanderungsvorgang die Jahreszahl 375 n. Chr. genannt.

In der Folgezeit drückten diese Germanenstämme manchen Regionen für Jahrzehnte ihren Stempel auf. Überliefert sind das Reich der Burgunder (daher die Landschaft Burgund) oder das der Ostgoten in Norditalien (Ravenna). Aber insgesamt gesehen ist ihnen der Verzicht auf die Ostseeheimat schlecht bekommen. Denn irgendwo im Mittelmeergebiet verloren sie als kleine Minderheit ihre Identität und gingen in der einheimischen Bevölkerung auf. Die Zurückgebliebenen wiederum waren zu schwach, um sich gegenüber den neuen Zuwanderern behaupten zu können.

Daß der Weichsel-/Oder-Bereich frei geworden war, hatte sich bis zu den Verwandten der Ostgermanen, den Slawen, herumgesprochen, die weiter östlich im Dnjeprgebiet lebten. Urslawen und Urgermanen gehörten zur großen Völkerfamilie der Indogermanen. Sie bildeten bis etwa 2000 v. Chr. eine Einheit, auch sprachlich. Von der Wanderung weiter nach Westen erhofften sich die Slawen offenbar bessere Lebensbedingungen. So rückten sie in die von Germanen entleerten Gebiete nach. Tacitus ist auch für diesen Vorgang ein Gewährsmann. Zu seiner Zeit scheinen die Slawen die Weichsel erreicht zu haben. Er nennt sie pauschal Veneti. Gegen 400 sind Slawenstämme dann bis zum Oderbereich vorgedrungen, machten hier allerdings nicht halt, sondern zogen langsam weiter und erreichten um 600 die Elbe-Saale-Linie. Zu jener Zeit war das ganze nördliche Mittel- und Osteuropa von Slawen besiedelt. Allerdings kannten sie bis ins 10. Jahrhundert hinein noch keine von unten nach oben durchorganisierte staatliche Ordnung. Vielmehr lebten sie lose in Völkerschaften oder als Stämme nebeneinander.

Irgendwann in dieser Zeit hat sich der Sammelname Wenden für diejenigen Stämme gebildet, die im südlichen Ostseebereich lebten. Ob die Entstehung des Namens mit der sprachlichen Ableitung von Venetern oder Vandalen oder gar mit dem germanischen Weni (Freund) zusammenhängt, bleibt ungeklärt. »Unsere« Wenden an der Ostsee zwischen Weichsel und Odergebiet sind jedenfalls mit der speziellen Bezeichnung Pomoranen in die Geschichte eingegangen.

Dieser Begriff ist abgeleitet vom wendischen »po morje« (=am Meer). Demnach waren die Pomoranen die Anwohner am Meer, an der Ostsee zwischen Weichselmündung und Oderbereich.

Ihre Nachbarn im Südosten wurden Polani genannt, was soviel heißt wie Inlandsbewohner. Aus diesen Begriffen haben sich dann die uns vertrauten Volksbezeichnungen Polen für die im Warthe-Netze-Gebiet ansässigen Polanen und Pommern für die im Küstengebiet lebenden Pomoranen entwickelt. Auch der Landschaftsname Pommern ist von dem Pomoranenstamm abgeleitet und bedeutet Land am Meer. Allerdings sind im heutigen Sprachgebrauch nur noch die Begriffe Pommern und Polen bekannt, nicht mehr Pomoranen.

Also sind die Pommern die Nachkommen der alten wendischen

Pomoranen? Eine derartige Schlußfolgerung wäre vorschnell. Denn man unterschlägt dabei die für die Einmaligkeit der pommerschen Geschichte bezeichnende friedliche Einwanderung von deutschen Missionaren, Siedlern, Handwerkern und Kaufleuten. Die Heranbildung des Neustammes der Pommern machte erst aus den einheimischen Pomoranen und den zugezogenen Deutschen den Inhalt des Volksbegriffes Pommern aus. Wenn man diese Entwicklung in Jahreszahlen kennzeichnen will, so wäre hierfür die Zeit zwischen 1124 (Otto von Bambergs erste Missionierungsreise) und 1350 (Pest in Mitteleuropa) zu benennen. Ab etwa 1200 beginnt die deutsche Pommern-Epoche. Ihre besonderen Kennzeichen sind die Sprache (Plattdeutsch), die Backsteingotik und die kirchliche Kultur.

Auch wenn die Pomoranen ihre Sprache nicht an die Gegenwart weitergereicht haben, so gehen noch heute viele Flurnamen auf sie zurück. Ein Blick auf die topographische Karte läßt die Häufigkeit der Endungen der Orts- und Personennamen auf -ow, -itz, -in und -gard erkennen. Namen wie Treptow und Mangelow, Pyritz und Zitzewitz, Stettin und Bellin sowie Stargard und Belgard sind typisch für Pommern und den wendischen Hintergrund. Manche Forscher meinen, daß gewisse Endsilben eine Verwandtschaft mit dem Althochdeutschen ergäben. So sei die wendische Form auf -ow mit Althochdeutsch -ouwa und Mittelhochdeutsch -owe fast gleichlautend. Sie bedeuten übereinstimmend Aue, Flußniederung. Ob allerdings diese geographischen Bezeichnungen auf die Pomeranen oder auf die Germanen, die bereits vor ihnen dort siedelten, zurückzuführen sind, läßt sich nicht einwandfrei feststellen.

Die Polen haben schließlich 1945 in Hinterpommern alle geographischen Bezeichnungen polonisiert. Daß beispielsweise mit Szczecin die alte pommersche Hauptstadt Stettin gemeint ist, kann man erkennen. Bei anderen Ortsnamen, wie Slupsk für Stolp, ist das nicht mehr möglich.

Mit der Flurnamenforschung beschäftigte man sich in Pommern in großem Stil erst seit Anfang des 20. Jahrhunderts. Den Anstoß gaben die Historische Kommission für Pommern sowie das Preußische Innenministerium. Es forderte die Volksschullehrer auf, für ihre Schulbereiche eine Flurnamenkarte zu erstellen. So wurden nach dem Ersten Weltkrieg in allen 48 Kreisen Pommerns die Flurnamen gesammelt und einer Deutung unterzogen. Lehrer und Schüler gingen mit großem Eifer an die Aufgabe, weil die Beschäftigung mit den alten Namen Aufschluß über den einstigen Zustand von Landschaft und Boden sowie über das Leben der Vorfahren geben kann und somit ein wichtiges Stück Heimatgeschichte darstellt.

Den wendischen Pomoranen verdanken wir neben der Überlieferung von geographischen Begriffen vor allem die Wahl des Symboles für Pommern. Wer von den Mitgliedern des europäischen Hochadels im Mittelalter etwas auf sich hielt, legte sich ein Symboltier als Herrschaftszeichen zu. Der Löwe war als »starker Mann« der Tierwelt besonders beliebt. Man findet ihn als Herrschersignum überall in Deutschland, in Braunschweig ebenso wie in München. Nur nicht in Pommern. Dessen bestimmendes Wappentier wurde der Greif – ein Fabelwesen, halb Adler (mit zwei Ohren an einem Vogelkopf), halb Löwe. Es sollte dem Herrscherhaus die Stärke gleichermaßen von Adler und Löwe verleihen. Der Greif als Symbolfigur war einmalig in Deutschland, ja Europa. Kein Wunder, daß sich nahezu 40 pommersche Städte, darunter die Metropole Stettin, den Greif als Schutz- und Wappentier erwählten.

Aber die Pomoranen lebten bereits mehrere Jahrhunderte im Küstenstreifen der Ostsee, bevor sie es zu einer staatlichen Ordnung über ihre Stammesgrenzen hinaus brachten. Dazu wurden sie offensichtlich durch Druck von außen gedrängt. Denn sie wurden auf drei Seiten in die Zange genommen: von der westlichen Ostsee her durch die Dänen, vom Süden her durch die Brandenburger und vom Südosten her durch die Polen. Unter dem permanenten Druck von außen schlossen sich die in lockeren Verbänden zusammenlebenden Pomoranen enger zusammen und fügten sich der Oberherrschaft eines Herzogs. Gegen Ende des 11. Jahrhunderts gewann ein solches Herrschergeschlecht geschichtliche Konturen. Da es sich den Greif als Symboltier erwählte, wurde es einfach das Greifengeschlecht genannt.

Es zeigte sich allerdings, daß der Greif allein keinen ausreichenden Schutz bot. Denn die Dänen fielen jahrzehntelang immer wieder ins Land ein, bis sie 1227 bei Bornhöved in Holstein (vom

Grafen Schaumburg) vernichtend geschlagen wurden. Seitdem verzichteten sie auf weitere Herrschaftsansprüche im pommerschen Wendenland. Die Polen taten es den Dänen über ein Jahrhundert gleich. Zu Anfang des 11. sowie des 12. Jahrhunderts überfielen sie mehrfach das Nachbarland mit plündernden Eroberungszügen nach Stettin und Kolberg, um Tributzahlungen zu erzwingen und dem Greifengeschlecht die polnische Oberhoheit aufzuzwingen. Als dann auch im Süden das Askaniergeschlecht in Brandenburg erstarkt war, lenkte es gleichfalls seine begehrlichen Blicke gen Norden auf die Pomoranengebiete.

In seiner Bedrängnis suchte Herzog Bogislaw I. Schutz beim deutschen Kaiser Friedrich I. (Barbarossa). Als dieser 1181 in Lübeck einen Reichstag abhielt, nutzte der Pommernherrscher die Gelegenheit, in die nicht zu ferne Ostseestadt zu reiten, um sein Land als Reichslehen dem Kaiser zu unterstellen. Der Vorgang von 1181 markierte einen Meilenstein in der Geschichte Pommerns. Denn seither gehörte das »Land am Meer« zum Deutschen Reich als sein östlichster Teil. Man kann sagen, daß mit der Lehensübertragung auf den Kaiser die 800 Jahre währende deutsche Geschichte Pommerns eingeleitet worden ist.

Diese Wende wurde von dem Greifenherzog ganz bewußt herbeigeführt. Heute mag es widersinnig – vom nationalistischen Standpunkt aus – erscheinen, daß Wenden die Deutschen herbeigerufen und sich dem deutschen Kaiser unterstellt haben. Aber das Mittelalter kannte keine ethnischen Probleme. Das Greifengeschlecht hat übrigens rund sechs Jahrhunderte lang regiert, bis es 1637 im Mannesstamm erlosch. Doch zu diesem Zeitpunkt war Pommern längst ein deutsches Land geworden, auch wenn die Herrscher immer noch wendische Namen trugen. Sie hießen nämlich alle entweder Wartislaw, Bogislaw, Barnim oder Kasimir. In der deutschen Geschichte hat allerdings keiner von ihnen eine erwähnenswerte Rolle gespielt. Ein Kennzeichen jedoch wies ihre Herrschaft aus: Sie teilten das Land unentwegt in Teilherzogtümer auf. Nur zweimal war ganz Pommern unter einem Herrscher vereint. Das war unter dem bedeutendsten Greifenherzog Bogislaw X. von 1478 bis 1523 und am Ende der Dynastie unter Bogislaw XIV. von 1625 bis 1637 der Fall.

An kriegerischen Eroberungszügen gegen die Nachbarn war den

Greifenherrschern ebensowenig gelegen wie am Eingriff in die großen europäische Politik. Solchen Ausflug hat allerdings einer von ihnen doch gewagt, namens Erich. Als Herrscher der vereinigten Königreiche Dänemark, Norwegen und Schweden regierte er rund drei Jahrzehnte lang gar nicht schlecht. Eigentlich ist er nur an seinem pommerschen Eigensinn gescheitert. Als er nämlich seinen Neffen aus Stettin als Nachfolger durchzusetzen versuchte, begehrten die dänischen Reichsräte auf. Daraufhin empfahl er sich in Kopenhagen mit dem berühmten Zitat des späteren Sachsenkönigs: »Nu macht euern Gram alleene!« und segelte in seine Heimat nach Rügenwalde, wo er zehn Jahre später in seinem kleinen Schloß einsam verstarb (1459). Sein bauliches Kleinod ist bis heute erhalten geblieben. Daß er ein krasser Außenseiter unter den genügsamen Greifenherzögen gewesen sein muß, ersieht man allein schon an dem Namen Erich I. Ein gediegener Greifennachkomme blieb bei den Traditionsnamen Bogislaw, Barnim oder Kasimir. Aber Erich – nein, das mußte schiefgehen. Alle Greifenfürsten waren im übrigen friedliebende Landesherren und erwarteten auch von ihren Nachbarn eine friedliche Gesinnung. War diese Einstellung nicht einmalig für das waffenklirrende Europa? Und mußte diese über Jahrhunderte praktizierte Friedfertigkeit der Greifenherrscher nicht ihren Niederschlag bei den Untertanen finden? Allerdings mußten auch die braven Pommern die gleiche Erfahrung machen, die Friedrich Schiller seinem Wilhelm Tell in den Mund gelegt hat: Es kann der Frömmste nicht in Frieden leben, wenn es dem bösen Nachbarn nicht gefällt.

Die Entwicklung vom wendischen zum deutschen Pommern haben hauptsächlich drei Vorgänge bewirkt: Christianisierung, Kolonisierung und Städtegründungen. Der Beginn der Entwicklung ist mit den Missionsreisen des Bischofs Otto von Bamberg in den Jahren 1124/25 zu markieren, das Ende mit dem Ausbleiben des Menschennachschubs aus Deutschland um 1350, als die Pest die Menschen in Westeuropa schrecklich dezimierte. Im Grunde genommen hat das 13. Jahrhundert ausgereicht, um ein deutsches Pommern zu begründen.
Mit dem Stichwort Christianisierung verbindet sich die Missionierung. Beides ist im Zusammenhang mit der Religionssituation in

Europa um 1100 herum zu begreifen. Bis zum 10. Jahrhundert hatte das Christentum nach Osten hin auch in Böhmen und Polen Fuß gefaßt. Nur die Völker im Nordosten an der Ostsee hielten noch an ihren Naturgottheiten fest. Da kam um 1100 eine Kreuzzugsstimmung über das christliche Europa. Ein Name steht für viele: Bernhard von Clairvaux (ca. 1091–1153), der Pater Leppich des 12. Jahrhunderts. Er und seine gleichgesinnten Zeitgenossen bewirkten einen religiösen Fanatismus, der sich zwei Ziele setzte. Erstens die Stätten im Heiligen Land für die Christen zurückzuerobern und zweitens den letzten weißen Heidenflecken Nordosteuropas zu christianisieren. Die Aufbruchstimmung erfaßte alle Schichten der Bevölkerung, vor allem die höchsten Fürsten. Denn je erfolgreicher sie die Ausbreitung des Christentums vorantrieben, desto weiter standen ihnen die Pforten des Himmels offen, so verhieß Bernhard von Clairvaux.

Für die heidnischen Greifenfürsten bedeutete das Missionsvorhaben freiwillige Unterwerfung unter die missionierenden Nachbarherrscher oder Festhalten am alten Glauben und Krieg. Vor allem der Polenherrscher hatte ein Auge auf das Land am Meer geworfen. Bereits im Jahre 1000 hatte er bei einem kriegerischen Vorstoß an die Ostsee in Kolberg eine christliche Kirche gegründet mit der Absicht, aus dieser Keimzelle ein Bistum mit der Unterstellung unter das Erzbistum Gnesen zu entwickeln. Doch der Versuch scheiterte. Weder die Greifen noch ihre Untertanen konnten sich mit der neuen Religion anfreunden und verjagten die Christen.

Dieser erste Missionsansatz auf pommerschem Boden wäre kaum erwähnenswert, wenn nicht die polnische Nationalkirche nach 1945 daraus ein »altes polnisches Heiligtum« zu konstruieren versucht hätte. Diesem Täuschungsversuch ist jedoch entgegenzuhalten: Nationalistische Motive lagen im 11./12. Jahrhundert weder einem Kreuzzugsunternehmen nach Jerusalem noch einer Mission ins östliche Europa zugrunde. Sonst hätte der Polenherrscher in Kolberg keinen Deutschen zum Bischof auserkoren (nämlich den Mönch Reinbern) und hätte für das nächste Missionsunternehmen in Pommern nicht erneut einen Deutschen auserwählt. Und er hätte auch keine deutschen Kleriker auf polnische Bischofsstühle geholt, wie den Abt Heinrich von Weltenburg (um 1100).

Erst 100 Jahre später hatte ein Polenherrscher mit der Missionsarbeit in Pommern Erfolg. Wiederum wurde ein deutscher Geistlicher für die Aufgabe gewonnen: Bischof Otto von Bamberg. Er hatte sich zuvor auf Einladung der Herzogin Judith, einer Schwester des deutschen Kaisers Heinrich IV., mehrere Jahre lang am Hofe zu Krakau aufgehalten, um als ihr Beichtvater sowie als Erzieher ihres Sohnes zu wirken. Als Judiths Sohn dann als Boleslaw III. die Herrschaft in Polen übernahm, bat er Otto, der inzwischen zum Bischof von Bamberg gewählt worden war, die Missionierung Pommerns anzugehen. Otto folgte dem Ruf. Von Gnesen aus unternahm er seine erste Missionsreise 1124/25 nach Pyritz, Stettin und an die Küste bei Wollin und Cammin. Nach Ottos Abzug bekamen die Heiden wieder Oberwasser über die getauften Wenden-Christen. Daher war ein zweiter Missionszug im Jahre 1128 notwendig. Diesen unternahm Otto bereits im Auftrag des deutschen Kaisers Lothar von Supplinburg und des Magdeburger Erzbischofs. Diesmal war der Erfolg größer. Er beruhte vor allem darauf, daß man Mitglieder des Herzogshauses zur Taufe bewegen konnte, worauf auch deren Untertanen in großer Zahl dem Beispiel folgten. In die Geschichte ist Otto als Apostel der Pommern eingegangen.

Die eigentliche Missionsarbeit wurde erst Jahrzehnte später von den Klöstern fortgesetzt. Wiederum – wie bei dem Übertritt zum Christentum – gingen die Greifenherzöge bei der Errichtung von Klöstern voran. Das erste Kloster östlich der Oder stiftete 1173 der regierende Greifenherrscher in Kolbatz südlich von Stargard am Madüsee. Er holte Mönche aus dem Zisterzienserorden. Denn die Zisterzienser galten als Spezialisten für die Trockenlegung von Sümpfen und Mooren, wozu sie in Kolbatz benötigt wurden. Außer ihnen wurde der Prämonstratenserorden ins Land gerufen. Er gründete das erste Kloster noch vor 1180 in Belbuck bei Treptow an der Rega. Auch der Stifter dieses Klosters war ein Mitglied des Herzogshauses. Als Mitgift erhielt Belbuck gleich elf Dörfer. Es blieb nicht bei diesen beiden Klostergründungen. In den nächsten Jahrzehnten wurde das ganze Land bis hinauf nach Oliva bei Danzig mit immer neuen Tochtergründungen überzogen.

Warum die herzöglichen Herren um 1200 so großes Interesse an den Klöstern gewannen, wird heute oftmals verkannt. Daher sollte man daran erinnern, daß die Klöster eine aufblühende Wirtschaft garantierten. Der jeweilige Abt hatte beispielsweise das Recht, eigene Kolonisten anzusiedeln, die Sumpf und Wald urbar machen sollten und von fürstlichen Steuern befreit waren. Dafür wuchs die Produktion im Land, und die Abgabenforderungen von Adel und Fürstenhaus konnten erhöht werden. So ging die Missionierung mit der Kolonisierung Hand in Hand. Dabei entwickelten sich die Klöster zu den bedeutendsten Mittel- und Stützpunkten des Christentums wie der Landwirtschaft. Das wäre allerdings nicht durchführbar gewesen, wenn nicht im westlichen und nördlichen Deutschland – von Mecklenburg über Niedersachsen bis nach Westfalen – ein kräftiger Bevölkerungsüberschuß für die Auswanderung nach dem Osten gesorgt hätte.

Es soll jedoch nicht der Eindruck entstehen, daß allein die Klöster die Kolonisierung betrieben hätten. Sie haben zwar die neue Entwicklung angestoßen; aber die weltlichen Adelsherren haben sie bald mitgetragen, weil auch sie an dem wirtschaftlichen Nutzen teilhaben wollten. Urbarmachung des Bodens, bessere Bearbeitungsformen im Acker- und Gartenbau, Errichtung von Mühlen – das alles garantierten die deutschen Kolonisten. Deshalb sahen Herzöge und Adlige in der Anwerbung von Siedlern und in der Bereitstellung von Grund und Boden für die Zuwanderer eine Chance, die wirtschaftliche Lage zu verbessern.

Gerne wüßten wir heute, wie viele deutsche Kolonisten nach Pommern angeworben wurden. Die Zahl ist nicht feststellbar. Man meint, daß im »deutschen Jahrhundert« bis zu 150 000 Menschen aus dem Westen ihr Glück im Pommerland versucht haben und daß sie dort auf etwa 100 000 ansässige Wenden gestoßen sind. Mögen die Zahlen nun zutreffend sein oder nicht, entscheidend für die Einmaligkeit der pommerschen Situation ist die Tatsache, daß die Deutschen als die Entwicklungshelfer des 12. bis 14. Jahrhunderts von allen Grundbesitzern – Greifenhaus, Adel und Kirche – ins Land am Meer angeworben wurden. Von Unterwerfung oder Ausrottung der Wenden kann keine Rede sein. Vielmehr vollzog sich ein Jahrhunderte wirkender Prozeß der friedlichen Vermischung. Er dauerte in Ostpommern etwas länger, weil die deutsche Zuwanderung langsamer und weniger dicht

als westlich der Oder voranschritt. Die wendischen Wall-Siedlungen blieben noch lange bestehen, weil die deutschen Dörfer und Städte meistens neben denjenigen der Wenden angelegt wurden. Eine nicht unerhebliche Dynamik für die allmähliche Entwicklung zum deutschen Pommern boten die seit der Mitte des 13. Jahrhunderts neugegründeten Städte. Als Initiatoren wirkten wiederum die Herzöge, ferner der einheimische Adel, aber auch die Bischöfe. Sie warben deutsche Handwerker und Kaufleute an, übertrugen ihnen deutsches Stadtrecht und gewährten den neuen Handelszentren weitreichende Rechte, so auch die Errichtung von Befestigungsanlagen zum Schutz der Stadt. Nach der Übertragung des deutschen Stadtrechtes auf Bahn und Stettin (bei beiden im Jahre 1243) erhielten fast alle anderen pommerschen Städte innerhalb von 80 Jahren ihre Gründungsbestätigungen.
So hatte sich innerhalb von 100 bis 150 Jahren deutsches Denken, deutsches Rechtswesen und deutsches Sprachgut (Plattdeutsch!) ohne Zwang durchgesetzt. Die Greifenherzöge und mit ihnen das ganze Wendenland hatten sich für den Einzug der deutschen Kultur geöffnet. Das deutsche Pommern – und der Neustamm der Pommern – hatte um 1350 seinen Eintritt in den neuen, den Hauptabschnitt der pommerschen Geschichte vollzogen.

Die deutsche Geschichte Pommerns bietet einige Besonderheiten, die man im Deutschen Reich sonst nicht antrifft.
Die herzogliche Regierungsweise ist solch ein pommersches Spezifikum. Überall in Europa stand jeweils nur ein Herrscher an der Spitze eines Territoriums. Allein in Pommern gingen die Uhren anders. Dort hatte sich im Mittelalter das Gewohnheitsrecht ausgebildet, daß auch zwei und noch mehr Mitglieder des Greifenhauses miteinander regierten. Da Pommern meist in die beiden Herzogtümer Wolgast und Stettin geteilt war, übten gelegentlich vier Herzöge aus dem Greifenhaus gleichzeitig die Herrschaft aus. Das Erstaunliche an diesem Regierungsverfahren war, daß es entgegen allen geschichtlichen Erfahrungen funktionierte. Die jeweiligen Partner in einem Herzogtum zogen tatsächlich an einem Strang. Freilich waren bisweilen vier Herzöge nicht an dasselbe Tau zu bekommen, wenn die auswärtige Interessenlage eine ab-

weichende Haltung erforderte. Doch die Greifen entwickelten einen ausgesprochenen Sinn für Familienbesitz und Erbverpflichtungen. So konnten sie sich rund sechs Jahrhunderte in Pommern halten, beerbten sich in den verschiedenen Linien gegenseitig, bis kein männlicher Nachkomme mehr zur Verfügung stand.

Zu den Besonderheiten gehörte auch die Verbindung der Pommernherzöge zu Kaiser und Reich. Der nordöstliche Zipfel des Reiches an der Ostsee galt im ausgehenden Mittelalter als »wildes Land« und bot für die gekrönten Häupter in Wien, Prag oder am Rhein keinerlei Attraktion. Infolgedessen hat nur ein einziger Kaiser im Mittelalter das Land am Meer aufgesucht: Kaiser Karl IV. aus Prag. Doch er kam keineswegs aus touristischer Neugier, sondern aus machtpolitischen Interessen. Denn ihm schwebte ein Großreich seiner luxemburgischen Dynastie vor, das von dem böhmischen Kernstück aus die Oder und die Elbe abwärts über Schlesien und Brandenburg bis an die Ostsee und darüber hinaus bis nach Polen reichen sollte. Daher holte er Elisabeth, die 16jährige Tochter des Pommernherzogs Bogislaw V., als seine vierte Frau von Stettin nach Prag (1363). Elisabeths gewaltige Kräfte, die sie befähigten, Hufeisen und Schwerter mit ihren Händen zu zerbrechen, durften fortan nur noch in des Kaisers Gegenwart eingesetzt werden, so wird berichtet. Er wollte seine Kaiser-Frau offenbar nicht als Zirkusnummer auftreten und begaffen lassen. Elisabeth und Pommern waren Objekte in seinen dynastischen Erbspekulationen, auch wenn diese schließlich nicht in Erfüllung gingen.

In dem langen Zeitraum zwischen 1181, dem Jahr des Einbezuges Pommerns in das Deutsche Reich, und dem Erlöschen des Greifengeschlechtes im Jahre 1637 kümmerten sich die Pommernherzöge herzlich wenig um Kaiser und Reich, was auf Gegenseitigkeit beruhte. Mit der Ausnahme Brandenburgs, das seit Entstehung der Markgrafschaft seine Territorialgelüste permanent auf das nördliche Nachbarland richtete.

Einmalig im deutschen Sprachraum war und ist die Bezeichnung der pommerschen Landesteile. Wenn irgendwo in Deutschland ein großes Territorium begrifflich unterteilt werden sollte, verwendete man naheliegende Begriffe, wie Unter-, Ober- und Mittelfranken, Ost- und Westpreußen oder Ober- und Niederschlesi-

en. Aber für Pommern traf das nicht zu: Man entschied sich für Vor(der)- und Hinterpommern.
Eine Unterteilung in Ober- und Unterpommern ging gar nicht, weil die Höhenlage überall ziemlich gleich war. Dagegen wäre eine Bezeichnung nach der Himmelsrichtung in Ost- und Westpommern im üblichen Rahmen geblieben. Aber die dickköpfigen Pommern erfanden Namen, die mit dem »Hinter« anstößig wirkten und zum Nachdenken anregten. Steht also ein Hinterpommer mit der Zivilisation auf Kriegsfuß? Ist seine Intelligenz etwa weniger ausgebildet? Kommt er etwa vom Mond? Schwingt nicht bei der erstaunten Reaktion auf die Herkunft »Ach so, du kommst aus Köslin, aus Hinterpommern!« das mitleidige Bedauern über den von der Zukunft vernachlässigten Absonderling mit?
Dabei hatte Hinterpommern doch allerhand Superlative aufzubieten. Es hatte in Pommern die schönste Landschaft im Höhenrücken (Pommersche Schweiz), den höchsten Berg (Schimmritzberg), den größten See (Lebasee), die größte Wanderdüne Europas (Lonzkedüne), den berühmtesten Gegenspieler Bismarcks im Reichstag (Rudolf Virchow), den bedeutendsten Postminister aller Zeiten (Heinrich von Stephan), den eindrucksvollsten Charakter-Schauspieler (Heinrich George) und das bekannteste Kartoffelanbaugebiet Deutschlands. Die Aufzählung ließe sich beliebig fortsetzen. Doch die schönsten Superlative halfen nicht weiter – wir Hinterpommern hatten unseren Treff weg. Wir galten als rückständige Hinterwäldler und blieben daher dem mitleidigen Lächeln der Deutschen, ja sogar dem unserer vorpommerschen Landsleute ausgesetzt.
Eine exakte Jahreszahl läßt sich zwar nicht für die Entstehung der pommerschen Spezialbegriffe angeben. Doch ab 1500 ist die Bezeichnung Hinterpommern für das Gebiet östlich von Köslin nachweisbar. Ab Mitte des 17. Jahrhunderts wurde sie auf das ganze Pommernland östlich der Oder ausgedehnt, und ab 1650 wurden die beiden Begriffe Vor- und Hinterpommern Allgemeingut im Lande. Eine hübsche Anekdote bezeugt, daß die Hinterpommern ihre vielfach belächelte Landschaftsbezeichnung voll angenommen und mit ihrem trockenen Humor huldvoll an ihre Majestät in Berlin weitervermittelt haben. Als nämlich der preußische König sich einmal zu einer Visitation angemeldet

hatte, wurde er beim Betreten des östlichen Oderufers mit einem Triumphbogen begrüßt, der eine anspielende Inschrift trug:

Wardst Du im Vordern freundlich aufgenommen,
dröhnt aus dem Hintern Dir ein donnerndes Willkommen!

Spricht aus dieser bieder-freundlichen Einstellung gegenüber der Majestät nicht die Charakterisierung, die Thomas Kantzow bereits im 16. Jahrhundert (1505–1542) für die Hinterpommern feststellte:

»Das Folck ist mehr guthertzig wan freundlich und mehr simpel wan klug, nicht leichtsynnigk, auch nicht sehr frolich, sondern etwas ernster und schwermutig. Sunst aber ist's ein aufgericht, trewe, verschwiegen Folck, das die Lügen und Schmeichelwort hasset.«

Einer weiteren Besonderheit begegnen wir in Pommern schließlich im kirchlichen Bereich. Bischof Otto von Bamberg hatte durch seine Missionsreisen die Fundamente für ein christliches Pommern gelegt. Bei seinem ersten Missionszug (1124/25) hatte er ein wendisches Heidenvolk vorgefunden, das noch nie von Jesus Christus gehört hatte. Wenige Jahrzehnte später hatte sich das Christentum jedoch als Staatsreligion durchgesetzt und bereits seine zukunftweisende Kirchenorganisation gefunden.
Deren Anfänge gehen gleichfalls auf Otto von Bamberg zurück. Denn er hatte noch vor seinem Tod (1139) in Rom bewirkt, daß ein eigenes Bistum für die Kirchenprovinz Pommern geschaffen wurde. Gewöhnlich wurden neue Bistümer einem bestehenden Erzbistum unterstellt. So war verständlich, daß der polnische Erzbischof von Gnesen die Zuordnung Pommerns nach Polen betrieb. Aber das 1140 in Wollin errichtete Bistum wurde dem Papst in Rom direkt unterstellt – eine Entscheidung, die vier Jahrhunderte lang Gültigkeit behielt, bis die Reformation die Auflösung des Verhältnisses zum Papst brachte. Einen polnischen Einfluß auf die kirchliche Entwicklung Pommerns hat es nie gegeben.
Die Kirchengeschichte zwischen dem 12. und dem 16. Jahrhundert weist im übrigen Züge auf, die im Deutschen Reich nichts Außergewöhnliches darstellten. Aber in Pommern erfuhr die Kirche doch eine eigene Prägung, die einer Erwähnung wert ist, näm-

lich die Funktion des Bischofs. Grundsätzlich war im Mittelalter der Bischof zugleich geistlicher Oberhirte und weltlicher Landesherr. Diese Zwittersituation war in Pommern auch rein äußerlich erkennbar. Denn der Bischof hatte seinen Sitz in Wollin – ab 1176 in dem besser geschützten Cammin –, aber sein Stiftsterritorium lag im Osten von Cammin, nämlich in den Landen Kolberg-Körlin und Köslin-Bublitz. Außerdem war er Lehnsherr über mehrere Städte und Dörfer, Schlösser und Burgen außerhalb seines Stiftsbesitzes. Doch seine Position war weder als geistliches Oberhaupt noch als weltlicher Territorialherr auf Dauer gefestigt oder etwa absolut gesetzt. Allzu viele Stellen besaßen nämlich eine Mitsprache. So mischten bei der Wahl des Bischofs die Geistlichen des Domkapitels, das Herzogshaus sowie der Papst mit. In der Zeit des päpstlichen Schismas (1378–1417), als zwei Päpste nebeneinander um den Stuhl Petri stritten, ernannten auch beide Päpste ihren eigenen Bischof von Cammin. Außerdem redeten im Stiftsterritorium die Stände bei der weltlichen Regierung mit.

So war es nicht verwunderlich, daß der jeweilige Bischof seine Unabhängigkeit vergrößern wollte. Diesem Zweck dienten organisatorische Maßnahmen, wie die Verlegung der Residenz von Cammin nach Kolberg (1255) und der Stiftsregierung nach Köslin (1266), wobei das Domkapitel in Cammin zurückgelassen wurde. Eine Steigerung seines Ansehens konnte der Camminer Bischof erreichen, als er beim Konstanzer Konzil (1414–1418) in den Reichsfürstenstand erhoben wurde. Fürstbischof von Cammin – das klang doch ganz anders und gab ihm in Pommern größeres politisches Gewicht.

Dennoch – oder gerade deswegen – erwarben die Greifenherzöge zunehmenden Einfluß auf die Besetzung der geistlichen Stellen im Lande und bezogen den Bischof in ihre weltlichen Geschäfte ein. Am Ende dieses Ringens um Machterweiterung erwiesen sich die Herzöge als die Stärkeren. Denn zu Anfang des 16. Jahrhunderts brachte der pommersche Gesamtherrscher Bogislaw X. den Camminer Kirchenfürsten in seine Abhängigkeit.

Sichtbarer Ausdruck für die Machtverhältnisse im Lande war die Einführung der Reformation. Die Herzöge trieben gegen die Bestrebungen des Bischofs die Entwicklung voran, indem sie den gebürtigen Pommern Dr. Johannes Bugenhagen aus Wittenberg

holten, damit er mithalf, auf dem Landtag zu Treptow an der Rega eine lutherische Kirchenordnung durchzusetzen. Bugenhagen folgte der Einladung 1534. Seine Ordnung wurde zur wichtigsten Grundlage für die neugeschaffene evangelische Kirche in Pommern.
Diese hatte für das Bischofsamt herkömmlicher Art keinen Platz mehr. Trotzdem wurden nach Einführung der Reformation weitere Bischöfe gewählt, mehrere von ihnen waren nach dem Luther-Vorbild verheiratet. Der Streit um die Beibehaltung des Bischofsamtes fand erst sein Ende, als 1555 auf dem Reichstag zu Augsburg der Religionsfriede nach dem Grundsatz »cuius regio, eius religio« (Wer regiert, bestimmt die Konfession) festgeschrieben wurde.
Nunmehr ging der Pommernherzog aufs Ganze. Er ließ 1557 seinen 14jährigen Sohn zum Bischof wählen. Auf diese Weise wurde das Camminer Stift zum Anhängsel des Greifenhauses. Der letzte amtierende Bischof war Herzog Ulrich, der mit seiner Gemahlin frohgemut im Kösliner Schloß residierte. Nach seinem Tod (1622) übernahm der regierende Herzog auch das Bischofsamt. Praktisch war damit das Fürstbistum Cammin ein Teil des pommerschen Herzogtums geworden. Nur in der Verwaltung blieben beide Bereiche getrennt. An der Spitze der Kirchenverwaltung standen nach evangelischer Ordnung ein (General-)Superintendent und ein Konsistorium. Nominell gab es auch weiterhin einen Bischof, aber nur als Titularbischof. Das heißt, der regierende Herzog übte zugleich das Amt des Bischofs aus. Diese Regelung wurde noch bis 1872 praktiziert. So lange existierte das Camminer Stiftsgebiet als Fürstentum, und der jeweilige weltliche Nachfolger im Bischofsamt nannte sich »Fürst von Cammin«.
Wenn man pommersche Eigenarten aufzählt, darf das Nachwirken des typischen heidnischen Volksaberglaubens nicht fehlen. Er hat symbolhafte Gestalt beim Zusammenwirken von mythisch gedeuteter Hexenverbrennung und dem Aussterben des Greifengeschlechtes bekommen. Eine Dame soll nämlich dem damaligen Aberglauben zufolge an dem Untergang des alteingesessenen Herrschergeschlechtes schuld sein. Gemeint ist die 70jährige Sidonia. Sie stammte aus dem alten Adelsgeschlecht von Borcke. Die vornehme Herkunft konnte sie nicht davor bewahren, daß sie

im September 1620 als Hexe verurteilt und mit dem Schwert enthauptet wurde. Hexenverfolgungen führten zu jener Zeit in ganz Europa zu schrecklichen Exzessen. Sidonias Hexentod fiel da nicht aus dem üblichen Rahmen. Doch er bekam auf dem Hintergrund der Vorkommnisse um das Jahr 1620 herum eine geheimnisvolle Dimension.

Für das Volk gab es da allerhand beunruhigende Vorgänge, die man nicht erklären konnte – vor allem im Herrscherhaus. Da waren von den vier Söhnen des in Stettin regierenden Herzogs Bogislaw XIII. drei im Abstand von jeweils zwei Jahren in jungen Jahren plötzlich verstorben, und der vierte Sohn, nämlich Bogislaw XIV., blieb kinderlos. So drohte dem Greifengeschlecht das Aussterben. Das konnte nicht mit rechten Dingen zugehen, orakelte das vom heidnischen Geisterglauben immer noch gefangene Volk. Mußte dahinter nicht der Teufel stecken? Gab es womöglich eine bereits verstorbene, aber hochangesehene Person, die sich vom Teufel gegen das Herrscherhaus verführen ließ? Solche Überlegungen führten zu Sidonia von Borcke, die vor ihrem Prozeß vornehme Stiftsdame im Kloster Marienfließ gewesen war. Sie mußte die Übeltäterin sein, die sich aus Rache für ihre Hinrichtung vom Teufel gegen das Herzogshaus und die Pommern mißbrauchen ließ, meinte das Volk. Überall witterte man Gespenster und sah Vorzeichen, die nichts Gutes prophezeiten. War es nicht ein Wunder, daß ein Wal aus fernen Ozeanen vor der Insel Wollin verendet war – zu gleicher Zeit wie Sidonia vom Henker ins Jenseits befördert worden war? Und war das Auftreten eines Kometen nicht gleichfalls ein böses Omen? Sidonia würde bald noch Schlimmeres über Pommern bringen, befürchtete das verängstigte Volk. Als ab 1627 die kaiserlichen, ab 1630 dann die schwedischen Truppen das friedliche Pommern zur Kriegswüste machten und als in jener schrecklichen Notzeit der letzte Greifenherzog 1637 verstarb, da sahen die abergläubischen Menschen an ihnen den Fluch der armen Sidonia von Borcke erfüllt. Die Deutung des Hexenschicksales der alten Dame lieferte Material für das unterschwellig in Pommern weiterwirkende Heidentum in einer von Geistern, Gespenstern und Teufeln durchsetzten Welt.

Zwei Gründe mögen für die Außenseiterrolle Pommerns verantwortlich gewesen sein. Zum einen blieb das Land aufgrund der geographischen Lage im äußersten Nordosten des Reiches unbeeinflußt von manchen Entwicklungen und Gewohnheiten im Zentralbereich Deutschlands. Infolgedessen konnten sich Gebräuche und Vorstellungen heidnischen Ursprungs hier länger als im übrigen Deutschland halten. Zum anderen bildete das herrschende Greifengeschlecht mit seinen pommerschen Untertanen eine geistige Einheit, die manche Sonderheit innerhalb des herkömmlichen kulturellen Lebens im Reich erlaubte. Es ist auffallend, daß sich solche Abweichungen nach dem Erlöschen des Greifengeschlechtes nicht mehr entwickelten. Pommern wurde geistig-kulturell immer stärker mit dem (nord-)deutschen Raum gleichgeschaltet. In einer staatlichen und gesellschaftlichen Ordnung mit Neigung zur Gleichschaltung, zum Zentralismus bleibt wenig Spielraum für Eigenarten der verschiedensten Art.

Nach dem Zweiten Weltkrieg beherrschte die »deutsche Frage« vier Jahrzehnte lang die Weltpolitik. Das geteilte Deutschland blieb ein Herd für ständige Konflikte der Machtblöcke. Ungelöste »Fragen« hatten auch schon vor Jahrhunderten die Staatenlenker immer wieder beschäftigt. So auch die »pommersche Frage« nach dem Tode des letzten Greifenherzogs im Jahre 1637. Da man damals gerade mitten im Dreißigjährigen Krieg war, verschob man die Beantwortung der Fragen: Wer darf das Erbe in Pommern antreten, und was soll mit dem Land am Meer geschehen? auf die Friedensverhandlungen. Rechtsansprüche machte zwar der Kurfürst von Brandenburg geltend. Aber die ausübende Gewalt lag bei den Heeren des Schwedenkönigs und des Kaisers, die plündernd und mordend das Greifenland fest im Griff hatten.

Erst der Westfälische Friede von 1648 übertrug dem Brandenburger das Bistum Cammin und Hinterpommern. Der Schwedenkönig hingegen ließ sich sein militärisches Eingreifen auf seiten der protestantischen Mächte Deutschlands mit der Abtretung Vorpommerns einschließlich Stettins und eines Landstreifens östlich der Oder bezahlen. Somit wurde Pommern wiederum geteilt – wie so oft in den vorangehenden fünf Jahrhunderten. Allerdings mit dem Unterschied, daß 1648 keine einheimische Dynastie das Land unter sich teilte und auch nicht mehr beherrschte. Infolgedessen hörte Pommern damals auf, als selbständiger Staat zu bestehen.

Für die friedenstiftenden Regierungen Europas war die pommersche Frage mit dem Teilungsspruch von 1648 beantwortet, aber nicht für den Kurfürsten von Brandenburg, der sich um den westlichen Teil seines pommerschen Erbes betrogen fühlte. Zu Recht, muß man einräumen, wenn man die früheren Vertragsvereinbarungen zwischen Brandenburg und Pommern berücksichtigt.
Wer nun meint, zwischen beiden Herrscherhäusern habe verständnisvolles Einvernehmen geherrscht, das zu dem Erbvertrag geführt habe, der täuscht sich. Wie so oft bei Nachbarstaaten gab es auch zwischen Brandenburg und Pommern im Mittelalter mehr Streit und Krieg als Partnerschaft und Frieden. Schuld daran trugen meist die Brandenburger, zunächst das Geschlecht der Askanier, dann das der Hohenzollern. Kaum hatte nämlich der Askanier Albrecht der Bär das Land an Havel und Spree mit seiner starken Führungskraft unter Kontrolle gebracht (um 1140), richteten er und seine Nachfolger die außenpolitischen Blicke nach Norden auf das Greifenland. In der sogenannten Neumark östlich der Oder setzten sich die Askanier fest und gewannen vorübergehend sogar das ostpommersche Gebiet um Stolp und Schlawe dazu, im Westen Teile der Uckermark. Kaiser Friedrich II., der mehr auf Sizilien als in Deutschland residierte und im Nordosten seines Reiches Ruhe haben wollte, übertrug die Lehensoberhoheit über Pommern an den Markgrafen von Brandenburg (1231). Als die Askanier 1320 ausstarben, war für das Greifenhaus ein Jahrhundert lang die brandenburgische Gefahr gebannt.
Der Gegensatz zwischen beiden Nachbarn lebte jedoch wieder auf, als die Hohenzollern vom Kaiser Sigismund in Brandenburg als erbliche Statthalter eingesetzt und dann auch mit der Kurwürde ausgestattet worden waren (1415). Sie knüpften wieder an die askanische Pommernpolitik an, gewannen verlorene Gebiete zurück, darunter die Neumark, und verfolgten konsequent die Wiederherstellung der Lehenshoheit über Pommern. Auch wenn sie dieses Ziel nicht erreichten, konnten sie in einem Vertrag (von Grimnitz, 1529) durchsetzen, daß die Greifenfürsten ihnen das Erbrecht beim Aussterben des pommerschen Herzogshauses übertrugen. Daß solch ein Fall nach 100 Jahren tatsächlich eintreten würde, konnte im Vertragsjahr 1529 niemand ahnen.
Wenn man diese Rechtslage zugrunde legt, wird verständlich, daß

für den »Großen Kurfürsten« Friedrich Wilhelm I. (1640–1688) die »pommersche Frage« nach dem Westfälischen Frieden keineswegs gelöst war. Sein Ziel blieb es, auch Westpommern zu gewinnen. Zunächst versuchte er es auf dem Verhandlungsweg. Aber was konnte er, der abfällig der Herr über des Reiches Streusandbüchse (wegen der vielen Sandgebiete in Brandenburg) genannt wurde, schon bieten? Der Schwedenkönig saß am längeren Hebel, weil Europa ihm den gewinnbringenden Hafen Stettin und die Odermündungen zugesprochen hatte.

Plötzlich bot sich dem Großen Kurfürsten die Chance, in Kriegen sein westpommersches Erbe zu gewinnen. Denn Kriege brachen sowohl im Ostseebereich zwischen Schweden und Polen aus (Schwedisch-Polnischer Erbfolgekrieg, 1654–1660) als auch etwas später zwischen Frankreich und den Habsburgern (sogenannte französische Raubkriege am Unterrhein, 1672–1679). Brandenburg lag inmitten der kriegführenden Parteien. Da galt es, neutral zu bleiben, keinesfalls aber aufs falsche Pferd zu setzen. Doch als sowohl die Schweden wie die Polen so taten, als ob Hinterpommern ihnen gehörte, und das Land mit ihren Truppen überzogen, mußte Friedrich Wilhelm Farbe bekennen.

Er war ein Kind seiner Zeit, in der die Pferde so schnell gewechselt wurden, daß der Reiter mitunter die Richtung zu verlieren schien. Der Brandenburger wechselte seine Bündnisse so rasch, daß seinem Partner dabei hätte schwindlig werden können. Er selber aber wurde es nie. Unbeirrt strebte er die Erhaltung seiner Hausmacht in seinen über Norddeutschland verstreuten Territorien sowie den Erwerb Pommerns an.

Tatsächlich eroberte er 1677 das stark befestigte Stettin und ganz Vorpommern. Aber seine Hoffnung, nunmehr seine Herrschaft bis nach Rügen ausdehnen zu können, zerstörten die europäischen Großmächte abermals. Sie – also Schweden, Frankreich und Österreich – hatten den Krieg bald in Polen, bald am Rhein oder an der Ostsee ausgelöst und den Großen Kurfürsten in ihre kriegerischen Händel hineingezogen. Doch als es nach dem Krieg zum Zahlen ging, reichten sich ihre Gesandten wieder freundschaftlich die Hände zu politischen Kompromissen. Die Kleinen, wozu auch Brandenburg gehörte, hatten in den Friedensvereinbarungen das Nachsehen.

Ohne Zweifel war der Große Kurfürst eine imponierende Herrschergestalt, an die das Reiterstandbild von Andreas Schlüter – heute vor dem Charlottenburger Schloß in Berlin – erinnert. Neben seiner respektablen Innenpolitik (Aufnahme der Hugenotten) und seinen abenteuerlichen Kolonialunternehmungen in Afrika verlor er die »pommersche Frage« nicht aus den Augen. Doch am Ende seines Lebens hatte er nach fast 40jährigem Ringen seinen Besitz von 1648 nur unwesentlich erweitern können. Polen hatte ihm die Lande Lauenburg und Bütow sowie die Starostei Draheim (Verwaltungsbezirk und Burg) mit dem angrenzenden Land Tempelburg überlassen müssen (Friede zu Bromberg, 1658), und Schweden hatte ihm den schmalen Landstreifen östlich der Oder – allerdings ohne Stettin – abtreten müssen (Friede von St. Germain, 1679).
Ganz Vorpommern zu gewinnen mußte er seinen Nachfolgern überlassen. Sie waren bei ihren Unternehmungen glücklicher und erfolgreicher. So konnte sein Sohn Friedrich sich in Königsberg zum König in Preußen krönen (1701), woraus dann Friedrich der Große »König von Preußen« machte. Und in der »pommerschen Frage« nutzte des Großen Kurfürsten Enkel, König Friedrich Wilhelm I., genannt der Soldatenkönig, eine günstige Konstellation im Krieg zwischen Schweden und dem zum Großmachtstatus drängenden Rußland dazu aus, ganz Vorpommern zu besetzen. Diesmal hatte Brandenburg bzw. Preußen, wie sich der Staat alsbald nach dem Erwerb der Königskrone nannte, mehr Erfolg als unter dem Großen Kurfürsten. Diesmal durften das abermals eroberte Stettin sowie Vorpommern bis zum Peenefluß bei Preußen verbleiben (Friede zu Stockholm, 1719).
Der westliche Teil Pommerns mit den Städten Greifswald und Stralsund sowie der Insel Rügen mußte nochmals ein Jahrhundert warten, bis er mit Ost- und Mittelpommern wiedervereinigt werden konnte. Den Anlaß zu diesem Schritt bot die staatliche Neuordnung Europas nach den Napoleonischen Kriegen. Ganz Preußen hatte von 1806 bis 1813 unter der französischen Besetzung gelitten – ein Vorgang, der die Menschen überall gegen Napoleon aufgebracht hatte. Die freiwillige Bereitschaft der preußischen Untertanen zum Befreiungskampf gegen Napoleons Besatzungsmacht hatte schließlich den zögernden preußischen König in

ein Bündnis an die Seite Rußlands und Österreichs gedrängt. Auf dem Wiener Kongreß (1814) waren diesmal die Sieger bereit, Preußen den Besitz ganz Pommerns zuzugestehen. Als 1815 Westvorpommern in Stralsund an den preußisch-pommerschen Oberpräsidenten feierlich übergeben wurde, versicherte der Sprecher des bis dahin unter schwedischer Oberhoheit stehenden Teiles: »Wir wollen beweisen, daß wir auch unter einer auswärtigen Regierung nicht verlernt haben, Deutsche und Pommern zu sein.« Das 1815 vereinigte Pommern hatte in den Augen der eingefleischten Altpommern einen Schönheitsfehler: Es war kein eigener Staat mehr; es war nur noch eine preußische Provinz. Viele verglichen das Land Pommern, das 1637 nach dem Tod des letzten Greifenherzogs seine Selbständigkeit eingebüßt hatte, mit einer Witwe, die einstmals eine Fürstin gewesen und nun eine Dienerin geworden war. Der Begriff »Herzog von Pommern« war nur noch ein schmückender Titel unter den anderen des Königs von Preußen. Wie in Ost- und Westpreußen, in Brandenburg und den anderen Provinzen Preußens waren Verwaltung und Armee, Gerichtsbarkeit und Bildungswesen nach Grundsätzen geordnet, die überall im Staate Preußen galten. Als Motto für die Lebensgrundsätze dieses Staates kann das lateinische Wort gelten, das als Inschrift den Schwarzen Adlerorden ziert: Suum cuique (wörtlich: Jedem das Seine). Der erste Preußenkönig, der diesen höchsten Orden seines Staates aus Anlaß seiner Krönung 1701 gestiftet hatte, wollte mit dem Motto nicht der Gleichgültigkeit das Wort reden, sondern an das Pflichtbewußtsein appellieren. Jeder Staatsbürger sollte gleiche Rechte und gleiche Pflichten haben. Selbst der höchste Vertreter dieses Staates, der König, fühlte sich in die Pflicht genommen. Der Satz Friedrichs des Großen »Ich bin der erste Diener meines Staates!« hat seine Untertanen und die Welt beeindruckt. Denn er predigte nicht Rechts- und Pflichtbewußtsein, sondern lebte diese Grundsätze vor.

Wenn ein Herrscher so hohe Moralanforderungen durchsetzen wollte, brauchte er eine unbestechliche Beamtenschaft. In der Zeit der Greifen war solche Auffassung vom Regieren mit beamteten Staatsdienern noch völlig fremd gewesen. Seit dem Mittelalter hatten die Städte und vor allem der Adel so viel Macht in Pommern gewonnen, daß der Herzog in wichtigen Fragen die Zustimmung der Stände benötigte. Unter der Herrschaft der Brandenburger änderte sich die Regierungsform in Pommern vollständig.

Schon der Große Kurfürst hatte begonnen, den Einfluß der Stände zu brechen. Er hatte ihnen zwar bei seiner Regierungsübernahme in Pommern ihre Privilegien offiziell bestätigt. Aber was nutzten solche Rechte, wenn sie nicht in Anspruch genommen werden konnten? Denn der Kurfürst berief die Ständevertretungen einfach nicht mehr ein. Vielmehr ging er daran, seine Hauptwidersacher, die Adligen, zu wichtigen Staatsaufgaben in Verwaltung und Armee heranzuziehen. Bald waren die Mitglieder des alteingesessenen Pommernadels überall in Preußen als Offiziere und höchste Beamte zu finden: die Borckes, Kleists, Bonins, Schwerins, Puttkamers, Zitzewitz und wie sie alle hießen. Der Soldatenkönig errichtete für den Offiziersnachwuchs in Kolberg eine erste Akademie »zur besseren Unterrichtung und Exerzierung der Jugend in guten adligen Tugenden und ritterlichen Übungen«. Nach 60 Jahren verlegte der König diese pommersche Ritterakademie allerdings nach Berlin (1716), näher heran an die preußische Machtzentrale.

Der Große Kurfürst war es auch gewesen, der die ersten zentralen Behörden für Pommern geschaffen hatte, nämlich eine Regierung, ein Hofgericht und eine Amtskammer für die fürstlichen Domänen. Daneben ließ er das Konsistorium als oberste kirchliche Verwaltung weiterbestehen. Ihm gehörte auch der General-Superintendent an, quasi der evangelische Bischof Pommerns.

Die entscheidenden Maßnahmen zur Strukturveränderung der staatlichen Behörden in Pommern ergriff Friedrich Wilhelm I. Er führte das Amt des Oberpräsidenten – den obersten Leiter aller staatlichen Provinzorgane – ein sowie die Kriegs- und Domänenkammer, die im heutigen Sprachgebrauch wohl Oberfinanzdirektion der Provinz hieße. Das Hofgericht teilte er. Eines hatte seinen Sitz in Stettin – wie alle Zentralbehörden der Provinz –, das andere errichtete er in Köslin. Auch die Unterteilung in »Kreise« (Verwaltungseinheiten) mit der Einrichtung des Landrates an der Spitze des Kreises ging bereits auf ihn zurück.

Mehrmals machte der Soldatenkönig seine Visitationsreisen mit Pferd und Wagen durch sein Territorium. So lernte er neben der pommerschen Adelsvertretung in Potsdam auch den Städter und einfachen Mann in dessen eigenem pommerschen Lebensraum kennen. Seine so gewonnenen Erkenntnisse über die Pommern übermittelte er seinem Nachfolger Friedrich II. In seiner holprigen Sprache las sich das folgendermaßen:

»Die pommerschen Vasallen sind treu wie Gold. Sie räsonieren wohl bisweilen, aber wenn mein Successor sagt, es soll so sein und daß er sie mit gutem zuredet, so wird keiner sich dawider moviren gegen eure Befehle.«

Auffallend ist, daß sowohl Thomas Kantzow in seiner Chronik die Treue und Zuverlässigkeit der Pommern hervorhebt wie zwei Jahrhunderte später der Soldatenkönig. Dann muß es wohl stimmen! Und mit der Rolle des preußischen Untertanen hatten sich die Pommern anscheinend abgefunden, wenn auch »räsonierend«, was immer man darunter verstehen mag.

Aus dem selbständigen Herzogtum und Reichsland Pommern mit einem stammeseigenen Herzog an der Spitze war – das zeichnete sich in der Haltung der Bewohner ab – eine Provinz des brandenburgisch-preußischen Staates geworden. Sie hatte 300 Jahre Bestand, bis nach dem Ende des Zweiten Weltkrieges die geschichtliche Kontinuität abrupt unterbrochen wurde. Für Brandenburg-Preußen hatte die »pommersche Frage« 175 Jahre lang bestanden, ehe sie 1815 im Sinne der Hohenzollern-Dynastie gelöst wurde. Die Lösung von 1815 überdauerte auch den Sturz der Hohenzollern von 1918. Allerdings zeigte sich schon nach dem Ersten Weltkrieg, daß Polen großen Appetit auf ein Stück des pommerschen Kuchens hatte. Die Siegermächte drosselten damals jedoch noch den polnischen Hunger auf pommerschen Boden.

So blieb der territoriale Umfang der preußischen Provinz Pommern im 19./20. Jahrhundert etwa gleich groß wie das Herzogtum der Greifen im 14. Jahrhundert. Ihre Ausdehnung betrug an der Ostseeküste von der Halbinsel Darß im Westen bis hinter Leba im Osten rund 520 Kilometer. Dagegen erstreckte sie sich ins Landesinnere nur um die 100 Kilometer, in Vorpommern erheblich weniger. Es gibt sonst nirgendwo ein Land, das so markant durch einen Strom, die Oder, in zwei Teile gegliedert wurde. Wenn man einen Blick auf die Landkarte wirft, entdeckt man in der staatlichen Abgrenzung des deutschen Pommern eine Ähnlichkeit mit einem Schmetterling, dessen beide (allerdings ungleichen) Flügel durch einen deutlich ausgeprägten Rumpf zusammengehalten werden. Der Rumpf ist die Oder. Sie verbindet die beiden Flügel Vor- und Hinterpommern zu einem Ganzen. In der Tat war die Oder nie eine ethnische Grenze in Pommern, sondern das markante Gliederungsstück der beiden Teile mit gleicher Bevölkerungsherkunft.

Und dennoch haben fremde Mächte der pommerschen Bevölkerung die Oder zweimal als Grenze aufgezwungen. Nach dem Dreißigjährigen Krieg bildete der Strom vorübergehend die Ostgrenze des schwedischen Territoriums und nach dem Zweiten Weltkrieg die Westgrenze für Polen. Bei beiden Teilungen – 1648 wie 1945 – wurden die betroffenen Pommern nicht gefragt, welchem Herrscher oder welchem Staat sie sich zugehörig fühlten. Sie waren Objekte der Weltmächte wie eh und je. Die Antwort an Polen im Jahre 1945 wäre vermutlich noch eindeutiger ausgefallen als im Jahre 1932. Damals erhielt bei der Reichstagswahl vom 31. Juli bei 1 065 000 abgegebenen Stimmen die polnische Liste lediglich 532 in ganz Pommern, was einem Anteil von 0,04 Prozent entspricht. Dieses demütigende Ergebnis ist die beste Bestätigung für die These, daß Pommern ein rein deutsches Land gewesen ist.

3. Die langen Schatten von Versailles

Bis zum Ersten Weltkrieg war Pommerns Westgrenze zu den Nachbarn Mecklenburg und Brandenburg vier Jahrhunderte lang stabil geblieben. An der Ostgrenze jedoch hatte es manche Änderungen gegeben.
Das hing mit der Situation Ostpommerns als östlichem Zipfel des Deutschen Reiches zusammen. Sobald ein Territorium als Grenzland einen Zankapfel zwischen Nachbarstaaten darstellt, besteht immer die Gefahr, daß seine Grenzen gewaltsam verändert werden. Bis zur Wende vom 18. zum 19. Jahrhundert hatte Pommern mit seinem östlichen Nachbarn, dem Königreich Polen, die üblichen Plänkeleien und Streitigkeiten, aber keine »Erbfeindschaft«. Eine ideologisch bedingte Gegnerschaft kam erst auf, als für die staatliche Ordnung das dynastische Prinzip in Frage gestellt wurde. Der deutsche Philosoph Johann Gottfried Herder – im ostpreußischen Städtchen Mohrungen geboren (1744–1803) – gab die Stichworte zum Aufbruch der Völker im mittleren Osteuropa: Sprache und Volk. Sie stellen eine geistige Einheit dar, erkannte Herder. Diese könne nur erreicht werden, wenn das Volk mit gleicher Sprache auch einen eigenen Staat bilde – etwa nach dem Grundsatz: Cuius lingua, eius regio (Wer dieselbe Sprache spricht, muß einen eigenen Staat haben). Wo aber in Ost- und Südosteuropa hatten die Völker ihren eigenen Staat? Weder die Tschechen noch die Slowaken, weder die Ungarn noch die Ukrainer.
Und die Polen? Sie wurden im 17./18. Jahrhundert in einem eigenen Staat von einem König regiert. Aber das Sagen hatten nur die polnischen Adligen. Bei einer Königswahl stimmten sie nach ihrer jeweiligen Interessenlage ab, aber nicht nach der polnischen Herkunft des Thronkandidaten. So konnte beispielsweise der Kurfürst von Sachsen zugleich König von Polen werden. Doch als der polnische Adel den von der Zarin Katharina II. gewünschten Thronanwärter nicht akzeptieren wollte, griff Katharina zu einem anderen Mittel. Sie verständigte sich mit dem Preußenkönig Friedrich II. Beide schnitten sich 1772 von dem polnischen Kuchen jeweils ein großes Stück heraus. So fiel Westpreußen und das Gebiet um Posen an Preußen. Auf diese Weise wurde eine territo-

riale Verbindung Preußens über Pommern hinaus bis nach Ostpreußen hergestellt. Die Rolle des östlichen Grenzlandes trat Pommern an West- und Ostpreußen ab.
Der Vollständigkeit halber sei noch erwähnt, daß Polen nach den Teilungen von 1793 und 1795 – von Rußland, Österreich und Preußen herbeigeführt – von der Landkarte verschwand. Bis nach dem Ersten Weltkrieg blieb Polen somit ohne eigenen Staat. Das war auch der entscheidende Grund dafür, daß die Ideen Herders besonders in Polen auf fruchtbaren Boden fielen.
Zudem bekamen alle Völker in Mittel- und Südosteuropa im Ersten Weltkrieg Oberwasser, als US-Präsident Thomas Woodrow Wilson (1856–1924) in seinen 14 Punkten das Selbstbestimmungsrecht der Völker zum Ausgangspunkt der Neuordnung Europas deklarierte. Jetzt waren Polen, Tschechen, Slowaken, Ungarn und alle anderen Völker ohne eigenen Staat nicht mehr zu halten. Sie forderten bei Kriegsende von den Siegermächten nicht nur die Einhaltung des Wilsonschen Postulates, sondern gingen dazu über, mit Waffengewalt vollendete Tatsachen zu schaffen. Dieses radikale Vorgehen war für die Siegermächte – vor allem Frankreich – willkommener Anlaß, den Deutschen (und Österreichern) möglichst viele Gebiete wegzunehmen. So kam es zu dem berüchtigten Grenzdiktat von Versailles (28.6.1919).
Polen, das als Staat neu einzurichten war, beanspruchte einen Zugang zur Ostsee. Die Sieger erfüllten das Begehren und schufen den Polnischen Korridor zwischen Pommern und Ostpreußen. Diese Entscheidung machte die Abtretung des größten Teils von Westpreußen sowie der bisherigen Provinz Posen von Deutschland an Polen notwendig. Eine Volksabstimmung, Ausdruck des Selbstbestimmungsrechtes, über die Zugehörigkeit dieser Gebiete wurde den Deutschen versagt. Sie mußten die bittere Medizin schlucken, die ihnen die Sieger verordnet hatten. Ein Aufbegehren war zwecklos. Trotzdem bildeten sich spontan deutsche Bürgerwehren und Freikorpsverbände, um die schlimmsten Übergriffe zu verhindern.
Die deutschen Gebietsabtretungen hatten zur Folge, daß Pommern wieder Grenzland wurde und daß an seinem Südostrand der bei Deutschland verbliebene Teil als eigene Provinz »Grenzmark Posen-Westpreußen« mit Regierungssitz in Schneidemühl einge-

richtet wurde. Sie hatte nur 16 Jahre Bestand. Denn bei der großen Gebietsreform von 1938 wurde die Grenzmark aufgelöst und Pommern zugeordnet. Da zusätzlich die beiden Kreise Arnswalde und Friedeberg von der Mark Brandenburg Pommern zugeordnet wurden, erreichte Pommern 1938 mit 2,4 Millionen die höchste Einwohnerzahl seiner Geschichte. Ohne die neu zugeschlagenen Gebiete lebten in Pommern damals 2,04 Millionen Menschen. Zum Vergleich: 1925 zählte Pommern 1,88, im Jahre 1900 noch 1,6 Millionen, aber 1816 erst 700 000 Einwohner.

Der Diktatfrieden von Versailles hatte Pommern noch unangetastet gelassen, obwohl Polen schon 1919 Gebietsansprüche angemeldet hatte. Aber das Ende des Zweiten Weltkrieges brachte Pommern das schrecklichste Jahr seiner Geschichte. Das »Land am Meer« hatte in seiner 800jährigen Entwicklung zwar immer wieder Teilungen (und Wiedervereinigungen) hinnehmen müssen. Doch die Menschen hatten stets ihre Wohnsitze behalten. Die Kultur des Neustammes der Pommern war somit seit dem 12./13. Jahrhundert ein fester Bestandteil der deutschen Geschichte geworden. Daran hatten auch Kriegswirren oder vorübergehende Gebietsabtrennungen nie etwas geändert.

Doch die Ereignisse des Jahres 1945 waren in der Geschichte Pommerns einmalig. Die deutsche Bevölkerung wurde vertrieben, und Ostpommern sowie das Gebiet um Stettin wurden dem polnischen Staat unterstellt. Vor Kriegsausbruch 1939 lebten von den 2,4 Millionen Menschen allein 1 985 000 in Ostpommern. Etwa 400 000 von ihnen verloren ihr Leben entweder als Soldaten oder als Zivilisten beim Einmarsch der sowjetischen Armee sowie bei der Vertreibung durch Polen – also beinahe jeder vierte Ostpommer! Das war ein hoher Blutzoll, von dem nur wenige Regionen Deutschlands betroffen wurden. Dazu kam, daß die Masse der deutschen Bevölkerung Ostpommerns 1945/46 vertrieben wurde, nämlich 1 495 000 Menschen. Nur ca. 50 000 Deutsche konnten zunächst in ihrer Heimat verbleiben. Das Kinderlied aus dem Dreißigjährigen Krieg traf ein zweites Mal auf das Land am Meer zu: Pommerland war abgebrannt.

Mehr noch: Erstmals seit 800 Jahren wurde Ostpommern einem fremden, nichtdeutschen Staat zugeschlagen. Polen machte »reinen Tisch«. Durch die Vertreibung der Deutschen schuf man ein

Land ohne Pommern. Denn die Neuankömmlinge fühlten sich als Polen, nicht als Pommern.

Die deutschen Pommern gibt es nach 1945 in drei Gruppierungen. Ein kleiner Rest von etwa 20 000 deutschen Abkömmlingen lebt heute über ganz Hinterpommern verstreut, in einer ethnischen und konfessionellen Diaspora.

Die vertriebenen Ostpommern sind heute vor allem in den Ländern der alten Bundesrepublik Deutschland anzutreffen. Dort pflegen sie ihre Tradition, Geschichte und Kultur weiter, organisatorisch in der Landsmannschaft Pommern zusammengefaßt.

Schließlich existiert als dritte Gruppe der heimatverbliebene Teil westlich von Stettin, im Staatsgebiet der ehemaligen DDR. Doch die moskauhörige DDR-Regierung trug mit ihren Verwaltungsreformen nach dem Krieg dazu bei, daß der Name Pommern aus dem täglichen Verwaltungsdeutsch gestrichen wurde, weil man den Länderbegriff beseitigte. Aber die Volkserhebung vom November 1989 bescherte den Pommern die Wiedereinführung ihres Ländernamens. Da das pommersche Restgebilde zu klein war für die Existenz eines selbständigen Landes, wurde es 1990 mit dem Nachbarn zum neuen Land Mecklenburg-Vorpommern vereinigt. Hätte man die geschichtlichen Gemeinsamkeiten für die Zuordnung berücksichtigt, hätte eine Vereinigung mit Brandenburg besser in die geschichtliche Landschaft gepaßt. Bedeutungsvoll für die Zukunft ist jedoch, daß der Name Pommern in einem Staatsbegriff weiterleben kann. Er gibt den vertriebenen Pommern Genugtuung und Hoffnung, und er bedeutet für die neue Verwaltung in Vorpommern sowie für deren Einwohner Anerkennung der geschichtlichen Vergangenheit und zugleich Auftrag für die Zukunft Pommerns. Der Zerstörung von 1945 folgt nunmehr – hoffentlich – die Zeit der Bewahrung deutschen Kulturgutes in Pommern.

Für die Pommern ist die heutige Grenzsituation bedrückend und deprimierend. Sie haben mit dem Heimatverlust – wie die anderen vertriebenen Deutschen auch – ein größeres Opfer für den verlorenen Krieg als die heimatverbliebenen Deutschen bringen müssen. Was noch mehr schmerzt, ist die gelegentlich zu hörende These aus Kreisen der Nachkriegsgeneration: »Ihr habt Hitler zu-

gejubelt und zum Reichskanzler gemacht, obwohl ihr hättet erkennen müssen, daß Hitler gleichbedeutend mit Krieg ist.« Wer so argumentiert, bewertet die deutsche Geschichte vom Ende der Entwicklung, von 1945 aus und läßt unbeachtet, daß jeder Zeitabschnitt seine Vorgeschichte hat.
Diese Vorgeschichte setzt nicht erst mit dem 30. Januar 1933 ein, sondern mit dem Beginn der Weimarer Republik von 1918/19. Die Schatten der ungerechten Grenzziehung durch Versailles verfolgten die Deutschen bis ins Jahr 1938, bis das 1919 verweigerte Selbstbestimmungsrecht für alle Deutschen – auch in Österreich und im Sudetenland – erzwungen worden war. Doch zu jenem Zeitpunkt, als Hitler die größten außenpolitischen Triumphe feierte, hatte er innenpolitisch bereits seine Diktatur vollendet.
Daher gebietet die historische Wahrhaftigkeit, die Düsternis des geschichtlichen Jahres 1945 zurückzuverfolgen bis zu ihrer Entstehung bei Kriegsende 1918. Der unverdächtige Universitätsprofessor Dr. Richard Löwenthal hat dazu in der Gedenkstunde am 30.1.1983 vor dem Bayerischen Landtag festgestellt:

»Der Vertrag von Versailles war nicht nur in der Anwendung des Selbstbestimmungsrechtes widerspruchsvoll und in den Reparationsklauseln unsinnig, sondern wurde auch in bewußt demütigender Form auferlegt: Die Siegermächte taten nichts, um der Republik eine Chance zu geben.«

Der damalige bayerische Ministerpräsident Dr. h. c. Franz Josef Strauß rief an gleicher Stelle dazu auf, die Zeitgeschichte nicht als Steinbruch zu mißbrauchen, aus dem man sich die jeweils genehmen Brocken herausschlagen dürfe; denn:

»Die Wahrheit ist unteilbar, und sie gilt für alle. Wahrheit oder Unwahrheit, Licht oder Schatten, Tugend oder Verbrechen werden auch nicht nach Sieg oder Niederlage bestimmt, sondern nach der unerbittlichen Suche nach dem, wie es gewesen ist und warum es so gewesen ist.« – Strauß fügte hinzu:
»Die deutsche Geschichte hat nicht mit dem 30. Januar 1933 begonnen und ist nicht am 8. Mai 1945 zu Ende gegangen.«

Diesen Feststellungen gilt meine volle Zustimmung. Denn ich bin ein Zeitzeuge jenes unheilvollen politischen Gärungsprozesses, der die schwankende Demokratie in die Diktatur des Dritten Reiches überleitete. Insofern ist meine jugendliche Entwicklung vom gesellschaftlich-politischen Umfeld in der Zeit zwischen den beiden Weltkriegen in der konkreten Heimatsituation mitbestimmt worden. Auch mich treibt – ich zitiere Strauß – »die unerbittliche Suche nach dem, wie es gewesen ist und warum es so gewesen ist«. Daß die Lebensbedingungen im fernen Hinterpommern anders waren als im spannungsgeladenen Berlin oder im Westen ist eine geographisch und menschlich bedingte Gegebenheit; sie stellt das Fundament meiner persönlichen Spurensuche dar. Freilich konnte sich Pommern nicht der Situation im Gesamtreich entziehen. Aber die Herausbildung der Lebensprofile verlief am Rhein anders als am Königsberger Pregel, in Bayern anders als in Hinterpommern.

Das traf auch in meinem Geburtsjahr 1921 auf die Gesamtlage Deutschlands zu. Drei Jahre nach Kriegsende, zwei Jahre nach Versailles, setzte die wirtschaftliche Talfahrt ein, die in der Inflation von 1923 endete. Die Ursache waren die »unsinnigen Reparationsklauseln der Siegermächte« (Richard Löwenthal). Im Sommer 1921 schraubte die alliierte Reparationskommission die Forderung an Deutschland auf 132 Milliarden Goldmark hinauf, verteilt auf 42 Jahresleistungen. Die ersten Goldlieferungen an Frankreich kurze Zeit später führten schnell zum Schwund des Vertrauens in die deutsche Wirtschaft. Die Folge war ein drastischer Anstieg der Lebenshaltungskosten. Ende 1921 waren Lebensmittel, Kleidung und Energie innerhalb von drei Monaten um 25 Prozent teurer geworden. Gleichzeitig begann der Kurswert der Mark in den Sturzflug überzugehen. Der Dollar verbesserte im November 1921 seinen Tauschwert gegenüber der Mark im Zeitraum von nur drei Tagen von 1 zu 249 auf 1 zu 310; und der Schweizer Franken stieg von 1 zu 46 auf 1 zu 57. Die Inflation als Folge der Versailler Bestimmungen begann ihre Schatten auf Deutschland zu werfen.

Das hoffnungslose Ausgeliefertsein in die Abhängigkeit von den Siegermächten – vor allem Frankreich – offenbarte sich auch im Frühjahr 1921 an der deutschen Ostgrenze. Im Februar wurde die Bevölkerung der deutschen Ostprovinzen (Ostpreußen, Pommern, Schlesien) von der Meldung elektrisiert, daß über 200 000

polnische Soldaten an die Grenze nach Deutschland verlegt worden seien. Mit Übergriffen mußte gerechnet werden. Dagegen protestierte zwar die Reichsregierung in Polen, Frankreich und Großbritannien. Aber die polnischen Truppen verblieben an der Grenze, so daß sich Unruhe der deutschen Bevölkerung bemächtigte. Auslösendes Moment für die zunehmende Spannung zwischen Deutschland und Polen war im Februar 1921 die Auflage der Siegermächte, daß die Bewohner Oberschlesiens über ihre staatliche Zugehörigkeit abstimmen sollten. Im Vorfeld der Volksabstimmung vom 20.3.1921 gingen die Emotionen auf beiden Seiten hoch – nicht nur in Oberschlesien, auch in Pommern.
Wie stark die Menschen in jenen Wochen vor der Wahl in ihrem nationalen Empfinden mobilisiert worden waren, geht aus der hohen Wahlbeteiligung von 98 Prozent hervor. Obwohl 59,6 Prozent der Stimmberechtigten für den Verbleib im Deutschen Reich und nur 40,3 Prozent für den Anschluß an Polen votierten, mußten fast ein Drittel Oberschlesiens und fast die Hälfte der Bewohner mit dem Hauptanteil der Industrieanlagen an Polen abgetreten werden (Beschluß des Völkerbundes vom 20.10.1921). Die deutsche Reichsregierung legte nachhaltigen Protest gegen die Nichtbeachtung des Abstimmungsergebnisses und gegen die Zerreißung Oberschlesiens ein – ohne Erfolg. Deutschland war machtlos dem Unterwerfungswillen und hilflos den polnischen Ansprüchen ausgeliefert.
Die Ohnmacht der Berliner Reichsregierung wurde vor aller Welt offenbar, als polnische Aufständische nach Polens Abstimmungsniederlage den Annaberg, das religiöse Wahrzeichen Oberschlesiens, besetzten, um durch Waffengewalt Druck hinsichtlich zusätzlicher Gebietsabtretungen zu machen. Nicht eine offizielle deutsche Truppe, sondern (schlesische) Selbstschutzeinheiten und Freikorps eroberten den Annaberg am 21.5.1921 zurück.
Beide Themen – das nationale Ohnmachtsgefühl sowie die Inflations- bzw. Wirtschaftspolitik – ließen im nächsten Jahrzehnt die innenpolitischen Gegensätze zur gefühlsbeladenen Unversöhnlichkeit anwachsen und lieferten somit dem Agitator Adolf Hitler den nötigen Zündstoff für seine Hetze gegen die Weimarer Demokratie.
Das aufgeputschte Klima in Deutschland war auch die Ursache

für den Mord an drei Politikern im Jahre 1921 (den beiden Linkssozialisten Karl Liebknecht und Rosa Luxemburg sowie dem führenden Zentrumsabgeordneten Matthias Erzberger). Mord und Totschlag gehörten fortan zur Tagesordnung in der Weimarer Demokratie. Je zügelloser man den brutalen Straßenkampf zwischen Links- und Rechtsextremisten in der politischen Auseinandersetzung betrieb, desto lauter wurde in der Bevölkerung der Ruf nach einem »starken Mann« an der Spitze der Regierung.

Auch in Hinterpommern gab es in den ersten Nachkriegsjahren blutige Unruhen. Die Ursache hierfür lag im drohenden Machtverlust des Adels nach der erzwungenen Abdankung des Kaisers, der Monarchie. Jahrhundertelang hatte der Landadel seine Machtposition zu behaupten gewußt. Auch in der Demokratie wollte er seine Vorrangstellung bewahren.
Als die neue Regierung in Berlin sich anschickte, die Rechte der Landarbeiter durch Gesetzesreformen zu stärken, kam es zur entscheidenden Machtprobe. Anlaß war die Absicht der Reichsregierung, Tarifverträge mit Rahmenbestimmungen über Lohnhöhen und Arbeitszeiten einzuführen. Derartige Festlegungen hatte es vor 1919 nie gegeben. Deshalb empörte sich der Landadel. Dessen Widerstände gegen Tarifverträge führten schließlich im Landkreis Belgard, meiner Heimat, zu wilden Streiks. Gegen streikende Landarbeiter setzten Adlige gutbewaffnete Freischaren ein, so daß bürgerkriegsähnliche Zustände das Land belasteten. Als dann im März 1920 in Berlin von Wolfgang Kapp, einem hohen Staatsbeamten aus Ostpreußen, mit Unterstützung von Generälen ein Staatsstreich gegen die Reichsregierung inszeniert wurde, erreichten paramilitärische Auseinandersetzungen in Hinterpommern ihren Höhepunkt, bei dem es in Belgard auch Tote gab. Erst nach dem Niederschlagen des Kapp-Putsches fanden sich die Adligen in Hinterpommern – wenigstens nach außen – mit der neuen Staatsordnung ab. Sie zogen sich grollend zur Bewirtschaftung ihrer Güter aus der Politik zurück.
Innenpolitische Zuspitzungen mit heimtückischen Mordanschlägen aus parteipolitischen Gründen – wie im zentralen Reichsgebiet – blieben allerdings in den hinterpommerschen Dörfern und Städtchen aus. Überhaupt spielten parteipolitische Auseinander-

setzungen in den zwanziger Jahren in unseren Dörfern keine Rolle. Die Pommern gehörten eben zum ruhigen Menschenschlag und wollten parteipolitisch auch in Ruhe gelassen werden.
Von meinem Vater weiß ich allerdings, daß er in der kritischen Nachkriegszeit, als es in Hinterpommern gärte, nachts immer seine aus dem Krieg mitgebrachte Pistole neben sich im Nachtkästchen griffbereit liegen hatte. Aber unser Dorf blieb von Überfällen marodierender Landstreicher und revolutionären Umtrieben verschont.
So sahen die äußeren Lebensbedingungen aus, in die ich hineingeboren wurde. Je älter ich werde, desto stärker ziehen sie mich in ihren Bann. Dabei lag im November 1921 Pommern im Windschatten der umstürzlerischen Ereignisse. Wenn die Nachrichten von beängstigenden Aufständen oder Straßenschlachten aus dem Reich an das Land am Meer kamen, sprachen sich die Bewohner Mut zu: Dat macht uns nischt! Die Pommern waren eben hartnäckige Gegner von kühnen politischen Neuerungen. Sie waren Nachzügler der Revolution von 1918, die nur in Stettin für einige Tage spürbar wurde, aber nicht auf dem flachen Land. Auf die Pommern traf der Vers des Ungarnkönigs Mathias Corvinus über das heiratsfreudige Habsburg-Österreich des 15./16. Jahrhunderts in abgewandelter Form zu: Bella gerant alii, tu felix Pomerania dormi! (Laß die anderen Kriege, Revolutionen inszenieren, du, glückliches Pommern, schlaf weiter!). In den unruhigen zwanziger/dreißiger Jahren bewährte sich das Naturell der Pommern. In ihren Adern floß dickflüssiges Blut, das nur selten zur politischen Wallung kam; und ihre Körpertemperatur lag um mindestens ein Grad niedriger als bei den heiß-blütigen Südländern. Felix Pomerania!

4. An den Wurzeln der Stille: Dorfidylle

Alle meine Vorfahren waren seit Generationen in dem östlichen Teil des Schmetterlingslandes an der Ostsee beheimatet. Die männliche Linie meines Vaters hatte sich allerdings erst um 1800 – von Mecklenburg kommend – östlich der Oder niedergelassen. Alle anderen Linien waren schon länger in Hinterpommern nachweisbar, eine Linie sogar bis zur Wende des 15./16. Jahrhunderts. Meine Familienwurzeln haben ihre Lebenskraft demnach aus diesem deutschen Land am Meer gesogen. Ich bin sicher, daß neben meinen Eltern und Vorfahren vor allem Hinterpommern – Mensch und Landschaft – meine persönliche Entwicklung prägten. Nicht nur für die ersten zwei Jahrzehnte, die ich dort verleben durfte, sondern für mein ganzes Leben.

Wenn ich nach meinem Geburtsort gefragt werde und Woldisch Tychow nenne, kommt meist die erstaunte Frage: »Dann bist du also in Polen geboren?« Man folgert dies aus dem Ortsnamen mit der Endung auf -ow, der westlich der Elbe nicht gebräuchlich ist. Wie schon erwähnt, stammen die Flurnamen in Pommern keinesfalls von den Polen, sondern von den Wenden. Die im 12./13. Jahrhundert einwandernden Deutschen haben dann die vorgefundenen Siedlungsnamen größtenteils übernommen.
Man gerät freilich ins Schwimmen, wenn man die Entstehung und Deutung Tychows aufzuhellen versucht. Namenspate könnte das wendische Wort »ticho« = Ruhe, Stille gewesen sein. Dann wäre für die Siedlung die Stille das kennzeichnende Kriterium gewesen. Stille, weil der Ort vermutlich im Wald oder am Waldrand angelegt worden ist. Mag man auch Zweifel an der Deutung hegen: für mich war Tychow in meiner Jugendzeit die Wurzel der typischen pommerschen Stille. Dorf und Landschaft umgab ein Schweigen, das kaum durchbrochen wurde. Im Ort gab es allerdings zwei Gegenstände, die allein die Stille stören konnten. Das war zum einen die Kirchenglocke, die sonntags zum Gottesdienst, und ferner die Klapper, die werktags zur Arbeit auf den Gutshof rief. Sonst herrschte eine Ruhe, die uns heutzutage beängstigend und unerträglich vorkommen würde. Für uns Dorfbewohner blieb die hei-

matliche Stille jedoch die Quelle für unsere innere Ruhe und Gelassenheit, die für mich lebensbestimmend wurde.
Da es in Hinterpommern gleich drei Orte namens Tychow gab (Groß Tychow, nur wenige Kilometer von Woldisch Tychow entfernt, und Wendisch Tychow im Kreis Schlawe), erhielt mein Geburtsort bereits im Mittelalter den Zusatz Wolden oder Woldisch. Hiermit wurde angezeigt, wem das Dorf gehörte, nämlich dem Geschlecht von Wolde oder Wolden, wie die Namensbezeichnungen in den Chroniken lauteten. Die Wolden-Vorfahren stammten nachweisbar aus Westfalen, aus dem Raum Osnabrück. Sie gehörten zu denjenigen deutschen Rittergeschlechtern, die im 12./13. Jahrhundert über Mecklenburg und Vorpommern schließlich nach Hinterpommern kamen. Vermutlich fanden sie bereits den wendischen Namen Tychow vor, als sie den Ort und das Land in ihren Besitz brachten.

Wann die Wolden das Gut Tychow erworben haben, ist nicht mehr festzustellen. Erstmals erscheint der Name Henricus de Wolde im Jahre 1285 in Vorpommern, dann ab 1332 in Hinterpommern. 1385 besitzt Eggert von dem Wolde das Städtchen Regenwalde. Zur gleichen Zeit hat das Rittergeschlecht auch im Kreis Belgard etliche Besitzungen. Sie wurden abgegrenzt nach Osten durch die Persante von den Besitzungen der Adelsfamilie von Kleist und nach Westen durch den Buckowbach bei Woldisch Tychow von denen der Manteuffels. Gegen Ende des 14. Jahrhunderts gab es bereits drei Linien der von Wolden. Der Stammsitz der Wolden war das Wasserschloß Wusterbarth bei Bad Polzin im Kreis Belgard, ca. 15 Kilometer von Woldisch Tychow entfernt. Es blieb über Jahrhunderte Eigentum der von Wolden – bis zum bitteren Ende der deutschen Zeit 1945.
Offenbar war der Wildbestand der Woldenschen Jagdreviere so groß und bekannt, daß Herzog Bogislaw X. aus Anlaß seiner Hochzeit mit Prinzessin Anna von Polen im Jahre 1490 die Wolden »umb Hochwild« bat, was ihm auch gewährt wurde. Denn es war ja eine Ehre, dem obersten Landesherrn den eigenen Reichtum zu präsentieren.
Der Name Tychow erscheint später in einem Lehnsbrief aus dem Jahre 1618. Herzog Franz I. belehnte in diesem Jahr die Wuster-

barther Linie von Wolden mit 33 Gütern. Darunter befand sich auch Woldisch Tychow. Aber die Besitzkontinuität blieb in Tychow nicht in gleicher Weise gewahrt wie in Wusterbarth. Denn von der Mitte des 17. Jahrhunderts bis ins 19. Jahrhundert wechselten mehrfach die Eigentümer. Zunächst überließ Henning von dem Wolde um 1650 seinem Schwager Jürgen von Bonin das Gut; dann wurden die Kleists ab 1685 für rund 150 Jahre die Eigentümer.
Allerdings kann man unterstellen, daß Woldisch Tychow in diesen Jahrhunderten noch kein reines Gutsdorf war, sondern eine Mischform zwischen Adelsgut und Bauernhöfen bildete, die damals üblich war. Belege für diese Annahme bieten Eintragungen in Kirchenchroniken, wie folgende des Pastors Friedrich Bake im Kirchenregister zu Woldisch Tychow:

»Heute, dato den 8. August 1677, hat sich Jakob Klatte nebst all seinen Kindern ... Herrn Joachim von Kleisten erbuntertänig ergeben; (er) will ihm alle untertänigen Dienste, was einem Erbuntertanen gebühret, leisten. Anderseitig will Herr Joachim von Kleist gedachten Jakob Klatten in allem guten Schutz halten, auch sonsten guten Unterhalt geben.«

Der hier festgehaltene Übergang des bäuerlichen Besitzes an den Gutsherrn von Kleist (in der Ortschaft Vietzow) setzte allgemein in Deutschland vor und nach dem Dreißigjährigen Krieg (1618–1648) ein. Ein Jahrhundert später kämpften die Könige Friedrich Wilhelm I. und Friedrich II., der Große, mit Verordnungen gegen das »Bauernlegen« an. Aber gegen den mächtigen Landadel konnten sie noch keinen dauerhaften Bauernschutz gewähren. Auch im Kirchensprengel Woldisch Tychow wurden Bauern weiterhin zu Opfern der adligen Gutsherren, wovon Pastor Neander im Jahre 1722 berichtet: »In Bolkow nahm Herr von Wolden Bräusekens Pauernhof zum Herrenhof, brach alle Zimmer ab und jagte den Bauern fort.«
Über den Nachbarort Bergen hält er fest: »Seit 1740 sind alle Bauernhöfe in Bergen eingegangen.« Wie das geschehen ist, überliefert er nicht.
Diesen Niedergang des Bauerntums wollte Freiherr vom Stein mit seinen grundsätzlichen Reformen von Staat und Gesellschaft ver-

hindern. Dazu erließ er am 9.10.1807 ein »Edikt den erleichterten Besitz und den freien Gebrauch des Grundeigentums sowie die persönlichen Verhältnisse der Landbewohner betreffend«. Das Edikt wollte die »Bauernbefreiung« ab 1810 bringen, und zwar dadurch, daß die alten Lasten der Bauern, wie Arbeitsverpflichtungen und Naturalleistungen, entfallen und daß die »befreiten Bauern« dem Gutsherrn eine Entschädigung für die verlorene bäuerliche Arbeitskraft in Form von Land oder Geld leisten sollten. In den einzelnen Dörfern sollte eine »Regulierung« die Auflösung der bisherigen Abhängigkeitsverhältnisse der Bauern und die Entschädigungsbedingungen im einzelnen unter staatlicher Aufsicht festlegen. Der Grundgedanke des Ediktes über die Bauernbefreiung basierte also auf einer rechtlichen Ausgleichsvorstellung.

Aber die Auswirkungen der Regulierungen waren oftmals kontraproduktiv: Der herrschaftliche Adel hatte keine Arbeitskräfte mehr für die Bewirtschaftung seiner Güter, und dem freien Bauern verblieb ein zu kleiner Landbesitz. Beide Gesellschaftsgruppen waren infolgedessen nicht mehr konkurrenzfähig und gerieten in finanzielle Nöte. Lediglich die ganz großen Grundbesitzer überlebten die schwierigen Anfangsjahrzehnte des 19. Jahrhunderts und wurden durch zusätzlichen Landerwerb noch größer; und ferner: Die ganz kleinen Bauern brauchten bei den Regulierungen kein Land abzutreten, weil sie sowieso schon zuwenig Eigenland besaßen. Diese Entwicklungen in Pommern führten dazu, daß innerhalb kurzer Zeit 100 adlige Güter verkauft werden mußten.

Noch eine Neuerung trat nach den Stein-Hardenbergschen Reformen ein: Die Landgüter waren vordem in Pommern ausschließlich in Adelsbesitz gewesen. Vor 1800 hatte Pommern mit der Zahl von 367 Adelssitzen die Spitzenstellung aller preußischen Provinzen inne. Nunmehr durften auch Bürgerliche einen Gutsbesitz erwerben. Da infolge der wirtschaftlichen Reformauswirkungen immer mehr Land zum Verkauf angeboten wurde hauptsächlich von Adligen –, bildete sich eine neue Besitzerschicht heraus, das wohlhabende, geschäftstüchtige Bürgertum. Woldisch Tychow bot ein typisches Beispiel für die ländlichen Umstrukturierungen in der ersten Hälte des 19. Jahrhunderts in

Pommern. Im Jahre 1833 machte Rittmeister von Borcke, der Sohn einer Kleist-Tochter, in Woldisch Tychow pleite. So kam der bisherige adlige Gutsbesitz an die Bürgerfamilie Holz, die mehrere Güter erwarb.

Bis 1854 hatte es neben dem Gutsbesitz noch vier Bauernhöfe gegeben. Auch sie fielen der Reform von 1807 zum Opfer. Ihr Grundbesitz war zu klein geworden. Sie wurden an den bürgerlichen Gutsbesitzer Holz verkauft. Auf einer alten Dorfkarte aus dem Jahre 1860 sind die vier Bauerngehöfte noch gegenüber der Kirche eingezeichnet. Kurze Zeit später verschwanden sie und mußten uniformen Tagelöhnerhäusern weichen, die bis heute das Bild der Dorfstraße entscheidend mitprägen.

Die Bürgerfamilie Holz blieb nur 25 Jahre im Besitz des Gutes. Vier Jahre nach dem »Bauernlegen« der letzten vier Bauern wurde der Gesamtbesitz verkauft. Erneut wurde eine in Hinterpommern alteingesessene Adelsfamilie der Eigentümer: Emil von Brockhusen erwarb 1858 Tychow. Zehn Jahre später ging es an Brockhusens Schwager von Elbe sowie dessen Kompagnon Hauptmann Neske über. Auch diese beiden Eigentümer hielten sich nicht lange. Noch einmal erwarb 1881 ein Adliger das Gut, Landrat von Woedtke aus dem benachbarten Bolkow. Schließlich kaufte Hermann Weske am 1.7.1897 das Gut für 400.000 Mark. Hermann und seine Ehefrau Erika Weske waren die letzten bürgerlichen »Herren« zu Woldisch Tychow bis 1945.

Ab 1854 war also Woldisch Tychow reines Gutsdorf geworden. Das heißt, so gut wie alle Bewohner waren beruflich vom Gutsherrn abhängige Lohnempfänger, als Tagelöhner bezeichnet. Kennzeichnend für ihre Einkommensverhältnisse war das Mischsystem des Deputatlohnes. Für eine geregelte Entlohnung des Tagelöhners wurde erstmals 1920 eine arbeitsrechtliche Grundlage durch Tarifabmachung geschaffen. Vorher lag die Entlohnung im freien Ermessen des Gutsherrn. Zu dem Deputat (Lohn) gehörten neben dem Bargeldlohn (ca. 20–25 Prozent des Gesamteinkommens) auch die Naturalien (Getreide, Kartoffeln, Milch) sowie freie Wohnung mit Heizmaterial (Holz, Torf), aber auch Stall und Garten. Es war erwünscht, daß außer dem Familienoberhaupt, dem Deputanten, auch dessen Frau und die heranwachsenden

Kinder als »Hofgänger« mit geringerer Arbeitszeit mitarbeiteten, vor allem in der Erntezeit.
Trotz der beruflichen Monostruktur des Ortes gab es intern eine ganze Hierarchie von Verantwortlichkeiten. Meist traf der Eigentümer des Gutes die wirtschaftlichen und personellen Entscheidungen selbst. Da aber in Woldisch Tychow Hermann Weske schon frühzeitig verstarb (ca. 1925), überließ seine Witwe die Gesamtverantwortung Hermann Koch, dem sogenannten Administrator. Ein Administrator hatte eine halbakademische Fachausbildung erfahren und besaß auf einem Gut die herausragende Entscheidungsposition. Er bestimmte den Feldanbau (Kartoffeln, Getreideart, Steckrüben), Umfang und Art der Viehhaltung, die Forstwirtschaft und traf dorfinterne Personalentscheidungen.
Koch unterschied sich rein äußerlich von allen anderen Dorfbewohnern durch sein herrschaftliches Auftreten. Stets kam er auf seinem stattlichen Pferd dahergeritten, aufs Feld ebenso wie zum Besuch bei meinen Eltern oder in der Nachbarschaft. Seine schneidende Stimme und sein akzentfreies Hochdeutsch wirkten dazu äußerst befehlend. Es versteht sich für ein gutfunktionierendes Wirtschaftsunternehmen, daß zwischen dem Eigentümer und dem obersten leitenden Angestellten ein enges Vertrauensverhältnis bestehen muß. Dies war in Tychow vorhanden. Der Administrator Koch wohnte im Schloß, traf seine Anordnungen in Abstimmung mit der Familie Weske und blieb bis zum bitteren Ende bei Frau Weske in Woldisch Tychow.
Unterhalb der Administratorenebene hatten bei den großen und mittleren Gutsbetrieben die Inspektoren das Sagen – so auch in Woldisch Tychow. Die Inspektorenbefugnisse galten für den Hofbereich, daher hieß der Inspektor auch Hofmeister. In Tychow war es zu meiner Zeit ein Herr Bonow. Er durfte in einem eigenen Inspektorenhaus wohnen, dessen Lage im Ort zwischen Gutshaus und Gutsdienerschaft kennzeichnend für die herausgehobene Stellung war. Denn Bonow hatte Sicht einerseits zum Schloß, von wo die Anordnungen zu erwarten waren, und andererseits zu der Dorfstraße mit den Tagelöhnerhäusern, wohin die Anweisungen weiterzugeben waren. Wann die Arbeit aufzunehmen oder als beendet anzusehen war, dafür war Bonow zuständig. Statt eines Gongs zur Zeitangabe (Uhren hatten damals die Tagelöhner

nicht) bediente er sich der Klapper, die am Eingang der Dorfstraße stand. Ihr Kernstück war ein Gegenstand aus Stahl (meist ein ausgedienter Pflug). Er hing frei in Kopfhöhe und war an einer Seite an einem starken Pfahl befestigt. Allein der Hofmeister war befugt, mit einem Eisenstück (Hammer) auf die Stahlklapper zu schlagen, um anzuzeigen, daß es Zeit zum Dienstbeginn sei.
Unter den Tagelöhnern herrschte keineswegs monotone Aufgabeneintönigkeit. Spezielle Tätigkeiten lockerten die hierarchische Gutsordnung auf. So gab es den Brenner Will (später Lück), den Schmied Dumke, den Stellmacher Hackbarth, den Gärtner Reschke, den Melker Zietlow (der Melker hieß mitunter auch »Schweizer«), den Schweinemeister Heinze sowie den Kutscher Reinhard Fritz, der den Gutsherrn Weske im Einspänner auf die Felder oder die Familie in der Pferdedroschke in die Stadt oder die Nachbarschaft zu kutschieren hatte. Für all diese besonderen Aufgaben wurden Zulagen gewährt, so daß diese Berufe im gutsdörflichen Sozialgefüge sehr begehrt waren.
In einem kleinen Ort wie Tychow nahm jeder an Freud und Leid der Mitmenschen viel stärker Anteil als in einer unübersichtlichen Stadtgemeinde. So trauerte das ganze Dorf über einen schrecklichen Unglücksfall in der Brennerei, die 1907 von Hermann Weske erbaut worden war, um Spiritus (Branntwein) aus Kartoffeln zu gewinnen. Eines Abends hatte der Brenner Will in der Dunkelheit das Überdruckventil umgerissen und starb an den Folgen der Dampfverbrühungen. Ein junger Deputant kam durch einen anderen Unfall ums Leben. Nachdem er einen Getreidewagen auf dem Feld überhoch beladen hatte, sprang er herab und fiel dabei auf die spitzen Zinken einer Forke (Gabel). Sie bohrten sich tief in seinen Körper. Er mußte an den Folgen der Verletzung sterben, weil die medizinische Versorgung damals auf dem Land noch mangelhaft war.
Mit einer Betriebsgröße von knapp 700 ha gehörte Woldisch Tychow vor dem Zweiten Weltkrieg zu den mittleren Gütern. Im Schnitt wies ein Gut in Hinterpommern 500 Hektar mit einer Beschäftigungsquote von 30 Familien aus. Weniger als 100 Hektar hatten 85 Prozent der rund 190 000 Betriebe in Pommern. Wer mehr als 1000 Hektar besaß – das waren immerhin 120 Güter –, gehörte zu den Großgrundbesitzern.

Der Viehbestand wies gleichfalls auf eine mittlere Betriebsgröße hin. Er betrug auf dem Gut mit nur geringen Schwankungen die letzten 80 Jahre vor der Vertreibung der Deutschen um die 50 Pferde, 130 Rinder, über 2000 Schafe und 100 Schweine.
Die Einwohnerzahl blieb in diesem Zeitraum allerdings weniger konstant. Weist eine Statistik von 1867 noch 270 Einwohner aus, so scheinen es 1939 nur noch 170 gewesen zu sein. Hiervon waren beruflich unabhängig vom Gutsherrn lediglich die Familien des Pastors, des Lehrers, des Müllers und die Postdienststelle. Wohl gab es Handwerker im Dorf, wie Stellmacher, Schmied usw.; aber sie waren nicht selbständig, sondern Tagelöhner. So hießen die gutsabhängigen Landarbeiter, bevor der Begriff unter Hitler als offizielle Vokabel getilgt wurde. Handwerker der Lebensmittelbranche, wie Fleischer oder Bäcker, waren nicht gefragt, weil jede Familie Selbstversorger aus stalleigener Fleisch- und Milchproduktion war. Das Mehl bekam man im Deputat oder kaufte es, und im Dorfbackofen buk jede Familie am Sonnabend den Eigenbedarf an Brot und Kuchen für eine Woche. Was man sonst zum täglichen Leben benötigte, kaufte man im Kolonialwarenladen, der von Frau Dumke, der Frau des Schmieds, geführt wurde. Im 19. Jahrhundert existierte noch eine gutseigene Ziegelei. Aber die Weskes ließen sie offenbar mangels Rentabilität eingehen. Somit wird deutlich, daß die soziologische Struktur des Dorfes eindeutig und einseitig vom Gut und dessen Bediensteten geprägt wurde.
Im Unterschied zu den Lehen-Rittergütern war Woldisch Tychow ein Allodial-Rittergut. Unter Allod verstand man in Pommern und Ostpreußen den ritterlichen, volleigenen Gutsbesitz im Gegensatz zum abhängigen Lehensbesitz. Die Gutsbesitzer waren in Hinterpommern auch in der Weimarer Republik noch die sozial privilegierte Schicht, gleichgültig ob es sich um Nachfahren der adligen Rittergutsbesitzer oder Neuerwerber aus dem bürgerlichen Stand handelte. Obwohl 1919 die seit Jahrhunderten bestehende rechtliche Vorzugsstellung der Gutsbesitzer (u. a. als Dienst-Gutsbesitzer und Gerichtsherren) aufgehoben wurde, blieben die gesellschaftlichen Rangunterschiede im Bewußtsein der Dorfbewohner erhalten. Mit staatlichen Rechtsakten waren die unterschiedlichen Denk- und Lebensgewohnheiten nicht aufzuheben.

Aber über das Zusammenleben muß gesagt werden: Soziale Spannungen oder gar kämpferische Polarisierungen gab es zu meiner Kindheit weder in Woldisch Tychow noch in der Umgebung. Im Gegensatz zu einigen Städten, wo die zunehmende Arbeitslosigkeit zwischen 1929 und 1933 zu parteipolitischen Auseinandersetzungen und sogar Schießereien führte, blieb es in den Dörfern ruhig. Dies war sicherlich der Zufriedenheit der Dorfbewohner und deren solidarischem Zusammengehörigkeitsgefühl zuzuschreiben. Die zufriedene Lebenseinstellung wiederum war Ausdruck für den Wandel auf dem Land seit Ende des 19. Jahrhunderts. Er war auch durch eine veränderte Gutsherrenmentalität bewirkt worden. Denn die Gutsbesitzer verstanden es in zunehmendem Maße, den ökonomischen Fortschritt mit sozialem Frieden zu verbinden und mit den Tagelöhnern einen offenen, humanen Umgang zu entwickeln. Infolgedessen fand die wirtschaftliche Not, durch die in den zwanziger Jahren die Menschen politisch aufgewühlt wurden, in den Dörfern in Hinterpommern keinen revolutionären Widerhall.

Jedermann auf der Welt kennt das Weiße Haus von Washington als das Wahrzeichen der amerikanischen Regierungsmacht. Jedermann in meinem Heimatdorf kannte das »Weiße Haus« von Woldisch Tychow als das Wahrzeichen der dörflichen Gutsregierung. Das Herrenhaus – in Pommern meistens als Schloß bezeichnet – war 1901 von dem letzten Besitzer Weske errichtet worden. Natürlich war es das auffälligste Gebäude, zumal es das einzige Wohnhaus im Ort mit einem weißen Verputz war. Man könnte erwarten, daß es beherrschend mitten im Ort lag. Das Gegenteil war zutreffend. Von allen anderen Gebäuden blieb es durch die Kreisstraße Belgard – Bad Polzin getrennt. Jeder Verkehrsteilnehmer, der Woldisch Tychow durchquerte, nahm sofort wahr, daß die wirtschaftliche Zentralstelle an der Peripherie des Ortes lag. Dorthin gelangte man durch eine 150 Meter lange Kastanienallee. Zu beiden Seiten der Zufahrt zogen sich große Stallungen und Scheunen hin. Rings um das »Weiße Haus« dehnte sich ein prächtiger Park mit 30 Meter hohem Mischwald bis zum Abhang des Buckowbaches aus. Auch wenn dieses Areal nicht eingezäunt gewesen wäre, hätten wir Jungen nicht gewagt, es zu betreten.

So wie das Schloß exponiert zum Dorf lag, so exponiert war auch die hierarchische Stellung der Gutsbesitzerfamilie. Wir sahen sie selten, auch nicht die Töchter, weil diese in der Stadt zur Schule gingen und im Internat lebten. Stießen wir einmal unverhofft auf die Gutschefin, begegneten wir ihr mit ehrfürchtiger Scheu. Jung und alt zog devot die Mütze vom Kopf – eine Geste, die keinem anderen Menschen gewährt wurde.

Im Gegensatz zum »Weißen Haus« waren alle anderen Wohnhäuser des Ortes aus roten Backsteinen errichtet und daher von monotoner Einfachheit. Die Wohngebäude lagen mit ihren schmuckeren Breitseiten zur Dorfstraße. So schirmten sie das rückwärtige Durcheinander von Ställen, Schuppen und Klos im Hof sorgfältig vom Blick des Betrachters ab. Abwechslung in die staubige Dorfstraße brachten zwei bis drei Kastanienbäume sowie ein paar kleine Vorgärten. Die nach einheitlichem Grundmuster erbauten Reihenfamilienhäuser der Gegenwart sind durchaus vergleichbar mit den Tagelöhnerhäusern von einst. Auch sie boten, nebeneinander gestellt, in gleicher Größenordnung Platz für jeweils zwei bis vier Familien.

Das Aussehen vieler Orte in Franken zur Osterzeit wird verschönt durch die mit Ostereiern verzierten bunten Girlanden der Dorfbrunnen. Dieser Schmuck läßt ganz vergessen, daß die Brunnen früher reine Zweckbauten waren. Denn ohne ausreichende Wasserversorgung kann nicht einmal die kleinste Dorfgemeinschaft existieren. Also war Bedingung, daß genügend Quellwasser für die Ansiedlung über Brunnen erschlossen werden konnte. Freilich erfüllten solche Brunnen bis vor wenigen Jahrzehnten keineswegs nur die nüchterne Funktion der Wasserversorgung, sondern auch die der Informations- und Dorfklatschlieferung, wenn man sich zu einem kleinen Plausch traf. Manche Brunnen erhielten, um ihre Bedeutung optisch zu betonen, eine künstlerisch gestaltete Steineinfassung. Sie wurden auf diese Art zu dauerhaften Zeugnissen dörflicher Kultur.

In Woldisch Tychow gab es selbstverständlich auch Brunnen. Nur das Schloß hatte schon eine eigene Wasserleitung. Das schmückende Beiwerk der Brunnen fehlte allerdings überall. Den Dorfbewohnern kam es auf das Funktionieren an, nicht auf Schönheit.

Mühsam war nicht nur das vielmalige Drücken des Pumpenschwengels, bis ein Wassereimer gefüllt war. Noch mühsamer war der Eimertransport in die Häuser und Ställe. Wer konnte schon ein paarmal am Tage Eimer mit jeweils zehn Litern Wasser nach Hause tragen? Also fertigte man Holzjoche an, die hinter dem Kopf auf die Schultern gelegt wurden. An diesem Joch hing rechts wie links eine in der Länge verstellbare Kette mit einem Haken, in den je ein Eimer eingehängt wurde. Wenn in einem Haushalt fünf Personen lebten, wozu dann meist noch Haustiere kamen (Kuh, Schwein, Federvieh usw.), dann mußten starke Männer mindestens zweimal am Tag den Weg zur Dorfpumpe nehmen. Ab und zu lockte der Brunnen natürlich auch die Frauen an – besonders dann, wenn Neuigkeiten auszutauschen waren. Welcher Zeitpunkt hierfür am geeignetsten ist, dafür haben Frauen einen untrüglichen Instinkt.

Was ist nun aus dem deutschen Gutsdorf geworden? Wer heute Woldisch Tychow aufsucht, wird einem Ort Tychowko begegnen. Aus dem Gutsbetrieb hatten die kommunistischen Machthaber in Polen nach dem Krieg eine Kolchosenwirtschaft gemacht. Nach der Wende soll das Gut nun privatisiert werden. Angeblich sollen sich Holländer für den Erwerb erwärmen.
Und was ist aus den deutschen Bewohnern geworden? Als die Rote Armee im März 1945 den Ort eroberte, brachte sie in ihrem Gefolge Schrecken und Elend für die zurückgebliebenen Deutschen mit. Die Männer wurden, sofern sie nicht Soldaten und außer Ortes waren, ausnahmslos erschossen oder nach Rußland verschleppt. Namentlich traf dieses Schicksal den Administrator Koch und den Stellmacher Hackbarth. Auch vielen Frauen blieb die Verschleppung nicht erspart, so der Lehrerstochter Olga Borck. Einige nahmen sich das Leben, so Ella Mitt, die sich in der Persante ertränkte, und das Ehepaar Ahlers von der Mühle, das sich und Tochter Bettina mit einer Handgranate tötete. Auf der Flucht starben Frau Bidder, die Pfarrerswitwe, und Frau Hackbarth.
Wem 1945 die Flucht nach Westen nicht gelungen und wer nicht verschleppt worden war, wurde 1946/47 von den Polen erbarmungslos ausgetrieben. Dieses Schicksal ist namentlich belegt bei der Gutsbesitzerswitwe Weske, die 1946 von ihrem schönen Be-

sitz verjagt wurde und bei ihren Töchtern, verheiratete Lüdecke und Schütz, in Berlin Aufnahme fand, ferner bei den Ehepaaren Borck und Dumke (Lehrer und Schmied). Ab 1947 war Woldisch Tychow »entdeutscht«. Nur eine Tochter der Familie Damerow, namens Erna, sowie eine Tochter der Familie Fritzke sollen dem Los der Verschleppung bzw. Vertreibung entgangen sein.

Wie die 40 bis 50 Familien hießen, die bis 1945 im deutschen Woldisch Tychow lebten, läßt sich nicht mehr genau feststellen. Nachforschungen bei einigen Überlebenden des Dorfes haben folgende Familien ergeben: Gutsbesitzerehepaar Hermann und Erika Weske mit zwei Töchtern; Administrator Hermann Koch (ledig); Pfarrer Alfred Bidder mit Frau und Kindern (Irmela u. a.); Lehrer Albert Borck mit Frau und den Töchtern Marieluise und Olga sowie dem Sohn Konrad; Müller-Ehepaar Ahlers mit Tochter Bettina und Söhnen Karl-August und Dietrich. Von den Beschäftigten beim Gut konnten folgende Familiennamen ermittelt werden: Familien Becker, Boldrian, Bonow, Damerow, Fritzke, Götzke, Hackbarth, Heinze, Kraft, Lück, Manske, Meier, Mitt (mit drei Kindern), Münchow, Passot, Öhlke, Reschke, Rutsatz, Scheunemann, Zietlow und schließlich Dumke. Allein von den Dumkes, denen ich sehr zugetan war, konnte ich weitere Einzelheiten von anderen Bewohnern herausbringen: Das Ehepaar wurde 1947 vertrieben, die Söhne Georg und Oskar (Jagdflieger) sind im Krieg gefallen, Sohn Werner und Tochter Christel haben den Krieg überlebt.

Die häufigen Endungen der Namen auf -ke und -ow sind typisch für deutsche Familiennamen in dem geographischen Raum von Ostpreußen über Pommern bis Mecklenburg/Brandenburg, aber keineswegs typisch für polnische Eigennamen. Mein Geburtsort Woldisch Tychow ist im Hinblick auf die Familiennamen ein klassischer Beweis dafür, daß hier wie in ganz Hinterpommern Polen nicht beheimatet waren.

Und wie sieht es jetzt in Woldisch Tychow (Tychowko) aus? Die herrliche Kastanienallee zum Schloß sowie die alten Bäume in der Dorfstraße und bei Schule und Kirche sind gefällt worden. Die Lücken wirken kahl und kalt. Dennoch, die jahrzehntelang aufrechterhaltene Kolchosenstruktur der Kommunisten hat den

ursprünglichen Charakter des deutschen Gutsdorfes nicht beseitigen können. Auch wenn vieles am äußeren Erscheinungsbild des Dorfes verschlechtert worden ist, die Steine – vor allem die des »Weißen Hauses« – sprechen von der deutschen Vergangenheit.
Ein Dorf ohne Kirche ist so arm dran wie ein Bücherschrank ohne Bibel. Kirche und Bibel sorgen bei aller notwendigen irdischen Betriebsamkeit des Menschen für die religiöse Dimension menschlicher Existenz.
Seit wann mein Geburtsort eine eigene Kirche hatte, ist ebenso unbestimmt wie die Frage, seit wann es den Flecken überhaupt gibt. Die Anlage der Kirche deutet darauf hin, daß sie im Hinblick auf die Größenordnung immer bescheiden gewesen ist und im Hinblick auf die dörfliche Randsituation keinen beherrschenden Mittelpunkt abgegeben hat. Sollten Kirche und Gutsherrensitz seit ihrer Gründung die Lage nicht verändert haben, dann kann man davon ausgehen, daß der ursprüngliche Gründer und Patron die Kirche nicht in unmittelbarer Nähe seines Rittersitzes haben wollte – im Gegensatz zu vielen Schloßherren, die in ihrem engen Wohnbereich auch eine eigene Kirche bzw. Kapelle errichten ließen. In Woldisch Tychow lag das Schloß mit seinen Wirtschaftsgebäuden am äußersten Westrand des Abhanges zum Buckowbach, während die Kirche am östlichen Ende der Dorfstraße sich unscheinbar gegenüber den Wohnhäusern zwischen hohen Bäumen erhob, ohne diese mit ihrem Kirchenschiff zu überragen. Da sie ohne Turm konstruiert worden war, konnte man sie auch aus der Ferne nicht ausmachen. Trotzdem stellte sie den höchsten Punkt im Ort dar. Offenbar hatten die Kirchengründer das Gelände um etwa eineinhalb bis zwei Meter angehoben. Es kann durchaus sein, daß die in meiner Kinderzeit vorhandene Mauer zur Dorfstraße hin eine höhere Schutzanlage aus dem Mittelalter ersetzt hat.
Wenn sie zu den mittelalterlichen Kirchengründungen in Hinterpommern gehören sollte, wie Pastor Neander in seiner Chronik aus der Zeit um 1725 behauptet, dann muß ein Schutzbedürfnis auch gegenüber den einheimischen Wenden angenommen werden, die noch lange an ihren heidnischen Gottheiten festhielten und christliche Zellen bekämpften. Bischof Otto von Bamberg, der Pommernmissionar, hat auf seiner acht Monate dauernden

zweiten Missionsreise im Jahre 1128 auch in Belgard und Umgebung gepredigt und christliche Gemeinden organisiert. Sie waren zusammen mit denjenigen in Kolberg, Wollin, Stettin und Pyritz die ersten von Otto in Pommern geschaffenen christlichen Keimzellen. Es kann also sein, daß Woldisch Tychow zu einer frühen Tochtergründung der Belgarder Christengemeinde gehört.

Das Dunkel der Ungewißheit lichtet sich erst im Jahre 1494 durch einen Vermerk in dem Verwaltungsregister des Kantors und Bistumsverwesers Georg Puttkamer. Er besagt, daß auf Vorschlag des als Patron in Wusterbarth lebenden Geschlechtes von Wolde ein neuer Pfarrer namens Petrus Wusterbarth in Woldisch Tychow eingesetzt worden sei. Aus diesem Eintrag kann lediglich gefolgert werden, daß die Kirche vorher schon Pastoren gehabt hat, mehr nicht.

Die nächste Nachricht stammt aus dem Jahre 1607 mit dem Hinweis, daß ein neues Kirchengebäude errichtet worden sei. Wie lange eine oder mehrere ältere Kirchen vorher existiert haben und ferner, ob der Neubau von 1607 die Wirren des Dreißigjährigen Krieges überstanden hat, ist nicht zu erfahren.

Jedenfalls war im 18. Jahrhundert ein weiterer Neubau fällig. Darüber werden wir hinreichend aus der Chronik des damaligen Ortsgeistlichen, Pastor Neander, informiert. Der heute noch bestehende Fachwerkbau ist laut Neander im Jahre 1739 fertiggestellt worden. Äußerlich macht das schnörkellose Gebäude von etwa sechs Metern Höhe mit dem Ziegel-Giebeldach den Eindruck einer zu groß geratenen Scheune. Manche westdeutschen Besucher dürften über die Einfachheit die Nase rümpfen und manche vielleicht abfällig äußern »typisch Hinterpommern« – einfach und hinterwäldlerisch. In der Tat ist der Typus der Fachwerkkirchen der Ausdruck einer schlimmen Zeit. Der Dreißigjährige und der anschließende Schwedisch-Polnische Krieg hatten im 17. Jahrhundert aus Ostpommern eine Kulturwüste gemacht. Als man an den Wiederaufbau der Dörfer und Städte ging, hatten die Wohnhäuser Vorrang. Für die Dorfkirchen blieb nur die einfachste Ausführung übrig. So kam es, daß in Hinterpommern zu Anfang des 18. Jahrhunderts etwa 250 Fachwerkkirchen entstanden. Im weniger zerstörten Vorpommern hingegen ist der Fachwerkbau so gut wie nicht zu Hause.

Was die Schlichtheit dieser hinterpommerschen Bauweise betrifft, so haben wir Mitglieder der Kriegsgeneration sicherlich eine andere Einstellung dazu aus unserer Kriegs- und Nachkriegserfahrung: Die äußere Armut an Behausung und Kleidung sagt nichts aus über den inneren Reichtum an religiöser Kraft und geistigem Wollen. Deswegen sehen wir auch die ärmlich wirkenden Fachwerkkirchen mit den Augen derjenigen Zeitgenossen an, die gleiche Notzeiten wie die Erbauer der Fachwerkkirchen erlebt haben. Zur Entschuldigung sollte man hinzufügen, daß von rund 1100 Kirchen in Pommern nur etwa 250 aus Fachwerk bestehen. Der Hauptteil ist im Mittelalter entstanden, als man viel Geld für Kirchenbauten aufwenden konnte. So waren im 13./14. Jahrhundert in Pommern nach den Vorbildern von Niedersachsen und Westfalen schon Quaderkirchen errichtet worden. Später kamen die Findlingskirchen als Typus auf, die man aus den unbehauenen und unregelmäßigen Steinen der Eiszeit entstehen ließ. Und schließlich weisen sich in den Städten die Backsteinkirchen aus den kostspieligen gebrannten Tonziegeln als Zeugnis deutscher Handwerkskunst aus. Die Kirchenbauweise in Pommern ist für uns heute demnach ein Indiz für Reichtum oder Armut der jeweiligen Bauzeit.

Das Patronat über die Kirche in Woldisch Tychow hatte ursprünglich ausschließlich dem Geschlecht von Wolde zugestanden. Zur Zeit der Errichtung des Fachwerkbaues von 1739 lag es bereits bei sieben Dörfern, die den Kirchensprengel ausmachten. Pastor Neander lobt in seinem Eintrag besonders den auf Bergen residierenden Kirchenpatron Bogislaw Ernst von Wolde: »Er (gab) alles schöne eichene Holtz ganz willig alleine her ... Er taht's nicht anders als ex pia liberalitate (aus frommer Freigebigkeit) ... Gott erfreue seine Seele!« Darüber hinaus spendierte das Ehepaar von Wolde silberne Kelche und ließ einen »alten silbernen Kelch, welcher gantz brockfällig und noch aus päpstlichen (= katholischen) Zeiten hergerühret, gar fein nach neuer Mode, Gott zu Ehren, reparieren«.
Aus der alten Patronatszeit ist das Vorrecht abzuleiten, daß die Gutsbesitzer – auch die Nichtadligen – ein eigenes Kirchengestühl in der ersten Reihe besaßen, in dem nur die Familienangehörigen

Platz nehmen durften. Das war auch noch in meiner Kindheit allgemeine Praxis. Die Patrone hatten ferner das Recht, ihre Angehörigen auf eigenen Friedhöfen zu bestatten. Dementsprechend wurde auch Hermann Weske (gestorben ca. 1925), der letzte Gutsherr von Woldisch Tychow, in seinem Schloßpark beigesetzt. Aus diesen Gründen gab es auf dem Friedhof der Pfarrkirche, der rings um das Gotteshaus angelegt war, keine adligen Grabstätten aus jüngerer Zeit. Trotzdem verbreiteten die meist mit eisernen Kreuzen und eisernen Grabgittern ausgestatteten Gräber eine jahrhundertelange deutsche Friedhofskultur. Die Gräber spiegelten den Charakter der Menschen wider, die hier gelebt hatten. Weil man zu Fuß von den Dörfern einen weiten Weg zum Friedhof hatte, legte man weniger Wert auf pflegebedürftige Blumen, sondern auf dauerhaften Grabschmuck. Er war allerdings auch teurer, wie das kunstvoll gestaltete Schmiedeeisen auswies.

Damit die im Krieg gebliebenen Männer der Pfarrgemeinde nicht vergessen wurden, errichtete man nach dem Ersten Weltkrieg auf dem Friedhofsplateau mit Blick zur Dorfstraße ein ehrendes Denkmal, in dem die Namen der Gefallenen verewigt waren. Jedes Jahr legten die kirchlichen und gemeindlichen Abordnungen vor diesem Denkmal am Volkstrauertag einen Kranz nieder. Diese Geste sollte ein Zeichen sein, daß der Gefallenen nicht als besonderer »Helden«, sondern wie der anderen auf heimischem Friedhof Bestatteten gedacht wurde. Hitler blieb es vorbehalten, aus dieser Form der Gefallenenehrung einen Heldenmythos zu konstruieren.

Das Kirchenschiff von Woldisch Tychow bietet den Anblick einer typisch pommerschen Kirche aus Fachwerk und Holz. Was fehlt, ist ein Turm. An seiner Statt wurde etwa zehn Meter seitlich vom Eingang zur Kirche 1748 ein eigenes Glockenhaus – gleichfalls im Fachwerkstil – erbaut. Ob die italienische Campanile-Idee wohl eine Anregung zum eigenen Glockenhaus gegeben hat? Die einzige Bronzeglocke stammt allerdings aus früheren Zeiten. Die in lateinischer Schrift eingelassenen Worte lauten: HELP GOT UNDE MARIA O HILGE JACOB BIDDE VOR UNS. Die angegebene Jahreszahl ANNO DUI XVI. XV wird von Pastor Neander als 1516 gedeutet. Unter der Inschrift ist ein Gehäuse zu erkennen, in dem Maria mit dem Jesuskind sowie ein Wappen mit zwei Männern abgebildet sind. Neander meint, es könnte die Taufe Christi im Jordan darstellen.

Bis zum Zweiten Weltkrieg erfüllte die Glocke ihre Aufgabe, den Gläubigen den Ruf zum Gottesdienst, das Gebet in der Kirche, die Einladung zur Trauung oder die Trauer über einen Todesfall kundzutun, wie es Friedrich Schiller im »Lied von der Glocke« poetisch empfunden hat:

> Dem Schicksal leihe sie die Zunge;
> Selbst herzlos, ohne Mitgefühl,
> Begleite sie mit ihrem Schwunge
> Des Lebens wechselvolles Spiel!

Im Krieg widerfuhr ihr das gleiche Schicksal wie Hunderten anderer Kirchenglocken. Gemäß Anordnung der Reichsregierung mußten ab 1941/42 alle Bronzeglocken registriert und zur Abholung bereitgehalten werden. Da die Tychower Glocke in die Gruppe »mit erheblichem historischem Wert« eingestuft worden war (wie 18 andere aus dem Kreis Belgard), sollte sie zunächst nicht eingeschmolzen werden. Aus einem Verzeichnis der Kreishandwerkerschaft Belgard vom März 1943, die für die Glockenabholung zuständig war, geht hervor, daß die wertvolle Tychower Glocke nicht sofort eingeschmolzen, sondern nur dafür »vorgesehen« werden sollte. Sie kam in ein Lager im Freihafengelände zu Hamburg. Dort haben 14 000 Glocken aus deutschen Kirchen – darunter 1300 aus den deutschen Ostgebieten – das Kriegsende überstanden. Ob die Tychower Glocke tatsächlich im Krieg aus dem Glockenstuhl entfernt oder aber in ihrem Standort verblieben ist, weiß ich nicht.

Auf jeden Fall hat sich auch bei ihr Schillers Auftrag an die Glocke erfüllt:

> Und wie der Klang im Ohr vergehet,
> Der mächtig tönend ihr entschallt,
> So lehre sie, daß nichts bestehet,
> Daß alles Irdische verhallt!

Zur Kirchengemeinde gehören die Gläubigen, ebenso natürlich

der Hirte, der Pastor. Er war jahrhundertelang die angesehenste Persönlichkeit im Dorf (neben dem Gutsherrn). Doch wenn er zu eigenwillige theologische Erkenntnisse verbreitete, muckten die gläubigen Schafe auf. So hatte einst in Hinterpommern ein Pfarrer in seiner Predigt Zweifel an der Auferstehung des Leibes am Jüngsten Tag geäußert. Darüber erregten sich die Kirchenvorsteher der Gemeinde. Sie forderten vom König, den Geistlichen durch einen anderen zu ersetzen. Friedrich der Große jedoch entschied: »Der Pastor bleibt. Wenn er am Jüngsten Tag nicht auferstehen will, kann er ruhig liegenbleiben.«

Aus Woldisch Tychow sind keine vergleichbaren Auseinandersetzungen überliefert. Wahrscheinlich waren die Kirchenvorsteher froh, daß sie überhaupt die Pfarrstelle besetzen konnten; denn etliche Gemeinden mußten ohne eigenen Pastor auskommen. Doch in Woldisch Tychow war das anders; das Wohl der Pastorenfamilie lag den Kirchenpatronen am Herzen. Daher sorgte man beispielsweise für ein attraktives Pfarrhaus. Das letzte war 1906/07 für 20.000 Mark erbaut worden und hatte reichlich Platz für eine Pastorenfamilie. Am schlechten Bauzustand des Pfarrhauses oder der Kirche kann es nicht gelegen haben, daß die Pfarrstelle zwischen 1924 und 1933 insgesamt sieben Jahre lang unbesetzt blieb. Eher schon könnten die Stadtferne (15 Kilometer bis zur Kreisstadt Belgard) und die wirtschaftliche Situation eine Rolle gespielt haben, weil zur Kirche kein Grundbesitz gehörte, wie sonst üblich.

Von den letzten drei Pastoren hielt es Robert Busch am längsten in Woldisch Tychow aus, nämlich 30 Jahre lang von 1894 bis 1924, bevor er sich in den Ruhestand nach Kolberg zurückzog. Dort ist er noch vor Kriegsausbruch verstorben. Er hat mich auch getauft und war meiner Familie nachbarschaftlich verbunden.

Ein Jahr lang blieb die Stelle vakant, bis Georg Feix, aus der Trierer Gegend stammend, für nur zwei Jahre (1925–1927) in unserem Ort eine Zwischenstation machte. Dann zog es ihn weiter nach Ostpreußen. Zuvor aber hatte er noch meinen Bruder getauft.

Der letzte Pastor war Alfred Bidder. Er war in Lais/Estland geboren worden und hatte in Reval als Dompastor gewirkt. Im Herbst 1933 siedelte er mit seiner Familie nach Pommern über. Die Umstellung von einer bedeutenden Stadtgemeinde auf die dörfliche Weite und Einsamkeit dürfte ihm schwergefallen sein. Ihm blieb allerdings durch seine frühzeitige Übersiedlung erspart, die Heimat wie Zehntausende anderer Baltendeutscher Hals über Kopf 1939/40 verlassen zu müssen, als die Sowjetunion die drei baltischen Staaten aufgrund der Hitler-Stalin-Geheimvereinbarung vom August 1939 annektierte. Aber die Bürde des Krieges war für Pastor Bidder gleichfalls groß, weil er viele Nachbargemeinden mitbetreuen und an Sonntagen oftmals bis zu drei Gottesdiensten halten mußte. Von den 17 Pastoren im Umkreis waren 13 zur Wehrmacht eingezogen worden. Erst 58 Jahre alt, starb er im Mai 1943. Für den Rest des Krieges blieb die Pfarrstelle verwaist. Aber die Familie Bidder lebte weiterhin im Pastorenhaus. Auf der Flucht 1945 starb Frau Bidder. Sie erlitt das gleiche Schicksal wie viele Dorfbewohner.

Die »Feste Gottes« hat erfreulicherweise den Kriegssturm von 1945 überstanden. Sie hätte 1989 das 250jährige Jubiläum feiern können, wenn die Deutschen noch für sie hätten sorgen können. Jetzt aber untersteht sie der katholischen Kirche Polens, die für deutsche Jubiläen nichts übrig hat.

Äußerlich macht das Fachwerk von Gotteshaus und Glockenstuhl den Eindruck des Verlassenseins, nachdem die Deutschen vor rund einem halben Jahrhundert die Kirche aufgeben mußten. Balken und Verputz haben unter der Witterung stark gelitten.

Aber das Innere der Kirche atmet deutschen, reformatorischen Geist. Als sich nach 60 Jahren erstmals die Pforte zum Gotteshaus wieder für mich öffnete, wurde die Vergangenheit sofort lebendig. Die flache dunkle Holzdecke und der Kalkverputz an den Wänden waren in gutem Zustand und schienen unverändert. Mit einem raschen Blick nahm ich wahr, daß die Kanzel mit Baldachin die Jahrzehnte ebenso überdauert hatte wie das Taufbecken und der zweistöckige Wandaltar vor der dahinter liegenden Holzwand. Diese trennt den hinteren presbyterischen Teil von dem Hauptraum. Das war das Besondere an meiner Dorfkirche; denn nirgendwo sonst habe ich eine derartige Holzwand, mit rechteckigen Füllungen dekoriert, hinter dem Altar angetroffen. Auch der Altaraufsatz bietet etwas Eigenartiges. Im obersten Teil enthält er – selbstverständlich, möchte der evangelische Christ sagen – das Bild des auferstandenen Christus. Aber im Hauptbild sucht man vergebens nach Maria. Man sieht vielmehr das Bild des bärtigen Heiligen Joseph mit dem Jesuskind auf dem Arm. Von der Gottesmutter weit und breit keine Spur. Welch eigenwillige Personenauswahl! Für den polnischen Katholiken, der sich besonders der Marienverehrung zuwendet, dürfte dieser Altar fast anstößig wirken. Um so mehr muß man den polnischen Geistlichen Respekt und Dank zollen, daß sie die alte deutsche Einrichtung gelassen haben.

Selbst das hölzerne Wappen eines früheren Kirchenpatrons, des Ritters von Bonin, spürte ich auf der Wandvertäfelung hinter der Kanzel und unterhalb des Baldachins auf. Glückstrahlend über diese historische Reminiszenz an die deutsche Gründerzeit der Kirche erläuterte ich dem polnischen Geistlichen meine Entdeckung. Er kannte zwar das Baujahr der jetzigen Kirche, aber nicht die Bedeutung des Wappens. – Solange noch die alten Fenster in der Außenmauer unversehrt waren, konnte man dort in einem Glas das Wappen eines weiteren Kirchenpatrons, der Herren von Kleist, wahrnehmen, die bis 1945 die Besitzer des Gutes in Vietzow gewesen waren. Doch 1992 existierten die alten Fenster nicht mehr.

Was ich schmerzlich vermißte, war die Orgel, die sich einst auf der Empore kleinlaut unter die tief herunterhängende Holzdecke geduckt hatte. Mit ihr hatte mein Vater früher jeden Sonntag Fugen oder Präludien zum Ertönen gebracht. Der polnische Priester ließ mich mit Entschuldigungen, daß dort oben niemand mehr Platz nähme und man infolgedessen die Empore als Abstellplatz benutze, die Treppe hochsteigen. Ich wollte wie einst, als ich neben Vaters Orgelbank sitzen durfte, das Gotteshaus von oben in mich aufnehmen.

Auf einmal war die Vergangenheit gegenwärtig. Ich sah mich als Knaben am Heiligen Abend bei dem biedermeierlich gestalteten Weihnachtsfest. Ich sah, wie der mit Kerzenlicht erleuchtete Weihnachtsbaum sich neben den Altar schmiegte; wie das Lied »Stille Nacht, Heilige Nacht« das Gemüt und die Gläubigkeit ansprach; wie Pfarrer Feix in der stillen, Heiligen Nacht stimmungsvoll über die Geburt des Menschheitserlösers predigte; wie Onkel Theodor dabei vor Übermüdung den Kopf in seiner Patronatsbank immer tiefer sinken ließ und wie beim abschließenden »O du

fröhliche, gnadenbringende Weihnachtszeit« alle – auch die Schläfer – mit einstimmten in das friedenverheißende Lied, um dann mit den Stallaternen, die an den Stall von Bethlehem erinnerten, durch die Dunkelheit den Weg zum eigenen Christbaum zu suchen.
Der Glockenstuhl, mit einer alten Glocke aus einer Nachbargemeinde wiederbestückt, hat das gleiche verwitterte Aussehen wie die abbröckelnde Kirchenmauer. Der Geistliche sah meine Verwunderung und versicherte: »Wir haben bereits die Restaurierung beantragt. Bald schaut es gut aus!«
Welchen Auftrag hatte doch Schiller der Kirchenglocke mitgegeben? Sie soll mit ihrem Klang die Menschen lehren, daß alles Irdische verhallt. Daran werde ich bei meinen Gedanken an Kirche und Glocke in meinem Geburtsort immer mahnend erinnert.

Vaters pädagogische Wirksamkeit erfuhr in Woldisch Tychow ihre schönste Ausprägung. Im Grunde war seine Berufsentscheidung durch die Familientradition vorbestimmt. Denn seine Mutter Paula hatte das Blut von drei Lehrergenerationen in sich. Ihr Vater Karl Ernst Gabriel (1836–1917) war Lehrer in Ossecken, ebenso dessen Vater Johann Wilhelm Gabriel (1797–1877) in Wittenberg sowie die beiden Urgroßväter Johann Ernst Gabriel (1765–1849) und Friedrich Kopittke (1755–1828). Sie alle waren als Lehrer an der nordöstlichsten Spitze Hinterpommerns an der Ostsee im Kreis Lauenburg tätig gewesen. Dementsprechend waren mein Vater – und seine zwei jüngeren Brüder Ernst und Erich – von der Erbanlage der Mutter her für den Erzieherberuf prädestiniert.
Seine ersten Schritte als Lehrer machte er in der Position des zweiten Lehrers in Podewils bei Belgard. Daß er 1919 dort anfangen durfte, war ein großer Glücksfall angesichts der Tatsache, daß nach dem Krieg überall in Pommern auch im Pädagogenberuf Arbeitslosigkeit herrschte. Da Vater damals mit knapp 25 Jahren die wirtschaftliche Grundlage für eine Familienexistenz geschaffen hatte, verlobte er sich im selben Jahr mit Josefine Klabunde an deren 22. Geburtstag. Kurz darauf wurde Hochzeit gefeiert (6.4.1920).
Als Motto für die junge Ehe trug Vaters älteste Schwester Helene

in das Gästebuch die Empfehlung aus Goethes Gedicht »Der Schatzgräber« ein:

>»Tages Arbeit, abends Gäste!
>Saure Wochen, frohe Feste!
>sei dein künftig Zauberwort!« –

Im Rückblick auf die nur 20 Jahre währende Ehe meiner Eltern kann ich sagen: Meine Eltern haben wirklich hart gearbeitet und dabei manch saure Wochen erlebt. Aber sie haben auch viele Gäste liebevoll aufgenommen und es verstanden, Feste zu improvisieren und zu feiern. Sie sind nicht trügerischen Zauberformeln erlegen, sondern haben sich an die Weisheit im »Schatzgräber« gehalten, mit der Hände und des Geistes Kraft ihre Lebensqualität zu gewinnen.

Ein Glücksfall war nicht nur Vaters erste Anstellung, sondern auch die erste Visitation durch den zuständigen Schulrat. Seit den Tagen der Reformation gab es Revisionen in Pommern zur Leistungskontrolle der Schulen und der Lehrer – ursprünglich durch die Geistlichen, ab dem 19. Jahrhundert durch die staatlichen Beamten. Auf Kreisebene war der Schulrat für die Volksschulen zuständig.

Das waren immer aufregende Stunden für die Visitierten, wenn der Herr Schulrat im Einspänner (eine zwei- oder vierrädrige Kutsche, die nur von einem Pferd gezogen wurde) vorgefahren kam – mindestens einmal im Jahr –, um sich über die Unterrichtsergebnisse zu informieren und dabei natürlich die Beamten zu qualifizieren.

Mitunter stieß dabei der gestrenge Schulrat auf kesse Knirpse. Über einen von ihnen berichtet eine Anekdote. In einer hinterpommerschen Dorfschulklasse rief der Schulrat bei seiner Visitation ausgerechnet den Kleinsten nach vorne: »Schreib uns drei beliebige Zahlen an die Tafel!« forderte er den verdutzten Kleinen auf. Der konnte sich keinen Reim auf des Schulrates Wunsch machen und schrieb dann einfach 54 hin. »Das ist 45, nicht wahr?« forschte der Schulrat. »Nee«, antwortete der Junge und schrieb nun 68 auf. »Aha 86!« rief der Schulrat. Selbstbewußt drehte sich der Knirps zur Klasse: »Hei will mi narren!« – Dann überlegte er kurz und malte 99 an die Tafel. Der Schulrat schwieg. Da lachte der Kleine über sein verschmitztes Gesicht: »Kiek, nu kann hei nich mihr!«

Vater mußte erstmals eine schulrätliche Visitation im Sommer 1920 über sich ergehen lassen. Zunächst besuchte der Vorgesetzte den Unterricht des ersten Lehrers Behling, danach den meines Vaters. Noch bevor er dem Visitierten das Überprüfungsergebnis mitteilte, stieg er die Treppe zur Lehrerwohnung hinauf, um Mutter als erste zu beglückwünschen:

»Liebe, kleine Frau, Sie haben einen gottbegnadeten Pädagogen zum Mann! Er ist ein hervorragender Lehrer.«

Und als Mutter vor Glück und Stolz kein Wort hervorbrachte, fügte Schulrat Karl Gresens hinzu:

»Nehmen Sie mir meine persönliche Bitte nicht übel, bei Ihrem ersten Jungen Pate sein zu dürfen.«

Ich war der erste Junge, und Gresens wurde die Patenschaft angetragen, zusammen mit fünf weiteren Personen. Am dritten Weihnachtsfeiertag, dem 27.12.1921, wurde ich von Pastor Robert Busch getauft, und Gresens war einer meiner Taufpaten – ein gutes Omen auch für mich, den späteren Pädagogen der fünften Lehrergeneration in der Familie?

Meine Tauffeier in Woldisch Tychow muß für die damaligen Dorfverhältnisse aus dem üblichen Rahmen gefallen sein. Allein die Tatsache, daß sie nicht in der Kirche, deren Grundstück unmittelbar an das unsrige anschloß, vom Pastor vorgenommen wurde, sondern privatissime im Schulhaus, zeugt von der eigenwilligen Note. Da zwischen 30 und 40 Verwandte und Freunde eingeladen worden waren, reichte die kleine Wohnung nicht aus. Also wurde kurzerhand das große Klassenzimmer ausgeräumt, damit man dort an langen Tischen essen und feiern konnte. Die Eltern hatten den Tauftisch, der unter dem Weihnachtsbaum stand, mit einer roten Decke und dem Brautschleier meiner Mutter festlich dekoriert. Nach Pastor Busch hielt Schulrat Gresens die Tischrede, die – so hat Mutter immer betont – in ein dickes Lob für die (Lehrer-)Persönlichkeit des jungen Vaters einmündete mit dem Tenor, die guten Erbanlagen des Lehrervaters wünsche er auch dem Sohne. So mußte ich das Meine tun, um den Patenonkel nicht zu enttäuschen, und wurde auch Pädagoge.

Das neue Rathaus von Stolp (1900) (1)

Blick über die Dächer der Altstadt Lauenburg auf die Elbe (2)

Der Autor auf dem zerstörten Friedhof seiner Vorfahren in Grünhof/Kreis Belgard, mit dem einzig erhaltenen Grabstein (seines Großonkels), einem umgestürzten Findling (3)

Diese Wand allein blieb von der im Meer versunkenen Kirche in Hoff bei Cammin (4)

Typische Landschaft in Pommern (5)

Lonzkedüne bei Leba – Europas größte Wanderdüne (6)

Marschall Blücher (1742–1819), Napoleons Gegenspieler, in Stolper Uniform (7)

Zarin Katharina II. (1729–96) aus Stettin (8)

Ernst Moritz Arndt (1769–1860) aus Rügen – Dichter und Historiker (9)

Rudolf Vilchow (1821–1902) aus Schivelbein – Arzt und Politiker (10)

Während ich aus meines Vaters früher Jugendzeit wenig weiß, gibt es von meiner Mutter manche hübsche Überlieferung. Sie wurde 1897 in Retzin, Kreis Belgard, geboren. Dort gab es damals drei Güter. Eines davon hatte Mutters Großvater Martin Heinrich Klabunde um 1840 erworben und an den Sohn Emil Ferdinand Georg (1846–1913), Mutters Vater, vererbt.
Auch mütterlicherseits kam meine Mutter aus einer Gutsherrenfamilie. Ihre Mutter Marie Fick stammte aus einer Unternehmerfamilie, die 1826 das Gut Bergen als erste bürgerliche Besitzer aus Adelshand erworben hatte. Es lag gleichfalls im Kreis Belgard, von Retzin acht und von Woldisch Tychow nur drei Kilometer entfernt. Zu Bergen gehörte beim Kauf des Besitzes das Kleingut Grünhof, auch als Vorwerk zu bezeichnen, etwas oberhalb der Persante auf einer Flußterrasse angesiedelt. Dort war Marie Fick geboren worden (1863–1940) und mit ihren drei Brüdern aufgewachsen. Sie gehörte also schon zur dritten Besitzergeneration in Grünhof, und man ging davon aus, daß sie ebenso einen Gutsbesitzer »nehmen« würde – eine Erwartung, die sie mit 27 Jahren erfüllte, als sie 1890 Emil Ferdinand Georg Klabunde heiratete.
Die Ehe blieb sieben Jahre kinderlos, bis endlich im Sommer 1897 eine Niederkunft erwartet wurde. Auf meine Bitte hat meine Mutter – schon siebzigjährig – ein paar Erinnerungen aufgezeichnet. Daraus stammt ihre nachfolgende Schilderung ihres Geburtstags:
»Mutter (Marie) erzählte immer, daß Vater angeordnet hatte, am Sonnabend, dem 17. Juli 1897, in unserem Fischteich zu fischen. Dabei wurden so viele Fische, vor allem Karauschen (d. i. eine pommersche Bezeichnung für Karpfen), gebracht, daß alle Leute reichlich bekamen. Viele Fische mußten wieder ins Wasser zurückgeworfen werden, weil sie Mutter nicht verarbeiten konnte. Denn sie fühlte, daß die Wehen einsetzten. Gleichzeitig erwartete die Frau unseres Kutschers auch ein Kind. So eilte die Hebamme vom Gutshaus ins Tagelöhnerhaus. Aber ich hatte doch den Vortritt. Um 1/2 11 Uhr am Sonntag vormittag (18.7.1897) unter Glockengeläut – es war gerade Gottesdienst – war ich da. Eine Stunde später Mieze Köhn, die meine getreue Gespielin wurde.«
Meine Mutter bekam keine Geschwister mehr. Das mag auch ein Grund dafür sein – da sie mit jüngeren Geschwistern nicht zu tei-

len brauchte –, daß sie in ihrem Leben mehr das Einfordern als das Nachgeben beherrschte. Gemeint ist nicht die materielle Freigebigkeit, sondern die geistige Willens- und Durchsetzungsstärke. Sie gibt in ihren Aufzeichnungen selbst zu erkennen, daß sie von den Eltern als Gutsbesitzerstochter besonders verwöhnt wurde. Ein Beispiel:
»Eine Kuh, vorher vom Tierarzt untersucht, wurde nach meiner Geburt von den anderen im Stall abgesondert, bekam eigenes Futter und durfte nur von einem bestimmten Mädchen gemolken werden, damit ich einwandfreie Kuhmilch bekäme.«
Nachhaltigen Eindruck haben bei dem Kind zwei Geschenke hinterlassen. Das eine war ein Puppenwagen, den Mutter Klabunde eigens aus Berlin mitgebracht hatte. Das andere betraf eine große Tüte Pralinen, die Geschäftspartner von Manteuffel der Kleinen schenkte. Das waren Präsente, die es um die Jahrhundertwende sonst nicht auf einem hinterpommerschen Dorf gab.
Ein besonderes Erlebnis hatte meine Mutter mit zwei Ziegen. Sie waren ein Geschenk des Vaters an seine Tochter mit dem strikten Auftrag, die Tiere eigenhändig mit der Flasche aufzuziehen. Dadurch waren sie auf die Ersatzmutter fixiert und verfolgten die kleine Josefine auf Schritt und Tritt. An einem Sonntag liefen sie ihr sogar bis in die Kirche nach und stellten sich meckernd vor dem Gestühl des Gutsbesitzers Klabunde auf. Josefine blieb nichts anderes übrig, als die Kirche zu verlassen. Artig trotteten die Ziegen nun hinter ihr her, und der Gottesdienst konnte ohne meckernde Störungen seinen Fortgang nehmen. –
Mit Mieze Köhn war meine Mutter offenbar durch enge Kindheitsfreundschaft verbunden. Das geht aus ihrer Schilderung hervor:
»Sehr eindrucksvoll war für mich immer, wenn unsere Leute ihren Lohn ausbezahlt bekamen. Vater hatte zwei Schreibschränke. Sie waren für mich sehr geheimnisvoll, weil sie so viel Geld enthielten. In kleine Kiepen, aus Stroh geflochten, gab er Geld zum Auszahlen. Oft bettelte ich ihn, mir ein Silberstück zu geben. Wozu? Um es Mieze Köhn zu schenken. Sie war ja so arm und hatte viele Geschwister. Oft bekam auch sie ein neues Kleid von Mutter, wenn ich eines erhielt.«
Gemeinsam kamen sie auch in die Schule zu Lehrer Schwarz.

Doch nach kurzer Zeit hatte meine Mutter die Nase voll – im wahrsten Sinne des Wortes – und wollte nicht mehr in die Schule gehen. »Es stinkt dort so, und die Kinder machen ein furchtbares Geschrei!« war die einleuchtende Klage der einzigen Gutsbesitzerstochter. Und zur Unterstreichung ihrer Behauptung wurde ihr ein paarmal schlecht. Der Erfolg blieb nicht aus. Nach einem Jahr ließen die Eltern sie im berühmten Badezentrum Kolberg an der Ostsee einschulen. Dort lebte eine Schwester ihres Vaters, zu der sie in Pension gegeben wurde. Mit einemmal gefiel ihr die Schule. Als sie nach sechs Wochen – in den Pfingstferien – erstmals nach Hause fahren durfte, wurde sie am Bahnhof Groß Rambin vom Gutskutscher abgeholt. Nun kam ihr der Gutshof in Retzin so ganz anders, fast fremdartig und klein vor. Aber sie war gleich wieder mit ihrem Zuhause vertraut, als der getreue Hund Fix sich fast umbrachte vor Freude.

Die preußische Festungs- und Hafenstadt Kolberg – damals mit rund 35000 Einwohnern – war für die heranwachsende Josefine Klabunde die andere, die »große Welt«. Die Schule empfand sie als leicht, so daß sie an den Nachmittagen wenig Hausaufgaben zu verrichten hatte. Ihr blieb viel Zeit, um sich im Damenbad oder am Ostseestrand im herrlichen weißen Sand mit Freundinnen zu tummeln. Die Kontakte zu ihren Kolberger Freundinnen sind bis ins hohe Alter aufrechterhalten worden. Eine davon heiratete den Zahnarzt Teßmann, der sich in Sorenbohm an der Ostsee bei Köslin niederließ. Von unserer Wohnung in Köslin haben wir in den dreißiger Jahren oftmals die Teßmanns besucht und heiter-fröhliche Sommernachmittage in deren großem Garten verlebt.

Mutter Marie Klabunde hatte ihre einzige Tochter Josefine wohl nicht allzu gerne in jungen Jahren nach Kolberg geschickt. Ging sie doch davon aus, daß auch die Tochter – wie sie – einen Gutsbesitzer heiraten würde. Dazu war nach der Schulausbildung in Kolberg nötig, das spezifische Rüstzeug für ein Gutsherrendasein bei der Mutter in Retzin zu erwerben. Zum Rüstzeug gehörte beispielsweise das Spinnen, Weben und Sticken. Diese Fertigkeiten beherrschte Mutter Klabunde besser als manche gutausgebildete Landwirtschaftslehrerin, wie sich später in Treptow herausstellen sollte. Voller Stolz hatte Oma Klabunde in jahrelanger Arbeit eine große und vielfältige Wäscheaussteuer selbst gefertigt und in

alle Stücke ihr Monogramm MF (Marie Fick) eingestickt. Meine Mutter hat von dieser MF-Aussteuer viele Teile noch unbenutzt (!) bei ihrer Flucht 1945 in Pommern zurücklassen müssen.
Doch das Gutsbesitzerdasein in Retzin ging eines Tages vor Beginn des Ersten Weltkrieges jäh zu Ende. Meine Mutter hat uns den Grund stets verschwiegen und wollte nie darüber sprechen. Zusammen mit ihrer Mutter hatte sie die schwere Belastung offensichtlich verdrängt. Aber von ihren Grünhofer Cousinen habe ich erfahren, daß sich Großvater Klabunde, der ab und zu seine Erzeugnisse und Produkte selbst in Berlin verkaufte, verspekuliert und pleite gemacht hat. Über dieses selbst verschuldete Unglück soll er nervenkrank geworden sein, so daß er Retzin aufgeben mußte und in der Nervenheilanstalt in Treptow an der Rega gestorben ist (1913).
Soweit ich die Lebenswege und Schicksale meiner Vorfahren dank der Nachforschungen meines Vaters in den dreißiger Jahren zurückverfolgen kann, so ist das Lebensende meines Großvaters Klabunde das schlimmste und zugleich ergreifendste. Ich habe Großvater Klabunde nie kennengelernt, denn bei meiner Geburt war er bereits acht Jahre tot. Aber das Bedrückende für mich ist heute, daß er für seine Frau (und auch die Tochter) nicht nur gestorben, sondern aus dem Bewußtsein ausgeschlossen war. Welche Schuld er auch immer nach unserer Bewertung auf sich geladen haben mag, so will ich weder über die angenommene Leichtfertigkeit meines Großvaters noch über die spätere Härte meiner Großmutter und meiner Mutter richten.
Sicher ist der Verlust des unbeschwerten Wohlstandsglücks und der wirtschaftliche Abstieg bis zur Existenzvernichtung ein tragisches Ereignis, zumal wenn dies in einer Zeit geschieht, in der die äußere Ehre als das höchste Bewertungskriterium gilt. Die christliche Botschaft von der Erlösungsmöglichkeit des Menschen hörte man wohl in der Kirche, aber das Christentum erschöpfte sich in der formalen Kirchenzugehörigkeit und bot keine Heilsquelle in der schicksalhaften Grenzsituation. Auf Verstöße gegen den bürgerlichen Ehrenkodex reagierte die Gesellschaft erbarmungslos.
Unwillkürlich werde ich an Werner Bergengruens Roman »Der Großtyrann und das Gericht« erinnert, in dem der Dichter errei-

chen will, »daß unser Glaube an die menschliche Vollkommenheit eine Einbuße erfahre. Vielleicht, daß an seine Stelle ein Glaube an des Menschen Unvollkommenheit tritt.« Wir sollten mehr auf unsere großen Dichter wie Bergengruen hören, der den Menschen im »Großtyrann« als den Gestürzten, als den Sünder vorstellt, aber zugleich den Weg zum Heil zeigt; und wir sollten uns nicht nur äußerlich als Kirchgänger ausweisen, sondern als praktizierende Christen, die an die heilbringende Gnade unseres Herrn glauben und uns hierin stärken lassen.

Nach dem Verlust des Gutes Retzin stand meine Großmutter Klabunde ohne eigenes Vermögen und Einkommen da. In dieser Situation bewährte sich der Familienverband der Ficks. Ihre Brüder, vor allem der Grünhofer Besitzer Theodor, halfen und mieteten ihr eine Zweizimmerwohnung in Belgard (ab ca. 1917). Dorthin gaben sie nacheinander die heranwachsenden Kinder in ihre Obhut, sobald die Landkinder in Belgard eine weiterführende Schule besuchen mußten.

Für meine Mutter wurde die Kreisstadt Belgard, der neue Wohnort ihrer Mutter Marie, zur Drehscheibe in ein neues Leben. Ihre Neigung galt zwar ohne Zweifel mehr dem weltoffenen Kolberg oder allenfalls noch dem lieblichen Bad Polzin, das näher an Retzin lag als jede andere Stadt. Aber weder Kolberg noch Bad Polzin boten ihr den Einstieg in das ernste Erwachsenenleben, sondern das nüchterne Belgard. Während des Krieges war sie zum Post-Telegrafendienst nach Bad Polzin einberufen worden. Als dann ihre Mutter eine Wohnung in Belgard bezog, ließ sie sich zum Postdienst nach Belgard versetzen. Und über ihre Berufskolleginnen Helene sowie Ella Rost lernte sie dort deren Bruder Karl kennen, der ihr die Hand zum gemeinsamen Lebensweg bot.

Bis zum Zweiten Weltkrieg war es üblich, daß die Kinder zu Hause und nicht in Krankenhäusern zur Welt gebracht wurden. Entsprechend dieser Praxis war meine Geburtsstätte die Wohnung im Schulhaus zu Woldisch Tychow. Dort standen meinen Eltern im Parterre vier Zimmer plus Küche zur Verfügung sowie im ersten Stock noch zwei weitere Giebelzimmer. Das Ehepaar hatte also ausreichend Platz für die vierköpfige Familie (Eltern und zwei Söhne), die Hausgehilfin Minna sowie für Gäste.

Das Übernachtungsangebot war wohl der Grund dafür, daß wir sozusagen ein offenes Haus waren. Nur die Besucher aus dem Nahbereich von etwa 15 Kilometern bis zur Kreisstadt Belgard konnten für einen Tag per Postbus oder Fahrrad zu uns kommen. Für die weiter entfernt wohnenden Verwandten und Freunde gab es kaum Rückkehrmöglichkeiten am selben Tag. Ihnen konnten wir eine Unterkunft einfacher Art anbieten. So hatten wir in der warmen Jahreszeit viele Gäste.

Während das Eßzimmer als allgemeiner Aufenthaltsraum für die Familie diente, wurde das angrenzende Wohnzimmer als gute Stube verwendet. Seine Entstehung verdankte es einem Anbau an das Schulhaus, der am Ende des 19. Jahrhunderts notwendig geworden war, weil die bisherige kleine Schulstube für die auf 100 Kinder angewachsene Schuljugend zu klein geworden war. Als der 1894 fertiggestellte Anbau die bisherige Schulstube ersetzte, wurde diese der Lehrerwohnung zugeschlagen.

Das Wohnzimmer war nach und nach mit einer gutbürgerlichen Einrichtung ausgestattet worden, die dem damaligen Zeitgeschmack entsprach. Ein dreisitziges Sofa und zwei Polstersessel, um einen Holztisch mit dicker Tragsäule gruppiert, boten die äußeren behaglichen Bedingungen zur Konversation. Wer sich in ein Buch vertiefen wollte, dem bot Vaters Bücherschrank genug Anreize. Neben den Werken von Goethe und Schiller standen bei uns vor allem die Ausgaben norddeutscher Heimatdichter, wie Hermann Löns (Mümmelmann, Werwolf), Fritz Reuter (Ut mine Stromtid), Theodor Fontane (Effie Briest, Stechlin) hoch im Kurs; aber auch neue Bücher, die besonders das Geschehen des Krieges aufzuarbeiten sich bemühten, wie Werner Beumelburg (Sperrfeuer um Deutschland) oder Ernst Jünger (In Stahlgewittern) hatten ihren Platz.

Für meine Neigung war bezeichnend, daß mich als Knabe nicht die deutschen Klassiker packten, sondern Bücher mit (zeit-)geschichtlichen Vorgängen. Dazu zählten Felix Dahns »Kampf um Rom« und Lebensgeschichten aus der preußisch-deutschen Geschichte. Als Vater ein mehrbändiges Werk über den Ersten Weltkrieg angeschafft hatte, vertiefte ich mich insbesondere in die Darstellungen der Schlachten im Frankreich der Jahre 1916/17 und hatte fest vor, die Schlachtfelder einmal zu besichtigen. Daß sich Jahrzehnte später der deutsche Bundeskanzler Kohl und der französische Staatspräsident Mitterrand auf dem heißumkämpften Schlachtfeld von Verdun die Hände zur Versöhnung reichen würden, war in den zwanziger Jahren noch unvorstellbar. Wut über die Demütigungen gerade durch Frankreich nach dem verlorenen Krieg und Haß auf das Nachbarvolk dominierten damals in der Einstellung der Menschen in Pommern.

Neben dem von Jahr zu Jahr wachsenden Bücherbestand sorgte das Klavier für eine geistige Lebensgestaltung im Elternhaus. Ebenso wie wir Zuhörer brauchte Vater dieses Instrument bei seinem Spiel zur Erbauung. Unvergeßlich sind mir die Schummerstunden, also die Zeit des Übergangs vom Tag zur Nacht im Herbst und Winter. Weil es nicht mehr hell genug zum Lesen oder für Mutters Handarbeiten war und man andererseits Petroleum für die Deckenlampe sparen wollte, kam in dieser Tageszeit oftmals von mir die Bitte: »Vati, setz dich ans Klavier!« Und dann spielte er sich so richtig in Stimmung. Er brauchte keine Noten. Entweder spielte er gängige Lieder (Es war einmal ein treuer Husar ...) oder kleine Klassikerstücke auswendig oder leitete gefühlvoll von einer Melodie zur anderen über. Diese Kunst hatte er im Seminar bei der Harmonielehre gelernt. Ein vorgegebenes Thema dann melodisch umzusetzen, das beherrschte er beispielhaft.

Da im ganzen Ort nur im Lehrerhaus ein Klavier stand, fand es natürlich besondere Aufmerksamkeit. So kam es häufig vor, daß sich etliche Anwohner im Dunkeln vor unseren Fenstern auf der Dorfstraße einfanden, um Vaters Spiel zu lauschen, wenn sie von der Arbeit heimgekommen waren. Bestimmt waren viele unter ihnen, die musikalisch begabt waren, aber ohne Ausbildungsmöglichkeiten ihre Anlagen nicht entwickeln konnten.

Zwei Einrichtungsgegenstände in unserem Wohnzimmer zogen immer wieder meine Blicke an. Das war zunächst eine Standuhr aus Frankreich mit schönen Intarsienarbeiten und einem Zifferblatt, das auch Tag und Mondstand anzeigte. Was mich ferner faszinierte, war ein großes gerahmtes Bild Friedrichs II., des Großen, in Soldatenuniform. Mit ernsthaftem Gesichtsausdruck schaute er den Betrachter an. Zum »Alten Fritz« hatten die Pommern noch zu meiner Kinderzeit eine starke Zuneigung wie zu keinem anderen Herrscher, obwohl er bereits weit über ein Jahrhundert tot war (1786 gestorben). Sie sahen in dem großen Preußenkönig nicht nur den Philosophen auf dem Thron, der mit seiner toleranten Einstellung seiner Zeit weit voraus war, sie sahen in ihm auch nicht nur den Eroberer und Mehrer Preußens, der 1740 Schlesien angegriffen und seinen Raub in drei schrecklichen Kriegen gegen Österreich verteidigt hatte, wobei gerade die Söhne Pommerns beträchtliche Blutverluste erlitten hatten; nein, sie sahen in ihrem Fritz den großen wirtschaftlichen Förderer ihrer pommerschen Heimat, den Anwalt des kleinen Untertanen. Das Land hatte durch die rund zwanzigjährige Besetzung durch Schweden im Dreißigjährigen Krieg schwer gelitten, wozu dann noch die Verwüstungen zu Friedrichs Zeiten im Siebenjährigen Krieg kamen. Daß der Alte Fritz sich der wirtschaftlichen Förderung Pommerns in außergewöhnlicher Form angenommen hatte, vergaßen die treuen Vasallen ihrem König nie. Er hatte für die Sanierung der verwüsteten Provinz gesorgt, indem er ca. 160 neue Dörfer anlegte, weitere Kolonisten ins Land holte und große Teile des Oderbruches trockenlegen ließ.

Friedrichs Bild an der Wand unseres Wohnzimmers war gewissermaßen ein Programm, das den Lehrer als Staatsbeamten aufforderte, des großen Königs Tugenden nachzuahmen, nämlich Unbestechlichkeit, Gerechtigkeit, Treue zum Dienstherrn und schöpferisches Denken.

Im ersten Stock hatten wir noch zwei Zimmer. Das eine lag direkt über dem angebauten Schulraum, war ebensogroß wie dieser und diente uns als Gästezimmer. Diesen Raum haßte ich, weil ich mittags dorthin verbannt wurde, damit ich einen Mittagsschlaf halten sollte. Dabei war ich nicht müde und wollte auch gar nicht schlafen. Also vertrieb ich mir eine halbe Stunde lang die Zeit mit allerlei Beobachtungsübungen und Überlegungen. Oftmals zählte ich die vielen Fliegen im Raum, die versuchten, am Fenster ein Entkommen ins Freie zu finden, oder ich prüfte, wieviel verschiedene Farben im Zimmer anzutreffen waren und welche mir am besten gefiel.

Eine Einrichtung fehlte allerdings im Haus, die heutzutage selbst auf einem abgeschiedenen Bauernhof zur Selbstverständlichkeit geworden ist: ein Wasserspülklosett. Zu meiner Kinderzeit war es ebenso selbstverständlich, daß man nachts nicht über den Hof zum Plumpsklo ging, sondern einen Nachttopf benutzte, der griffbereit unter dem Bett stand.

An Wasser hingegen mangelte es dem Lehrerhaus nicht. Denn wir besaßen eine eigene Pumpe, etwa zehn Meter vom Plumpsklo ging, sondern einen Nachttopf benutzte, der griffbereit unter dem Bett stand.

An Wasser hingegen mangelte es dem Lehrerhaus nicht. Denn wir besaßen eine eigene Pumpe, etwa zehn Meter vom Kücheneingang entfernt. Stets wurde dafür gesorgt, daß in der Küche jeweils zwei Eimer Wasser für den Hausbedarf bereitstanden. Zum Trinken war es wegen seines eisenhaltigen Geschmacks allerdings weniger gefragt. Problematisch wurde es im Winter. Man mußte rechtzeitig dafür sorgen, daß die Pumpe nicht einfror. Denn die Winter in Pommern waren verdammt kalt. Also wurde die Pumpe von oben bis zur Erdoberfläche dick mit Stroh eingebunden. So haben die Eltern selbst in den kältesten Wintern mit Temperaturen bis 30 Grad minus die Wasserquelle in Betrieb gehalten.

In diesem Lehrerhaus verbrachten meine Eltern über ein volles Jahrzehnt die glücklichsten Jahre ihres Ehelebens, so hat Mutter später immer behauptet. Die freie berufliche Gestaltungsmöglichkeit sowie die Nähe zu Großeltern und Verwandten sollten sich in dem folgenden Jahrzehnt nicht fortsetzen.

Wer heute in meinen Heimatort kommt, findet mein Geburtshaus aus rotem Backstein zu Recht abstoßend und schmucklos. Zu meiner Kinderzeit hingegen hatte es etwas Anheimelndes. Das hing mit dem Baumbestand vor dem Unterrichtsraum, mit dem Garten vor den Fenstern der Schulstube und vor allem mit dem gepflegten Äußeren der Lehrerwohnung zusammen. Die Fensterrahmen erstrahlten in klarem Weiß, die Fensterabsätze trugen Blumenkästen mit Geranien, und ein grüner Staketenzaun mit weißgestrichenen Lattenspitzen schützte nicht nur den schmalen Grün- und Blumenstreifen zwischen Haus und Zaun, sondern bot auch eine Augenweide in der nüchternen Dorfstraße.

Die Kastanienbäume von einst neben dem Schulhaus, der dahinter liegende üppige Garten mit den vielen Beerensträuchern und Gemüsebeeten sowie der schmucke Vorgarten in der Dorfstraße sind verschwunden. Lieblos steht das Gebäude heute in einer öde wirkenden Umgebung da. Die persönliche Note als gepflegtes Lehrerhaus ist nicht mehr wahrnehmbar; und doch hänge ich mit schmerzendem Herzen an meinem Geburtshaus, das mir für die ersten zehn Jahre meines Lebens ein einfühlsames, geschütztes Hineinwachsen in die Welt Hinterpommerns ermöglicht hat.

Nach 60 Jahren durfte ich erstmals wieder die Räume meiner Kindheit betreten. Der polnische Wohnungsinhaber lud mich 1992 in seinem breiten Bromberger Westpreußisch ein, alles anzuschauen. Die Kernstücke der einstigen Lehrerwohnung waren unverändert geblieben: der Holzfußboden, die Kachelöfen in den beiden Wohnzimmern und vor allem die Küche. Derselbe Herd spendete wie vor sieben Jahrzehnten die nötige Wärme zum Kochen; die Falltür in den Keller und die Bodentür waren nie erneuert worden. Ich fühlte mich sofort heimisch bei dem freundlichen Polen in unserer ehemaligen Behausung. Man muß in Hinterpommern hinter die Kulissen schauen können, wenn man seiner deutschen Vergangenheit wiederbegegnen will!

In Tychow, dem Ort der Stille, ging es manchmal gar nicht still zu – besonders dann nicht, wenn im Lehrerhaus Besuch weilte. Zum lebenden Inventar gehörte Administrator Hermann Koch vom Gut. Der Junggeselle fühlte sich bei der Lehrerfamilie wie zu Hause. Wenn er auf seinem stolzen Roß durch den Ort ritt, glitten seine Augen an den Fenstern der Lehrerwohnung entlang, ob er wohl dahinter eine zum Eintreten einladende Geste erspähte. Nachmittags um vier Uhr trieb es ihn besonders oft die Dorfstraße entlang, weil er sich gerne zu einer Tasse Kaffee reinbitten ließ. Natürlich bekam der Gast immer das größte Stück Kuchen. Auch zur Fastnachtszeit, wenn die Berliner Pfannkuchen, in Süddeutschland Krapfen genannt, gebacken wurden. Eines Tages wurde ihm gewohnheitsgemäß wiederum der größte angeboten. Mit deutlich erkennbarem Genuß biß er hinein. Doch o weh, sein heiteres Gesicht verzerrte sich zu einer schrecklichen Fratze. Er hatte in den eigens für ihn präparierten Krapfen mit der Riesenportion Senf gebissen. Die Schadenfreude der Eltern währte allerdings nicht lange. Koch bekam jetzt Pfannkuchen, die mit Pflaumenmus gefüllt waren. – Gelegentlich versteckte Vater auch das Reitpferd, ohne das Koch nie »ausging«, hinter unserem Stall, so daß Kochs Aufbruch mit heiterem Suchen verbunden war.

So vertraulich-herzlich das Verhältnis der Eltern zu Hermann Koch auch war, sie blieben die ganzen Jahre beim Sie. Als wir fortgezogen waren, konnte Koch uns nur noch sporadisch in der

Stadt besuchen. Die prägnante Kürze, die für seine Sprechweise und sein Wesen symptomatisch war, kam in seinem Lieblingswort »Tabak«, das für alle möglichen Antworten wie »gelt« oder »nein« stand, zum Ausdruck, aber auch in einem Eintrag im Gästebuch aus Anlaß eines Kurzbesuches:

> Um zu fahren – zu schön,
> um zu bleiben – keine Zeit,
> um zu danken – keine Worte.

Im März 1945 hätte er mit seinem schnellen Reitpferd leicht die Flucht in den Westen geschafft. Nein, er blieb treu an der Seite seiner Gutsherrin Erika Weske und mußte alle Qualen und Demütigungen durch die Rote Armee hinnehmen. Wenn die Aussagen der Tychower Überlebenden zutreffen, ist er bei der Verschleppung erschossen worden.

Besonders verbunden waren die Eltern dem Ehepaar Ferber in dem Dorf Bergen, das drei Kilometer von Woldisch Tychow entfernt lag. Dort hatte sich Dr. Ferber im Jahre 1926 als Landarzt niedergelassen. Wie der Held in Ernst Wiecherts Roman »Das einfache Leben«, Thomas Orla, war Ferber aus dem turbulenten Berlin geflohen. Im stillen Pommernland, fern der zivilisierten Welt der Großstädte, wollte er den Kranken seine humanen Dienste anbieten. Einer der ersten Patienten war mein Bruder Dankwart. Er war ein knappes halbes Jahr alt, als ihn eine hartnäckige Ernährungsstörung befiel. Beim Anlegen eines Zinkleimverbandes sprach ihm Ferber mitleidsvoll zu: »Du armer kleiner Spuz!« Da hatte mein Bruder seinen Spitznamen Spuz weg. Zur endgültigen Heilung empfahl Ferber übrigens ein ganz natürliches Mittel: rohen Möhrensaft. Spuz bekam davon zwar ein rotes Gesicht, aber der Natursaft half besser als chemische Präparate.

Bei der wochenlangen ärztlichen Betreuungszeit hatten Dr. Ferber und Vater eine Gemeinsamkeit entdeckt, die fortan die beiden Familien verband und trotz späterer räumlicher Entfernung immer wieder zusammenführte. Das war die Liebe zur Musik, zum praktischen Musizieren. Weil der Landarzt in den zwanziger Jahren bereits mit einem Pkw ausgestattet war, fanden die Treffs fast immer bei uns statt.

Beide Ferbers waren heitere Unterhaltungsmenschen mit viel Hu-

mor und voller Sangesfreude. Noch heute habe ich Lieder im Ohr, die damals gängig waren, Lieder aus Operetten oder vom Rhein. Entweder spielte Vater auf dem Klavier, und die anderen sangen, oder Dr. Ferber gab die Stimmführung mit seiner Ziehharmonika an. Als achtjähriger Knirps beherrschte ich bald die Lieder und war eifrig beim Singen dabei, während Bruder Spuz oftmals den Text noch nicht begriff und seinen eigenen sang. Das klang dann wie »Bonnamein« statt »Es war in Bonn am Rhein ...«. Als ich später las, daß Ernst Theodor A. Hoffmann festgestellt haben soll: »Wo die Sprache aufhört, fängt die Musik an«, da kam mir jenes Musizieren im Elternhaus in den Sinn. Denn in der Tat war die Musik das wichtigste Verständigungsmittel bei uns.
Und heute? Heute läßt man Musik machen und läßt singen. Manche jungen Leute haben das Singen in den Schulen in den ersten zwei Nachkriegsjahrzehnten nicht gelernt oder später total verlernt. Nicht einmal die Nationalhymne können unsere Nationalmannschaften mitsingen, oder nur einige tun es.
Von den beiden Ferber-Kindern Christa und Ernst könnte der Knabe übrigens wegen seiner Schweigsamkeit als echter Pommer qualifiziert werden. Wenn Ferbers zu uns fuhren, kündigte Ernst vorher an: »Heute rede ich aber nichts!« In der Tat hörte er meist den Gesprächen unbeteiligt zu und wich bei Fragen achselzuckend aus.
Durch die Musik im Lehrerhaus hat auch ein junges Pommernpaar sein Eheglück gefunden. Sie hieß Annemarie Seeger und war die Tochter von Vaters Wirtin während seines Studiums an der Universität Greifswald. Er war Fritz Freiherr von Wangenheim aus Bergen, wo er als Administrator auf dem Gut tätig war. Im Sommer 1929 luden meine Eltern Annemie, wie die junge Dame von 20 Jahren liebevoll genannt wurde, für eine Woche ins Lehrerhaus ein. Mit ihrem Frohsinn und ihrer Sangesfreude paßte sie glänzend zu uns.
Als Geschenk hatte sie einen Klavierauszug mit Liedern aus Lehárs »Land des Lächelns« mitgebracht, weil Vater im Greifswalder Theater von den Melodien der neuen Operette so entzückt gewesen war. So saß denn Vater an einem warmen Augustabend mit Lehárs Noten am Klavier, während Annemie voller Hingabe sang:

>»Dein ist mein ganzes Herz;
wo du nicht bist, kann ich nicht sein ...«

Spiel und Gesang waren bis auf die Dorfstraße zu hören und machten einen ankommenden Gast neugierig. Leise betrat er das Wohnzimmer, ohne von den beiden Musikanten bemerkt zu werden. Kaum hatte er die unbekannte Sängerin mit seinen fragenden Augen ausgerechnet bei der passenden Stelle umfangen, die hieß:

>»Dein ist mein schönstes Lied,
weil es allein aus der Liebe erblüht ...«,

da fing er sofort Feuer. Auch in den nächsten Tagen war er unser Dauergast am Abend. Er konnte leicht von Bergen herüberkommen, weil er einen BMW-Dixi besaß. Dieses Fahrzeug ist heute weitgehend unbekannt. Aber damals war es in jeder Beziehung ein Unikum. Der Motor mit 750 Kubikmetern Hubraum und vier Zylindern mußte mit einer Handkurbel angeworfen werden, was oftmals erst nach vielen Fehlversuchen gelang. Das Mini-Cabriolet bot lediglich zwei Personen Platz. Mit seinen 15 PS schaffte es kaum 60 Stundenkilometer als Höchstgeschwindigkeit. Wurde dem Flitzer mal kein Platz gemacht, konnte der Fahrer seine Hupe (einen Luftball) außen neben der Tür drücken. Aber es fuhr, und man gelangte, wenn auch langsam, trockenen Fußes an sein Ziel.

Was meine Eltern geschickt mit der Begegnung Annemies und Fritz von Wangenheims eingefädelt hatten, führte die beiden zuerst in den siebenten Himmel und dann in den Ehehafen. Einige Monate später trug Wangenheim voller Dankbarkeit in unser Gästebuch ein, was sich zugetragen hatte:

>Ihr Herz schlug warm, mein Herz schlug heiß:
da sprach Frau Rost zu mir ganz leis':
Ihr müßt nach Kolberg an die See!
Und sonntags morgen beim Sonnenschein
ein Sommermädel im weißen Kleide,
wie flog der Dixi da mit uns allein
hindurch die blühende Heide.

Die Heide, sie schweigt und auch das Meer
von all unseren Nöten und Sorgen,
und wir verraten nun auch nichts mehr.
Es bleibt Euch alles verborgen.
Halt! Einen, den ließ ich beinahe aus,
das fehlte gerade noch.
Er hat verbrieftes Heimatrecht im Haus,
»Tabak« bestätigt Herr Koch.

Und wenn Ihr mal von hinnen zieht,
um andere Menschen zu sonnen,
vergeßt die Gastfreundschaft nicht und das Lied,
das Euch so viel Freude gewonnen!
Denn wem zum Lebensbedürfnis das Liede ward,
der kennt keine Sorgen und Qual.
Es lebe der Spuzi, der Sieghard,
Karl Rost und sein Gemahl!

Aus diesen Zeilen spricht die für die Menschen, die in unserem Hause gastlich verkehrten, typische Stimmung Freiherr von Wangenheim verlegte als Ehemann sein berufliches Betätigungsfeld von Bergen nach Büttelkow in Mecklenburg. Dort hat meine Mutter sich auf der Flucht aus Köslin zwei Tage lang bei Annemie ausruhen können (11.–13.3.1945). Ihren seelischen Zustand hat sie Wangenheims Gästebuch anvertraut:
»Für die liebevolle Aufnahme, die ich hier nach einwöchiger Flucht fand, danke ich Ihnen, liebe Annemie, von ganzem Herzen. Ich bin nun obdachlos und heimatlos geworden …«
Die persönliche Begegnung im März 1945 war die letzte der beiden Frauen. Bevor Fritz von Wangenheim aus russischer Gefangenschaft kam, mußte seine Frau sich als Landarbeiterin in Kühlungsborn/Mecklenburg mit ihren Kindern durchschlagen. Erst nach Jahrzehnten konnten die Wangenheims ihren Wohnsitz in den freien Westen verlegen.
Zum Freundeskreis der Eltern zählten natürlich die Lehrerfamilien in der Nachbarschaft. Häufigen Kontakt hatten wir mit den Borcks in Vietzow. Eines Tages kamen unsere Eltern auf die abwegige Idee, die gleichaltrigen Kinder beider Ehepaare, Olga Borck und mich, zu Tirolern in Pommern zu machen. Mitte der

zwanziger Jahre kam bei uns nämlich die Tiroler Tracht als Mode auf. Da sich die Erwachsenen offenbar zu »g'schamig« für das Tragen von Dirndln und Lederhosen anstellten, mußten wir Kinder daran glauben. So bekam ich eine richtige Lederbux, natürlich auch einen Trachtenhut, allerdings mit Hühnerfedern statt mit Gamsbart. Aber beim Tragen dieser fremdartig erscheinenden Kluft bekam ich Hemmungen: Denn meine Spielkameraden machten sich über die abstoßend wirkende Maskerade bloß lustig. Als dann Olga und ich sogar als Paar in der Tiroler Uniform geknipst werden sollten, da lief ich einfach davon. Die Tiroler Holzhackerbuben mögen bei ihrer schönen Landestracht bleiben, dachte ich. Aber zu den pommerschen Schiebermützen und Schlorren paßt keine Tiroler Verkleidung.

Die nächtlichen Rückwanderungen von Borcks aus Vietzow haben sich aus einem anderen Grund tief in das kindliche Gemüt eingegraben. Oftmals wurde es dunkel, bevor wir zu Fuß nach Woldisch Tychow zurückkehrten. Ängstlich trottete ich dann an der Hand des Vaters die dunkle Chaussee entlang, wo weit und breit kein Licht zu sehen und kein Laut zu hören war. Um die Bedrückung von mir zu nehmen, erzählte Vater von den Sternen am Himmel, von ihrer unendlichen Entfernung zur Erde und von dem Glück, auf dem bewohnbaren Himmelskörper Erde leben zu dürfen. Wenn wir von Zeit zu Zeit an einem Telegrafenmast vorbeikamen, von wo das Summen der Telefondrähte in die Stille der Nacht drang, machte Vater mir verständlich, daß über diese Drähte der Mensch sich von einem Ort zum anderen unterhalten könne und daß man seit 1926 in Berlin bereits ohne Postvermittlung seinen Gesprächspartner selber anläuten könne. Gänzlich unwahrscheinlich jedoch erschien mir seine Erwartung, daß der Mensch, wenn die technische Fortentwicklung so schnell weitergehe wie in den letzten Jahrzehnten, bald auch mit dem Mann im Mond eine Verbindung herstellen werde. Und mir kam es so vor, als ob der Mann im Mond ob dieser Erwartung mitleidig auf uns herablächelte. Daß dann tatsächlich vier Jahrzehnte später, am 20.7.1969, der erste Mensch den Mond betrat, hat Vater nicht mehr miterleben dürfen.

Das Bild des Volksschullehrers auf dem Lande hat sich im Laufe

von nur einem Jahrhundert fundamental geändert. Drei Kennzeichen bestimmen das Wesen der Volksschullehrerschaft in der Bundesrepublik Deutschland nach 1945:
1. Die akademische Ausbildung nach Erwerb des Abiturzeugnisses an Lehrerbildungsanstalten bzw. Universitäten.
2. Die angemessene soziale Sicherheit als Staatsbeamte.
3. Die fachlich-pädagogische Schulaufsicht des Staates.

Ein Jahrhundert zuvor – also bis etwa 1848 – war die Lehrersituation in Preußen durch ganz andere Bedingungen gekennzeichnet (in den anderen deutschen Staaten lagen ähnliche Verhältnisse vor):
1. Voraussetzung für die Ausübung des Volksschullehrerberufes war lediglich Volksschul- und Seminarabschluß, eine Bedingung, die in Preußen erst die Schulreformer um 1810 durchgesetzt hatten.
2. Die Entlohnung des Lehrers stand im Belieben des Gutsherrn, der Gemeinden und des Ortspfarrers. Sie erfolgte durch Naturalien oder Überlassung eines Stück Bodens zur Selbstversorgung. Denn das Unterrichten war – zumindest bis ungefähr 1810 – kein Beruf, sondern eine schlechtbezahlte Nebentätigkeit.
3. Die Kirche, sprich der Pastor, hatte die Schulaufsicht. Der Geistliche bestimmte die Lerninhalte, die Aufgaben und die Einstellung des Lehrers. Dieser war bis zum Anfang des 19. Jahrhunderts allenfalls ein Angestellter des Pastors und wirtschaftlich vom Wohlwollen der Gutsherren abhängig. Die geistliche Schulaufsicht wurde erst mit Beginn der Weimarer Republik 1919 de jure abgeschafft und durch die Aufsicht des Staates ersetzt.

Zur Entwicklung des Lehrer-Berufsstandes kann man also feststellen: Die Initiative zur Einrichtung des Lehrerstandes ging auf die Bedürfnisse der Kirche zurück. Aber im 18. Jahrhundert gewannen Schule und Lehrer in zunehmendem Maße die Aufmerksamkeit des Staates. Denn die Beherrschung der einfachen Kulturtechniken Lesen und Schreiben schuf bessere Unternehmensfähigkeit des (Handwerker-)Mittelstandes. Je besser die (Manufaktur-)Wirtschaft florierte, desto höhere Einnahmen machte der Staat.

Diese Einsicht stand Pate bei der Verordnung des »Soldatenkönigs« Friedrich Wilhelms I. vom 28.9.1717, die für Preußen die Einführung der Schulpflicht vorsah. Freilich konnte der Erlaß in der folgenden Zeit nur sehr zögerlich verwirklicht werden, zumal erst Lehrer herangebildet werden mußten. Aber Preußen war mit der Einführung der Schulpflicht sowie der Errichtung der ersten Lehrerbildungsanstalt, einem sogenannten Seminar, in Stettin im Jahre 1732 anderen Staaten weit voraus. Bayern folgte 1802 und die westeuropäischen Staaten England und Frankreich gar erst 1872 bzw. 1881 nach. Etwas anderes machte die Entwicklung in Preußen deutlich: Je präziser der Staat seine Bedürfnisse an die Volksschule richtete, desto mehr entzog er zugleich der Kirche den Einfluß auf Schule und Lehrer und sorgte somit auch für den sozialen Aufstieg des Lehrers.

Die Dorfschule in Woldisch Tychow ist ein klassisches Beispiel für die Entwicklung des Lehrers vom verpönten Schulmeister zum geachteten Kulturträger. Die Gründung der Dorfschule ging – wie überall in Pommern – auf den Ortsgeistlichen zurück. Aus der schon erwähnten Kirchenchronik des Pastors Neander wissen wir, daß bei seinem Amtsantritt im Jahre 1722 im gesamten Kirchensprengel weder eine Schule noch Lehrer vorhanden gewesen sind. Zwei Jahre später trägt er voller Genugtuung in seine Chronik ein, daß auf einer durch ihn einberufenen Zusammenkunft am 13.12.1724 sämtliche »patroni« beschlossen hätten, »Gott zu Ehren eine Schule im hiesigen Kirchspiel aufzuführen«.
Mit »patroni« waren die vier Gutsbesitzer und die drei Dorfgemeinden im Kirchensprengel gemeint. Neanders Begründung für die Errichtung einer Schule scheint auf hehre christliche Ideale abgestellt zu sein. Aber ein Pastor verfolgte mit seinem Ziel der Anstellung eines Lehrers auch handfesten Eigennutz, wie aus einem schriftlichen Beleg, einer Art Dienstanweisung, hervorgeht:

»Seine Pflicht und Schuldigkeit ist, in der Kirche bei allen Gottesdiensten andächtig, deutlich und vollstimmend zu singen die Lieder, so ihm vom Pastore aufgegeben werden; ingleichen auch die Predigt deutlich und andächtig der Gemeinde in der Kirche vorzulesen, so oft es die Not erfordert und ihm vom Prediger anbefohlen wird. Ingleichen ist er als Küster verbunden, Wein und Brot zur Heil. Communion, so oft es ihm vom Pastori befohlen wird, aus den Städten zu holen, womit er vorsichtig umgehen muß, damit nichts verschüttet oder verloren werde, sonst er es restituieren muß. In der Schule muß er die Kinder aufs Treulichste unterrichten im Christentum, im Katechismo, im Lesen, Beten, Schreiben ...«

In dieser Dienstanweisung werden zwei Berufstätigkeiten genannt: die des Küsters und die des Lehrers. In den Zeiten der Reformation hatte sich die Notwendigkeit herausgebildet, daß der evangelische Geistliche mehrmals in der Woche in der Kirche predigen, aus der Bibel lesen, Psalmen und Kirchenlieder singen lassen und den Katechismus erklären sollte. So waren die Priesteraufgaben immer umfangreicher geworden. Bei der Suche nach Entlastung des Pastors schuf die Kirche die Hilfskraft des Küsters (von lat. custos = Wächter). Er wurde für das formale Funktionieren der Kirchenordnung zuständig. Die reformatorische Bewegung legte aber zugleich auch Wert darauf, daß die Gläubigen – vor allem die Jugendlichen – das Lesen und Schreiben lernten, damit sie die von Luther ins Deutsche übersetzte Bibel lesen und die Fülle der neu entstandenen Lieder mitsingen konnten.
Aus diesen Bedürfnissen der Kirche heraus entstand ab Mitte des 16. Jahrhunderts in den pommerschen Kirchengemeinden der Doppelberuf des Küsters und Lehrers, der damals Schulmeister genannt wurde. Aus den Kirchenmatrikeln der nachweislich ältesten Dorfschulen Hinterpommerns, die bereits in der zweiten Hälfte des 16. Jahrhunderts in Groß Jestin (Kreis Kolberg) und Gramenz (Kreis Neustettin) gegründet worden sind, geht eindeutig das Grundmuster der Aufgaben hervor: Der Küster und Schulmeister muß vor allem dem Pastor zu Dienstleistungen in der Kirche, zum Läuten der Glocken sowie zum Lehren des Katechismus und der Kirchenlieder zur Verfügung stehen. Das Schulehalten wurde damals nachrangig eingestuft, was mit den Gegebenheiten von einst zusammenhing: Erstens konnte der Schulmeister oft selbst kaum lesen und schreiben, zum zweiten widersetzten sich Eltern und Gutsherren dem »Nichtstun« der Kinder

in der Schule, weil sie auf dem Feld und im Stall nach ihrer Meinung dringender gebraucht wurden. Infolgedessen beschränkte sich das Schulehalten bis ins 19. Jahrhundert hinein auf die Wintermonate sowie im Sommer auf die Sonntage – daher der Name Sonntagsschule.

Das Ansehen des Küster-Schulmeisters war bis ins 19. Jahrhundert hinein gering. Sein Bildungsgrad war niedrig, seine berufliche Leistung, als »Bildungsschuster« verpönt, noch niedriger und seine soziale Abhängigkeit groß. Pastor Neanders Berichte über die ersten Küster-Lehrer in Woldisch Tychow sind symptomatisch für deren Situation im 18. Jahrhundert. Wer nur etwas lesen und schreiben konnte und vor allem seinen Hauptberuf mit dieser schlechtdotierten Nebenbeschäftigung zeitlich in Einklang bringen konnte, der probierte es mit dem Schulehalten. Dazu eignete sich besonders der Beruf des Schneiders, weil er sein Handwerk in einer warmen Werkstattstube ausübte, in die er auch die Dorfjugend im Winter kommen lassen konnte. Neanders Eintragung aus dem Jahr 1764 läßt erkennen, welchen Ärger der Pastor mit derlei »Lehrern« hatte:

»Der erste Schulmeister ist M. Gürgen Bolthe, ein Schneider. Er dankte selber ab und suchte seine Verbesserung (Gemeint ist wohl Besserung; man hatte offenbar an seinem Lebenswandel Anstoß genommen). Der andere – Löwe, ein Tuchmacher – bekam seine Demission wegen des ausbündigen Lügens seiner Frauen. Der dritte – Haacke, ein Schneider – ward abgesetzt wegen seines Eigensinns und vielen Trinkens. Der vierte – Klotz, ein Schneider – ist von stillem Wesen und ist noch allhier.«

Klotz war offenbar der erste Lehrer in Woldisch Tychow, der keinen Anstoß erregte. Nach seinem Tod im Jahre 1769 übernahm ein Martin Christoph Klotz die Küster/Lehrerstelle. Wie lange, ist nicht bekannt.

Aber ab 1811 hatte dann 109 Jahre lang eine einzige Familie, namens Wagenknecht, die Lehrerstelle inne. Durch Zufall erfuhr ich von Jochen Wendt, meinem letzten Zeichenlehrer am Gymnasium in Köslin, daß er ein Nachkomme dieser Wagenknechts ist und seine Ferien oft in Woldisch Tychow verbracht hat, bevor

dann die Familie Rost das Schulhaus bezog. Jochen Wendt konnte auch berichten, daß die Wagenknechtsche Lehrertradition von Jakob Wagenknecht im 18. Jahrhundert begründet worden ist. Dieser war Stallmeister im Heere Friedrichs II. des Großen gewesen, hatte nach dem Siebenjährigen Krieg (1756–1763) seinen Soldatendienst aufgegeben und eine Lehrerstelle in Hinterpommern angetreten. Ob er bereits in Woldisch Tychow gewirkt hat, ist mir nicht bekannt. Aber von 1811 bis 1920 haben nachweislich drei Lehrergenerationen der Familie Wagenknecht dort Dienst versehen: Johann W. (1811–1856), Sohn Julius (1856–1894) und dessen Sohn Gustav (1894–1920). Wahrscheinlich wäre auch dessen Sohn wieder der Nachfolger geworden, wenn er nicht im Krieg gefallen wäre.
Aus den Lebensdaten der Lehrerfamilie Wagenknecht – analog dazu auch aus den Lehrerstandorten meiner Gabriel-Vorfahren – läßt sich eine typische Erkenntnis für Lehrerberufungen in Pommern und Preußen gewinnen: Das Vererben einer Lehrerstelle auf den Sohn war im 18./19. Jahrhundert keine Seltenheit. Die Ursache hierfür lag im Fehlen einer staatlichen Altersversorgung. Diese wurde erst unter Bismarck im Zuge der sozialen Gesetzgebung in den achtziger Jahren des vorigen Jahrhunderts eingeführt. Vorher mußte jeder Bürger – auch ein Lehrer – für das Alter oder einen Krankheitsfall selbst Vorsorge treffen. Dieser Zustand veranlaßte oftmals die Lehrer, ihre Söhne den gleichen Beruf am gleichen Ort ergreifen zu lassen, damit die Eltern wohnen bleiben und versorgt werden konnten. Das ist ein übliches Denken und Verfahren, wie es auch im Bauernstand bis in die Mitte des 20. Jahrhunderts hinein überall in Deutschland praktiziert wurde.
Auch die Vergütung des Lehrers wurde erst zu Bismarcks Zeiten ab 1870 vom Staat mit festen Jahresbezügen übernommen (1880 ca. 865 Mark jährlich, 1905 ca. 1285 Mark jährlich).

Nun könnte man erwarten, daß nach dem Ersten Weltkrieg mit Beginn der demokratischen Rechtsordnung der Lehrer ausschließlich als Diener des Staates verstanden, vom Staat eingesetzt und besoldet wurde, entsprechend Artikel 143 der Weimarer Verfassung. Der lautet: »Die Lehrer an öffentlichen Schulen haben die Rechte und Pflichten der Staatsbeamten.« In der Theorie traf dies auf die hinterpommerschen Landschulen zu, aber in der Praxis wirkten um 1920 bei der Berufung bzw. Versetzung noch die althergebrachten Kräfte mit – Personen und Positionen. Dies waren die Pastoren und die »patroni«, die Gutsbesitzer und Gemeindevertreter. Ihre Mitwirkung bei einer Lehrerberufung beruhte auf jahrhundertealten Verflechtungen. Der Pastor sah im Lehrer zugleich den Organisten seiner Kirchenorgel, und die Gutsherren wollten bei der Bestallung mitreden, weil sie für den Unterhalt der Schule zu sorgen hatten.

Die Interessen von Pastor und »patroni« scheinen im Jahre 1919/20, als der demokratische Staat sich mit seinen Alleinansprüchen bei Lehrerberufungen in Hinterpommern noch nicht durchzusetzen vermochte, bei dem Votum für meinen Vater eine Rolle gespielt zu haben. Denn obwohl sich neun Bewerber gemeldet hatten, erhielt Vater zum 1.12.1920 die Lehrerstelle in Woldisch Tychow. Mitentscheidend dürfte gewesen sein, daß er fähig und willens war, die Kirchenorgel nach des Pastors Wünschen zu spielen, und daß er zumindest einen Patron auf seiner Seite hatte, nämlich Mutters Onkel Theodor Fick, den Besitzer des kleinen Gutes Grünhof. So wurde mit Vaters Berufung nach Woldisch Tychow dieser »Ort der Stille« zu meinem Kindheitsparadies bestimmt.

Vaters berufliche Entwicklung war charakteristisch für die Lehrerausbildung in Preußen in der Zeit zwischen 1820 und 1926. Lediglich sechs Jahre lang hatte er die Volksschule besucht, von 1902 bis 1908 in Belgard, wohin sein Vater Emil Rost als Gendarmeriewachtmeister versetzt worden war. Daran schloß sich der dreijährige Besuch der Präparandenanstalt in Belgard (1908–1911) sowie die Seminarausbildung in Köslin (1911–1914) an. Als im August 1914 der Krieg ausbrach, meldete sich Vater als Kriegsfreiwilliger und blieb vier Jahre lang im Fronteinsatz. Nach Kriegsende setzte er noch sieben Monate lang seine Seminarausbildung in Bütow fort (Dezember 1918 bis Juni 1919), bevor er dort sein Erstes Lehrerexamen ablegen konnte. Zu seinem Glück erhielt er anschließend sofort die Anstellung auf der zweiten Lehrerstelle in Podewils bei Belgard.

Heutzutage wird man staunen über diese nichtakademische Ausbildung. Aber ein beruflicher Werdegang wie der meines Vaters war in Preußen seit den Reformen von 1807/1810 für rund ein

Jahrhundert üblich. Die Schulreform nach den Napoleonischen Kriegen zielte vor allem darauf ab, die allgemeine Volksbildung durch ausgebildete Volksschullehrer zu haben. Daher wurden Lehrerseminare geschaffen. Auf pommerschem Boden bestand schon eines in Stettin (seit 1732). Dazu kamen solche in Pyritz, Köslin, Bütow, Cammin, Dramburg und Belgard. In mindestens zweijähriger Ausbildung wurden die Seminaristen für den Lehrerberuf vorbereitet. Doch es stellte sich heraus, daß der Sprung von der nur sechsjährigen Volksschule zur Lehrerspezialausbildungsstätte zu groß war. Infolgedessen wurde eine Zwischeninstanz eingerichtet, die Präparandenanstalt. Sie bestand meist am Ort des Seminarinstitutes und führte zugleich ein Internat zur Unterbringung der jungen Lehreranwärter. Natürlich konnte diese Art der allgemeinen Lehrerausbildung nur auf einer fachlichen »Schmalspur« laufen; aber es war erstaunlich, wieviel Wert auf Schul-/Chormusik- sowie Instrumentalausbildung gelegt wurde. Jedenfalls hat Vater während seiner siebenjährigen Ausbildungszeit gelernt, drei Instrumente zu beherrschen (Klavier, Orgel und Geige). Am nachhaltigsten wirkten sich die Kenntnisse der Harmonielehre aus, die den Seminarabsolventen befähigten, eine Choralmelodie für einen mehrstimmigen Chor zu harmonisieren und eine einfache Modulation auszuführen.

Mein Vater gehörte zu den letzten Jahrgängen der Seminaristenausbildung. Denn in der Weimarer Republik setzte eine neue Lehrerreformbewegung ein, die zur Akademisierung der Volksschullehrer führte. Ab 1926 wurden die Lehrerseminare, die über ein Jahrhundert gute praktische Arbeit geleistet hatten, aufgelöst. An ihrer Stelle wurden die Pädagogischen Hochschulen ins Leben gerufen. Im Zuge dieser Neuordnung bekam die Provinz Pommern einen zweiten Hochschulstandort 1933 in Lauenburg, der Grenzstadt ganz im Osten, sowie einen dritten 1941 in Köslin. Die Hauptuniversität blieb in Greifswald, das 1456 bereits durch den dynamischen Bürgermeister Rubenow seine Universität erhalten und über die Wirren der Zeit behalten hatte (Reformation, Dreißigjähriger Krieg und Schwedenherrschaft). Ob mit der akademischen Vorbildung mit vorangehendem Abitur die Dorfschullehrer bessere Pädagogen geworden sind, bleibt allerdings unbewiesen.

Eine andere Einschätzung ist jedoch unbestritten, daß nämlich die Opferbereitschaft unserer Eltern und Großeltern – nicht nur der Dorfschullehrerschaft – zugunsten einer guten Schulbildung ihrer Kinder ungleich größer war als bei heutigen Eltern. Eine durch Staatshilfen verwöhnte Generation kann sich gar nicht vorstellen, daß die Finanzierung der Berufsausbildung von Kindern über Jahrhunderte hinweg eine Privatangelegenheit der Eltern war. Kostenloser Besuch von Universität und Schule, kostenlose Schulbuchbereitstellung und kostenloser Transport der Kinder zur Schule sind erst Errungenschaften des modernen demokratischen Staatsverständnisses nach dem Zweiten Weltkrieg. Was nichts kostet, gilt nichts. So lautet eine allgemein gängige Erfahrung. Sie trifft auch auf den Schul- und Universitätsbereich zu und ist eine Mitursache für die hohen Sachbeschädigungen von heute. Um so größere Hochachtung muß man dem bildungswilligen Bürgertum früherer Jahrhunderte entgegenbringen, das persönliche Anliegen der Elterngeneration zugunsten einer guten, aber kostenträchtigen Schulausbildung der Kinder zurücksteckte. Ein solches Dankesgefühl empfinde ich auch gegenüber meinen Eltern.
Ein typisches Beispiel für Opferfähigkeit lieferten meine Eltern, als Vater ein zusätzliches Studium an der Universität Greifswald auf sich nahm. Zwei Faktoren spielten bei der Entscheidung zum Ergänzungsstudium eine Rolle.
Zum einen war den Eltern klargeworden, daß die angestrebte gymnasiale Ausbildung der beiden Söhne sehr teuer käme, wenn die Unterbringung in einem städtischen Internat erfolgen müßte. Wenn man ein Schulgeld von 20 Reichsmark (RM) sowie Internatskosten von 80 bis 100 RM pro Monat zugrundelegt, kam eine Summe von rund 200 bis 250 RM für beide Söhne heraus. Aber so hohe Aufwendungen konnten von dem spärlichen Dorfschullehrergehalt in Höhe von rund 350 RM im Monat nicht abgezweigt werden.
Zum anderen bot der preußische Staat Ende der zwanziger Jahre Volksschullehrern an, durch ein ergänzendes Studium von vier Semestern die Qualifikation eines Oberschullehrers zu erwerben. Mit diesem Titel war nicht nur eine höhere Gehaltsstufe (A 4 a) verbunden, sondern vor allem der Einsatz an einem Gymnasium in einer Stadt. Diese Aussicht eröffnete die Möglichkeit, die bei-

den Söhne ein Gymnasium bei gleichzeitigem Verbleib im Elternhaus besuchen zu lassen. Aber das staatliche Angebot war auf drei Fächer beschränkt, bei denen an Gymnasien großer Mangel herrschte, nämlich auf Musik, Turnen und Zeichnen.

Mein Vater entschied sich für das Fach Turnen, wie es damals hieß (heute Sport). Doch die Universität verlangte für die Aufnahme des Studiums ein Minimum an sportlichen Leistungen. Also wurde auf dem primitiven Sportplatz in Woldisch Tychow geübt und geübt. Da es dort keine Aschenbahn gab, maß Vater auf der Chaussee die Länge von 100 Metern ab und nahm das Lauftraining auf der staubigen Schotterstraße auf. Ich war der Starter und gab das Kommando: »Auf die Plätze – fertig – los!« Am Ende der abgemessenen Strecke stand Mutter und stoppte die Zeit mit einer eigens zu diesem Zweck gekauften Stoppuhr. Anfangs waren die Zeiten und Weiten nicht so hoffnungsvoll. Das war kein Wunder, denn Vater war ja bereits 34 Jahre alt und hatte vorher niemals systematisch Sport betrieben. Aber sein eiserner Wille, von Mutter gefördert, und sein Trainingsfleiß schufen die Voraussetzungen zum Bestehen der Aufnahmeprüfung, so daß er sich dann von 1928 bis 1930 dem Studium der Leibeserziehung unterzog, wozu die Disziplinen Turnen, Schwimmen, Rudern und Leichtathletik gehörten. Als wissenschaftliches Zweitfach wählte er die Geologie, wofür er beim Erforschen eiszeitlicher Vorgänge bei Woldisch Tychow bereits Kenntnisse und Erfahrungen gesammelt hatte.

Ich sprach von Opferfähigkeit. Sie betraf keineswegs nur die körperliche und geistige Bereitschaft des Vaters, an der Universität ganz von vorne anzufangen und sich mit zehn bis 15 Jahren jüngeren Kommilitonen abzugeben, sondern vor allem die materielle Seite. Denn die preußische Regierung genehmigte lediglich einen Urlaub, gewährte jedoch keine materielle Hilfe für die Durchführung des Studiums. Ganz im Gegenteil: Vater mußte den an seiner Stelle eingesetzten Lehrer Fritz Nappe aus eigener Tasche bezahlen. Das waren ungeheure Investitionen für die Zukunft der Familie und der Söhne, wie sie heute unvorstellbar sind.

Die Größe der Schule in Woldisch Tychow wies zu Vaters Zeiten keine wesentlichen Veränderungen gegenüber dem Gründungsjahr vor 200 Jahren auf. Das älteste »Schul- und Küsterhaus ist selbiges anno 1728 erbauet worden«, berichtet Neander. Es stand an der Dorfstraße dem heutigen gegenüber und war konzipiert als Schulstube und Wohnung. Die Schülerzahl aus der Gründungszeit ist nicht überliefert. Erst ab 1810 liegen genaue Daten vor. In jenem Jahr besuchten nur zehn Knaben und fünf Mädchen die Schule. Dann stieg die Zahl kontinuierlich an und betrug zwischen 1860 und 1914 immer 100 und mehr. Im Gefolge des Ersten Weltkrieges nahm sie ab und erreichte 1925 den niedrigsten Stand mit 50 Kindern. Als mein Vater im Jahre 1931 den Ort verließ, hatte die Schule wieder 70 Kinder, die übrigens alle evangelisch waren. Aus dieser Zahlenentwicklung wird verständlich, daß die Größe des ersten Schulhauses den Erfordernissen in der Mitte des 19. Jahrhunderts nicht mehr entsprach. Daher wurde 1880 ein roter Backsteinneubau an dem jetzigen Standort errichtet. Als sich nach kurzer Zeit erwies, daß die einzige Schulstube die steigende Schülerzahl nicht mehr aufnehmen konnte, wurde 1894 ein geräumiges Klassenzimmer angebaut. Der bisherige Unterrichtsraum wurde der Dienstwohnung des Lehrers zugeschlagen. In dieser Größenordnung existiert das Haus noch heute. Doch nach der Vertreibung der Deutschen hat es als Schulhaus ausgedient. Eine Zeitlang soll das einstige Klassenzimmer als Büro für die kommunistische Staatspartei gedient haben. Dieser Verwendungszweck macht auch äußerlich die Sinnentfremdung des Komplexes deutlich.

Welch pulsierendes Leben herrschte hingegen zu meiner Kinderzeit im Schulhaus! Über die fünf steinernen Stufen zum Anbau kam man zunächst in einen Flur, von dem man in die Schulstube und nach rechts ins Wohnzimmer der Lehrerwohnung gelangte. Man war also auf Tuchfühlung, und die Lehrerfamilie bekam natürlich viel vom lebhaften Schulbetrieb der 50 bis 70 Kinder mit.

Die Einrichtungen der damaligen Schulstuben haben mit den heutigen gar nichts mehr gemeinsam. Das beginnt beim Sitzen und hört beim Schreiben auf.

Heutzutage bestimmen leicht transportierbare Zweierbänke mit waagerechten Schreibpulten und Stühlen in verschiedener Sitzhöhe das Bild eines Schulzimmers. Oftmals sind die Tische im offenen Viereck aufgestellt, was schon äußerlich auf die neue Form des pädagogischen Seminar- bzw. Arbeitsunterrichtes schließen läßt. Damals standen hochbeinige schwere Holzgestelle mit schrägen Schreibflächen und angeschraubten Klappsitzen in streng ausgerichteten Reihen hintereinander. Diese Anordnung war beim Frontalunterricht notwendig, bei dem der Lehrer vorn auf dem Pult saß oder vor der ersten Bankreihe dozierte.

Die Bänke enthielten oben im Pult für jeden Schüler ein Tintenfaß, denn das hauptsächliche Schreibwerkzeug war eine Stahlfeder. Sie konnte in der hölzernen Halterung leicht ausgewechselt werden. Wenn ich an dieses Schreibutensil denke, bekomme ich heute noch Herzklopfen. Denn die Feder konnte oftmals die mühevolle Schreibarbeit von Stunden in Sekundenschnelle zunichte machen, wenn sie einen Tintenklecks im Heft verursachte. Entweder hatte man zu viel Tinte aufgenommen, oder die Feder war defekt, oder – auch das kam vor – die Tinte im Schreibpultfäßchen war nicht mehr sauber und dickte. Zwar konnte ein Löschblatt von der Größe einer Heftseite die kleinen Tintenflecken im Heft wieder aufsaugen und somit die Leserlichkeit des Geschriebenen erhalten, aber die Schönheit der Schriftseite war dahin. Gar nicht selten gab es auch einen Tintenspritzer auf die Kleidung, und dieser Patzer wiederum brachte Ärger zu Hause ein.

Als Schulanfänger hatte man es insofern leichter, als man auf einer handlichen Schiefertafel seine ersten Buchstaben versuchen durfte. Was der Griffel auf der Tafel falsch oder schlecht geschrieben hatte, konnte schnell wieder mit einem leicht genäßten Schwamm gelöscht werden. Freilich gab es auch mit diesen Schreibinstrumenten Ärger, so wenn man mit dem Banknachbarn im Griffelkrieg lag und der Griffel beim Fechten zerbrach, oder wenn man die Tafel als Schlagwaffe zweckentfremdet hatte, wofür sie ja auch nicht geschaffen worden war.

Weil die Arbeitsmittel des Schülers also leicht zu zerbrechen oder zu beschädigen waren, freute man sich über jeden »Nachschub«, den man nicht selbst bezahlen mußte. Solche Gelegenheit kam jedes Jahr zu Weihnachten. Wenn die Schulkinder bei der adventlichen Feier im Klassenzimmer ihre Spiele und Lieder den Eltern und Gästen vorgetragen hatten, kam es zur Bescherung. Sie wurde von der Gutsherrin Erika Weske Jahr für Jahr selbst vorgenommen, und jedes Schulkind erhielt irgendwelche zweckmäßigen Kleinigkeiten, wie Hefte, Bleistifte, Radiergummis oder auch Gebäck und Süßigkeiten. Diese freundliche Geste der sonst unnahbar erscheinenden Gutsbesitzerin hat bei mir lebenslangen Eindruck hinterlassen.

Solch weihnachtlicher Besuch in der Schule durch die Gutsherren war in Hinterpommern allgemein üblich. Er wirkte um so nachhaltiger, weil die Herrschaften sich sonst das ganze Jahr nicht um die Schule kümmerten. Wenn sie selbst Kinder hatten, ließen sie diese meist durch Privatlehrer zu Hause unterrichten und ab etwa zehn Jahren ein Gymnasium in einer Stadt mit Internatsunterbringung besuchen.

In einem schwerwiegenden Punkt unterschieden sich die schulischen Lerninhalte der zwanziger Jahre von den heutigen. Das war die gotische Schrift, auch deutsche Schrift genannt, die man ab dem ersten Grundschuljahr lernte. Sie war in Deutschland seit rund 1500 gebräuchlich. Ihre Merkmale waren lange Konsonanten wie im Wort *deutsche Schrift* und eckige Schreibweise. In Westeuropa und Italien hingegen setzte sich seit dem 16. Jahrhundert die Antiqua durch (korrekt: Littera antiqua), bei uns auch lateinische Schrift genannt. Ohne Frage verleitet die lateinische Schrift mehr zum Schmieren, während die deutsche Schrift zu größerer Schreibsorgfalt erzieht.

In der Mitte der zwanziger Jahre wurden die Druckerzeugnisse in Deutschland zu knapp 50 Prozent in der lateinischen Schrift produziert, in der Mitte der sechziger Jahre waren es fast 100 Prozent. Das lag daran, daß man beim Schreiben in der lateinischen Schrift schneller vorankam und vor allem, daß Hitler im Jahre 1941 von Amts wegen die deutsche Schrift abschaffen ließ. Ab 1.9.1941 sollte nur noch die lateinische Schrift als Normalschrift ab der ersten Klasse gelehrt werden. Dementsprechend mußten Dokumente und Straßenschilder in Normalschrift ausgefertigt werden. Diese Neuregelung bewirkte große Veränderungen im Schulbereich, denn alle Fibeln und Schulbücher mußten neu gedruckt werden. Im Privatleben führte die Änderung dazu, daß die Nachkriegskinder nicht mehr die Briefe und handgeschriebenen Unterlagen ihrer (Groß-)Eltern lesen konnten. Wenn die Großeltern sich also schriftlich über etwas verständigen wollen, was die Enkelkinder nicht lesen sollen, brauchen sie nur auf die schöne alte deutsche Schrift zurückzugreifen.

Da es auf den pommerschen Dörfern fast nur einklassige Schulen gab, nahmen alle Kinder zur selben Zeit im selben Raum am Unterricht teil. Der Lehrer mußte sich also für jeden Vormittag ein in sich schlüssiges Konzept für Inhalt und Durchführung des Unterrichtes mit den einzelnen Jahrgangsstufen und in den einzelnen Fächern machen. Dabei kam es darauf an, die einen – auch bei Gebrauch der Wandtafel – in angemessener Lautstärke zu unterrichten und andere sich still beschäftigen zu lassen. Sehr früh mußten auf diese Weise die Kinder lernen, sich zu konzentrieren und sich nicht von der lauten Umgebung ablenken zu lassen.

Obwohl ich nur drei Jahre lang diese Unterrichtsform in Woldisch Tychow mitgemacht habe, meine ich doch, daß bereits in dieser Zeit der Grundstein zum Konzentrierenkönnen gelegt worden ist. Ich kann etwas lesen oder schreiben, ohne daß mich ein im selben Zimmer eingeschalteter Radio- oder Fernsehapparat stört.

Überhaupt ist die einklassige Volksschule, gelegentlich heutzutage auch verächtlich als Zwergschule bezeichnet, zu Unrecht abqualifiziert worden. Denn pädagogische Prinzipien, wie Vertiefung und Konzentration, dazu gesellschaftspolitische Schulziele, wie soziale Integration und Chancengerechtigkeit, kamen viel häufiger als Ergebnis des einklassigen Schulbetriebes heraus als bei den vielklassigen Mammutschulen. Wenn man als wichtigste Aufgabe der Schule die individuelle Förderung des einzelnen versteht, darf man nicht verkennen, daß unter Förderung einerseits die Vermittlung von Kenntnissen und andererseits die Erziehung zum gesellschaftsfähigen, humanen Menschen zu verstehen ist. Und gute Erziehungsergebnisse kann man im Zwergschulbetrieb mit kleinen Gruppen, die zudem von nur einem Lehrer betreut werden, besser erreichen als in großen Klassen mit wechselnden Lehrern und mit einem Hang zur Anonymität.

Freilich hängt der pädagogische Erfolg weitgehend von der Lehrerpersönlichkeit ab, nämlich von ihrer Fähigkeit, wie sie die Kinder zu packen, zu begeistern versteht, wie sie Vertrauen schaffen und Atmosphäre in die nüchterne Schulstube bringen kann. Der Dichter Franz Werfel hat richtig beobachtet, daß die Schule in ihrer Dreiheit Schulraum – Lehrer – Schüler einen wichtigen Teil menschlicher Existenzerfahrung darstellt. Und ich meine, daß mein Vater in diesem Erziehungssinn ein guter Lehrer mit immer neuen pädagogischen Ideen gewesen ist.

Sein Bemühen, von der engsten Heimat, von der Kenntniserfahrung des Raumes Woldisch Tychow und des Kreises Belgard ausgehend, die weitere Umgebung und dann die weite Welt zu erschließen, hat nachhaltige Wirkungen erzeugt, wie mir ehemalige Schüler berichteten. So hat er beispielsweise als erster Lehrer den Sandkasten mit maßstabsgerechten Reliefs der Dorfumgebung in die Schulstube eingeführt und die Schüler zum Erkunden von Höhen, Tiefen und Weiten in der Nachbarschaft angeregt. Mit Begeisterung haben sie die kleinen Häuser, Kirchen oder Wälder gefertigt und in den Sandkasten eingeordnet. Weil sie selbst dieses Schaustück im Schulzimmer erstellt hatten, achteten sie auch auf dessen Erhaltung und behüteten, was sie gefertigt hatten. Der Zuname »Sandkasten-Rost« war daher ein ehrender Titel für den Begründer dieser pädagogischen Maßnahme im Kreis Belgard.

Ein anderes Steckenpferd meines Vaters war Steineklopfen in den Kiesgruben der Umgebung. Die aufgeschlagenen Steine gaben ja Auskunft über ihre Herkunft und ihre geologische Vergangenheit. Die Eiszeit hatte bekanntlich bewirkt, daß riesige Gletscher aus Skandinavien auf ihrem Rücken schwerstes Gebirgsmaterial bis nach Pommern transportiert hatten. In den Kiesgruben, wohin die nacheiszeitlichen Wassermassen große und kleine Steine geschwemmt hatten, fand man gewissermaßen die geologische Visitenkarte aus Nordeuropa. Vater verstand es, die älteren Schüler für seine geologischen Erkundungen in den Kiesgruben zu begeistern. Besondere Exemplare, die eindeutig auf ihre geologische Herkunft schließen ließen, wurden dem Belgarder Heimatmuseum überlassen. Als die Schaustücke immer zahlreicher wurden, kam Vater auf die Idee, einen Glas-Schaukasten fertigen zu lassen, in dem Steine – nach geologischen Formationen geordnet und beschriftet – im Schulzimmer ausgestellt wurden. Das war die Verwirklichung des pädagogischen Erziehungsprinzips »learning by doing« – Lernen durch aktives Tun – und moderner Anschauungsunterricht.

Zur Bewertung der pommerschen Zwergschule stelle ich die These auf, daß sie zwar keine gleich große Wissensmenge vermittelt hat wie Schulen, die nach Jahrgangsklassen gegliedert sind, aber in erzieherischer Hinsicht mehr Wirkung erzielt hat. Die unberechtigte totale Abwertung der Zwergschule kam in einer Zeit auf (Ende der sechziger bis Ende der siebziger Jahre), als das Erzieherische in den Augen linker Pädagogikpäpste eine untergeordnete Rolle zu spielen hatte. Heutzutage weist man der Schule neben der Wissensvermittlung auch wieder die Aufgabe der Erziehung zu. Daher erscheint die ländliche Zwergschule wieder in einem positiveren Bild.

In keiner Verfassung und in keinem Gesetz wird gefordert, daß der Volksschullehrer auf dem Land sich als allgemeiner Kulturträger begreifen soll. Aber die Praxis weist aus, daß die Dorflehrer ihren Beruf – auf jeden Fall in der Vorkriegszeit – nicht als Job aufgefaßt haben, der lediglich zum Gelderwerb dient, sondern als kulturellen Auftrag.
Hierfür liefern die Tätigkeiten meines Vaters ein klassisches Beispiel. Da fiel zunächst die Funktion des Organisten an. Sonntag für Sonntag saß Vater an der Orgel der Kirche, die nur wenige Schritte vom Lehrerhaus entfernt stand. So wie Kirche und Schule als kulturelles Duo im Dorf wirken, so wie die Kirchenmusik als die heitere Schwester der ernsten Religion fungiert, so kann auch der Organist sich als der kirchliche Halbbruder des tonangebenden Pastors erweisen. Denn auf die Worte des Pastors wie auf die Orgeltöne des Organisten kommt es beim sonntäglichen Gottesdienst an, wenn die Kirchengemeinde einen Gewinn in Sachen Glauben verbuchen will. Wenn man von der Sentenz ausgeht, daß Gott zwar unsichtbar ist, aber durch Musik hörbar und spürbar wird, dann braucht die Kirche eine Orgel. Sonst wirkt sie wie taubstumm. Dabei verrät das Wort Orgel, abgeleitet vom griechischen »organon« (Werkzeug), nichts von den Möglichkeiten dieses »königlichen Instrumentes«, wie die Orgel auch genannt wird. Sie ist allerdings ein »Werkzeug«, das zu beherrschen hohes Können voraussetzt.
Als Johann Sebastian Bach, der bedeutendste Organist und Schöpfer deutscher Kirchenmusik, in Erfurt mit dem Orgelspiel begann, wurde ihm eingebleut: Auf den Wind kommt es an. Auf

den Tonwind, der durch die Orgelpfeifen fährt, und auf den Gefühlswind, der durch die Menschenseele seinen Weg zu Gott nimmt.
Vaters Auftrag bestand darin, für den Tonwind zu sorgen. Dabei ging es damals primitiv zu. Man mußte mittels zweier Pedale den Blasebalg betätigen und so für die nötige Luft für die Orgelpfeifen sorgen. Für diese Tretfunktion war der Küster zuständig. Das Amt des Küsters war zu Vaters Zeit im Gegensatz zum 18. Jahrhundert von dem des Lehrers längst getrennt worden. Küster war kein Hauptberuf mehr, sondern ein Nebenamt. Wenn also an Wochentagen der Küster seiner beruflichen Hauptbeschäftigung nachging und Vater für das sonntägliche Orgelspiel üben wollte, brauchte er jemanden, der die Blasebalgpedale trat. Oftmals mußte ich einspringen. Hinter der Orgel im Halbdunkeln die Holzpedale beständig mit den Füßen runterzutreten, das war schrecklich langweilig. So versuchte ich dann, mit Ausflüchten zum Ende zu kommen:
»Väti, die rechte Pedale ist so ausgetreten, ich rutsche immer ab.«
»Bis zum nächsten Üben hat der Pastor das Holz bestimmt auswechseln lassen.«
Nach einer Weile erneuter Anlauf:
»Väti, mir tun die Füße so weh vom Treten.«
»Denk daran, daß das Pedaltreten ein gutes Training fürs Radfahren ist. Du willst doch mit mir wieder eine Radtour machen?«
Somit war ich ausgetrickst und mußte ausharren, bis Vater genug geprobt hatte. Aber das Treten der Pedale ist mir, dem Sieben-/Achtjährigen, oft schwerer gefallen als das Stillsitzen im Gottesdienst.
Mitte der zwanziger Jahre wurde Vater mit einer anderen Aufgabe betraut, für die Zuverlässigkeit und Pünktlichkeit wichtige Bedingungen waren. Da diese Tugenden von Lehrern erwartet wurden, griff man auf diese zurück. Es ging darum, die Wetterbeobachtungen in Deutschland mit Hilfe eines dichten Netzes von Regenmessern zu verfeinern. So wurde auch auf unserem Grundstück ein Pfahl mit einer Regenmeßanlage, etwa eineinhalb Meter über dem Boden, errichtet. Diese war so konstruiert, daß auf einer kleinen Trommel die Niederschlagsmenge (Tau oder Regen) mit einer Feder auf einem speziellen Papierstreifen aufgezeichnet

wurde. Dabei war es notwendig, daß die Trommel gleichmäßig von einem batteriebetriebenen kleinen Elektromotor ohne Stocken gedreht wurde, weil sonst die Aufzeichnungen von Zeitangabe und Niederschlagsmenge nicht übereinstimmten. Jeden Morgen zur bestimmten Uhrzeit mußte Vater den Papierstreifen mit den Mengenaufzeichnungen durch einen neuen ersetzen. Zu Anfang jeder Woche wurden die Meßstreifen zur Auswertung in eine Wetterzentralstelle nach Stettin geschickt. Ob diese Regenmeßstationen nur statistischen Zwecken oder darüber hinaus auch der Wettervoraussage dienten, vermag ich allerdings nicht zu sagen.
Zum Selbstverständnis des hinterpommerschen Dorfschullehrers gehörte es auch, die Geschichte der Heimat zu erforschen. Ein Spezialbereich meines Vaters war neben der Erkundung geologischer Vorgänge und eiszeitlicher Auswirkungen auf unseren näheren Lebensraum das Aufspüren von ersten Menschenspuren im Ortsbereich. Die Ergebnisse seiner Forschungen veröffentlichte er in den Monatsblättern des Belgarder Vereins für Geschichte und Heimatkunde. Diesem Verein räumte die Belgarder Zeitung eine Monatsbeilage mit dem Titel »Aus dem Lande Belgard« ein. Vaters Beiträge »Voreiszeitliche Schichten der Heimat« (Monatsblätter 1/1921–22) und »Am Persantestausee« (Monatsblätter 22/1926) gewährten gute Einblicke in die Zusammenhänge und die Entstehung der Landschaft um Woldisch Tychow. Über seine wichtigste Entdeckung schreibt Vater zum Beispiel:·

> Für den Geologen ist das Persantetal noch dadurch interessant, daß hier Schichten des Tertiärs zu Tage treten, nämlich die »Stettiner Sande« mit den »Stettiner Kugeln« des Mitteloligozäns. Ich fand diese Kugeln sowohl am Eichberg als auch in der Kiesgrube des Kreises am rechten Persanteufer unterhalb der Brücke bei Woldisch Tychow. Sie haben die Größe einer Nuß bis einer Faust ... Nach der geologischen Karte finden sich Reste des Tertiärmeeres an beiden Seiten des Persantetales von hier bis Boissin.

Neben seinen geologischen Forschungen hatten er und seine Gehilfen auch Erfolg beim Aufspüren vorgeschichtlicher Funde. Die ältesten stammten aus der Steinzeit (ca. 2000 v. Chr.). Dazu zählten eine Speerspitze aus Feuerstein, etwa zwölf Zentimeter lang;

eine Pfeilspitze von drei Zentimetern Länge sowie mehrere drei bis vier Zentimeter lange und einen Zentimeter breite Feuersteinschaber; aber auch Handwerkszeuge der Frauen, wie Mühlsteine zum Mahlen von Getreide sowie Spinnwirbeln (das sind durchbohrte Steine von drei bis vier Zentimetern Durchmesser zur Beschwerung der Spindel beim Spinnen).
Aus der Bronzezeit (ca. 1200–500 v. Chr.) stammt ein Bronzebeil von zwölf Zentimetern Länge und mit einer fünf Zentimeter breiten Scheide, das Förster Friske aus Bergen gefunden hat.
Wann die vorgeschichtlichen Bewohner in meiner Heimat gelebt haben, kann man aus der Art der Gräber und den Grabbeilagen schließen. In die Steinzeit ließ sich ein Hünengräberfund bei Groß Rambin einordnen. In diesem Steingrab von zweieinhalb Metern Länge und eineinhalb Metern Breite und Höhe entdeckte man fünf menschliche Skelette mit Urnenbeigaben, Feuersteinwerkzeugen und Bernsteinstücken. Vater selbst fand am Persanteufer östlich von Woldisch Tychow in der Kiesgrube einige Urnenscherben aus der Steinzeit. Aus der Bronzezeit, in der die Toten verbrannt und auf Urnenfriedhöfen beigesetzt wurden, stieß man um Woldisch Tychow herum – sowohl an den Rändern des Persantetales wie auf den Äckern – auf zahlreiche guterhaltene Urnen.
Die aussagekräftigsten geologischen Fundstücke aus der Vorgeschichte nahmen ihren Weg in das Belgarder Heimatmuseum am Hohen Tor oder sogar in das Völkerkundemuseum in Berlin. Nur die weniger wertvollen Exponate stellte Vater zusammen mit den Steinen aus den Kiesgruben in den Vitrinen des Schulzimmers aus, die nach seinen Maßangaben gefertigt worden waren. So entstand gewissermaßen ein privates Schulmuseum mit der eigenen Note, weil dieses Anschauungsmaterial aus der nächsten Umgebung stammte. Heimatkunde wurde auf diese Weise nicht nur gelehrt, sondern durch eigenständiges Forschen und Suchen erlebbar und nachweisbar gemacht.
Leichter zugänglich als die vorgeschichtlichen Bodenschätze waren die schriftlichen Quellen der historischen Zeit. Eine vielseitige Fundgrube boten die Kirchenchroniken, weil sie alle wichtigen Vorgänge im Kirchensprengel festhielten. Wie dankbar müssen wir heute sein, daß diese Quellen erschlossen und deren Erkennt-

nisse bis 1945 publiziert worden sind. Denn im Zusammenhang mit der Vertreibung der Deutschen sind auch die meisten deutschen Schriftzeugnisse vernichtet worden, so daß wir auf Sekundärquellen zurückgreifen müssen. Hierzu zählen auch Vaters Veröffentlichungen über die Entwicklung der Schule in Woldisch Tychow, über das Bauernschicksal im Heimatdorf sowie über die Ortsgeschichte und die Flurnamen der Umgebung. Als Höhepunkt seiner ortsgeschichtlichen Studien empfinde ich seine handgeschriebene Arbeit über die Entwicklung der Besitzverhältnisse des Gutes Bergen bei Woldisch Tychow, betitelt »Geschichte des Allodial-Rittergutes Bergen« (unter Allod verstand man in Pommern den ritterlichen, volleigenen Gutsbesitz im Gegensatz zum Lehensbesitz). Vater widmete diese Studie im Jahre 1925 Herrn Kurt von Borries, der seit 1920 Besitzer des damaligen Rittergutes Bergen war. Zufällig erfuhr ich von der Existenz dieser wichtigen Schrift nach mehr als 60 Jahren von dem Sohn Kurt-Wolf von Borries. Er überließ mir das Original freundlicherweise zur Einsicht und zum Fotokopieren.
Erzieher, Organist, Heimatforscher – diese selbstgewählte Dreiheit umreißt die Spannweite der kulturellen Aktivität eines pommerschen Dorfschullehrers der Vorkriegszeit. Für den Nachweis der geschichtlichen deutschen Kontinuität ist es heute äußerst bedeutsam, daß die Erkenntnisse und Ergebnisse aus der Heimatforschung in einschlägigen Fach- und Kreiszeitungen veröffentlicht worden sind, wie Vater es auch getan hat, und daß diese Druckerzeugnisse großenteils erhalten werden konnten.

An Karl Rosts Seite war für seine Frau Josefine ein Jahrzehnt lang auch ein Landleben vorgezeichnet, aber ein anderes, als von den Eltern Klabunde wohl ursprünglich erhofft worden war. Der pommersche Dorfschullehrer lebte nicht nur auf dem Lande, er verfügte auch über Land, nämlich einen schuleigenen Landbesitz – bis 1945! In Woldisch Tychow war der Schule im Jahre 1831 – im Zuge einer amtlichen »Regulierung der gutsherrlichen und bäuerlichen Verhältnisse und der damit verbundenen Gemeinheitsteilung« – ein eigener Grundbesitz von sechs (preußischen) Morgen Acker zugewiesen worden. Da ein Morgen etwa 25,5 Ar entspricht, hatte Vater also 1,53 Hektar Acker zu bewirtschaften.

Später muß der Besitz noch vergrößert worden sein, denn laut »Übersicht über sämtliche Schulen und Lehrer des Regierungsbezirks Köslin nach dem Stande vom 1. März 1928« betrug er zu Vaters Dienstzeiten 1,9 Hektar, wozu noch ein Gartenanteil von 14,5 Ar kam.

Ein staatlich besoldeter Lehrer mit Beamtenstatus und zugleich Landwirt im Nebenamt? Diese Kombination erscheint uns heute als beruflicher Interessenkonflikt und vielleicht sogar strafbar. Aber man muß die Doppelfunktion aus der Entstehung des pommerschen und preußischen Landlehrerlebens begreifen. Ein Lehrer auf dem Dorf erhielt seit dem 18. Jahrhundert von seinem »Brötchengeber« eine kärgliche Vergütung, die nicht zum Leben und nicht zum Sterben reichte. Zur Ergänzung seines Einkommens wurden ihm daher ein Stück Ackerland und eine Wiese zugewiesen, damit er als Selbstversorger seine Familie ernähren konnte. Der schulische Grundbesitz von knapp zwei Hektar in Woldisch Tychow war vergleichsweise klein, wenn man Nachbarschulen im Landkreis Belgard heranzieht, die sogar über sieben Hektar (so in Zadtkow) besaßen.

So hat denn auch mein Vater das Handwerk eines Bauern praktiziert – »im Nebenerwerb« sagt man heute zu dieser Tätigkeitsform. Dabei war Kartoffelanbau ganz selbstverständlich, war Pommern doch eine Hochburg der Kartoffelzucht und das Kartoffelland in Deutschland. Dazu kümmerte Vater sich um eine Wiese, damit die beiden Kühe im Stall das nötige Heu und Gras erhielten. Bis zu unserem Wegzug aus Tychow besaßen wir nämlich zwei Kühe, zwei Schweine, dazu Gänse, Enten, Hühner und natürlich Hund und Katze. Oben im Dach unseres Hauses hatte Großvater Rost einen Verschlag für Haustauben gezimmert. Doch ich mochte sie nicht, weil sie mir mit ihrem ständigen Gurren lästig waren.

Anfangs betreute meine Mutter selbst das Vieh. Als dann Bruder Dankwart 1926 geboren wurde und die Arbeit zunahm, wurde eine junge Hilfskraft namens Minna eingestellt. Sie war unsere treue, zuverlässige Perle, die mit meiner Mutter auch nach ihrer Eheschließung mit einem Landmann Thurow in Briefkontakt blieb – lange Jahre über den Zusammenbruch von 1945 hinaus.

Da unser Grundbesitz auch Sandboden enthielt, probierte Vater den Spargelanbau aus – mit Erfolg. Ich erinnere mich, daß wir in den Monaten Mai und Juni viel Spargel mit zerlassener Butter und Schweineschinken als Köstlichkeiten auf der sonst kargen Speisekarte hatten. Viele Lehrer in der Nachbarschaft hielten auch Bienen, aber Vater nicht. Die Imkerei machte ihm wohl keinen Spaß. Mutter jedoch hatte sich etwas Besonderes ausgedacht: Sie begann eine Zucht mit großen schwarzen Wyandotten und errang mit dieser Hühnerrasse sogar Zuchtpreise. Die Wyandotten hatten aber auch eine prächtige Unterkunft erhalten. Als mein Großvater Rost von dem Vorhaben meiner Mutter erfuhr, erklärte er spontan: »Da baue ich euch einen Muster-Hühnerstall!« So kam er von Belgard zu uns herüber und errichtete – dank meiner »Handlangerdienste« – eine holzgezimmerte Bleibe mit großem eingezäuntem Auslauf für die Hühner. Ein altes Foto bei der Entstehung des Hühnerstalles zeigt Großvater sowie mich als etwa Vierjährigen. Die Hühner mochte ich übrigens lieber als die Gänse, weil der Ganter mir öfter fauchend nachlief und ich für die jungen Güssel im Frühjahr frische Brennesseln holen mußte. Und diese Futtersuche ging nie ohne Hautverbrennungen ab.

Unangenehme Erinnerungen habe ich an die Tage, an denen ein Schwein geschlachtet wurde. Hierzu wurde extra ein Fleischer geholt. Zwei Tage lang ging es dann hektisch auf unserem Hof und in der Küche zu, bis das Tier zu Fleisch und Wurst verarbeitet worden war. Dann wurde die hauseigene Räucherkammer im Dachboden in Betrieb genommen, und ein neues Ferkel kam in den Stall.

Feste feiern die Pommern weniger nach dem Kalenderzwang, vielmehr nach den sich bietenden Gelegenheiten. Solche Gelegenheit war das Schlachtfest. Dieses war für mich als Kind zwar kein Fest; aber den Erwachsenen schien es mächtig Spaß gemacht zu haben, was aus einer Eintragung meines Patenonkels Ernst Rost im Gästebuch meiner Eltern hervorgeht:

> So von einem Schlachtenfeste
> ist der Preßkopf doch das Beste!
> Aber tue auch bedenken,
> daß der Magen kann verrenken,
> wenn man hat zu viel genossen

und es nicht mit Rum begossen.
Darum, Kinder, laßt Euch sagen:
Gießt erst einen hintern Kragen!
So werdet Ihr Euch leicht bewahren
vor revolutionistischen Gefahren.

Das Schulgebäude steht noch in Woldisch Tychow; aber Unterricht wird seit der Vertreibung der Deutschen nicht mehr angeboten. Auch die Kirche steht noch; aber die Pfarrei ist Halbwaise geworden, seit der Geistliche nicht mehr im Ort, sondern in Boissin/Byszyno wohnt. Mit der Schließung von Schule und Kirche, der beiden Kulturträger deutscher Vergangenheit, fehlt dem Dorf die geistige Mitte, die Seele. Die Steine von Schule und Kirche in meinem Kindheitsparadies sprechen noch Deutsch; aber im Dorf fehlen die Menschen, die diese Sprache verstehen und weitergeben. Aus meinen an Klängen und Farben so reichen Paradies ist für mich heute eine kulturelle Öde geworden. Das Paradies ist nicht mehr sichtbar; aber es lebt in meinem Herzen weiter.

Unter Paradies stellt man sich im allgemeinen einen Zustand vor, in dem nicht die Herrschaft des Bösen zu Hause ist, sondern die Regentschaft des Guten in Verbindung mit Harmonie und Frieden. Im Rückblick auf das erste Jahrzehnt meines Lebens (1921–1931) erscheint mir meine Kindheit in Hinterpommern paradiesisch, obwohl die Unterschiede im Alltagsleben zwischen heute und damals unvorstellbar groß sind.
Das heutige Alltagsleben findet seinen Ausdruck im zivilisatorischen Wohlstand mit den Merkmalen Wohnungsqualität, Nahrungsvielfalt, Verkehrsmobilität und Freizeitüppigkeit. Von alldem war in meiner Kindheit nichts zu spüren.
Klagen über zu hohen Energieverbrauch an Strom, Kohle oder Heizöl konnten in Woldisch Tychow nicht auftauchen, weil man derartige Energiequellen gar nicht kannte. Erst 1932 erhielt mein Heimatdorf elektrischen Anschluß. Bis dahin wurden Holz und Torf zum Beheizen von Herd und Öfen verwendet und Petroleum für die Beleuchtung. Daß eine Dorfstraße im Dunkeln liegt, kann man sich heute gar nicht mehr vorstellen. Wer damals in der Dunkelheit zur Arbeit auf das Gut gehen mußte oder von dort nach

Hause wollte, behalf sich mit einer Stallaterne, die den Weg spärlich erleuchtete. Sonst aber schaute man, daß man rechtzeitig vor Einbruch der Dunkelheit zu Hause war.

Auch Wohnen und Essen waren von Einfachheit geprägt. Viele Häuser hatten keinen Keller. Ausgebaut war meist nur das Parterre, während der erste Stock bereits unter der Dachschräge litt. Holzfußböden hatten nur das Schloß sowie das Lehrer- und das Pastorenhaus. In den Tagelöhnerhäusern dominierten die roten Ziegeln als Steinboden. Bei jahrelangem Begehen nutzte dieser bald ab und wurde uneben. Gegen zu raschen Abrieb streuten die Bewohner auf den Fußboden feinen Sand, der nach einigen Tagen ausgekehrt und erneuert wurde. Wer also barfuß ins Bett ging, nahm eine Ladung Sand mit.

Natürlich fehlten damals auch die Bäder. Tägliches Duschen wie heute war unmöglich, denn es gab ja kein fließendes Wasser, sondern nur das eigens herangeschleppte Pumpenwasser. Doch im Lehrerhaus gehörte es zum guten bürgerlichen Ton, daß das Elternschlafzimmer über eine Waschkommode verfügte, auf der eine große Wasserkaraffe für die beiden Waschschüsseln bereitgehalten wurde. Für die große Körperwäsche der Kinder benutzte man eine leichte Zinkbadewanne – etwa 40 Zentimeter hoch. Sie wurde mit Wasser gefüllt, das zuvor auf dem Küchenherd in einem großen Kochtopf erwärmt worden war.

In den Essensgewohnheiten gab es kaum Unterschiede bei den Dorfbewohnern. Als Hauptgericht dominierte der Eintopf. Vor allem Wrucken (Rübenart) oder Bohnen mit Kartoffeln und Hammelfleisch, weil es diese Produkte reichlich und billig gab. Auch Suppen wurden gerne gereicht, mittags und abends. Die Kliebensuppe (Milch mit Mehlklößchen) gehörte zu meinen Lieblingsspeisen am Abend, wozu man allenfalls noch ein Stück trockenen Brotes aß.

Der Kenner weiß, daß Pommern als das Herings- und Kartoffelland galt. Beides – Heringe wie Kartoffeln – bildeten die Hauptnahrungsmittel und durften nie im Hause ausgehen. Die Ostsee spendete damals so dichte Heringsschwärme, daß man den Fisch praktisch mit der Hand fangen konnte. In großen Heringstonnen wurden die Heringe ins Landesinnere und nach Berlin transportiert.

Die Kartoffeln gehörten zu Pommern wie der Sand zum Ostseestrand. Sie wurden überall in Mengen als Eß- oder Saatkartoffeln angebaut – auf den Gutsäckern wie in den Privatgärten. Waren sie mittags einmal nicht gereicht worden, holte man das Versäumnis abends nach mit Pell- und Bratkartoffeln oder mit einfachen Stampfkartoffeln in Buttermilch. Kein Mensch wußte zwar, daß Kartoffeln schon vor 6000 Jahren im südamerikanischen Andengebiet angebaut worden waren und daß das Wort Kartoffel vom italienischen »tartufoli« abgeleitet wird, weil die Tartuffeln eine Ähnlichkeit mit den Trüffeln, den unterirdisch wachsenden Pilzen, hatten. Aber jeder Pommer wußte, daß man dieses Volksnahrungsmittel dem Preußenkönig Friedrich verdankte. Er hatte, nachdem die Spanier die Kartoffeln im 17. Jahrhundert in Europa bekanntgemacht hatten, die widerstrebenden Pommern mit Gratissendungen gezwungen, die neue Frucht anzupflanzen. Reserviert, wie der Pommer nun einmal gegenüber jeder Neuerung ist, hatte er die unbekannte Feldfrucht als Teufelszeug abgelehnt. Doch als er deren volkswirtschaftliche Bedeutung als Abhilfe für die stets wiederkehrenden Hungersnöte erkannt hatte, machte er die Provinz zum deutschen Hauptanbaugebiet für Kartoffeln und nannte den königlichen Wohltäter fortan Friedrich »den Großen«.

Unter den Getreidearten dominierte der Roggen. Für Weizen war der heimatliche Boden zu leicht. Also verwendete die Bevölkerung Roggenmehl zum Brotbacken. Als Brotaufstrich wurde Kreude (schwarzer Rübensirup) bevorzugt, die es für ein paar Pfennige im Kramladen gab – ohne Butterunterlage, versteht sich. Das Brotbacken gehörte übrigens zu den wöchentlichen Riten im Dorf. An jedem Sonnabend wurde der gutseigene Backofen von einem Bediensteten mit Holz geheizt. Jeder Dorfbewohner durfte dann am Nachmittag seine Brotteige zum Backen bringen. Damit die fertigen Brote nicht verwechselt wurden, hatten die Familien ihre eigenen Kennzeichen in den Teig geknetet: ein oder mehrere Kreuze, Sternchen oder Buchstaben. Wenn die Brote gebacken waren, konnte man noch Hefekuchen in den Backofen nachschieben. Der war immer noch heiß genug für Hefeteigwaren. Am liebsten aß ich den Hefe-Streuselkuchen, den Mutter stets auf großen Blechen für uns Nascher nach dem Motto »Wenig Mehl, aber viel Streusel« bereithalten mußte. Denn mein Vater wie auch ich – aus der Bäckerfamilie Rost stammend – waren auf Kuchenprodukte ganz versessen.

Auch bei den Getränken hielten wir uns an das, was die Heimat zu bieten hatte oder was billig war. Gerste beispielsweise wurde neben Roggen und Hafer vielfach angebaut. Daher wurde gebrannte Gerste zu Malzkaffee gemahlen. Bohnenkaffee war viel zu teuer und wurde allenfalls an Festtagen getrunken. Wir Kinder hielten uns an Milch und selbsthergestellte Säfte von Gartenfrüchten. Das abendliche Hauptgetränk war bei meinen Eltern Tee aus allen möglichen heimischen Blättern, aber kein Bier. Das wurde im Dorfkrug in Flaschen verkauft; man trank abwechselnd ein Glas Bier, ein Glas Korn. Daß die Leber dabei Schaden nehmen könnte, blieb den Pommern unbekannt.

Eine spezielle Köstlichkeit Hinterpommerns fehlte wohl in keinem Haus: die Spickbrust. Das fettschwartige Bruststück von der Gans oder der Ente wurde in der Räucherkammer langsam und nicht zu stark geräuchert, so daß es die Delikatesse Spickbrust ergab. In dünne Scheiben geschnitten, bildete sie einen äußerst schmackhaften, natürlich auch fettreichen Brotbelag für besondere Feiertage.

Als Tischgetränk zur außergewöhnlichen Spickbrust brauchte man gleichfalls etwas Außergewöhnliches. Weinanbau ist bekanntlich nördlich der deutschen Mittelgebirge nicht mehr möglich. Die Sonnenkraft reicht nicht mehr für die monatelange Rebenreife. Da die Pommern auf Wein einerseits nicht verzichten wollten und er ihnen andererseits zu teuer war, sannen sie auf eine Weinalternative, so auch Vater. Er hatte auf dem Dachboden seine Destilliereinrichtung, bestehend aus Glasballons, Früchten und Hefen. Aus Schlehen, aber vor allem aus unseren Johannisbeeren verstand er einen »Wein« zu produzieren, den allerdings nur Pommern trinken konnten, die hart im Nehmen sind und sich nicht vor einem Brummschädel fürchten!

Schlimm sah es mit den Verkehrsverbindungen aus. In meiner Kindheit herrschte praktisch noch das gemütliche Postkutschentempo. Woldisch Tychow lag ja auch an einer ehemaligen Postkutschenroute. Sie bestand jahrhundertelang nur aus sandigen

Feldwegen, die für die Hufe der Pferde zwar von Vorteil, aber für die Qualität und Schnelligkeit des Reisens von Nachteil waren. So ging man in der Mitte des 19. Jahrhunderts daran, Kunststraßen zu bauen. Zwischen Belgard und Bad Polzin wurde sie 1847/48 angelegt. Das Kennzeichen dieser Kunststraßen in Pommern war, daß neben der Schotterstraße ein sogenannter Sommerweg verlief, der nicht gepflastert war und den Pferdewagen vorbehalten blieb.

Die Kunststraße durch mein Heimatdorf war in meiner Kinderzeit noch eine Domäne für Postomnibusse und Lkw. Pkw und Motorräder waren auch nach dem Ersten Weltkrieg zunächst seltene Straßenbenutzer.

Das Reisen war also damals noch recht beschwerlich und zeitraubend. Wer sich beispielsweise in die 15 Kilometer entfernte Kreisstadt Belgard begeben wollte, mußte für dieses Vorhaben einen ganzen Tag vorsehen. Wenn man den Postbus am Morgen benutzte, konnte man erst abends wieder zurückfahren. Ansonsten mußte man das Fahrrad oder einen Pferdewagen besteigen, um schneller als ein Fußgänger voranzukommen. Eine Bahnverbindung durch den Kreis existierte zwar auch, seitdem im Jahre 1859 die Fernverbindung Berlin – Stettin – Stargard – Belgard bis Köslin eröffnet worden war. Aber der nächstgelegene Bahnhof in Groß Rambin lag sieben Kilometer von Woldisch Tychow entfernt und war natürlich keine D-Zug-Station. Wer nach Stettin oder Berlin reisen wollte, mußte zunächst nach Belgard fahren. Von dort aus verkehrten 1929 insgesamt acht D-Züge nach Stettin (und in die andere Richtung nach Danzig) sowie 40 Personenzüge in alle Richtungen. Für die 286 Kilometer lange Bahnstrecke von Belgard nach Berlin benötigte man rund viereinhalb Stunden (heutzutage mit einem ICE für die gleiche Entfernung drei Stunden).

Einer der ersten Mitbewohner im Ort, der sich Mitte der zwanziger Jahre ein Motorfahrzeug zulegte, war ein Sohn des Schmiedes Dumke. Voller Respekt sprachen die Dorfbewohner von seinen schnellen Fahrkünsten auf der Schotterstraße: »Der geht sogar mit 60 Sachen in die Kurven!« Was wir kleinen Knirpse als Höchstgeschwindigkeit verstanden, bedeutet heute Schneckentempo.

Bei der geringen Fahr- und Reisemöglichkeit funktionierte die schriftliche Kommunikation um so besser. Meine Mutter war bekannt als vielseitige Briefeschreiberin. Sie überwand die fehlende persönliche Begegnung mit Verwandten und Freunden in der Ferne durch die schriftlichen Kontakte. Während heutzutage von der Post als Slogan ausgegeben wird: »Ruf doch mal an!«, galt damals die Aufforderung: »Schreib mal wieder!« Leider hat bereits eine ganze Generation das Briefeschreiben verlernt.

Wie sich meine Enkelkinder heutzutage mit vier, fünf Jahren am Telefon unterhalten, das konnte ich als Kind nicht. Mit der Telefontechnik wurde ich zum erstenmal mit rund sechs Jahren in Woldisch Tychow konfrontiert. Frau Hofmann, die Leiterin der Poststelle, hielt mir eines Tages den Hörer von der Wand ans Ohr und rief einen Telefonpartner an. Als tatsächlich aus dem Hörer eine Stimme zu vernehmen war, blieb ich vor lauter Staunen stumm.

Für meine Mutter war diese Technik freilich nichts Neues. Sie hatte etwa zwei Jahre lang im Krieg als Fräulein vom Amt gewirkt und die Fernsprechverbindungen im Klappenschrank von Hand gestöpselt. In der Stadt war man natürlich schon weiter. So wurde in Pommerns Hauptstadt Stettin im Jahre 1927 mit dem Selbstwählverkehr im Ortsbereich begonnen, in Teilbereichen Berlins bereits ein Jahr früher (Lichterfelde und Wannsee). Überhaupt waren wir Pommern stolz auf die Fortschritte der Telefontechnik und die Post im allgemeinen. Denn die Entwicklung der Post und speziell im Telefonbereich war von dem aus Stolp stammenden Generalpostmeister Heinrich Stephan frühzeitig gefördert worden. Der Begriff Fernsprecher wurde um 1880 von ihm eingeführt. Für seine Verdienste um die Entwicklung der deutschen Post und des Weltpostvereins wurde Stephan sogar vom Kaiser geadelt. Mit dieser Auszeichnung für den Stolper Abkömmling fühlten sich alle Hinterpommern geehrt.

Der heute gängige Begriff Freizeit war nach dem Ersten Weltkrieg sowohl dem Inhalt nach wie als Wort unbekannt. Ein Recht auf Urlaub hatte der hinterpommersche Tagelöhner damals nur in den Bereichen Lauenburg und Köslin (drei bzw. vier Tage Urlaub im Jahr). Es hing ganz vom Wohlwollen seines Gutsherrn ab, wenn er einmal einen freien Tag aus besonderem Anlaß erhielt.

Infolgedessen erstreckten sich freizeitliche Vorhaben auf die kurze arbeitsfreie Zeit an den Abenden und Sonntagen.
Auch die entsprechenden Freizeitangebote waren dürftig. Einmal im Jahr wurde Kirmes an der Persantebrücke gefeiert, wo die Polen inzwischen einen schönen Parkplatz eingerichtet haben. Und gelegentlich schlug ein Zirkus seine Zelte in Belgard auf. Der Stummfilm weckte höchstens bei den Stadtbewohnern Interesse, bei den Dörflern kaum. Erst als 1929 die deutsche Tonfilmära begann, zog das Leinwandgeschehen auch die Dorfbewohner in die städtischen Kinos. Über besonders attraktive Filme, wie »Der Blaue Engel« (1930) mit dem späteren Hollywoodstar Marlene Dietrich und Emil Jannings oder »Der Kongreß tanzt« (1931), waren selbst wir Steppkes vom Land durch die Erzählungen und Schwärmereien der Älteren informiert.
Ich habe damals zwar keinen Film gesehen, aber die Filmgrößen kannte ich allesamt. Denn für deren Bekanntheitsgrad sorgte die Reklame. Zigarettenfirmen, Schuhcreme- und Margarinehersteller (z. B. Erdal und Sanella) fügten ihren Produkten kleine Bilder mit Größen aus Film, Geschichte und Politik bei. Sie gaben sogar Alben heraus, in die man die Bilder einkleben konnte. So handelten und tauschten wir Marlene Dietrich gegen Brigitte Horney oder Hans Albers gegen Heinrich George, der als gebürtiger Pommer natürlich bei uns hoch im Kurs stand.
Da einige von den Ortsansässigen, wie ein Dumke-Sohn, inzwischen in der Stadt Arbeit gefunden hatten, waren sie über das Geschehen in Deutschland und der Welt besser informiert als die Dorfbewohner, die ohne Radio und Zeitung lebten. Wenn die Stadtbeschäftigten am Wochenende nach Hause kamen, brachten sie die wichtigen Nachrichten aus der Stadt mit. So erfuhren wir, was es Neues in Politik und Gesellschaft gab. Daß 1926 Deutschland in den Völkerbund aufgenommen wurde und nicht mehr geächtet war oder daß der Charleston zum beherrschenden Modetanz gekürt worden war, gehörte zu diesen Neuigkeiten, die wir bestaunten. Kurze Zeit später wandte sich das Interesse einem anderen neuen Tanz zu: dem Tango. Der 1930 konzipierte Tanz »O Donna Clara, ich hab dich tanzen gesehn, und du warst wunderschön ...« ist bis heute einer der beliebtesten Tangoschlager geblieben. Doch wenn im Herbst am Erntedankfest auf einem

Scheunenboden des Gutes zum Tanz aufgespielt wurde, bestimmte Walzer- und Schiebermusik den Abend. Ebenso erging es uns Zuhörern, wenn an den langen Sommerabenden ein Nachbar mit seinem Schifferklavier auf der Dorfstraße Platz nahm. Dann hatten die alten Volkslieder oder moderne Filmweisen (Armer Gigolo) Vorrang, weil sie zum Mitsingen anregten. So saß das ganze Dorf um den Ziehharmonikaspieler und ließ sich durch die Melodien Schwingen anlegen.

Ein besonderes Thema beschäftigte uns über Jahre, nämlich die Vorgänge um die deutschen Luftschiffe des Grafen Zeppelin. Er hatte seine ersten fliegenden Zigarren, wie die Luftschiffe humorvoll bezeichnet wurden, schon vor dem Ersten Weltkrieg gebaut und für den Flugverkehr eingesetzt. Sie waren auch während des Krieges eingesetzt worden und hatten London bombardiert. Nach dem Krieg erregte Kapitän Hugo Eckner Aufsehen, als er im Oktober 1924 erstmals mit einem Luftschiff von Friedrichshafen/Bodensee aus den Atlantik überquerte. Zu einer richtigen Volksbegeisterung für diese Flugobjekte kam es 1928, als die Ära der Luftschiffahrt mit der Aufnahme von regelmäßigen Flügen von Berlin nach New York einsetzte. Einer dieser Luftschiffriesen, die »Hindenburg«, hatte zwar nur eine Reisegeschwindigkeit von 110 Stundenkilometer, aber eine Reichweite von 14 000 Kilometern zu bieten. Auch uns Hinterpommern erfaßte ein nationaler Technikenthusiasmus, obwohl wir weit weg waren von den Erfolgstaten der Luftschiffe. Aber die technische Faszination dieser Ungetüme der Luft beschäftigte uns ständig in unseren Gesprächen. »Graf Zeppelin«, ein weiterer »Ozeandampfer der Lüfte«, landete auch in Pommern: 1928 in Stolp und 1931 in Stettin. Voller Begeisterung jubelte die Kösliner Zeitung über die »wundervolle Harmonie« des Luftschiffes und kommentierte: »Das macht uns keiner nach. Das bekommt kein anderes Volk fertig!« (4.5.1931). Als wir hörten, daß »Graf Zeppelin« auf seiner ersten Reise um die Welt 1929 auch Ostdeutschland überqueren würde, standen wir Stunden auf einer Anhöhe bei Woldisch Tychow in der Hoffnung, den Zeppelin zu sehen. Auch wenn wir ihn nicht zu Gesicht bekamen, empfanden wir doch so etwas wie Nationalstolz auf »unseren Zeppelin«. Um so erschütterter waren wir, als die Ära der Luftschiffriesen am 6.5.1937 mit der Explosion der

247 Meter langen »Hindenburg« im amerikanischen Lakehurst zu Ende ging.

Wohl dem Dorf, das Wasser in der Nähe hat. Zum Glück für Woldisch Tychow war die Persante nicht weit. Ihre Ostseite war zwar von einem Steilufer begleitet, aber an der Westseite, besonders im Bereich der Furt nach Wutzow, gab es gute Bademöglichkeiten – auch für Nichtschwimmer. Unsere Lehrerfamilie hat dieses Freizeitangebot der Persante gern und oft angenommen, häufig auch mit den Gästen. Mutter richtete dann einen Picknickkorb her, Vater verfrachtete ihn auf sein Fahrrad, und los ging's zur einen Kilometer entfernten Badestelle. Auf Decken wurden dort die mitgebrachten Brote, Kuchen und Getränke ausgebreitet, und alles schmeckte viel besser als zu Hause. Mit dem Schwimmen allerdings haperte es, weil die Persante zu starke Strömung hatte. Aber Vergnügungen in und mit dem Wasser kann man auch ohne Schwimmen haben.

Als Wasservergnügen kann man allerdings nicht bezeichnen, was die Frauen von Tychow im Buckowbach zu verrichten hatten. Sie fuhren nämlich schwere Körbe auf einem Schubkarren zum ca. 150 Meter entfernten Bach, um auf glatten Steinflächen ihre Wäsche mit Schmierseife und Bürsten zu reinigen und anschließend im klaren Wasser zu spülen. Daß der Bach umweltgeschädigt sein könnte, darauf kam damals kein Mensch angesichts des sauberen, klaren Wassers, das man sogar trank.

Die Natur entlang der Persante und des Buckow- bzw. Mühlenbaches hatte von ihrer reinen Ursprünglichkeit kaum etwas eingebüßt. Deshalb wurde sie auch in Versen besungen:

> Land mit sanftem Bachgeplätscher,
> wiesengrünem Erdenpfad,
> wo den Himmel sperrt kein Gletscher
> und den Sonnenlauf kein Grat:
> Land der Jugend, deine Schöne
> ist verschwiegen, streng und klar
> wie die Seele deiner Söhne:
> Nur die Liebe nimmt sie wahr.

Das einfache, unkomplizierte Alltagsleben spiegelte sich in der Kleidung wider. Eine aufwendige Garderobe war auf dem Land verpönt. Die Tagelöhner entledigten sich ihrer derben, aber praktischen Arbeitsmontur nur am Sonntag, wenn es in die Kirche oder zu einem Spazierbummel ging. Für uns Kinder war es selbstverständlich, daß wir die Anzüge und Kleider von älteren Geschwistern oder aus der Verwandtschaft abtrugen.

Eine spezifische Dorftracht wurde bei uns in Hinterpommern schon vor dem Ersten Weltkrieg nicht mehr getragen. In nur zwei Gegenden wurde die Trachtentradition mit den pommerschen Grundfarben Blau und Weiß gepflegt, das war in dem Bauerndorf Jamund bei Köslin der Fall sowie in Gemeinden des Pyritzer Weizackers südöstlich von Stettin. – Der Vollständigkeit halber sei erwähnt, daß auch Vorpommern eine Trachtentradition auf der Halbinsel Mönchgut im Südosten der Insel Rügen bewahrt.

In Mode waren dagegen die Holzpantinen, die speziell in dem Städtchen Labes gefertigt oder mit eigener Hand hergestellt wurden. Diese »Schlorren« trug man tagein, tagaus. Im Gegensatz zu den in Holland gebräuchlichen Holzschuhen bestanden unsere Schlorren nur im unteren Gehteil aus Holz. Oben waren sie mit Leder beschlagen, aber nur vorne, so daß man leicht in sie hineinschlüpfen konnte. Die Frauen machten da keine Ausnahme und trugen ebenfalls Holzschuhe. Meine Eltern allerdings konnten sich – im Gegensatz zu mir – nie mit dem klappernden Schuhwerk anfreunden und zogen Lederschuhe vor.

Für uns Kinder bot das einfache Dorfleben mehr Abwechslung als für die Erwachsenen. In welchem Stadtbereich gibt es so vielseitige Möglichkeiten zum Versteckspielen wie in den Tychower Lauben oder um die verwinkelten Schuppen herum? Wer in der Stadt konnte aufregendere Erkundungsunternehmungen als wir in die Waldumgebung starten? Auf einem dieser Ausflüge entdeckten wir einen erbärmlich anzuschauenden Fuchs, dessen linker Vorderlauf in einem Eisen steckte, so daß er vor uns nicht weglaufen konnte. Ein Wilderer hatte es offensichtlich mit seiner Eisenfalle auf ein Reh abgesehen, aber nicht auf einen Fuchs. – Beliebt war auch das Anschleichen an den Rand der Kiesgrube, wenn dort Zigeuner lagerten. Vor ihnen hatten wir Angst. Sie sahen so dunkelhäutig-finster aus und verständigten sich in einer fremden Sprache.

Im Herbst, wenn die Kastanien herangereift waren, dehnten wir unsere Erkundungen auf den Schloßbereich aus, der sonst für uns tabu war. Mit Erlaubnis des Gutsinspektors machten wir uns über die Kastanienbäume her, indem wir Holzstücke in die Äste warfen. Die heruntergefallenen Kastanien sammelten wir in unsere geflochtenen Kiepen. Für jede abgelieferte Kiepe zu etwa fünf Pfund bekamen wir zehn Pfennig und die Tiere eine herbstliche Delikatesse.

Die Zentrale eines pommerschen Dorfes war normalerweise das Schloß, die Kirche oder die Schule. Für mich jedoch lag die Zentrale des Geschehens am Dorfeingang bei Dumkes. Wenn ich aus jener Richtung harte Schläge im Rhythmus Bum-bum, Pause, Bum-bum hörte, dann wußte ich, daß Vater Dumke in der Schmiede bei der Arbeit am Amboß war. Schnell entwischte ich der elterlichen Aufsicht. Denn wie jeden Jungen, so faszinierte auch mich das Hantieren an der Esse, wenn durch den Blasebalg das Feuer so stark entfacht worden ist, daß es mit Leichtigkeit hartes Eisen zum Glühen bringt. Dann ist das Geschick des Schmieds gefordert, um mit wenigen Hammerschlägen das Eisen auf dem Amboß zu Hufeisen zu formen. Den Pferden die abgelaufenen Hufeisen durch neue zu ersetzen, gehörte zu den täglichen Hauptaufgaben unseres Schmiedes. Beim Zuschauen wußte ich nicht, was ich an Vater Dumke mehr bewundern sollte: die handwerkliche Fähigkeit an Feuer und Amboß oder die Furchtlosigkeit beim Aufbringen der Hufeisen. Aber er kannte wohl seine Pferde und war auf der Hut, wenn er wie ein Dompteur die Tiere zum ruhigen Stehenbleiben brachte.

Die Schmiede allein hätte mich vielleicht gar nicht so stark angezogen, wenn Dumkes nicht noch eine Attraktion gehabt hätten. Das war ihr Krämerladen, ein Tante-Emma-Laden alter Art. Es war das einzige Geschäft im Ort. Aber dort konnte man alles kaufen, was man zum täglichen Leben benötigte: Bier und Sprudel, Schnaps (Korn genannt) und Essig, Butter und Marmelade, Zucker und Salz, aber auch Schulutensilien, wie Schreibgriffel, Bleistifte und Hefte, wozu für uns Jungen natürlich als Beigaben Lakritze und Bonbons zählten. Wenn man dem nicht beschreibbaren Duftgemisch von Heringstonne, Kartoffeln, Priem (Kautabak), Käse und Bier nachging, stieß man auf den etwa sechs Quadratmeter kleinen Verkaufsraum, der von dem einzigen

Wohnraum abgetrennt war. Dort spielte sich ein lustiges Leben ab: Einkauf, Bewirtung der einkehrenden Lkw-Fahrer, Dorfgespräche, die Einnahme der Familienmahlzeit, und die Dumke-Kinder machten dort auch ihre Schularbeiten. In solch gemütlicher Enge von Geschäfts- und Privatleben herrschte eine ungezwungene Atmosphäre. Bei Bier und Korn schwieg man sich nach Pommernart an. Selten war jemand dazu aufgelegt, einen Pommernwitz zu vertellen, wie den folgenden:

Zwei befreundete Bauern besteigen in Köslin ein leeres Abteil im Zug in Richtung Stettin. Bis Belgard hat keiner der beiden ein Wort gesprochen. Dann gesellt sich ein weiterer Bauer zu den beiden Schweigern und verabschiedet sich nach einer Stunde Fahrtzeit wortlosen Beisammenseins mit dem Gruß: »Na denn ok op Weddersein!« Da kann sich der eine Bauer aus Köslin nicht halten und kommentiert: »Solk een Schwätzer!«

Dumkes hatten neben dem Allzweckraum noch eine Stube, die ich wegen ihrer Urigkeit ebenso bestaunen mußte. Es handelte sich um einen Raum, der gerade so groß war, daß man zwei Betten hintereinander aufstellen konnte. In dem einen schlief das Ehepaar, in dem anderen die beiden jüngsten Söhne, meine Freunde Werner und Oskar. Ich fand solche Enge herrlich gemütlich. So etwas konnte unser geräumiges Lehrerhaus nicht bieten.

Mit den Dumke-Jungen konnte man so herrlich im Bereich der Schmiede spielen. Da war immer »action«, wie man sich heutzutage auszudrücken pflegt. Ein beliebtes Spielinstrument war die Bullerbüchse. Sie bestand aus einem etwa 20 Zentimeter langen, geraden Stück eines kräftigen Holunderbaumastes. Das innere Mark entfernte Vater Dumke mit einem gleichstarken Eisenstab. Dann mußte man sich einen Holzstab schnitzen lassen, der in Stärke und Länge gut in das ausgehöhlte Holunderrohr paßte und an einem Ende in einen Begrenzungskopf mündete. Der sollte dafür sorgen, daß der Holzstab beim Reindrücken nicht im Rohr verschwand bzw. leicht wieder herausgezogen werden konnte. Nach diesen zeitraubenden Vorbereitungen für die Erstellung gebrauchsfertiger Bullerbüchsen – meist hatte jeder von uns ein paar davon – konnte das Spiel beginnen, wenn, ja wenn man den nötigen Vorrat an Munition für die Waffe hatte. Als Munition verwendeten wir gutausgereifte Wrucken (Rüben). Sie wurden in kleine Stücke zerschnitten, immer so dick, daß sie mit einem Stein vorne in das Büchsenrohr getrieben werden konnten. Zum Schießen mußte man dann mit dem Holzstab von hinten mit Wucht in das Rohr stoßen, damit die Munition vorne voll Schwung herausgetrieben wurde. Zielsicherheit hatte man natürlich nicht, aber das Bullern, das Geräusch beim Herausstoßen des Wruckenstückchens aus dem Rohr, entschädigte leicht für die Mühen der Herstellung von Schießgerät und Munition.

Wie ich erfahren habe, sind zwei Dumke-Söhne im Krieg gefallen. Christel und Werner sollen im Westen leben. Aber von ihrem für mich so anziehenden Haus und von der angebauten Schmiede steht nichts mehr. Auf dem mit Unkraut überwucherten Boden läßt nicht einmal ein kleiner Hügel ahnen, daß hier einst eine Schmiede und ein Wohnhaus mit glücklichen Bewohnern gestanden haben.

Eine Frage zum Alltagsleben ist noch nicht angeschnitten worden: Welcher Sprache bediente man sich in den Dörfern Hinterpommerns? Auf dem Land war allgemein das Platt gebräuchlich, eine Variation des niederdeutschen Platts. Es hatte sich bereits im 14./15. Jahrhundert als allgemeine Umgangssprache durchgesetzt, die auch in Verträgen und Chroniken verwendet wurde. Durch den Pommern-Reformator Bugenhagen fand das »Plattdütsch« Eingang in die pommersche Kirche. Seine Kirchenordnungen faßte er im niederdeutschen Platt ab, damit sie von seinen Landsleuten verstanden wurden.

Auch die Kirchenlieder und das Vadderunser wurden plattdütsch gesungen oder gesprochen. Die letzten Plattdütsch predigenden Pastoren starben nach dem Dreißigjährigen Krieg (in und bei Kolberg sowie auf Rügen). Das Hochdeutsche kam erst am Anfang des 19. Jahrhunderts auf – zunächst in den Städten, weil dort die Vertreter von Behörden, von Schulen und Zeitungen immer weniger Plattdeutsch verstanden, soweit sie aus anderen preußischen Gegenden gekommen waren. In Woldisch Tychow pflegte man das Hochdeutsche auf dem Gut, im Schul- und im Pastorenhaus sowie bei der Post. Die Dorfbewohner sprachen alle Plattdeutsch, natürlich auch meine Freunde. Ich selbst verstand zwar Platt, sprach es aber nicht. Allenfalls verwendete ich besondere Spezialausdrücke, wie Pieratzen (Regenwürmer), kiesitsch (empfind-

lich beim Essen), oder Redewendungen, wie manich (nicht wahr), Huller di Buller (Hals über Kopf), Schiet, lot em (Scheiß, laß ihn) oder Hul di Mul (Halt dein Maul). Im Elternhaus hatte Hochdeutsch Vorrang.
Aber verboten hat mir niemand den Gebrauch des Platt, es war ja auch Bestandteil der pommerschen Kultur. Wie Kurt Tucholsky darüber urteilte, ist bemerkenswert: »Manchen Leuten erscheint die plattdeutsche Sprache grob, und sie mögen sie nicht. Ich habe diese Sprache immer geliebt. Es ist die Sprache des Meeres. Das Plattdeutsch kann alles sein: zart und grob, humorvoll und herzlich, klar und nüchtern.«
Der unterschiedliche Gebrauch des Platt- bzw. Hochdeutschen darf nicht zu der Annahme verleiten, daß die äußeren Lebensumstände im Dorf auch eine unterschiedliche Lebenseinstellung bewirkt hätten. Ganz im Gegenteil: Die Lebensführung blieb allgemein bescheiden – auch in meinem Elternhaus. Daran hatten sicher auch die Zeitumstände ihren Anteil, weil die Umwelt so gut wie keine Bedürfnisse weckte. Als ich geboren wurde, waren meine Eltern gerade 19 Monate verheiratet und hatten erst begonnen, einen eigenen Hausstand zu entwickeln. Belastend brach dann die Inflation über alle herein, die sich Ende 1921 deutlich ankündigte und 1923 ihren Höhepunkt erreichte. Nur langsam ging es dann ab 1924 mit der Wirtschaft und dem Wohlstand voran.
Aber ausschlaggebend für mein Empfinden, daß meine Kindheit paradiesisch gewesen ist, war die Einstellung der Menschen. Wenn man meint, zum Paradies gehörte materieller Reichtum und müßiges Nichtstun, so kann ich diese Annahme aufgrund meiner Kindheitserfahrung nicht teilen. In meiner Heimat gab es nach dem Krieg zwar viel Armut – trotz des bekannten pommerschen Fleißes –, aber kein Elend. Und dennoch waren die Menschen mit ihrem Leben zufrieden und begehrten nicht auf. Das typische Kennzeichen für ein Gutsdorf meiner Zeit, die Gemeinsamkeit bei Arbeit und Freizeit, stärkte das Zusammengehörigkeitsgefühl.
So meine ich, daß die Dreiheit Genügsamkeit, Bescheidenheit und Zufriedenheit das Grundmuster für ein Paradies-Empfinden bildet, wie ich es in meiner Heimat erlebt habe. Ich möchte mit Franz Werfel sagen: Der sicherste Reichtum ist die Armut an Be-

dürfnissen. Werfels Sentenz stimmt mit den Erkenntnissen von Seneca überein, und von Epikur stammt der Satz:

> »Reich ist man nicht durch das, was man besitzt, sondern mehr noch durch das, was man mit Würde zu entbehren weiß.«

In der Schule lernte man früher Theodor Fontanes Gedicht von dem Birnbaum, der im Garten und später über dem Grab des Herrn von Ribbeck auf Ribbeck im Havelland stand und im Herbst die Kinder magnetisch anzog (»Kumm man röwer, ich geb di 'ne Birn'!«). Solch magnetische Kraft ging für mich von dem kleinen Gutshof Grünhof aus. Wenn meine Augen in Woldisch Tychow von Dumkes Schmiede den Abhang hinunter über den Buckowbach hinaus wanderten, blieben sie unweigerlich auf den wenigen Dachspitzen hängen, die in eineinhalb Kilometer Entfernung zwischen Bäumen und Gebüsch hervorlugten. Dieses versteckt liegende, einsame Kleingut Grünhof schien mir zuzuwispern: Kumm man röwer, ick heb wat för di!
Oftmals verschwand ich still und heimlich aus Tychow, wenn die Lockrufe zu stark wurden. Von meinem Elternhaus war nicht auszumachen, wenn ich statt des Weges zu Dumkes die Schotterstraße in Richtung Belgard einschlug. Nach 200 Metern mußte ich den Feldweg links nehmen. Bei dieser Gabelung mußte ich vorsichtig sein, damit mich die Zigeuner nicht erspähten, die im Sommer häufig in der Kiesgrube neben dem Feldweg lagerten. Vor den finsteren Gestalten hatte ich Steppke immer Angst, obwohl besondere Vorfälle von Menschenfresserei nicht bekannt waren. Aber das Gerücht hielt sich, daß sie stahlen. Und ich wollte nicht von ihnen gestohlen werden. Hinter der Kiesgrube lag dann rechter Hand ein Getreidefeld und links ein Heidegebiet. Hier vergaß ich schnell die ausgestandene Angst, denn dieser Flecken war das Paradies für die Lerchen. Sie standen vielstimmig hoch am Himmel. Oftmals gelang es mir nicht, sie auszumachen. Aber ihr Gesang liegt mir heute noch im Ohr. Das Feld wurde abgelöst von meinem Osterhasenwald zur Rechten. Er hieß eigentlich Ellernbusch und war eine Domäne für Erlen (daher Ellern), Brombeeren und niedriges Buschwerk. Da ich hier öfter Hasen entdeckt hatte, gab ich diesem Wäldchen meinen eigenen Namen. Hatte ich es passiert, galt es aufzupassen, ob die Kühe, wenn sie auf der

Weide ohne Zaun waren, mit ihrem Bullen dort waren. Denn der Bulle galt als angriffslustig und unberechenbar. Der Sandweg bis zum rettenden Grünhof in etwa 200 Metern Entfernung bot allenfalls hinter ein paar dürren Birken- und Weidenbäumchen einen schwachen Schutz.

Wenn ich die hohe Hecke erreicht hatte, die den großen Obstgarten des Eigentümers umgab, war ich gerettet; dann konnte mir niemand mehr etwas anhaben.

Nun war die Frage, wen ich überhaupt antraf. Der Hof gehörte Theodor Fick, dem Bruder meiner Großmutter Marie Klabunde. Er und seine Frau Frida hatten vier Töchter, von denen die jüngste immerhin sechs Jahre älter war als ich. Es waren aber nicht die Damen Anna, Else, Elfriede oder Sophie, die mich anlockten, sondern die großzügige Atmosphäre des Hofes.

Wenn ich bei Tante Frida auftauchte, spielte sich regelmäßig die gleiche Begrüßungsszenerie ab: »Jungchen, willst ein Zuckerei?« Sie brauchte eigentlich gar nicht zu fragen, ich wollte. Drei Eier, mit Zucker und Milch verquirlt, blieben als wohlschmeckende Kalorienbombe in meinem Gedächtnis ebenso verhaftet wie die andere vergleichbare süße Begrüßung bei meinen Großeltern in Belgard mit Kuchen und Schnecken.

Nach solchem Empfang in der Küche stand mir der gesamte Hofbereich zur Erkundung offen. In Grünhof hatte ich zwar keine Spielkameraden, aber volle Freiheit im großen Gutsbereich. Ich durfte den riesigen Obstgarten durchstreifen oder die Ställe und Scheunen mit dem Gelände rundherum visitieren. Tante Frida war froh, wenn ich im Heuschuppen nach versteckten Hühnernestern suchte. Denn das Federvieh hatte nun mal den Drang, nicht die vorgeschriebenen Nester im Hühnerstall aufzusuchen, sondern im Heuschuppen eigene zu schaffen. Oft fand ich gleich mehrere Nester mit vier oder fünf Eiern. Die Freude bei mir wie bei Tante Frida war dann gleich groß.

Da im Sommer von den Haustieren nur die rund 30 Schweine im Stall waren (außer dem Federvieh), schloß ich mich gerne Else an, die sich um die Borstentiere kümmerte. Kamen jedoch die 14 Pferde von der Feldarbeit nach Hause, dann wandte ich mich den »edleren« Tieren zu. Schon im Hof wurden sie ausgespannt. Jedes

Pferd kannte genau seinen eigenen Platz im Stall und trottete unbeaufsichtigt dorthin. Sie standen oder lagen nebeneinander, jeweils an einer Kette vorne am Futtertrog angebunden, ohne trennende Seitenwände. Ein braunes Pferd gleich hinter der Eingangstür hieß Liese. Es war auf einem Auge blind und daher wohl schreckhaft. Denn Liese entdeckte ein Lebewesen, das sich ihr von hinten näherte, erst, wenn es in das Blickfeld des gesunden Auges geriet. Dies bewirkte wohl ein Mißtrauen und hatte sie bissig gemacht. Vor der Liese hatte ich Bammel und schaute, daß ich im Gang möglichst schnell an ihrem Hinterteil vorbeikam, bevor sie mir eines mit dem Hinterhuf wischen konnte.
Der an den Pferdestall anschließende Kuhstall mit 15 Kühen und einem Bullen interessierte mich nie, wohl aber die vielen Schwalben, die mit Geschick ihre Nester oben an den hölzernen Dachträgern gebaut hatten. Unermüdlich flogen sie durch ein gekipptes Fenster auf den Dunghaufen, um Nahrung für den Nachwuchs zu holen.
Quer zu diesem Bereich stand der Schafstall. Er hatte 50 Jahre zuvor einmal 250 Tiere beherbergt. Anno 1930 wurde nur noch die Hälfte gehalten.
Ein kurzes Stück hinter dem Schafstall lag der romantische Teil von Grünhof. Unter einer alten Eiche sprudelte aus einem kleinen Abhang eine Quelle. Seitdem ich die Nibelungensage kannte, der zufolge Held Siegfried an einer schattigen Quelle getötet worden war, wähnte ich, diese stille Quelle unter einer stolzen Eiche könnte Siegfried einst aufgesucht haben, bevor ihn Hagens Speer tödlich traf. Daher stand ich dort in meiner Phantasie immer mit einem bangen Gefühl.
Das austretende Quellwasser wurde in einer etwa ein mal ein Meter großen Holzeinfassung aufgefangen. Von hier holten die fünf Tagelöhnerfamilien ihren Bedarf. Was überlief, wurde in einem Bach in ein 50 Meter entferntes Wasserbassin weitergeleitet. Dort hatte Onkel Theodor noch vor dem Ersten Weltkrieg eine Druckpumpe einbauen lassen, die bei Bedarf Wasser über eine Leitung in einen Behälter oberhalb des Kuhstalles drückte. Von hier aus waren Leitungen in das Wohnhaus sowie in den Pferde- und Kuhstall gelegt worden. Die ganze Pumpanlage war für damalige Verhältnisse ein technischer Fortschritt und war eine große Arbeits-

erleichterung. Die Frage der Hygiene allerdings stand noch nicht an. Denn das offene Wasserbecken nahm als Wasserspender allen Laub- und Astabfall aus der Umgebung, aber auch die fröhlichen Frösche auf, so daß von sauberem Wasser – wie unmittelbar an der Quelle – keine Rede sein konnte. Aber zu Erkrankungen ist es gottlob nie gekommen.

Was mich immer wieder nach Grünhof zog, war in erster Linie die Freiheit für alle Unternehmungen ohne jede Aufsicht und ohne jedes Verbot. Ganz anders als in meinem Geburtsort Woldisch Tychow wurde ich in Grünhof nicht mehr mit vielen Ermahnungen und Warnungen als Kind behandelt, sondern von Onkel Theodor schon mit ernster Arbeit betraut. Welch ein jungenhaftes Hochgefühl überkam mich, wenn er mir zur Erntezeit die Zügel für die Pferde vor einem beladenen Getreidewagen anvertraute! Oben auf dem schwerbeladenen Leiterwagen durfte ich dann die Fuhre nach Hause zum Abladen lenken. Oder wenn ich, nachdem die Heuernte eingebracht war, mit der Hungerharke, von einem Pferd gezogen, die Wiese nach den gemähten Resten abkehren durfte! Solche Aufgaben und Erinnerungen fürs Leben konnte mir Tychow nicht bieten. Aber wenn meine Mutter gewußt hätte, welch gefahrvollen Umgang ich in Grünhof mit Pferd und Wagen hatte, sie wäre wohl nachträglich noch in Ohnmacht gefallen.
Einmal durfte ich Onkel Theodor zum geschäftlichen Stadtbesuch in seinem Kutschwagen nach Belgard begleiten. Auf der Hinfahrt erzählte er mir von den beiden Pferden vor uns, wie er sie gekauft hatte, welche Schwächen und Stärken sie als Gespann hätten. Nach einigen Kilometern zeigte er mir die Stelle, wo er Torf abbauen ließ zum Heizen der Wohnöfen in Grünhof. Als er in Belgard sein Vorhaben erledigt hatte, gab er den Rückweg frei mit dem Ruf an die Pferde: »Hopp, no Huus!« Sie verstanden sein Plattdeutsch, und ab ging die Fahrt im Galopp. »So«, sagte er zu mir, »die kennen den Weg. Ich leg mich schlafen.« Und was soll ich sagen: Auf dem Hof angekommen, wachte er auf, schaute auf seine Uhr und stellte fest: »Doppelt so schnell wie auf dem Hinweg haben wir die Rückfahrt geschafft!« Der Stall mit dem gefüllten Futtertrog zog die Pferde eben mehr an als die Stadtluft.
Am 26.10.1926 erlebte Grünhof ein großes Jubiläumsfest. Das Gut

war seit 100 Jahren im Eigentum der Familie Fick. Johann Wilhelm Ludwig Fick hatte von der seit 1810 in Preußen bestehenden Möglichkeit Gebrauch gemacht, als Bürgerlicher adligen Grundbesitz zu erwerben. Da der Vorbesitzer Theodor von Borcke das Gut Bergen nicht mehr hatte halten können, hatte sich hier für die Ficks die Gelegenheit zum Grunderwerb geboten. Das nötige Erwerbskapital mag aus dem Verkauf des Gutes Langen (1820) gestammt haben, das dem Vater und dem Großvater des Wilhelm Ludwig Fick gehört hatte. Allerdings wurde der Gesamtbesitz alsbald geteilt. Das größere Bergen (700 Hektar) behielt Johann Wilhelm Ludwig, das kleinere Grünhof (200 Hektar) übernahm sein Bruder Karl August Gottlieb. Das war mein Ururgroßvater oder anders ausgedrückt: der Großvater meiner Großmutter Marie Klabunde, geborene Fick. Sein Sohn Karl August Hermann Fick, der Vater meiner Großmutter, behielt den Besitz bis zu seinem Tode im Jahre 1903. Dann übernahm sein Sohn Theodor das Erbe und ließ 1926 die stolze 100-Jahr-Feier ausrichten.

Hierzu waren über 30 Gäste aus nah und fern angereist, sogar aus Stettin und Berlin. So viele Gäste hat Grünhof ganz selten gesehen. Die Unterbringung war dabei das größte Problem, da es in der Umgebung keine Hotels oder Gasthöfe gab.

Vater hatte es übernommen, zusammen mit Mutters Vetter Heinz eine Festschrift zu verfassen – handgeschrieben, versteht sich. Ein Exemplar davon besitze ich als Fotokopie. »Wohl dem, der seiner Väter gern gedenkt, der froh von ihren Taten ... den Hörer unterhält«, so beginnt das Dokument. Nach dem kurzen Rückblick auf die Entwicklung der Besitzverhältnisse in Grünhof wird in dem Abschnitt »Suum cuique« (Jedem das Seine) jeder Festteilnehmer mit einem Zweizeiler bedacht. Über des Besitzers Grundeinstellung ist zu lesen:

> Onkel Theodor war immer schon konservativ:
> Ich pfeif auf das Neue, dann geht's niemals schief!

Von meiner Mutter wird gerühmt:

> Frau Fine hat immer den Kopf voller Marotten,
> die neuesten sind die schwarzen Wyandotten (Hühnerrasse).

Der Tag begann mit einem Festgottesdienst und der Übergabe einer Goldschnittbibel mit Eintragung und Widmung des Pastors. Nach einem festlichen Abendessen und den heiteren Vorträgen aus der Festschrift folgte der Tanz im ausgeräumten Zimmer von Theodors Bruder Ernst. Als es richtig zünftig wurde, mußte mich unsere Minna nach Hause bringen. Darüber war ich Fünfjähriger schwer verärgert, und im Grund bin ich es heute noch.

Genau ein Jahr nach unserem Wegzug von Woldisch Tychow starb Grünhofs Eigentümer Theodor Fick (27.3.1870 – 31.3.1932). Er war nie ernsthaft krank gewesen. Als eine Erkältung sich zur Lungenentzündung ausweitete, hatte er wohl nicht mehr ausreichende Widerstandskräfte. Zum drittenmal in der Folge von drei Generationen lag die Last der Verantwortung für den Betrieb nun auf einer Witwe. Theodors Frau Frida war erst 47 Jahre alt, als ihr Mann starb, und in der Leitung des Hofbetriebes zu unerfahren, als daß sie auf Dauer ohne männliche Kraft hätte auskommen können oder wollen.

Da bot sich eine Lösung an, als Else, die 24jährige zweitälteste Tochter, den sieben Jahre älteren Rudolf Tews heiraten wollte. Er war als Administrator des Gutes Ganzkow im Kreis Belgard ein Fachmann. Daher erwartete man von ihm, daß er die schwierige Situation in Grünhof meistern würde. Zu der Hochzeit am 9.3.1934 hatten sich noch einmal knapp 40 Personen eingefunden, eine ähnlich große Festgesellschaft wie acht Jahre zuvor bei der 100-Jahr-Feier. Auch meine Eltern mit uns zwei Buben waren dabei. Abermals bereitete die Unterbringung der zum Teil von weit her angereisten Gäste großes Kopfzerbrechen. So mußten meine Eltern und wir zwei Söhne mit dem Zimmer der beiden jüngsten Töchter in Grünhof vorlieb nehmen. Daß dabei mein Bruder und ich zusammen in einem Bett und meine Eltern in einem anderen Bett schlafen mußten, empfand ich als lustige Abwechslung. Das Entscheidende für mich war, daß ich diesmal das Fest voll auskosten durfte.

Wiederum hatte mein Vater die Festschrift zum Hochzeitstag entworfen. Die Lobrede auf das junge Ehepaar stand unter dem Goethe-Motto »Was du ererbt von deinen Vätern« und knüpfte zunächst an die Tradition an:

Schon über 100 Jahre haben die Ahnen dein Grünhof bestellt,
einem jeden, Vater wie dem Sohne, war seine Scholle seine Welt.

Dann wandte sich das Lied Else zu:

Und an das Ende dieser Kette bist du gesetzt, ein schwaches Weib,
mit deiner Kraft dich einzusetzen, auf daß die Heimat euch verbleib.
Du hast von deiner Jugend an gezeigt, daß du der Ahnen Kind, daß Heimatlieb' und Arbeitslust nicht bloß den Knaben eigen sind.

Rudolf Tews, dem neuen Herrn von Grünhof, wurde ins Stammbuch geschrieben:

Mit Kopf und Herz und mit dem Arme mußt wahren du der Ahnen Gut.
Wir wissen, dir wird's gelingen, du hast die Kraft und hast den Mut.

Das »hohe Lied« endete mit dem Appell an beide:

Nun kämpft vereint! Nicht für euch selber;
für die, die nach euch kommen werden;
auf daß das Gut ihr weiterreichet
von euren Ahnen zu den Erben!
Denkt an das Wort des großen Mannes,
das ich in Silber euch ließ ritzen:
Was du ererbt von deinen Vätern,
erwirb es, um es zu besitzen!

Angesichts der Problemlage in Grünhof mußte das junge Paar Tews behutsam zu Werke gehen und konnte nur das Nötigste in der Bausubstanz richten lassen. Als nach einem schlimmen Sturm das Dach über Pferde- und Kuhstall eine gefährliche Neigung einnahm und Einsturzgefahr bestand, gab es keinen Zweifel mehr, daß hier die Renovierung Priorität bekam. Der neue Giebel erhielt die Initialen RT und die Jahreszahl der Herstellung 1936.

Diese Zeugen des einstigen Besitzers sind heute noch am Giebel vorhanden. Auch die unter Tews durchgeführte Aufforstung von rund 80 Morgen ist heute deutlich erkennbar.

Als Elses Schwestern ihren Erbanteil beanspruchten, mußte Ehepaar Tews rund 40.000 RM zur Auszahlung bringen. Die Summe entsprach dem Verkaufswert von 100 guten Milchkühen. Im Stall standen aber nur 15. Infolgedessen war Grünhof nicht mehr im Familienbesitz zu halten. Von den Schwierigkeiten hatte wohl der Eigentümer von Bergen, Kurt von Borries, erfahren. Er unterbreitete ein gutes Kaufangebot, auf das Tews einging.

So wurde Grünhof mit Bergen wieder vereint, aber nicht mehr unter einem Erben der Familie Fick. Am 1.7.1940 verließ die Familie Tews Grünhof, nachdem es ihr gelungen war, auf der Insel Rügen einen Hof mit 55 Hektar und erstklassigem Boden zu erwerben. Sie konnte sich dieses Eigentums nur wenige Jahre erfreuen. Denn nach dem Krieg enteignete die kommunistische DDR-Führung den Tews-Hof – wie nach und nach alle selbständigen Bauern und Gutsbesitzer.

Grünhof war 1940 für meine Verwandten mütterlicherseits verloren. Aber selbst wenn der Hof damals nicht an den Rittergutsbesitzer von Borries verkauft, sondern »von den Ahnen zu den Erben« der Familie Tews-Fick weitergereicht worden wäre, so hätte das Jahr 1945 mit der gewaltsamen Vertreibung aller Deutschen von Hof und Haus in Hinterpommern auch das Ende Grünhofs gebracht.

Im Jahre 1976 – bei meinem ersten Besuch in der Heimat nach dem Krieg – zog mich auch Grünhof wieder an. Der erste Eindruck war niederschmetternd. Von den einstigen Häusern der fünf Arbeiterfamilien war nichts mehr zu sehen. Wo sie gestanden hatten, breitete sich Gestrüpp aus. Die Hofeinfahrt war offen. Die Tore waren verschwunden, die zwei steinernen Säulen zum Halten der Tore standen windschief. Die zwei großen Kastanien vor dem Wohnhaus hatten ebenfalls den Zeitläuften weichen müssen. Das Gutshaus selbst war umgebaut; der Garten dahinter nicht mehr zu erkennen. Im Hofbereich war kein Leben zu entdecken, so daß ich vermutete, Grünhof sei eine tote Siedlung geworden. Da hörte ich hinter mir eine Stimme in gebrochenem Deutsch:

»Ah, Besuch ist da!« Ein Pole, der vom Einkauf zurückkehrte, begrüßte uns freundlich und lud sofort zum Wodka-Begrüßungstrunk ein mit der Begründung: »Du Vertriebener, ich Vertriebener – gleiches Schicksal.« Von ihm sollte ich noch manche Überraschung erleben. Daß er die stehengebliebenen Stallungen und Scheunen zeigte, war selbstverständlich, ebenso die Aufforderung, in seine Wohnung im ehemaligen Besitzerhaus mitzukommen. Dieses war nach des Polen Aussage so geändert worden, daß zwei oder drei polnische Familien dort untergekommen waren. Ich brachte es nicht fertig, dem freundlichen Mann ins Haus zu folgen, denn ich fürchtete eine zu große Enttäuschung vom jetzigen Aussehen. Vor mir sah ich noch immer die gutbürgerliche Einrichtung von einst mit der von mir so bewunderten Jugendstil-Uhr an der Wand des Wohnzimmers. Ihre anheimelnde Wirkung hatte sich meinem Gedächtnis so stark eingeprägt, daß ich später in Nürnberg die gleiche Uhr erwarb und ihr als Erinnerungsstück an Grünhof in meinem Hause einen Ehrenplatz gab.

Als ich den Polen fragte, ob die Wasserpumpe noch funktioniere, überraschte er mich mit der Bemerkung: »Die Kaiser-Wilhelm-Pumpe noch in Betrieb!« Auf dem Weg zum Pumpenbereich sprach er mit Hochachtung von der deutschen Technik aus der Zeit Kaiser Wilhelms II. (vor dem Ersten Weltkrieg) und betonte, die Pumpe könnte heute weit mehr Wasser liefern, wenn die Quelle mehr hergäbe. Bei diesem Stichwort lenkte ich unsere Schritte zu meiner »Siegfried-Quelle«. Wenn ich nicht die Stelle unter der Eiche ganz genau in Erinnerung behalten hätte, wäre ich nicht darauf gekommen, daß dort einst mein romantischer »Nibelungenquell« gesprudelt hatte, denn man mußte genau hinsehen, um zu erkennen, daß unter der Eiche Wasser tropfenweise aus der Erde trat.

Die größte Überraschung erfuhr ich, als ich den Polen fragte, ob er den Friedhof am Waldrand kenne. Sofort schlug er über wuchernde Ackergräser die Richtung dorthin ein. Zu meiner Verwunderung entdeckte ich vor einigen – zum Teil umgekippten – Grabsteinen mit gut lesbaren Namen (u. a. Theodor und Ernst Fick) frische Feldblumensträuße. »Wie kommen denn Blumen auf den Friedhof?« fragte ich erstaunt. »Meine Frau bringt gelegentlich einen Blumenstrauß hierher«, antwortete der Mann. Er hatte bislang keine Ahnung, welche Zusammenhänge zwischen mir und dieser bescheidenen Begräbnisstätte im Wald bestanden. Nun sagte ich ihm, daß mein Urgroßvater August Fick den Friedhof hatte anlegen lassen und daß er nach seinem Tod (2.5.1903) als erster Besitzer von Grünhof dort begraben worden war, und später auch seine Frau Auguste (1924) und seine Söhne Theodor (1932) und Ernst.

Was mich 1992 noch einmal nach Grünhof bei Woldisch Tychow trieb, war allein der Waldfriedhof, den ich 1976 im wahrsten Sinne als Hof des Friedens verlassen hatte. Mit Fotoapparaten war ich gut ausgerüstet, denn ich wollte die Inschriften der Grabkreuze festhalten und den Verwandten Fotos mitbringen. Doch welch Entsetzen überfiel mich! Wenn ich die Lage des Friedhofes nicht genau gekannt hätte, wäre das kleine Gräberfeld nicht mehr aufzufinden gewesen. Starke Fichtenstämme lagen zwischen wuchernden Sträuchern und hohem Waldgras. Nach angestrengtem Suchen entdeckte ich die Überreste von drei gemauerten Gräbern – aber ohne Inhalt und ohne Namenskreuze. Als ich schon mein Forschen ergebnislos abbrechen wollte, schaute ich noch einmal einen kubikmetergroßen Findling an, der schief neben einer gefällten Fichte lag. Und siehe da! Das war der Grabstein meines Onkels Theodor Fick, dessen Name mit Geburts- und Todestag ganz deutlich lesbar war. Der eiszeitliche Stein war für die Friedhofsfrevler offensichtlich zu schwer gewesen, um ihn – wie die anderen Grabkreuze – zu zerstören. Nur aus seinem gemauerten Fundament hatte man ihn brechen können.

5. An der Peripherie der Stille: Landstädtchen

Woldisch Tychow lag genau in der Mitte des Landkreises Belgard und der Landkreis wiederum im Zentrum Hinterpommerns. Die kleine Welt meines Geburtsortes erfuhr durch die Städte im Landkreis lediglich eine Bestätigung, keine Sprengung ihres Charakters. Denn angesichts der geringen Bevölkerungszahl von 80 000 Einwohnern (nach dem Stand der Volkszählung vom Mai 1939) bei einer Fläche von 1650 Quadratkilometern blieb die ländliche Struktur bestimmend – für die Lebensweise der Menschen wie für die bauliche Gestaltung ihrer Siedlungen.

Wohl lebten 40 Prozent der Landkreis-Bevölkerung in den drei Städten – nämlich in Belgard 16 000, in Schivelbein 10 000 und in Bad Polzin 7000 –, aber diese blieben typische hinterpommersche Landstädtchen. Mit typisch ist hier die Kleinstrukturierung im Hinblick auf Bevölkerungszahl, Berufsangebote, Wirtschaft und Kultur gemeint. Erst seit der Mitte des 19. Jahrhunderts hatten die Städte an Einwohnerzahl kontinuierlich zugenommen; aber der Charakter der ursprünglichen Landstädtchen war bestimmend geblieben. Und dennoch hatte jede der drei Kommunen bis 1939 ein eigenes unverwechselbares Gesicht entwickelt.

Eine klassische Charakterisierung der Kreisstadt Belgard von Otto Eichhorn findet sich im Stettiner General-Anzeiger vom 23.5.1937:

> Es gibt Städte, deren Eigenart durch ihre landschaftliche Umgebung bestimmt ist, und solche, denen die Geschichte das Antlitz prägt. Belgard an der Persante gehört zu jener dritten Gattung Städte, die ihren Charakter aus dem Verkehrs- und Wirtschaftsleben einer ganzen Landschaft erhielten ...
> Zunächst gibt die besondere Verkehrslage der Stadt ihre Eigenart: Sie ist Verkehrsknotenpunkt der Strecken Stettin – Stolp und Kolberg – Schneidemühl (– Posen). Allein dieser Tatsache verdankt es Belgard, daß wegen seiner leichten Errcichbarkeit heute viele Wirtschafts- und politische Tagungen (für die mittlere Region Hinterpommern) nach Belgard gelegt werden.

Es bleibt zu ergänzen, daß die ursprüngliche Linienführung der

Fernbahn von Stettin über Körlin – acht Kilometer nördlich von Belgard – und weiter nach Köslin – Danzig vorgesehen war. Die Bahntrasse wäre der alten Post- und späteren Reichsstraße Nr. 2 gefolgt, die von Mittenwald über München, Nürnberg, Berlin, Stettin, Köslin nach Königsberg führte. Doch der Rat des Städtchens Körlin lehnte die Anbindung an die Eisenbahn-Fernlinie ab, weil er für die Stadt und vor allem für das vom Fernstraßenaufkommen profitierende Speditionsgewerbe nur Nachteile heraufziehen sah. Diese Entscheidung sollte sich für Körlin als Schildbürgerstreich herausstellen.

Denn der Belgarder Rat sah die Vorteile voraus und stellte das benötigte Gelände bereit. In der Tat blühte die Wirtschaft des bis dahin wie Körlin dahinträumenden Städtchens Belgard ab Mai 1859, dem Zeitpunkt der Bahnstrecken-Eröffnung Stettin – Belgard, mächtig auf. Das geschah erst recht, nachdem 1878 die Nord-Süd-Querverbindung von Kolberg über Belgard und weiter nach Neustettin (insgesamt 100 Kilometer) aufgenommen war. Die starke Zunahme der Wohnbevölkerung fällt genau mit der Eröffnung der beiden Bahnlinien zusammen:

1855 betrug die Einwohnerzahl 3800,

1878 war sie bereits auf 8000 angewachsen.

Im Gefolge des Eisenbahn- und Straßenbaues, aber auch des Ausbaues von fünf Kreisstraßen begann der wirtschaftliche Aufschwung mit der Ansiedlung von Gewerbe- und Industrieeinrichtungen. Sie verarbeiteten die landwirtschaftlichen Produkte des Belgarder Raumes. So entwickelten sich u. a. drei Sägewerke, drei Mühlen mit Kraftbetrieb, eine Eisengießerei, eine Parkettfußbodenfabrik und die Genossenschaftsmolkerei.

Neben dem Ausbau zum Eisenbahnknotenpunkt wuchs Belgard durch die Inbetriebnahme der Überlandzentrale im Jahre 1911 zu einer überörtlichen Bedeutung heran. Das Werk versorgte schließlich ein Gebiet mit Strom, das ungefähr so groß wie das heutige Württemberg (ohne Baden) war.

Bahnbrechend war auch die frühzeitige Elektrifizierung der gesamten Stadt. Bereits im Jahre 1934 verkündete am Kraftwerk ein Werbeschild mit der stolzen Aufschrift: »Zweitausend Belgarder Hausfrauen kochen elektrisch.« Mit anderen Worten: Belgard war die erste Stadt in Hinterpommern, in der alle Hausfrauen sich

auf das elektrische Kochen umgestellt hatten. Für mich war es damals unvorstellbar, daß man ohne sichtbares Feuer von Holz, Kohle oder Gas im Kochtop Wasser erhitzen könne.
Zum Charakteristikum des Stadtbildes gehörten ferner die zahlreichen Soldaten (Belgard war seit 1721 eine stark belegte Garnisonstadt, vornehmlich mit Husaren-Einheiten) sowie die auffallend vielen Parks und Grünanlagen entlang der Leitznitz und vor allem die Sportarena mit Schwimmbad. Im zitierten Beitrag des Stettiner General-Anzeigers wird diese Anlage als »die schönste, modernste und zweckmäßigste Pflegestätte für Leibesübungen in ganz Mittel- und Ostpommern« gepriesen.
Heute erfährt der Besucher in polnischen Prospekten über Belgards vielhundertjährige Stadtentwicklung kein Wort über die Zugehörigkeit Pommerns zum Deutschen Reich seit 1181, sondern Geschichtsverdrehungen und -fälschungen wie diese:
– »Die Gegend von Bialograd gehörte schon während der Regierung von Mieszko I. zu Polen.«
– »Am 6. März (1945) hat man am Belgarder Rathaus die polnische Fahne gehängt – Symbol der Rückkehr der alten slawischen Stadt in die Heimat.«
Mit solchen Behauptungen soll der Eindruck erweckt werden, daß Belgard uraltes Polengebiet sei. In Wirklichkeit trat mit jenem Herzog Mieszko I. (um 960–992) ein Teilgebilde des späteren Staates Polen erstmals ins Licht der Geschichte. Er hatte offenbar Stämme der Polanen im Raum von Warthe und mittlerer Weichsel unter seiner Oberhoheit vereint, die er etwas später auch dem anderen Kernraum der Polanen um Krakau herum aufzwang. Dieser Mieszko I. sowie sein Sohn Boleslaw I. (992–1025) waren ausgesprochene Eroberertypen und brachten Teile Pommerns, Schlesiens und Mährens vorübergehend in ihre Abhängigkeit. Im Zuge dieser Eroberungszüge erstürmten Polanen auch die alte pomoranische Burgwallanlage Belgard. Doch Polanen (Polen) siedelten niemals hier – ebensowenig nach ihren abermaligen Einfällen in den Jahren 1102 und 1107/8. Ihnen kam es auf Unterwerfung und Beute und nicht auf dauerhaften Siedlungsbesitz an. Infolgedessen ist die wiederholte Einverleibung Belgards sowie anderer Burgen der Pomoranen (Wenden) durch polnische Herrscher um 1000 und 1100 eine kleine Episode in der langen Territorialgeschichte Pommerns geblieben.

Erst seit dem 12. Jahrhundert tritt das Land Belgard deutlicher in unser Blickfeld. So wissen wir, daß Otto von Bamberg auf seiner Missionsreise 1128 auch in Belgard eine Mutterkirche errichtete – wie in weiteren zehn pommerschen Orten –, die allem Anschein nach mit einem deutschen Priester besetzt wurde und sich im heidnisch-pomoranischen Umfeld behaupten konnte. Urkundlich nachweisbar ist Belgard allerdings erst im Jahre 1159, als der Ort (als »castrum« bezeichnet) dem Prämonstratenserkloster Grobe auf Usedom unterstellt wurde. Seit diesem Datum beginnt – nach der vorangehenden Missionierung – die Besiedlung der Gegend mit Deutschen. Davon liest man in polnischen Prospekten keine Silbe. Die Episode der polnischen Eroberungszüge in die Belgarder Gegend nahm ihr Ende, als Boleslaw III. im Jahre 1139 starb und innere Wirren den Zerfall des polnischen Territoriums bewirkten.
Ein Jahrhundert später geriet das Land Belgard, das weit nach Süden in das Neustettiner Gebiet reichte, in die territorialen Auseinandersetzungen zwischen den Herzögen aus Pomerellen, dem Greifengeschlecht und den Brandenburger Markgrafen. Historisch gesichert ist, daß die Streitigkeiten durch einen Vertrag im Jahre 1295 beendet wurden. Fortan gehörte das Land Belgard wieder zur Herrschaft des Greifengeschlechtes (Herzog Bogislaw IV. aus der Linie Pommern-Wolgast). Um sein Gebiet abzusichern – vor allem gegen den Nachbarn Brandenburg in Schivelbein –, gründete Bogislaw IV. im Jahre 1299 neben der alten wendischen Burgwallanlage eine neue Stadt, die er mit deutschem Recht ausstattete, damit sie für deutsche Kolonisten attraktiv wurde. Seither blieb Belgard im Besitz der Pommernherzöge (später: Brandenburg-Preußen) und entwickelte sich zu einer deutschen Stadt.
Auch sie erhielt den Namen der früheren wendischen Nachbarsiedlung Belgard, was soviel heißt wie »weiße Burg« (s. Weißenburg). Greifenherzog Wartislaw IV. verlegte 1315 seine Residenz von Anklam nach Belgard, so daß es vorübergehend den Rang einer Herzogstadt erhielt. – Die neue Stadtanlage wurde Ende des 13. Jahrhunderts systematisch nach dem Vorbild aller ostpommerschen deutschen Städte geplant. Die Innenstadt-Grundrisse sind bis heute deutlich erkennbar, zumal Belgard das Kriegsende von 1945 ziemlich unbeschädigt überstanden hat. Allerdings wur-

de die schützende Stadtmauer aus dem 14. Jahrhundert in den Jahren 1866 bis 1868 abgetragen, und von den fünf Wasserpforten sowie zwei Stadttoren ist nur das Hohe Tor stehengeblieben – heute ein steinernes Symbol für die deutsche Stadtkultur in Belgard und Pommern.

Die zweitgrößte Stadt im Landkreis war bei der Volkszählung von 1939 Schivelbein mit 9.700 Einwohnern. In der Luftlinie lag es 30 Kilometer von Belgard entfernt und war durch die Fernbahnlinie Stettin – Danzig mit Belgard verbunden.
Wer etwa vom Namen her Aufschluß über die Vergangenheit Schivelbeins erwartet, sieht sich getäuscht. Man kennt nämlich keinen historischen Zusammenhang. Die Forscher sind sich insofern einig, als sie einen deutschen Ursprung für den Namen annehmen, der wahrscheinlich eine wendische Anlehnung besitzt. Die zwei Namensteile könnten bedeuten: »Schiwe« = Scheibe und »bein« = Sumpf. Das ließe auf Scheibe in der Deutung von »trockener Insel im Sumpf« schließen.
Der älteste Urkundennachweis stammt allerdings erst aus dem Jahre 1280, als die beiden Nachbarn – der Bischof von Cammin im Norden und Osten sowie der Markgraf von Brandenburg im Süden – einen Grenzvertrag schlossen. Er bestätigte dem Brandenburger den Besitz von Schivelbein, das als wendische Siedlung dem Bischof und davor dem Pommernherzog gehört hatte.
Der Markgraf gründete dort umgehend 1296 eine deutsche Stadt (also noch vor Belgard!) und gewann deutsche Einwanderer aus West- und Norddeutschland. Ein Blick auf die historische Karte jener Zeit belegt, daß Schivelbein die nördlichste Stadt des Brandenburger Territoriums in der Neumark war. Allerdings blieb es erst ab 1455 im dauernden Besitz der Brandenburger.
In der Zwischenzeit hatte die Stadt von 1319 bis 1455 anderen Herrschaften gehört, vor allem dem Rittergeschlecht von Wedel und 70 Jahre lang dem Deutschen Ritterorden (1384–1455). Dieser hat das Stadtbild bis auf den heutigen Tag geprägt durch den Ausbau des Schlosses zu einer Ordensburg. Sie hat alle späteren Wirren und Kriege überstanden – auch den Zweiten Weltkrieg – und ist heute neben der Marienkirche und dem Steintor das wichtigste Zeugnis für die deutsche Steinbaukunst des Mittelalters.

Von eigener familiengeschichtlicher Bedeutung wird die Tatsache, daß der Name meiner großmütterlichen Vorfahren, der Vicke/Fick(e), in alten Namenslisten aus den Jahren 1402 und 1455 bei der Nennung von Persönlichkeiten des Landes Schivelbein auftaucht, die bei der Huldigung der neuen Landesherren aufgezählt sind. Die Vermutung liegt nahe, daß diese genannten Vicke bzw. Fick(e) Vorfahren jenes Hans Vicke von 1600 sind, der als Stammvater meiner Fick-Ahnen von Grünhof gilt, zumal er und seine Vorfahren das politisch herausragende Schulzenamt in Technow bei Schivelbein innehatten.

Mit der Stadt Schivelbein verbindet sich für jeden Pommern der Name Rudolf Virchow (1821–1902). Er ist in die Geschichte eingegangen sowohl als hervorragender Mediziner (Pathologe) wie auch als Politiker. Er war nämlich Vorsitzender der »Fortschrittspartei«, die er 1861 mitbegründete und die zum wichtigsten parlamentarischen Widersacher Bismarcks wurde. Virchows Geburtshaus am Markt wurde zwar schon zu Anfang des 20. Jahrhunderts abgerissen; aber an dem Neubau wurde eine Gedenktafel zur Erinnerung an den größten Sohn der Stadt angebracht.

Virchows Abstammung aus Schivelbein wird selbst von den Polen nicht unterschlagen. Aber bei der Erwähnung seiner Bedeutung für die Medizin verweigert der polnische Prospekt über Schivelbein Virchow die deutsche Abstammung: »Er stellte immer fest, seine Herkunft sei slawisch.« Und weiter: »Auch seine (= Virchows) wissenschaftlichen Forschungen bestätigen, daß Schivelbein und seine Umgebung den Slawen gehörten.« Auf welchen Fakten solche geschichtsverdrehenden Behauptungen gründen, wird nicht angegeben. Für die Polen genügt es, den größten Sohn der Stadt als »Slawen« zu vereinnahmen.

Kurioserweise wird in dem polnischen Stadtprospekt eine Episode aus dem 15. Jahrhundert als großes geschichtliches Ereignis herausgestellt.

Es geht um die anfangs private Auseinandersetzung zwischen einem Bauern aus dem Belgarder Land und einem Nachbarn aus dem Schivelbeiner Land im Jahre 1469. Die Privatfehde entwickelte sich zu einem regelrechten Krieg zwischen den Städten Belgard und Schivelbein. Er wurde in einem Gefecht auf der Heide bei dem Dorf Langen zugunsten der Schivelbeiner entschieden. Die Belgarder sollen mehr als 300 Mann verloren haben. Warum nun dieses Ereignis – für die geschichtliche Entwicklung beider Städte und des Landes völlig unbedeutend – von den Polen so hochstilisiert wird, daß sie seit 1969 dieses Vorganges aus der deutschen Geschichte mit Volksfesten gedenken, mag mit dem Bedürfnis zusammenhängen, etwas Unverfängliches anzubieten, weil sich für einen historischen Besitzanspruch Polens auf das Land Schivelbein kein Anhaltspunkt ergibt.

Der Kleinkrieg von 1469 scheint übrigens lange Zeit die Atmosphäre zwischen beiden Städten vergiftet zu haben. Ob diese Stimmungslage allerdings auch Ursache dafür war, daß nach der Vereinigung der Territorien Neumark (mit Schivelbein) und Pommern (mit Belgard) unter der Herrschaft des Kurfürsten von Brandenburg 1637 – nach dem Aussterben des Greifengeschlechtes – das Land Schivelbein eine selbständige Verwaltung behalten hat, ist wohl eher unwahrscheinlich. Erst bei der preußischen Verwaltungsreform des Jahres 1932 verlor der Landkreis Schivelbein seine Selbständigkeit und wurde in den Kreis Belgard eingegliedert. Der Kreis Schivelbein hatte 1932 noch nicht einmal 25 000 Einwohner, die Stadt nur 8500. Nach modernen Maßstäben war solche »Kleinheit« nicht lebensfähig.

Nicht unerwähnt bleiben soll das Schicksal der Stadt bei Kriegsende. Als am Samstag, dem 3. März 1945, sowjetische Panzer die Stadt einnahmen, war sie völlig unversehrt. Erst am nächsten Tag gingen die Häuser um den Marktplatz in Flammen auf, weil russische Soldaten mit Hilfe von ausgegossenem Benzin systematisch Feuer gelegt hatten. Dieses Verfahren, deutsche Städte in ihrem Zentrum vorsätzlich zu zerstören, zu »entkernen«, ist von der Roten Armee fast überall in Ostpommern und Ostpreußen praktiziert worden. Dahinter verbarg sich das System, Rache zu üben. Schrecklicher noch traf die zurückgebliebene deutsche Bevölkerung das ohnmächtige Ausgeliefertsein an die sich austobende feindliche Soldateska. Demütigungen, Vergewaltigungen und Verschleppungen – mit diesen Begriffen ist die furchtbare Zeit unter der Herrschaft der Roten Armee und später der Polen charakterisiert. Doch der polnische Städteführer spricht von »Befreiung der Stadt«. Für die »befreiten« Schivelbeiner sind solche Entstellungen der Wahrheit kalter Zynismus der Vertreiber. Zur angestrebten Versöhnung der Völker gehört auch die wahrheitsgemäße Darstellung der Ereignisse von 1945/46.

Die kleinste Stadt im Landkreis Belgard war Polzin mit 6900 Einwohnern (Stand: Mai 1939). Wenn meine Mutter gelegentlich das Ehepaar Gruber in Polzin besuchen und mich mitnehmen wollte, verzichtete ich fast immer auf dieses Angebot, weil das Provinzstädtchen für mich nichts Anziehendes hatte und mich langweilte. Für die Erwachsenen hingegen wurde Polzin zwischen den beiden Weltkriegen immer attraktiver, so daß es den schmückenden Beinamen »nordisches Wiesbaden« erhielt. Wiesbaden galt als vornehmes Bad, das besonders vermögende Genesungsuchende bevölkerten. Dementsprechend wurde Polzin, das erst 1926 durch Erlaß der preußischen Regierung in den Status eines Bades gehoben wurde, zum Treffpunkt des einheimischen Adels und der Wohlhabenden. Das war schon seit dem 19. Jahrhundert der Fall. Denn auch der junge Graf Otto von Bismarck beispielsweise ritt öfter von seinem Rittergut Kniephof im Kreis Naugard die 60 Kilometer lange Wegstrecke nach Polzin hinüber, wenn er – ein unverheirateter Junker – von geselligen (Tanz-)Veranstaltungen angelockt wurde. Drei Dinge machten Polzin anziehend:
– Die besondere Situation als Bad. Im Jahre 1688 hatte ein Bürger durch Zufall entdeckt, daß ein Quellwasser auf seine Glieder eine heilsame Wirkung ausübte. Es handelte sich um ein mineralhaltiges Wasser mit einem hohen Eisengehalt. Ein Jahr später entstand schon die erste primitive Badeeinrichtung. Doch erst die Verbindung von Moorerde mit dem mineralhaltigen Wasser erbrachte etwa 1850 die besonders heilsame Wirkung für Rheuma- und Gichtleiden. Vorreiter auf diesem Gebiet der Moorbadekuren waren Bäder in Böhmen und Süddeutschland geworden. Polzin holte ab etwa 1871 gewaltig auf; es war ja auch das einzige Moorbad in ganz Norddeutschland. Diese Entwicklung nahm sogar die Reichsbahn zur Kenntnis; denn sie setzte im Sommer einen D-Zug-Kurswagen auf dem Stettiner Bahnhof in Berlin ein, der direkt bis Polzin geleitet wurde.
– Der Ausbau als Badeort mit zahlreichen Kurhäusern förderte naturgemäß das Angebot an gesellschaftlichen und kulturellen Veranstaltungen, die auch von gesunden Menschen genutzt

wurden. Dadurch stieg das Ansehen Polzins. Eine Spielbank gab es allerdings nicht.
- Schließlich entdeckte man zusätzlich die reizvolle Lage Polzins im freundlichen Tal der kleinen Wugger und am Eingang zur Pommerschen Schweiz. Dementsprechend schwärmte die Polziner Zeitung, als man Anfang Juli 1938 die 600-Jahr-Feier als Stadt und die 250-Jahr-Feier als Heilbad beging, im Stil der damaligen Zeit:

»In der unendlichen Weite der vorgelagerten Tiefebene sowohl wie auf den Berghöhen und in der still ruhenden Kühle des Waldes findet der Natur- und Jagdfreund ein fast unberührtes Naturgebiet, das weder Großstadtlärm noch rauchende Fabrikschlote stören und verdüstern.

So vereinigt denn Bad Polzin seiner inneren Struktur und seiner äußeren Lage nach alle Vorzüge, die dem Fremden wie dem Einheimischen die anmutvolle Stadt seit jeher so besonders wertvoll gemacht haben.«

Objektiverweise muß man einräumen, daß von der »anmutvollen Stadt« erst seit der Einrichtung als Moorbadeort die Rede sein kann. Ohne die Entwicklung zum herausragenden »Bad Polzin« wäre die Stadt eine unbedeutende Ackerbürgerstadt wie viele in Hinterpommern geblieben.

Gemeinsam hat Polzin mit den Nachbarkommunen im weiten Umkreis, daß es als Stadt im 13./14. Jahrhundert gegründet worden ist. Um 1335 erhielt es Stadtrecht vom pommerschen Greifenherzog (also im gleichen Jahr wie Berlin), nachdem dort schon ein halbes Jahrhundert vorher ein deutsches Dorf von Benediktinermönchen eingerichtet und dazu kurz vor 1300 ein Schloß gebaut worden war (wahrscheinlich vom Templerorden).

Bei der Deutung des Stadtnamens tappt man genauso im dunkeln wie bei Schivelbein. Das gleiche trifft auf den Familiennamen Polzin zu, der häufig im Westen und Süden Deutschlands vorkommt. Die Nachsilbe -czyn bedeutet slawisch soviel wie Tat. Und wenn der Ausgangspunkt für den späteren Stadtnamen das vorher gebaute Schloß oder die Burg ist, dann könnte der Schloßherr vielleicht eine Verewigung erfahren haben: Dann würde »Pol-czyn« bzw. »Bol-czyn« die »Tat«, nämlich die Burgerrichtung des Polko bzw. Bolko sein.

Der friedliche Marktflecken verlor seine Idylle, als in der Nacht zum 4. März 1945 die Rote Armee in die Stadt eindrang. Sie wurde zwar nicht zerstört, aber ihre Bewohner wurden – wie überall – als Kriegsbeute betrachtet.

Heute haben die Polen wieder einen ganzjährigen Kurbetrieb eingerichtet. Auch eine bemerkenswerte Direktverbindung existiert bei der Bahn, aber nicht wie einst nach Berlin, sondern nach Warschau. Was die Deutschen mit dem Aufbau des Moorbadeortes gesät haben, ernten die Polen.

Eine abschließende Bemerkung soll die Darlegungen abrunden. Im Landkreis Belgard waren fast alle Orte als deutsche Siedlungen bereits im Mittelalter angelegt worden. Die Landwirtschaft war dominierend, wie die Statistik des Kreises im Jahre 1925 ausweist:

66 Prozent der Bevölkerung waren in der Land- und Forstwirtschaft beschäftigt, 17 Prozent in Industrie und Handwerk und nur neun Prozent in Handel und Verkehr. Alle Ortsbilder waren infolgedessen von der landwirtschaftlichen Struktur gekennzeichnet. Nur die drei Städte im Kreis hatten im Laufe der letzten Jahrzehnte Abstand genommen von der rein landwirtschaftlichen Prägung. In ihrer Berufsstruktur wie im Stadtbild entwickelten sie eine Eigenart und lieferten somit dem Landkreis besondere Glanzpunkte. Diese Eigenarten im Antlitz der Städte sind zwar durch den polnischen Einfluß seit 1945 verändert worden, aber die Zeugnisse der seit Jahrhunderten entwickelten deutschen Stadtkultur sprechen nach wie vor ihre eindeutige Sprache und lassen sich nicht verfälschen.

6. Die blau-weiße Ausgleichsküste

Meine Geburtsheimat war durch Stille, Schlichtheit und Erdhaftigkeit gekennzeichnet. Solche Zellen der Einfachheit von Mensch und Landschaft gab es zu Hunderten in Hinterpommern. Doch zu dessen Gesamtbild gehörte natürlich mehr. Vor allem der attraktive Wasserbereich der Ostsee, die verträumten Waldgebiete entlang der Küste und auf dem Höhenrücken im Landesinneren sowie die baumlose Tiefebene des Pyritzer Weizackers. Dieser Zusammenklang ist oft besungen worden. Stellvertretend für viele andere sei ein Vers von dem in Kolberg geborenen Georg Küsel herausgegriffen:

> Kennst du die Wälder, klaren Seen,
> bezaubert von des Himmels reinem Blau,
> wo Hirsch und Rehe weidend gehen
> auf duft'gem Anger, grüner Au?
> Das ist das Land am baltischen Strand,
> mein liebes, schönes Pommerland.

Die besungene Heimat Hinterpommern hatte unverwechselbare Charakteristika, die es in jener Ausprägung nirgendwo mehr gab. Ihren Besonderheiten wollen wir im folgenden nachspüren.
Das deutsche Pommern kannte zwei Symbole: den Greifen und die Landesfarben Blau-Weiß. Am Ostseestrand Pommerns bildet das Blau des Himmels wie des Meeres mit dem Weiß des Sandes und der Dünen einen einmaligen Kontrast, den man nie vergessen kann, wenn man ihn einmal in sich aufgenommen hat. Darum hieß es in meiner Heimat:

> Der Himmel blau
> und weiß der Strand,
> das ist unser Pommerland.

Und ich füge hinzu: So feinkörnig und weiß wie an Hinterpommerns Küste ist der Sand nirgendwo mehr.
Rund 250 Kilometer lang zieht sich der Strand Hinterpommerns von der Dievenow, dem östlichen Mündungsarm der Oder, bis zur ehemaligen deutschen Reichsgrenze bei Leba hin. Ausgleichs-

küste nennt man diese Ausprägung und meint damit den geraden, flachen Sandstrand mit dem anschließenden Dünenbereich. Unterbrochen wird er nur selten; gelegentlich von einem Steilküstenabschnitt sowie den sechs Flußmündungen von Rega, Persante, Wipper, Stolpe, Lupow und Leba. Dabei war die Küstenform ursprünglich ähnlich der vorpommerschen Boddenküste. Aber die Bodden (Buchten) östlich der Odermündung wurden infolge des stetig vom offenen Meer wehenden Nordwestwindes allmählich durch Sandablagerungen zugeschüttet, die man Nehrungen nennt. Wenn nicht die sechs Küstenflüsse den Strand unterbrechen würden, könnte man ungehindert den 250 Kilometer langen Sandstrand entlangwandern. Menschen sieht man nur dort, wo Städte und Dörfer hinter den Dünen liegen. Sonst gehört dem Wanderer der weiße Strand mit dem weiten Blick auf Meer und Himmel ganz allein. Ein Erlebnis, das man an den Steil- und Buchtenküsten des Mittelmeeres nicht haben kann. Die hinter den Dünen liegenden Bodden entwickelten sich allmählich zu Strandseen. Der größte von ihnen, der Lebasee, weist eine Fläche von 76 Quadratkilometern aus (der Chiemsee ist mit 80 Quadratkilometern etwa gleich groß). Im Laufe der Jahrtausende begannen die flachen Strandseen zu vermooren (daher ist der Lebasee nur sechs Meter, der Jamunder See nur drei Meter tief). Mit der Ostsee haben sie keinen Kontakt mehr. Nur bei großen Stürmen kommt es vor, daß über das Deep, den bachartigen Wassereinschnitt im Nehrungsbereich, salzhaltiges Ostseewasser in den Strandsee überschwappt. Die Deeps sind mitunter nur knietief und locken daher die Kinder zum Spielen an. Mit Keschern gelingt es ihnen nämlich gelegentlich, kleine Fische zu fangen.
Normalerweise zieht sich der Küstensaum – vom Meer aus betrachtet – wie ein feiner, ebener Strich hin. Lediglich an drei Stellen ragen Erhebungen mit einer Höhe von rund 100 Metern heraus. Das sind der Gollen bei Köslin (133 Meter), die Höllenberge bei Rügenwalde (72 Meter) und der Revekol (115 Meter). Sie sind aufgestaute Moränen, die in der Menschheitsgeschichte wegen ihrer auffallenden Höhen geheimnisumwittert blieben. In grauer Vorzeit wurden dort Heiligtümer für die heidnischen Götter errichtet. In christlicher Zeit wurden diese von Wallfahrtskapellen abgelöst. Heutzutage haben die Erhebungen ihre Romantik ein-

gebüßt. Doch den Seefahrern dienen sie bei Tag immer noch als Markierungspunkte.
Bei Nacht bieten die Leuchttürme entlang der Ausgleichsküste die notwendige Orientierung. Die bekanntesten sind der bleistiftgleiche Leuchtturm von Sorenbohm bei Köslin und der von Jershöft auf einem 53 Meter hohen Kap bei Stolpmünde.
Wenn jemand meint, daß die Grenze zwischen Meer und Land ewig erhalten bliebe, der wird in Hoff (Trzesacz) am Ufer zwischen Cammin und Treptow ins Staunen geraten. Genau am 15. Längengrad, der für die mitteleuropäische Zeitbestimmung zuständig ist, wartet eine letzte Wand der ehemaligen Dorfkirche nun schon seit beinahe 100 Jahren auf ihren endgültigen Absturz von einem 15 bis 20 Meter hohen Kliff ins Meer. Bei der Errichtung dieser Backsteinkirche in der Zeit um 1250 durch deutsche Siedler lag das Dorf noch zwei Kilometer von der Küste entfernt. Aber die Ostsee erwies sich an dieser Stelle als Mordsee. Bei starken Sturmfluten holte sie sich Jahrhundert um Jahrhundert meterweise das Bauerndorf, indem sie die Bauten unterspülte, so daß sie niederstürzten. In der Mitte des 17. Jahrhunderts hatte sie sich bis auf 100 Meter an die Kirche herangearbeitet; 1868 bis auf einen Meter. Nach einer weiteren Sturmflut wurde 1879 zum letzten Mal Gottesdienst gefeiert. Dann mußte man die Kirche ihrem Schicksal überlassen, das sie im Winter 1900/01 ereilte, als die erste Wand einstürzte. Im Jahre 1922 folgte das vorletzte Teilstück. Ein kleiner Rest der Südwand reckt immer noch mahnend vom hohen Uferrand seine Ruinengestalt in den Himmel. Ergriffen steht der Mensch vor dem Zerstörungswerk des Meeres. Auch vor einem Gotteshaus macht die Urgewalt der Natur nicht halt. Sic transit gloria mundi! (So vergeht der [von Menschen geschaffene] Ruhm der Welt!)
Von der Urgewalt der Naturkräfte Wasser und Wind kann auch das Städtchen Leba im nordöstlichen Winkel Pommerns viel berichten. Der Ort an der Mündung der Leba war einst von Wikingern und Wenden besiedelt. Große Sturmfluten der Jahre 1497 und 1558 verlegten die Flußmündung jedoch so weit nach Osten, daß die bisher auf der Ostseite der Leba liegende Stadt sich nun auf der Westseite wiederfand. Als zusätzlich die wandernden Dünen die Siedlung zuzuschütten drohten, beschlossen die Bürger,

ihre Häuser auf der Ostseite der Leba zu errichten. Auch die Kirche mußte 1590 aufgegeben werden. Ein Rest dieses mittelalterlichen Gotteshauses ist inmitten der Dünen als Mahnmal der irdischen Vergänglichkeit erhalten geblieben – wie die Ruine von Hoff.

Dennoch gehört die Natur um die Stadt Leba und den Lebasee zu den imposantesten Küstenregionen der gesamten Ostsee. Ohne Übertreibung kann man sagen, daß die Urlandschaft von Dünen, Wäldern, Mooren und Schilfdickichten einzigartig für Mensch und Tier ist. Daher haben die Polen dort inzwischen ein 18 000 Hektar großes Gebiet als Nationalpark eingerichtet. Hier gibt es genug Lebensraum für den seltenen Seeadler wie natürlich Reiher und Störche. Den Menschen zieht vor allem die Nehrung des Lebasees an. Man braucht nicht erst in die Sahara nach Afrika zu reisen, um wandernde Dünen zu erleben. Auf der Lebanehrung, einer Landzunge von 800 bis 2000 Metern Breite und 17 Kilometern Länge, stößt man auf Sand – Sand – Sand, aber auch auf eine farbenprächtige Schönheit der Natur. Zehntausende wandern jährlich zur und auf die Lonzkedüne. Auf dem 42 Meter hoch über das Meer hinausragenden Sandplateau wird man zwar vom Wind hin und her gezerrt, aber beim Blick in die Runde vergißt man Windespfeifen und die Mühen des Aufstieges. Eine grenzenlose Weite scheint sich ringsumher auszudehnen. Das Blau von Ostsee und Himmel wird ergänzt durch das Dunkelblau der Kiefernwälder. Hinein mischt sich das Weiß der Wolken, des Sandes und der Gischtkronen der Wellen. Die pommerschen Farben Blau und Weiß erfahren hier ihre deutlichste Ausprägung. Auf einer Fläche von 20 Hektar breiten sich die Wanderdünen aus. Sie enthalten feinsten Sand, der sich Jahr für Jahr rund zehn Meter nach Osten fortwälzt. Unter sich begräbt er Kiefernwälder und Moore, aber auch die menschlichen Behausungen. Auf der Rückseite gibt die Düne wieder frei, was sie einst verschlungen hatte, Kiefernstümpfe und Mauerreste. Wer einmal die Lonzkedüne erstiegen hat, wird die Weite, ja Erhabenheit der hinterpommerschen Küstenlandschaft nie vergessen können.

Farben und Urwüchsigkeit des Landes zogen schon nach dem Ersten Weltkrieg Künstler jeder Sparte aus Deutschland an. So die Maler Max Pechstein (1881–1955) und Karl Schmidt-Rottluff

(1884-1976). Sie lebten in Berlin; aber an der hinterpommerschen Küste ließen sie sich inspirieren. Je urwüchsiger die Küstenstriche und je anheimelnder die weißgekalkten Häuser in den stillen Fischerdörfern hinter den Dünen leuchteten, desto größere Anziehungskraft übten sie auf viele Künstler aus Berlin und dem »Reich« aus. So zog es den Deutschamerikaner Lionel Feininger (1871-1956) zwischen den Weltkriegen immer wieder zum Malen nach Treptow und dem nahen Deep an der Ostsee, und so entwickelte sich das bescheidene Fischerdorf Rowe an der Mündung der Lupow (1939 rund 250 Einwohner) zur ausgesprochenen Malerkolonie. Weiter westlich, in Sorenbohm, kurierte sich »unser« Heinrich George, ein gebürtiger Stettiner (1893-1946), gesund, wie seine Gästebucheintragung verriet:

> »Von allen Ländern, die ich bereiste, von allen Meeren, die ich befuhr, sind mir mein Pommerland und mein Heimatmeer, die keusche jungfräuliche Ostsee, die liebsten. Ein Tag und eine Nacht an der Ostsee geben mir Kraft und Leben für einen ganzen arbeitsreichen Winter.«

Nicht weit weg von Sorenbohm, in Streitz, war ein anderer bekannter Schauspieler geboren worden: Paul Dahlke (1904-1984). Seine Namensendung auf -ke und sein breites Hochdeutsch wiesen ihn als echten Pommern aus.

Wohl ducken sich Fischer- und Bauerndörfer in der Nähe der Küste in die Dünen, aber keine Städte. Die Küste und die Gefahren von See her (Seeräuberei und Sturmfluten) hielten die Menschen früher davon ab, am Meer eine Stadt anzulegen. Cammin ist ein typisches Beispiel. Es liegt sechs Kilometer von der Ostsee entfernt am Ufer der Dievenow. In seiner Umgebung siedelten bereits seit dem 2. Jahrhundert v. Chr. die Rugier und die Burgunder. Aber nicht die Germanen haben ihre Bezeichnung für ihre Niederlassung an die Nachfahren weitergegeben, sondern die Wenden. In ihrer Sprache bedeutet Cammin/Kamin so viel wie Stein. Ein stattlicher Findling aus der Eiszeit wurde zum Heiligtum der Heiden und Ausgangspunkt für die Namengebung der Siedlung. Einstmals hatte die auf einem Hügel gelegene Stadt eine hohe Mauer, die dem Bischof mehr Schutz bot als das stets gefährdete

Wollin, so daß er seinen Sitz 1175 in Cammin nahm. Er gab dem Ort das äußere bauliche Antlitz und den Namen seines Fürstentums, auch wenn der hohe Herr später seine Residenz nach Kolberg und Köslin verlegte.

Bestimmend für das Stadtbild blieben bis heute die Stadtmauer, das spätgotische Rathaus mit einem reichdekorierten Renaissancegiebel, aber vor allem der Dom. Mit dessen Bau wurde bereits 1175 im spätromanischen Stil begonnen. Reste davon sind deutlich wahrzunehmen. Tiefe Stille umfängt den Besucher in dem einzigen geschlossenen Kreuzgang Pommerns, der ein Teil der Domanlage geblieben ist. In den Kirchen Hinterpommerns sind 1945 die Inneneinrichtungen vernichtet oder geplündert worden. Der St.-Johannis-Dom von Cammin jedoch ist eine Ausnahme, auch wenn der kostbarste Teil des Domschatzes 1945 abhanden gekommen ist.

Gemeint ist der um 1000 entstandene Cordulaschrein aus Elchschaufelplatten, die mit vergoldeten Bronzebändern verbunden waren. Aber das Innere des Domes spricht weiterhin von seiner deutschen Vergangenheit. Portal, Wandmalereien und Fresken haben kunstfertige Hände bereits im 13. Jahrhundert gestaltet. Voller Dankbarkeit sehen wir, daß auch die Kanzel und die ausdrucksvolle Orgel aus der Barockzeit der Nachwelt erhalten bleiben durften. Für mich ist die farbige und vergoldete Orgel, 1699 entstanden, die von der Figur des Erzengels Michael mit einem Flammenschwert gekrönt wird und in der Mitte die gütige vergoldete Gestalt Johannes des Täufers hervortreten läßt, die eindrucksvollste Orgel meiner Heimat – und der Camminer Dom als Ganzes das ehrwürdigste Gotteshaus in ganz Pommern. Manche Kunsthistoriker rechnen ihn sogar zu den großen Kunstwerken Europas.

Zwischen Oder- und Weichselmündung gibt es eine einzige Seestadt von Bedeutung: Kolberg. Die günstige Lage an der Mündung der Persante war die Voraussetzung für die Entwicklung zum Naturhafen. Hinzu kamen die Salzquellen unweit der Flußmündung als dauerhafte Erwerbsquelle. Denn Salz ersetzte im Mittelalter die Kühlschränke unserer Tage, weil es Fleisch und Fisch für einige Zeit konservierte. Die topographische Lage der alten wendischen Salzsiedlung aus dem 7. bis zum 9. Jahrhundert war günstig,

Bismarckschloß Varzin im Kreis Rummelsburg (11)

Dorf in Hinterpommern (12)

Pyritz – Stadtmauer mit dem Eulenturm (13)

Bütow – Deutschordensschloß (14)

Woldisch Tychow, Kreis Belgard – eine der rund 250 Fachwerkkirchen in Pommern aus der Zeit um 1700; der nebenstehende Glockenturm ist auf dem Bild nicht zu sehen (15)

Kreideküste auf der Insel Rügen mit dem Königsstuhl (16)

Die Stubbenkammer mit den Wissower Klinken auf Rügen – ein beliebtes Objekt für Maler und Fotografen (17)

Das Ostseebad Binz auf Rügen (18)

Blick auf die alte Hansestadt Stralsund mit Strelasund (19)

weil man das Exportgut über die Ostsee sowie die Persante aufwärts ins Landesinnere verfrachten konnte.
Die wirtschaftliche Kraft stach auch den Polenherrschern ins Auge, die mehrmals zwischen 1000 und 1120 ihre kriegerische Aufwartung machten. Den Anfang mit unerbetenen Besuchen besorgte Boleslaw I. Chrobry. Er nahm den Ort im Jahre 1000 ein und gründete eine christliche Kirche, die gleich Bistum wurde, um über die Kirche Einfluß auf die ungläubigen Wendenbrüder zu gewinnen. Der Versuch scheiterte. 100 Jahre später erschien der zweite Polenherrscher unangemeldet vor Kolberg und nahm es in seinen Besitz. Vielleicht war er verärgert, daß man ihn Boleslaw III. »Schiefmaul« nannte. Jedenfalls muß er mit seinem Heer wüst gehaust und etliche wendische Burgen zerstört haben: Kolberg, Belgard, Cammin und Köslin. Aber nach seinem Tod (1138) beschieden sich die Polenherrscher mit ihrem Territorium im oberen Weichselgebiet und ließen die Pomoranen in Frieden.
Das praktizierten auch die Deutschen, die ab dem 12. Jahrhundert offiziell zur Kultivierung und Missionierung ins Land gerufen wurden. In das Mündungsgebiet der Persante zogen Kaufleute vornehmlich aus Vorpommern, Lübeck und (Nieder-)Sachsen. Von ihnen müssen sich die beiden Territorialherren, der Greifenherzog und der Bischof, viel versprochen haben; denn sie gewährten den Deutschen 1255 das (lübische) Stadtrecht. Danach hatten die erobernden Polen bezeichnenderweise nie gestrebt. Unter den deutschen Bürgern blühte die junge Stadt sichtlich auf. Sie bauten den Seehandel aus, machten aus Kolberg den wichtigsten Umschlagplatz zwischen Lübeck, Stralsund und Danzig und wurden Mitglied der Hanse. Mit den Befestigungsanlagen, Kirchen und ansehnlichen Bürgerhäusern bekam die Stadt ein deutsches Antlitz – wie alle Städte in Pommern in dieser Zeit. – Das Stadtwappen verriet den Fremden, wer das Sagen hatte. Die Mitra und zwei gekreuzte Bischofsstäbe signalisierten, daß die Stadt zum Bistumsterritorium gehörte, der östliche Teil seit 1248, der westliche seit 1276. Dem Bischof gefiel es schließlich so gut dort, daß er seinen Sitz von Cammin nach Kolberg verlegte.
Drei Jahrhunderte lang dauerte die Blütezeit der Stadt, bis sie im Dreißigjährigen Krieg geplündert und verwüstet wurde. Davon erholte sie sich nicht so schnell. Nicht, weil sie 1648 an Branden-

burg fiel, sondern weil der Welthandel sich vom Norden Europas zum Mittelmeer verlagert hatte. Erst in der Funktion als pommersch-preußische Festungsstadt fand sie später Eingang in die Geschichtsbücher. Denn als Preußen 1806/7 dem französischen Eroberer Napoleon in die Hände gefallen war, widersetzte sich Kolberg als einzige Festung (außer Graudenz an der Weichsel) erfolgreich dem Korsen. Die Seele des Widerstandes war kein General, sondern ein Zivilist: Joachim Nettelbeck, ein Bürgergeneral, wenn man so will. Er veranlaßte nicht nur die Ablösung des nachgiebigen Stadtkommandanten durch den jungen Major August Neidhardt von Gneisenau, sondern den Widerstand der gesamten Bürgerschaft. Unter diesen beiden Repräsentanten wurde Kolberg zum geschichtlichen Symbol für den Freiheitskampf gegen fremde Unterdrückung.

»Deutsche, spiegelt euch daran!« soll Gneisenau in Erinnerung an den alten Nettelbeck später gefordert haben. In der Tat wurde das deutsche Kolberg fortan als klassisches Beispiel für vorbildliche Bürgertugenden in Schulen und Medien gepflegt.

Im Zweiten Weltkrieg widerfuhr Kolberg ein ähnliches Schicksal. Am 4.3.1945 wurde die Stadt von sowjetischen und polnischen Truppen eingeschlossen. Außer den 35 000 Einwohnern hatten noch etwa 50 000 Flüchtlinge Schutz in den Kellern gesucht. Kurz vorher hatte Hitler die Stadt mit einem Federstrich zur Festung erklärt. Aber militärische Verteidigungsanlagen waren außer Panzergräben und Infanteriestellungen überhaupt nicht vorhanden. An Artillerie standen 15 Flakgeschütze, acht leichtere Geschütze, ein paar Werfer sowie acht Panzer zur Verfügung, die zur Überholung in Kolberger Reparaturwerkstätten gebracht worden waren. Dennoch hielten 3300 Soldaten von Ausbildungs- und Ersatzeinheiten sowie Volkssturm den um ein Vielfaches überlegenen Feind zwei volle Wochen im Kampf um jede einzelne Straße hin, bis etwa 70 000 bis 80 000 Menschen in gefahrvollen Aktionen über See entkommen waren. Als am 18. März der deutsche Widerstand erlosch, fiel den Eroberern eine Ruinenstadt in die Hände. Das Geschehen von 1807 war 1945 nicht wiederholbar, nur die Tapferkeit war die gleiche geblieben.

Aber was hatte Kolberg 1945 eingebüßt und verloren? Die Zahl der Toten ging in die Tausende. Das schöne Stadtbild war unwiederbringlich geschändet. Vor dem Krieg hatte Kolberg in Deutschland mit dem besonderen Flair als Hafen, als Kurort mit ganzjährig geöffneten Sole- und Moorbädern, als Seeort mit einem ausgedehnten Gürtel parkartiger Strandwaldungen und modernem Ostseebadebetrieb sowie als Traditionsstadt mit historisch wertvollen Patrizierhäusern und einem unvergleichlichen Dom geworben. Von Berlin aus war die Ostseestadt in durchgehenden D-Zug-Wagen in knapp fünf Stunden zu erreichen. Infolgedessen war Kolberg 1938 das am meisten besuchte Seebad ganz Deutschlands (nahezu 60 000 Kurgäste). Mit alldem war es 1945 vorbei. Von der alten Pracht künden zwar neuerdings wieder Park- und Strandanlagen, aber von dem einstigen anheimelnden Stadtbild gibt es nur noch einzelne Zeugen.

Unter ihnen nimmt der fast 700jährige Dom die erste Stelle ein. Er war einer der größten in Pommern mit seinem gotischen Erscheinungsbild aus dem Spätmittelalter. Der Baukörper mit einer ursprünglich dreischiffigen, dann fünfschiffigen Hallenkirche hatte wenig mit den luftigen französischen Kathedralen von Reims oder Chartres gemein. Seine wuchtige Masse und der kantige, die Erdenschwere symbolisierende Turm verkörperten am stärksten das pommersche Wesen. Ganz allmählich haben sich inzwischen die Polen mit dem Prunkstück pommerscher Kirchengotik abgefunden und bauen es auf. Aber unwiederbringlich verloren sind Kostbarkeiten wie die Gewölbemalereien aus dem 14. Jahrhundert, das Taufbecken von 1355, vier Altäre (um 1500), die berühmte holzgeschnittene und farbige Schlieffenkrone von 1523 und die barocke Kanzel von 1688. Dagegen sind zwei Erinnerungsstücke heutzutage wieder zu bewundern: ein Türklopfer am Westportal mit einem bronzenen Löwenkopf und dem über ihm thronenden Christus aus der Zeit um 1380 sowie (seit 1981 wieder) der siebenarmige Leuchter, den Johannes Apengeter aus Lübeck im Jahre 1327 als Nachbildung des Tempelleuchters von Jerusalem goß.

Von der bürgerlichen Baukultur blieb nur wenig erhalten. Erwähnenswert sind das Schlieffenhaus sowie das Merkurhaus mit wirkungsvollem, plastischem Dekor im Stil der Renaissance des 17. Jahrhunderts. Auch das neugotische Rathaus, das nach Plänen des berühmten Architekten Karl Friedrich Schinkel 1832 auf den

Fundamenten des 1807 zerstörten Vorgängerbaues errichtet worden war, überstand einigermaßen die Katastrophe von 1945.
Was aber die Pommern empört, ist der Versuch der Polen, die deutsche Ostseestadt seit 1945 mit dem Mythos von der angeblich alten polnischen Ostseemacht zu verklären. Als am 18.3.1945 polnische Truppen im Verband der Roten Armee Kolberg eingenommen hatten, mußte eine Abordnung ihre Truppenfahne von einer Buhne aus ins Wasser tauchen, um die »Vermählung Polens mit dem Meer« zu symbolisieren und zu geloben: »Wir schwören, dich nie zu verlassen; denn du, das Meer, bist seit Jahrhunderten und auf ewig polnisch!« Die Fotografie mit der in die Ostsee gesenkten Standarte gehörte zu den vorbereiteten Propagandatricks der polnischen Kommunisten. Auch heute noch hört der Besucher Kolbergs von den Fremdenführern, daß dort 1945 die Vermählung Polens mit der Ostsee stattgefunden habe. Was diese Floskel bedeuten soll, erfährt man aus der Inschrift eines Denkmals in Strandnähe: »Hier waren wir; hier sind wir; hier bleiben wir!«
Der Pommer jedoch, der diese auf einer Geschichtslüge aufgebaute Prozedur in Kolberg über sich ergehen lassen muß, empfindet die Sprüche als Provokation. Versöhnung zwischen den Völkern kann nur aus (historischer) Wahrhaftigkeit entstehen. In Kolberg sind die Polen von dieser Versöhnungsbereitschaft noch weit entfernt.
Außer Kolberg gab es in Hinterpommern nur wenige Schiffsanlegeplätze. Denn zu den Charakteristika der Ausgleichsküste gehört die Hafenfeindlichkeit. Nur an Flußmündungen konnten Schiffe in der Neuzeit anlegen. Zwei von ihnen haben der deutschen Nachwelt ein besonderes Gepräge hinterlassen: Rügenwalde und Stolpmünde.
Wie der Name verrät, geht die Gründung von Rügenwalde, drei Kilometer von der Ostsee entfernt an der Wipper, auf Rügen zurück, genauer: auf den Fürsten Witzlaw II. von Rügen (1270). Den Bekanntheitsgrad der Stadt haben bis in unsere Tage zwei Faktoren gefördert: das 1945 unzerstört gebliebene Herzogsschloß aus dem 14. Jahrhundert, in dem 14 pommersche Herzöge und vier Herzogwitwen im Laufe von drei Jahrhunderten residierten und zum Teil begraben sind – darunter auch König Erich I., der vor-

übergehend in Dänemark die drei nordischen Reiche regierte –, sowie die Spickbrüste und die Rügenwalder Teewurst, die es heute wieder überall in Deutschland zu kaufen gibt. Diese Spezialitäten waren das Produkt des Umlandes. Ausnahmsweise brauchten die Bauern in dieser Region nicht nur Kartoffeln anzubauen, denn der fruchtbare Boden ließ den Anbau von Weizen- und Zuckerrüben zu. Hiermit wiederum konnte man Fettgänse, Schweine und Kälber mästen, auf die sich die Fleisch- und Wurstfabriken einstellten. Deren Spezialitäten wurden in die ganze Welt exportiert.

Daß Rügenwalder Gänse schon seit Jahrhunderten zu den Köstlichkeiten auf den Speisezetteln der Herrscher zählten, geht aus einem Brief König Friedrich Wilhelms I. an seinen Minister hervor: »Ich habe von dem Kieselbeck (Domänenvorsteher) aus Rügenwalde die sechs Spickgänse bekommen und bin Euch für die Bestellung dieser Pommerschen Delikatessen obligirt. Ihr werdet Anstalt machen, daß in einigen Wochen wiederum welche geschickt werden.«

Der andere Hafen von regionaler Bedeutung war Stolpmünde an der Mündung der Stolpe, gewissermaßen ein Vorort von Stolp. Er war bereits vor dem Ersten Weltkrieg vom preußischen Staat großzügig ausgebaut worden. So entwickelte sich der Ort zum wichtigsten Hafen an der östlichen Küste Hinterpommerns. Er war nicht nur ein bedeutender Stützpunkt für Fischerboote, sondern ebenso ein bevorzugter Umschlagplatz für Produkte aus dem Hinterland.

Mit dem Namen Stolpmünde verbinden sich für Zehntausende von Soldaten und Flüchtlingen allerdings auch die Schiffstragödien, die in den letzten Kriegsmonaten auf der Höhe von Stolpmünde rund 15 000 Menschen auf der Flucht vor der Roten Armee in die Tiefe des Meeres rissen. Als erstes Flüchtlingsschiff wurde die »Wilhelm Gustloff« am 30.1.1945 von einem sowjetischen U-Boot versenkt. Von den 6000 Menschen an Bord konnten nur 1250 Schiffbrüchige nach Stolpmünde gerettet werden. 5350 ertranken oder erfroren in dem eisigen Wasser. Das nächste Opfer war die »General von Steuben« (10.2.1945), ein Transporter mit verwundeten Soldaten; 3500 von ihnen ertranken in den eiskalten Fluten. Die größte Schiffskatastrophe erlitt die »Goya«, als sie am 16.4.1945 6600 Flüchtlinge aus Ostpreußen mit sich in die Tiefe riß. Die Torpedotreffer der Sowjets hatten auch vor Schiffen mit dem Zeichen des Roten Kreuzes nicht haltgemacht.

7. Im pommerschen Herzstück der Reformation

Als ich neun Jahre alt war, mußte ich von meinem Kindheitsparadies inmitten des ländlich-beschaulichen Hinterpommern Abschied nehmen. Ab 1931 machte ich mit der städtischen Lebensweise Bekanntschaft. In meinem Gutsdorf war alles überschaubar gewesen. Der Lebensrhythmus von Tages- und Jahresgeschehen war durch die Landwirtschaft bestimmt. Anders nun der Lebenspuls der Stadt. Deren Kennzeichen war die Vielfalt – in Berufen und Organisationen, in gesellschaftlichen und kulturellen Angeboten, in Kleidung und Sprache. Mit solcher Vielfalt mußte ich fortan leben.

Mein Vater hatte 1931 die Stelle eines Oberschullehrers für Turnen an dem staatlichen Gymnasium in Treptow an der Rega angenommen, wo ich behutsam in das hinterpommersche Stadtleben hineinwuchs. 73 Städte wurden damals in Pommern gezählt. Aber es gab nur eine Großstadt (Stettin); vier hatten mehr als 30 000 Einwohner in Hinterpommern (Stolp, Köslin, Kolberg und Stargard), und 20 hatten mehr als 10 000 Bewohner (22 Prozent). Treptow mit seinen 10 500 Einwohnern gehörte zu dieser Gruppe. Der Bevölkerungszahl nach war es also eine typische Provinzstadt, die drei charakteristische Wahrzeichen im Stadtbild bot – wie alle anderen:

– Die Ortsmitte wurde von dem quadratischen Marktplatz bestimmt (einen Hektar groß), von dem die schachbrettartig angelegten Straßen in die vier Himmelsrichtungen führten.
– An die unruhigen Kriegszeiten des Mittelalters erinnerte die guterhaltene Stadtmauer, aus der man allerdings die Tore schon längst entfernt hatte.
– Als repräsentative Einzelgebäude fielen dem Fremden sofort die von weitem sichtbare Marienkirche (14. Jahrhundert) mit dem zweithöchsten Kirchturm in Hinterpommern (90 Meter), das Rathaus mitten auf dem Marktplatz sowie das herzogliche Schloß auf.

(Jede hinterpommersche Stadt, die etwas auf sich hielt, hatte ein Schloß aufzuweisen – gleichgültig, ob es einst das Herzogsgeschlecht, der Bischof, der Deutsche Orden oder ein Adliger errichtet hatte.)

Die Katastrophe des Kriegsendes haben alle drei Gebäude überstanden. Mehr noch: In der Marienkirche bleiben die Epitaphien mit deutschen Inschriften Dokumente der deutschen Stadtgeschichte.

Die drei Wahrzeichen hatte Treptow mit allen anderen Städten Pommerns gemeinsam. Aber daß Treptow eine andere Entwicklung als die übrigen Kommunen genommen hatte, ließ sich schon am Stadtwappen ablesen. Natürlich enthielt es den für Pommern typischen Greifen. Aber zusätzlich zeigte es einen Kirchenschlüssel und das Christenkreuz. Kurioserweise hatte die Stadt im Mittelalter zu gleichen Teilen den pommerschen Herzögen und der Kirche gehört. Deswegen regierten in der Stadt auch eine Zeitlang zwei Vögte, einer des Herzogs und einer der Kirche.

Allerdings ist mit »Kirche« nicht der Bischof im benachbarten Cammin gemeint, sondern das Kloster Belbuck. Es wurde um 1176 einen Kilometer nördlich der Stadt von Prämonstratensern gegründet und war neben Kolbatz (1173 gegründet) das älteste und bedeutendste Mutterkloster in Hinterpommern. Von Anfang an genoß es das Wohlwollen des zum Christentum bekehrten Herzogshauses.

In ihrer unmittelbaren Nachbarschaft – in einem Flußbogen der Rega – hatten die Klosterinsassen bereits eine Wendenniederlassung mit einer Wallanlage, die »Bollenburg«, vorgefunden. Sie wurde der Ausgangspunkt für die deutsche Ansiedlung, die von Belbuck aus betrieben wurde. In einer Urkunde aus dem Jahre 1175 heißt der Ort Trybethowe, im Jahre 1242 dann Trebetow. Der Wortstamm dürfte auf das wendische »trebiti« zurückgehen, das soviel wie roden bedeutet. Demnach war der Ort bei seiner Gründung von viel Wald umgeben. – Der Ortsname kommt noch zweimal vor. Treptow an der Tollense in Vorpommern, früher Altentreptow genannt, dürfte sich vom gleichen Wortstamm ableiten lassen, was nach Meinung von Forschern auf den Berliner Stadtteil Treptow nicht zutreffen soll.

Die Impulse zur Stadtentwicklung gingen jedenfalls von dem Kloster Belbuck aus. Bereits ein Jahrhundert nach der Klostergründung erhielt die neue Siedlung deutsches Stadtrecht (1277), so daß die Bewohner nun darangehen durften, ihre Ansiedlung mit einer sechs Meter hohen Stadtmauer und Toren zu befestigen (um 1300). Wie sich zeigen sollte, gingen Kloster und Stadt damals eine für beide Seiten glückliche Symbiose ein, die bis zur Reformation andauerte, als das Kloster aufgelöst wurde.

Als ich 1931 nach Treptow kam, begegnete mir auf Schritt und Tritt ein Name, den ich bis dahin noch nie gehört hatte: Bugenhagen. Es gab einen Bugenhagenplatz, einen Bugenhagenstein und das Bugenhagen-Gymnasium. Mit dem Namen waren wichtige Vorgänge verbunden, die zu Anfang des 16. Jahrhunderts ganz Pommern in Bewegung gebracht hatten. Um 1520 gingen nämlich – wie um 1200 – abermals bedeutende Impulse vom Kloster Belbuck auf die Stadt Treptow aus. Sie sorgten schließlich in Pommern dafür, daß aus der unbedeutenden Provinzstadt das geistige Zentrum Pommerns wurde. Diese Entwicklung war einem Mann zu verdanken: Dr. Johannes Bugenhagen.
Er war nicht in Treptow geboren worden, sondern in Wollin (am 24.6.1485), 75 Kilometer weiter westlich. Dann aber hatte er von 1504 bis 1521 in Treptow und dem nahen Kloster Belbuck für Kirche wie Schule dauerhafte Akzente gesetzt. Ausgangspunkt für sein Wirken war die Lateinschule, die bereits seit 1328 in Treptow bestand. Bugenhagen war nach seinem Studium der humanistischen Sprachen an der Universität Greifswald zum Rektor dieser Schule ernannt worden. Da er zugleich Lektor des Klosters und Vicarius (also Prediger) an der Treptower Marienkirche war, hatte er vielfältige Kontakte zum Abt des Klosters. Dieser war kein gewöhnlicher Kirchenvorsteher wie die anderen 70 Äbte in Pommern. Schon äußerlich hob er sich von den anderen dadurch ab, daß er den Bischofsstab führen und die Mitra tragen durfte. Als Prälat vertrat er zudem die Kirche im pommerschen Landtag. Darüber hinaus gründete er eine Kirchenhochschule für Mönche und Priester, weil er »großen Unverstand der Schrift« bei den Geistlichen festgestellt hatte. – Von ihm schließt sich nun der Kreis zu Bugenhagen. Denn zum Leiter der neuen kirchlichen Akademie ernannte der Abt seinen neuen Mann, Dr. Johannes Bugenhagen. Dieser war gleichfalls um die Besserung des Lebenswandels der Geistlichen besorgt, wie aus einer überlieferten

Predigt hervorgeht: »Viele werden Priester, die der Kirche nicht nutzen, ja viel Ärgernis anrichten. Sie kennen lediglich die Messe. Die übrige Zeit verbringen sie mit Fressen, Saufen, Hurerei, Kegel- und Würfelspiel und können nicht eine Stunde ohne Widerwillen auf göttliche Dinge verwenden.«
Solch schlimmer Sittenverfall war zu allen Zeiten immer wieder Anlaß für Reformanstöße innerhalb der Kirche gewesen. So geschah es auch in Belbuck. Unter maßgeblicher Beteiligung Bugenhagens entwickelte sich in Belbuck eine Reformbewegung, die zum Ziel hatte, eine Änderung des Lebenswandels der Geistlichen, bessere Kenntnisse der christlichen Lehre und Grundlegung des Glaubens durch die Bibel zu bewirken. Insofern wurde dort der geistige Nährboden für die Akzeptanz von Luthers Ideen vorbereitet. Als Bugenhagen durch Zufall in den Besitz von Luthers Schrift »Von der Freiheit eines Christenmenschen« gekommen war, wandte er sich zustimmend an Luther. So entstand eine Freundschaft zwischen den beiden gleichaltrigen Männern, die länger als 25 Jahre bis zu Luthers Tod (1546) hielt.
Bugenhagen war 1521 nach Wittenberg zu Luther gezogen, wo sie zusammen mit Melanchthon das berühmte reformatorische Dreigestirn bildeten. Aber seine pommersche Herkunft hat er nie geleugnet, vielmehr dadurch betont, daß er seinem Namen den Zusatz Pomeranus anfügte, was soviel wie Bugenhagen der Pommer oder Bugenhagen aus Pommern bedeutete. Diese Treue zu seiner Heimat sowie sein Ruf, der erfahrenste Fachmann für die Erstellung von neuen evangelischen Kirchenordnungen zu sein, die er bereits in Nord- und Mitteldeutschland sowie in Dänemark erstellt hatte, veranlaßten die pommerschen Herzöge, ihn nach Treptow zu bitten. Dorthin hatten sie die Vertreter des Landes aus Adel, Städten und Geistlichkeit berufen, um über die Frage zu beraten, ob in Pommern die Reformation eingeführt werden sollte. Bugenhagen kam, und der Landtag nahm im Dezember 1534 seinen Entwurf einer evangelischen Kirchenordnung für Pommern an. Innerhalb weniger Jahre setzte sich daraufhin die evangelische Konfession in ganz Pommern durch und blieb vier Jahrhunderte lang – bis 1945 – vorherrschend. Noch 1939 betrug der Anteil der Protestanten 90 Prozent, der der Katholiken sieben Prozent und der »sonstiger« drei Prozent. Im Treptower Bugen-

hagen-Gymnasium waren beispielsweise 1932 von 130 Schülern nur zwei katholisch und einer jüdisch, aber fast 98 Prozent evangelisch. – Die Tagungsstätte für die Landtagsversammlung des Jahres 1534, die Heiliggeist-Kapelle in Treptow, ist übrigens bis auf den heutigen Tag stehengeblieben.
So blieb Bugenhagens Wirken als Reformator der Pommern mit Treptow aufs engste verbunden, auch wenn er die reformatorische Entwicklung in Mitteldeutschland und Skandinavien ebenso stark beeinflußt hat. Aber Treptow hat er zum reformatorischen Herzstück ganz Pommerns gemacht. Im Gefolge des Aufstiegs von Treptow kam es zum Abstieg von Belbuck. Das Kloster wurde aufgelöst. Seine baulichen Anlagen wurden als Steinbruch von den Stadtbewohnern benutzt. Der Rest verfiel, so daß heute nicht einmal mehr eine Ruine – wie in Eldena bei Greifswald – von der einstigen Macht zeugt.

Als ich zu Ostern 1932 als frisch gebackener Sextaner das Gymnasium in der Woldeckerstraße erwartungsfroh betrat, empfing mich mahnend über dem Eingang das lateinische Zitat:
    Si Jesum nescis, nihil est, quod cetera discis.
(Wenn du Jesus nicht kennst, gibt es nichts, was du sonst noch lernen solltest.) Diese Losung ging auf Bugenhagen, den bedeutendsten Mann der Stadt, zurück. Auch die Schule trug seinen Namen. Als die Stadtväter 1856 den Beschluß gefaßt hatten, ein Gymnasium zu gründen, war für sie klar, daß die höhere Schule den Namen Bugenhagen als Verpflichtung für den geistigen Auftrag bekommen mußte.
Die Gründung der Gymnasien in der Mitte des 19. Jahrhunderts war Ausdruck des wiedergewonnenen Selbstbewußtseins der pommerschen Städte. Aus früheren Zeiten gab es nur wenige Gymnasien in Pommern (nur in Stettin, Stargard und Neustettin). Doch das neue Gymnasium in Treptow nahm für sich in Anspruch, auf eine bereits fünf Jahrhunderte währende Vorläuferschule mit einem ganz bedeutenden Schulleiter blicken zu können.
Die erste Erwähnung einer Schule geht auf das Jahr 1328 zurück. Wie immer war die Kirche der Schulstifter – in Treptow der Abt des Klosters Belbuck. Denn die Schule hatte nur einen einzigen

Zweck. Sie sollte Geistliche heranbilden, die schreiben und lesen konnten, vor allem die Bibel. Lateinschulen nannte man sie, die jahrhundertelang bestanden. In der Reformationszeit übernahmen die Städte dann die kirchlichen Lateinschulen und benannten sie meistens in Stadt- oder Ratsschulen um. Gegen Ende des 18. Jahrhunderts kam bei der herrschenden Bürgerschicht der Wunsch auf, die ehemaligen Lateinschulen für Schüler zu öffnen, die bürgerliche Berufe anstrebten. Dementsprechend sollte den alten Sprachen ein Pflichtunterricht in Naturgeschichte und Physik zur Seite gestellt werden. Diese »Realienfächer« bedingten den Übergang von der alten Latein- oder Ratsschule zur Realschule – auch in Treptow. Bald wollte das Bürgertum mehr, nämlich den Besuch seiner Söhne auf einer Universität. Da die Realschulen – gelegentlich auch als Bürgerschulen bezeichnet – jedoch nur das »Einjährige« vermittelten, das keinen Zutritt zu den Universitäten gewährte, brauchte man als Zulieferschulen für die Hochschulen die Gymnasien mit dem Abitur, das hochschulberechtigt machte. So schossen die Gymnasien im 19. Jahrhundert wie Pilze aus dem Boden.

Das Gymnasium in Treptow nahm eine Sonderstellung insofern ein, als die Inhalte der schulischen Ausbildung einen anderen Schwerpunkt festlegten als sonst üblich. Entsprechend dem Wahlspruch Bugenhagens (Si Jesum nescis ...) sollte die christliche Lehre das Fundament der Bildung darstellen. So hieß auch der entscheidende Passus aus dem Statut von 1856: Man habe die bisherige Realschule als Gymnasium »auf den felsenfesten Grund gestellt, auf welchem die Kirche Jesu Christi gebaut ist und auf welchem stehend sie alle Stürme der Zeit überdauert hat«. – Zu dem christlichen Fundament sollte mit den alten Sprachen eine humanistische Orientierung kommen, was als »wissenschaftliche Ausbildung« verstanden wurde. Das Statut aus dem Jahre 1873 gibt dann auch eine klare Zielrichtung an:

»Zweck des Gymnasiums ist die grundlegende, allen Anforderungen der Staatsbehörden entsprechende wissenschaftliche Ausbildung der Schüler und die christliche Erziehung und Unterweisung derselben in dem Worte Gottes, wie solches in dem lutherischen Katechismus ausgelegt und bezeugt ist.«

Aus dieser Zwecksetzung spricht der reformatorische Geist, der

seit den Tagen Bugenhagens die Treptower Einrichtung beherrscht hatte. Die spezielle Schulkonzeption beruhte auf der Vermittlung von christlicher Lehre und humanistischen Kenntnissen, also auf der Verbindung von Glaube und Wissen.
Als die Stadt dem Staate Preußen die Übernahme des Gymnasiums in staatliche Zuständigkeit anbot, forderte Kultusminister Dr. Falk, daß das Bugenhagen-Gymnasium aufhören müsse, »eine einseitige kirchliche Unterrichtsanstalt«, eine »Lehranstalt der evangelisch-lutherischen Kirche« zu sein. Unter dieser Bedingung kam 1887 die Verstaatlichung mit der Umbenennung in »Königliches Bugenhagen-Gymnasium« zustande.
Nicht einmal 60 Jahre lang – von 1887 bis 1945 – war das Gymnasium in staatlicher Trägerschaft. In diesen Jahrzehnten hatte sich eine deutliche inhaltliche Akzentverschiebung ergeben. Als ich 1932 sein Schüler wurde, war von der 350 Jahre lang währenden Schulkonzeption Bugenhagens, nämlich von der Vermittlung von Glauben und Wissen, kaum noch etwas zu spüren. Nur die Teilnahme an den jährlichen Schulfeiern am Reformationstag, an den Weihnachtsfeiern mit den geistlichen Worten des Direktors sowie an den Morgenandachten an jedem Montag war verpflichtend für Schüler und Lehrer. Im übrigen unterschieden sich Inhalte und Ablauf der Schulstunden wie Fächer nicht von der heutigen Praxis der Gymnasien.
Unvergeßlich blieb für mich die erste Begegnung mit meinem Lateinlehrer im April 1932. Er hieß Ferdinand Pabst, war 46 Jahre alt, stammte aus Kassel und gab von 1929 bis 1945 als Studienrat in Treptow vor allem Lateinunterricht. Bevor wir Anfänger – 26 Jungen und drei Mädchen – das Klassenzimmer der Sexta (fünfte Klasse) betraten, hatte Junggeselle Pabst auf jeden Bankplatz ein paar Erdnüsse gelegt. Wir staunten nicht schlecht über dieses unerwartete Geschenk, konnten uns aber keinen Reim über den Zusammenhang von Erdnüssen und Latein bilden. Den stellte Pabst her:
»Was habe ich euch zum Einstand auf die Plätze gelegt?«
»Erdnüsse«, antworteten ein paar forsche Sextaner. (Man muß wissen, daß es damals Erdnüsse zu kaufen gab, aber sie waren zu teuer für tägliche Knabbereien.)
»Und wo wachsen Erdnüsse?«

Pause – zögernde Antworten: »In Italien.«
(Keiner von uns war bereits in Italien gewesen; aber man vermutete Italien, weil die lateinische Sprache von dort stammte.)
»Nein«, sagte Pabst, »die alten Römer, die uns ihre Sprache überliefert haben, hatten noch keine Ahnung von Erdnüssen. Denn die wuchsen nur in Südamerika. Erst als Spanier und Portugiesen die schmackhaften Nüsse nach der Entdeckung Südamerikas nach Europa gebracht hatten, wurden sie auch in Italien eingeführt. Und von wem haben Spanier wie Portugiesen ihre Sprache abgeleitet?«
»Von den Römern!« folgerten einige Schlaumeier.
Jetzt hatten wir die Kurve von den Erdnüssen zum Lateinunterricht doch noch bekommen, und der Ernst des Lebens mit dem Lernen von lateinischen Vokabeln beim Erdnußfuttern konnte beginnen.
Der nachsichtige Junggeselle trug die Hauptlast unseres Sextaner-Unterrichtes mit sechs Wochenstunden in Latein sowie zwei in Erdkunde, wofür er gar keine Ausbildung hatte. Das war ein Kennzeichen kleinerer Gymnasien, daß zuwenig Lehrkräfte vorhanden waren, um den Fachunterricht erteilen zu können. In Treptow gab es 1932 nur neun Lehrer – einschließlich Direktor – für die Klassen Sexta bis Untertertia (fünfte bis zehnte Klasse) mit insgesamt 130 Schülern. Mein Vater beispielsweise, Fachlehrer für Turnen, mußte zusätzlichen Unterricht in Religion, Musik und Rechnen erteilen. Heutzutage ist die Schülerzahl an Gymnasien – zumindest in Bayern – so groß, daß fachfremder Unterricht nicht gegeben werden muß. Seit meiner Treptower Schulzeit gleichgeblieben sind jedoch die Wochenstundenzahlen für die einzelnen Klassen (damals 27 in der Sexta) und die Klassendurchschnittszahlen (damals 29 in der Sexta). Geändert hat sich die Gewichtung der einzelnen Fächer zu Lasten von Latein und Griechisch. Denn in meiner Zeit waren für den Lateinunterricht in der Anfangsklasse sechs, ein Jahr darauf sieben Wochenstunden vorgesehen.
Natürlich war es nicht die Betonung der alten Sprachen, die den Schulbesuch eines Gymnasiums attraktiv machte. Ein Blick auf die Berufe der Väter meiner Klassenkameraden verriet den Zusammenhang. Da schickten Rechtsanwälte, Lehrer, Geschäfts-

inhaber, Gutsbesitzer, Bürgermeister – also Bürgerliche – ihre Kinder in die »höhere Schule«, aber kaum Angestellte, und Arbeiter überhaupt nicht. Bei dieser bildungsfreudigen Bürgerschicht gehörte es einfach zum guten Ton, die Kinder in das Gymnasium zu schicken, und man konnte sich den Besuch auch leisten. Der war keineswegs kostenlos. 20 Reichsmark monatlich mußten pro Kind bezahlt und die Bücher käuflich erworben werden. Wer das Gymnasium und die Universität besuchen wollte, der mußte dafür seinen Anteil aus eigener Tasche bezahlen.
Gewiß hatte die Weimarer Republik auch innere Schulreformen angepackt. Dazu zählte beispielsweise das Bemühen, finanzielle Hürden für Schulbesucher durch Gewährung von Schulgeldbefreiung und Stipendien zu verkleinern. Und dazu zählte ferner die neue Aufgabenstellung, Leistungsbildung mit Gesinnungsbildung zu vereinen. Das Gymnasium sollte eine Stätte der fachlichen Leistungsanforderung wie der Erziehung zur Demokratiefähigkeit werden. Der große bayerische Reformer Georg Kerschensteiner (1854–1932) wollte das Gymnasium zum »Übungsgelände für staatsbürgerliche Gesinnung« machen.
Ein derartiges Übungsgelände wurde auch in Treptow angeboten. Anstelle der Schülermitverwaltung (SMV) von heute existierte damals die »Schulgemeinde« als Organ der Schülerschaft. Halbjährlich wurde der neunköpfige Schülerausschuß gewählt. Äußerlich sichtbar trat er durch Schulordner in Erscheinung, die eine weiße Armbinde trugen und in den Pausen für Einhaltung der Hausordnung sorgten. Wir Sextaner schauten respektvoll zu ihnen auf.
Die Idee der Schulgemeinschaft als Ausdruck für gemeinsames, verantwortliches Tun fand eine Verwirklichung in Schulvereinen und Klassenunternehmungen. Zwei Schulvereine spielten im gesamtstädtischen Leben eine auffallende Rolle: der Schüler-Ruderverein und der Schüler-Turnverein. Im Ruderverein waren 1932 von den 130 Gymnasiasten 25 Mitglieder, also 20 Prozent, eine große Zahl, wenn man bedenkt, daß die unteren Jahrgänge gar nicht fürs Rudern in Frage kamen. Er muß eine hohe Attraktivität besessen haben – im Sommer beim Rudern auf der Rega und im Winter auf der Bühne. Denn es gehörte zu den Höhepunkten in der Außenwirkung der Schule, daß der Ruderverein den Bürgern

Theaterstücke vorführte. Gute Kommentare in der örtlichen Presse erhielt beispielsweise die Inszenierung des »Lumpacivagabundus« von Nestroy, bei der mein Vater als Protektor des Vereins die Regie übernommen hatte.

Mein bester Freund in Treptow war Gerhard Leckow, dessen Vater ein Kolonialwarengeschäft gegenüber der Marienkirche führte. Als wir 1934 aus Treptow weggezogen waren, erhielt ich noch zweimal eine Einladung von Gerhard. Mein nachhaltigster Besuch war der über Silvester 1934/35. Ich durfte den Jahreswechsel mit Gerhard und seinen Eltern im festlichen Saal des Hotels Pommerscher Hof in der Langen Straße feiern. Zu meinem Leidwesen konnte ich – erst 13 Jahre alt – noch nicht tanzen. Ich hätte doch zu gerne meinen heimlichen Schwarm, die gleichaltrige Ilse Steckling, zu dem langsamen Walzer »Ich tanze mit dir in den Himmel hinein« aufgefordert. So mußte es bei ein paar schmachtenden Blicken über den Tisch hinweg und bei schüchternen Neujahrswünschen zu Mitternacht bleiben. Das Silvestertreffen war das letzte Zusammensein mit meinem Klassenkameraden Gerhard Leckow. Wir blieben weiterhin in Briefkontakt – auch im Krieg, bis seine Soldatenpost aus Italien ausblieb und ich erfahren mußte, daß er als Flugzeugführer gefallen war.

Wir 29 Sextaner(innen) des Jahrgangs 1932/33 haben uns nur vereinzelt nach dem Krieg gesehen. Wer noch am Leben geblieben ist, steht nicht fest. Die drei Mädchen haben anscheinend den Krieg heil überstanden: Gisela Heym, Ilse Seidel und Gabriele Wittkamp (verheiratete Meister). Mit ihnen haben auch Günter Labes und Werner Sprung überlebt. Als gefallen gelten Joachim Falk, Dietrich Schicke.

Nach dem Ersten Weltkrieg war im Bugenhagen-Gymnasium eine weiße Marmortafel mit den Namen der Gefallenen enthüllt worden. Nach dem Zweiten Weltkrieg war eine vergleichbare Ehrung nicht möglich. Aber die Erinnerung der Überlebenden ist belebt mit den Gestalten der frohen Jugendkameraden von einst.

Städtische Enge setzt dem jugendlichen Spieltrieb oftmals strenge Grenzen. In Treptow jedoch fand ich im Bereich des Alumnates, in dem wir wohnten, geradezu ideale Bedingungen für meinen Bewegungsdrang. Das Alumnat, zu deutsch Schülerheim, war ein großer dreistöckiger Bau, der den Heimschülern als Unterkunft diente. Aber er beherbergte auch die beiden Dienstwohnungen für den Direktor des Gymnasiums (im zweiten Stock) und für den Turnlehrer (im Parterre). Eine Dienstwohnung für den Turnlehrer? Nun, das hing mit dem sportlichen Umfeld zusammen, für das er verantwortlich war.

Als nämlich der Staat von der Stadt 1887 gebeten wurde, das Gymnasium zu übernehmen, machte er zur Bedingung, daß eine Turnhalle geschaffen werden müßte, weil ein Turnunterricht ohne Turnhalle nicht mehr denkbar sei. Also stellte die Stadt das Gelände neben dem bereits bestehenden Alumnat zur Verfügung und baute dorthin die Turnhalle. Sie wurde 1890 fertiggestellt und steht nach 100 Jahren immer noch. Zusätzlich legte die Stadt daneben einen Sportplatz an – natürlich nicht mit der heutigen Größenordnung, sondern in Kleinausgabe – sowie einen eigenen Tennisplatz für das Gymnasium. Da der Turnlehrer für die Verwaltung von Halle und Geräten zuständig war, erhielt er eine Dienstwohnung im Alumnat. Dieses war bereits 1865 in dem ehemaligen, etwa 40 Meter breiten Mauergraben errichtet worden, als man Unterkünfte für auswärtige Schüler benötigte, die das neu geschaffene Gymnasium besuchen wollten. Von der Straße durch Bäume sowie einen zwei Meter hohen Eisenzaun mit einem starken Gittertor getrennt, konnte man sich in dem freien Gelände wie auf dem Lande fühlen. Dabei war man in drei Minuten im Zentrum, am Markt. Der Abstand zwischen Straße und Alumnat betrug etwa 100 Meter. Der noch gut erkennbare Stadtgraben war auf der Ostseite ganz romantisch von der Stadtmauer und auf der gegenüberliegenden Westseite von einem drei Meter hohen steilen Hang eingerahmt. Dieser dicht von mächtigen Fichten bewachsene Abschnitt war das Reich der Eichhörnchen, die ich im Winter von meinem Fenster aus so gerne bei ihren kühnen Sprüngen beobachtete.

Unser Spielreich lag im ehemaligen Graben um das Alumnat herum, zwischen Mauer, Straße und Hang. Meine Kameraden lebten im selben Haus, im ersten Stock, und waren – zwölf bis 15 an der Zahl – der Obhut von Fräulein Helene Ohm unterstellt. Sie sorgte für die Verköstigung wie für Ordnung unter der Bande. Da meine Freunde bei Frau Ohm geregelte Arbeits- und Freizeiten einhalten mußten, richtete sich mein Nachmittagsrhythmus nach deren Zeiteinteilung. Im Sommer wandten wir uns meistens dem überaus beliebten Schlagballspiel zu, sofern wir zwei Mannschaften bilden konnten, daneben trainierten wir für das Handballspiel. Eine Steinnische von etwa eineinhalb Metern Höhe und zwei Metern Breite markierte unser Tor, das abwechselnd von einem Spieler so lange gehütet wurde, bis er zehn Tore kassiert hatte. Die anderen trainierten ihre Wurfkraft und Sicherheit in der Ballabgabe. Dieser Spaß war für mich die Grundlage dafür, daß ich später als Hauptfreizeitbeschäftigung bis zu meinem 30. Lebensjahr Woche für Woche Handball in Vereinen spielte. Natürlich lockte auch der Tennisplatz neben dem Alumnat. Obwohl ich dort schon meine ersten »Boris-Becker-Asse« zu schlagen lernte, zog ich später den Kampfsport des Handballs dem weißen Ball der »besseren Gesellschaft« vor.

Sofern Wetter und Jahreszeit uns in die Turnhalle zwangen, erfanden wir dort allerlei Aktivitäten. Eine originelle, aber auch gefährliche Erfindung war das »Kreiseldrehen«. Dazu benutzten wir einen hölzernen Schiedsrichtersitz, wie er beim Tennis verwendet wird, den wir verkehrt herum an zwei Seilen aufhängten. Zur Mutprobe mußte dann einer nach dem anderen in den Sitz. Wenn man sich hineingestellt hatte, drehten die anderen die Seile, an denen der Sitz knapp über dem Boden hing, bis zur Turnhallendecke auf. Auf das Kommando »Los!« ließ man die Seile los, und mit zunehmender Schnelligkeit sausten sie wieder in die Ausgangslage zurück, wobei der arme Teufel in dem Sitz ständig mitgedreht wurde. Das Fahren in einer Achterbahn auf einem Rummelplatz ist ein Kinderspiel gegen diese von uns erfundene Mutprobe. Sie führte nicht selten dazu, daß der bestandene Test mit dem Erbrechen vor der Turnhalle endete – zum Gaudium der anderen. Ganz schlimm erging es mir einmal, als die Älteren – so um die 15 Jahre alt – forderten, jeder müßte vor dem Kreiseldrehen eine Zigarette rauchen. Zum erstenmal in meinem Leben probierte ich einen Glimmstengel. Dann ging die Post ab. Doch kaum war ich dem Sitz entkommen, drehte sich nicht nur der Magen um, nein, auch der Kopf. Taumelnd schlich ich in unsere Wohnung, wo zusätzlich noch ein Donnerwetter »von oben« einsetzte. Von dem sogenannten Rauchergenuß hatte ich ein für allemal genug für mein Leben. Als ich während des Krieges Rauchwaren als Frontzulage zur Verpflegung erhielt, fand ich stets dankbare Abnehmer unter den Kameraden oder bei den Angehörigen zu Hause und nutzte sie als Tauschobjekt für Lebensmittel. Das Treptower Turnhallen-Experiment hatte zeitlebens durchschlagenden Erfolg.

Im Winter hatten wir unser Vergnügen beispielsweise beim Schlittschuhlaufen – auf den kilometerlangen Eisflächen der Rega-Wiesen. Im Herbst hatte die Stadtverwaltung sie überfluten lassen, damit jung und alt bei Frosteinbruch diesen für Pommern beliebten Wintersport ausüben konnte. Hatte es auf das Eis geschneit, ließ die Stadt eine große Fläche freikehren, die man gegen eine kleine Gebühr belaufen durfte. Nie mehr habe ich eine solch ideale, riesige Eisfläche zum Schlittschuhlaufen erlebt.

Eines Tages brachte mich meine Freude am Radfahren in eine lebensbedrohliche Situation. Am Lenker hatte ich mich irgendwie verletzt, die wunde Stelle am kleinen Finger der rechten Hand aber nicht beachtet. So hatte sich eine fortgeschrittene Blutvergiftung entwickelt. Mit dem üblichen Allheilmittel für solche Fälle, Umschlägen mit essigsaurer Tonerde, ging mein Vater das Übel an. Doch die Geschwulst nahm nicht ab, das Ziehen in der Hand dafür zu. Am Abend wurde beratschlagt, ob man die Nacht abwarten solle, bevor man einen Arzt konsultierte. Meine Mutter setzte sich mit ihrer Forderung durch, sofort das unmittelbar an das Alumnat angrenzende Krankenhaus aufzusuchen. Der Chirurg setzte sofort sein Messer an und sorgte für den Eiterabfluß. Als wir gingen, verabschiedete er uns mit dem für mich denkwürdigen Satz: »Wie gut, daß Sie gekommen sind! Morgen früh wäre es wahrscheinlich bereits zu spät gewesen!« Die Narbe an der rechten Handfläche – ein Zeugnis für einstige Lebensgefahr aus harmlosem Anlaß – blieb als Andenken zurück.
Der Sport stand eindeutig im Mittelpunkt meiner Treptower Freizeitvergnügungen. Das lag daran, daß mein Vater, der Turnlehrer des Gymnasiums, diese Neigung förderte – auch außerhalb des Alumnates. Aus der Bürgerschaft waren zwei Vereine hervorgegangen, die Breitensport pflegten. Der älteste war der »Männerturnverein 1862«. Er hatte bei seiner Gründung die Ideen des

»Turnvaters« Friedrich Ludwig Jahn aufgenommen, die in dem Ziel gipfelten, das Volk durch Turnen leiblich und seelisch gesund zu erhalten. Zu meiner Zeit betrieb man an Disziplinen vornehmlich Geräteturnen, Leichtathletik und Handball. Als mein Vater zum Vorsitzenden des MTV 1862 gewählt worden war, wollte auch ich ein Aktiver in der Turnerjugend sein. Das Geräteturnen in der städtischen Turnhalle am Reeperberg reizte mich weniger. (Reeperberg erinnerte an das Handwerk der Reepschläger, der Seiler, die Bindestricke für die Landwirtschaft herstellten.) Mein Schwerpunkt lag auf dem Sportplatz in Richtung Königshain. Unser Idol war Adda Arndt, der im Kurzstreckenlauf bei jedem Wettkampf in und um Treptow siegte. Alle anderen Sportgrößen fielen gegen diesen zuverlässigen 100- und 200-Meter-Sieger – und dazu noch bildhübschen, dunkelhaarigen Adda ab. Wie stolz war ich gegenüber meinen Kameraden, daß dieses Idol uns auch privat besuchte, was wohl damit zusammenhing, daß Mutters Cousine Sophie einige Zeit lang bei uns lebte. – Der MTV bot auch bürgerliche Geselligkeitspflege für die ganze Familie an. Höhepunkte dieser Art waren die jährlichen Ausflüge am Himmelfahrtstag – meist zu Fuß in die Umgebung.

Ein zweiter Sportverein wurde nach dem Ersten Weltkrieg gegründet, weil einem Teil der MTV zu bürgerlich vorkam. Er nahm den Namen »Sportclub 1921« an. Auf dem Sportplatz setzte er einen Alternativ-Schwerpunkt mit dem Fußballangebot. – Schließlich konnte man seine Leistungen noch mit einem dritten Verein messen, mit den Sportlern der Landespolizeischule, welche im einstigen Kasernengelände an der Straße nach Greifenberg untergebracht war. Wenn bei der Siegerehrung auf dem Sportplatz an der Galgenwiese die Namen von MTV-Mitgliedern als Sieger zum Empfang des schlichten, aber sehr begehrten Eichenkranzes aufgerufen wurden, ging jedesmal ein Jubelschrei durch unseren Block. In diesem Identitätsverhalten unterschieden wir uns von keiner anderen Gruppe der Erde, die ihre siegreichen Mitglieder auf ihre Art bejubelt und feiert.

Natürlich waren die Interessen der Treptower Bürger nicht nur auf den Sport ausgerichtet. Da gab es vier Gesang-, einen Reiter- sowie etliche Innungsvereine. Nicht zu vergessen das gesellige Leben bei privater Hausmusik. Die musizierenden Familien besuch-

ten sich gegenseitig und boten Solo- oder kammermusikalische Darbietungen in ihren Kreisen, an denen auch meine Eltern teilnahmen.
Angesichts solch abwechslungsreicher Beschäftigungsmöglichkeiten hatte man nie das Empfinden, daß einem etwas fehlte, weil man etwa die große weite Welt noch nicht bereist hatte oder weil die Welt noch nicht mittels Fernsehen in die Wohnung frei Haus kam. Waren wir deshalb kulturell ärmer oder ungebildeter als die heutigen Menschen? Ich meine nein. Denn kultureller Reichtum erwächst nicht aus passivem Hinnehmen, sondern aus aktiver Gestaltung. Mein Respekt vor den Aktivitäten kleinstädtischer Betriebsamkeit hat sich in meiner Treptower Jugendzeit gebildet.
Wir lebten nur drei Jahre in Treptow. Für den Zuzug wie den Wegzug hatte allein das Bugenhagen-Gymnasium die »Schuld«, denn 1931 nahm mein Vater als neu gebackener Oberschullehrer die ihm angebotene Stelle am Gymnasium – gewissermaßen als Übergangslösung – gern an, weil somit sein ältester Sohn in die Höhere Schule wechseln konnte. Daß wir Treptow am 1.4.1934 wieder den Rücken kehrten, lag gleichfalls am Bugenhagen-Gymnasium, weil es damals keine Oberstufe führte und keinen Abiturabgang in Aussicht stellte, denn zwischen 1926 und 1937 konnte man am Treptower »Progymnasium« nur das Einjährige erwerben, erst ab 1937 wieder – wie bis 1926 – das Abitur. Ich hatte den Wechsel vom Land in die Stadt gerade verkraftet, da mußte ich die liebgewonnene Provinzstadt schon wieder verlassen.

Was aus Treptow bei Kriegsende geworden ist, betrifft die meisten Städte Hinterpommerns. Meine Mutter sah die Stadt bei ihrer Flucht aus Köslin in Richtung Oder-Übergang bei Swinemünde erstmals seit unserem Wegzug im Jahre 1934 wieder. Was sie dabei empfand, schrieb sie in ihr später gefertigtes Tagebuch: »Als wir am Vormittag des vierten März (Sonntag) durch Treptow zottelten, wurde mir recht weh ums Herz. Wir wohnten ja drei schöne Jahre dort. Damals gefiel mir die Stadt nicht. Jetzt – auf der Flucht – fand ich sie schön, und viele Erinnerungen kamen in mir hoch. Ich sah mich mit meinem geliebten Mann einsame Feldwege und im Königshain wandern. Was hätte ich darum gegeben, wenn alles wieder so gewesen wäre wie 1931–34. Aber zum Nach-

denken blieb keine Zeit. Wir mußten hinter den zurückgehenden deutschen Panzern in Richtung Cammin dranbleiben. Plötzlich Flugzeuge über uns – Beschuß! So erlebte ich Treptow 1945!«
Mutter hatte Glück. Wenige Stunden, nachdem sie Treptow passiert hatte, wurde es von Sowjettruppen eingenommen. Sie besetzten eine völlig unversehrte Stadt, die vollgestopft war mit Verwundeten (in Turnhallen und Schulen) und Flüchtlingen. Alle Versorgungseinrichtungen funktionierten. An Lebensmitteln herrschte kein Mangel. Aber innerhalb weniger Stunden änderte sich das Bild völlig. Über die Bevölkerung brach Not, Verderben und Chaos herein. Bis Ende 1945 mußten laut Feststellung des zurückgebliebenen Pastors von St. Marien über 1000 Deutsche in Massengräbern auf drei Friedhöfen oder in Gärten bestattet werden. Und der Stadtkern wurde von der Roten Armee systematisch durch Brandstiftung vernichtet – wie in fast allen Städten Hinterpommerns und Ostpreußens.
30 Jahre nach Kriegsende begannen die Polen, dem Kern ein freundlicheres Gesicht zu geben. Sie ließen einige vom Brand nicht betroffene Bürgerhäuser am Markt restaurieren und die alten gotischen Giebel wiedererstehen. Dagegen wurde das Alumnat – Symbol für meine friedliche Jugendzeit – von ihnen um 1985 herum abgerissen. Wohl existieren noch deutsche Wahrzeichen – Marienkirche, Rathaus, Herzogsschloß, Bugenhagen-Gymnasium, das Spital zum Heiligen Geist, in dem 1534 die Einführung der Reformation in Pommern beschlossen wurde, auch die Stadtmauer und einige Bürgerhäuser. Aber an Bugenhagen und die Rolle Treptows als Zentrum der reformatorischen Entwicklung Pommerns erinnert heute nichts mehr. Die Polen haben die deutschen Wahrzeichen in ihren Besitz genommen, aber deren geistige Wurzeln sind gekappt.

8. Köslin – eine Metropole mit eigener Prägung

Köslin als Sitz der Regierung für Hinterpommern war eine Stadt, die in ihrer historischen Entwicklung und in ihrem Erscheinungsbild schon vor dem Zweiten Weltkrieg aus dem üblichen Rahmen fiel – erst recht heute unter polnischer Herrschaft.

Eine treffende Charakterisierung für seine Kommune gab Bürgermeister Kröning 1937 im »Stettiner Generalanzeiger« mit der Formulierung »Stadt zwischen Wald, See und Meer«. Er verzichtete dabei auf jeden Hinweis zur mittelalterlichen Herkunft, weil diese im Gegensatz zu anderen Städten nicht mehr vorzeigbar war. Köslins Antlitz war vom ewigen Wechsel von Zerstörung und Aufbau geprägt. Trutzige Stadttore, gotische Rathäuser, verträumte Gäßchen mit alten Bürgerhäusern und ein repräsentatives Schloßgebäude – das alles hatte es einst wie überall gegeben. Aber Heimsuchungen in Kriegen und verheerende Brände hatten das Stadtbild verändert. Die schlimmsten Feuersbrünste vermerkten die Annalen in den Jahren 1504 und vor allem 1718, als 300 Häuser und das Schloßanwesen vernichtet wurden.

Daher durfte Kröning 1937 nicht mit dem weniger anziehenden Stadtbild für seine Kommune in der Zeitung werben, sondern mit der einmaligen Lage zwischen Wald (Gollen), (Jamunder) See und Meer. Diese reizvolle Lage hatten andere Städte nicht zu bieten.

Dabei hatten bei der Gründung des Ortes ganz andere Naturqualitäten eine Rolle gespielt. Normalerweise bildete das Sicherheitsbedürfnis der Menschen den Anlaß zu einer Siedlung im Schutz eines Berges oder eines Flusses. Doch die alte wendische Pfahlburg lag weder an einem Fluß noch auf einer Anhöhe. Ausschlaggebend war vielmehr eine Art Insellage zwischen Teichen und Sümpfen. Diese wurden von einem Bach (Mühlenbach) gespeist, der von Südosten kam, die menschliche Niederlassung im Osten umfloß, wobei er gleichzeitig noch genügend Wasser an die Teiche im Westen abgab, um dann in den Jamunder See zu fließen. Pastor Jobst deutete 1924 den Namen Köslin – im Mittelalter Cossalitz oder Cussalin geschrieben – als »Sumpfort mit sauren Gräsern«. Aber gesichert ist diese Deutung nicht.

Bei der geschichtlichen Entwicklung der Stadt wollen wir uns nicht in Einzelheiten verzetteln, sondern einige Jahreszahlen als Orientierungspunkte festhalten:
– 1188 taucht erstmals der Name Cossalitz als Burgflecken in einer Urkunde auf.
– 1214 schenkt Herzog Bogislaw II. den Ort dem Kloster Belbuck, das rund 35 Jahre vorher bei Treptow gegründet worden war. Seit dieser Zeit breitet sich das Christentum auch um Köslin aus, weil das Kloster Belbuck Kolonisten aus Deutschland ansiedelt. Mit deren Hilfe wird das Gebiet urbar gemacht und für die Landwirtschaft gewonnen.
– 1248 gelangt der Ort in den Besitz des Bischofs von Cammin, bei dem er bis 1650 verbleibt, um dann brandenburgisch zu werden.
– 1266 wird das Dorf, das am östlichen Ende des Bistums liegt, vom Bischof Hermann von Gleichen zur Stadt erhoben.
– Eine mächtige Stadtmauer mit drei großen Toren und 45 Wehrtürmen wird von 1292 bis 1308 als äußeres Merkmal der Stadt errichtet.
– Das Rathaus als wichtigstes weltliches Gebäude wird 1308 mitten auf den Marktplatz hingestellt und die Hauptkirche von St. Marien seitlich zum Markt abgesetzt errichtet (1331 erstmals urkundlich genannt).
Einen besonderen Rang in der Reihe hervorgehobener Städte in Hinterpommern bekam Köslin im 16./17. Jahrhundert durch das Herzogshaus. Es bestimmte den Ort zum Sitz einer fürstbischöflichen Residenz, nachdem das katholische Bistum 1544 in ein evangelisches Territorium umgewandelt worden war. Eine Residenzstadt ohne eigenes Schloß ist wie ein Fingerring ohne funkelnden Edelstein. Also ließ Herzog Johann Friedrich an der Stelle des aufgegebenen Nonnenklosters ein fürstbischöfliches Schloß errichten (1568–1582). Auch eine eigene Schloßkirche erhielt die Residenz (1602–1609). Allerdings konnte sich Köslin nur 50 Jahre lang im Glanz einer Residenzstadt sonnen (1574–1622). Nach dem Tod des Herzogs Ulrich (1622), der als »Fürstbischof von Cammin« mit seiner Frau das Kösliner Schloß mit unbekümmerter Fröhlichkeit erfüllt hatte, ging der Titel an den letzten Greifenherzog Bogislaw XIV. über, der jedoch seinen Sitz in Stettin hatte, und dann an den Kurfürsten von Brandenburg.

Nach dem Dreißigjährigen Krieg war die Blütezeit der ehemaligen Residenzstadt dahin. Vollends nach dem Brand von 1718 schien der Ort dem Verfall nahe zu sein, da die Stadtväter alles verloren hatten und bettelarm geworden waren. In dieser Notlage half König Friedrich Wilhelm I. mit großzügigen staatlichen Zuschüssen. Er leitete 1720 zugleich eine ganz neue Entwicklung der Stadt in Richtung Beamtenhochburg ein. Da Köslin weder an der Ostsee lag (wie Kolberg) noch eine Schiffsverbindung zum Meer hatte (wie Stettin), war seine Bedeutung als Handelsplatz hinter anderen Städten zurückgeblieben. In dieser Situation machte der Soldatenkönig die fast völlig abgebrannte Stadt zum Sitz einer zentralen Behörde, des Hofgerichtes. Zum Dank für die bedeutende Aufbauhilfe stiftete die Stadt ihrem König vor dem Rathaus ein Standbild. Dieses barocke Denkmal war eine Augenweide auf dem Marktplatz, bis es die Polen 1945 zerstörten.

Mit der Zuweisung des Hofgerichtes nach Köslin legte der Preußenkönig den Grundstock zur Beamtenstadt – Köslins Charakteristikum bis zum Zweiten Weltkrieg. Denn in Köslin waren die Regierung von Hinterpommern, das Amts- und das Landgericht, das Landratsamt, etliche Banken, mehrere Schulen (darunter drei höhere) angesiedelt. Außerdem war Köslin der herausragende Standort der 32. Infanterie-Division und des 94. Infanterie-Regimentes (seit 1936). Die zu diesen zahlreichen staatlichen Einrichtungen gehörenden Beamten, Offiziere und Angestellten prägten infolgedessen das gesellschaftliche Leben der Stadt.

Was der Regierungsmetropole fehlte, war eine Universität. Für ganz Pommern existierte nur eine – in Greifswald. Der Akademikerbedarf war vor 1939 bei weitem nicht so hoch wie heutzutage. Aber 1941 erhielt auch Köslin noch eine Hochschule, und zwar eine Hochschule für Lehrerbildung. Mit dieser Entscheidung sollte gewürdigt werden, daß Köslin seit Anfang des 19. Jahrhunderts als zentrale Schulstadt in Hinterpommern galt. Damals waren kurz hintereinander zwei Einrichtungen geschaffen worden, die es bis dahin im östlichen Hinterpommern noch nicht gab. Das war erstens das Königliche Lehrerseminar für die Ausbildung von Volksschullehrern, das 1816 ins Leben gerufen wurde und bis 1925 bestand, und zweitens das 1821 gegründete Gymnasium, das sechste dieser Art in ganz Pommern (nach Stettin, Stralsund,

Greifswald, Stargard und Neustettin). Da es für einige Jahrzehnte das einzige Gymnasium weit und breit in Hinterpommern blieb, legten dort viele Auswärtige das Abitur ab – so auch Rudolf Virchow aus Schivelbein im Jahre 1839.

Eine weitere höhere Schule entwickelte sich aus der Kadettenanstalt, die 1776 in Kulm/Westpreußen von Friedrich dem Großen für die Ausbildung adliger Kadetten (Offiziersanwärter) gegründet worden war. (1772 war Westpreußen anläßlich der Ersten polnischen Teilung an Preußen gefallen.) Sie wurde 1890 von Kulm nach Köslin verlegt, nachdem die Stadt am Gollenrand einen Bauplatz von sechseinhalb Hektar unentgeltlich zur Verfügung gestellt hatte. Dort entstand ein nach außen durch eine Mauer abgeschirmtes turmreiches Bauensemble, das eher nach einer Kaserne als nach einer Schule aussah. Als der Versailler Vertrag eine Kadettenausbildung untersagte, wurde in den Gebäuden eine staatliche Bildungsanstalt (Stabila) eröffnet. Deren Schüler waren größtenteils im Alumnatsbereich untergebracht. Sie legten nach dem Lehrplan eines Realgymnasiums das Abitur ab. Der NS-Staat wandelte 1933 diese Internatsschule in eine Nationalpolitische Erziehungsanstalt um, Napola oder NPEA abgekürzt. Sowohl die Stabila wie die Napola galten als Musterstätten der Erziehung und vor allem der körperlichen Ertüchtigung. Diese Art Eliteschule war in ganz Hinterpommern die einzige. Für die sportliche Ausbildung hatte die Napola eine eigene Turn- und Schwimmhalle, einen Spielplatz und Tennisplätze. Weil sie über so vorzügliche Übungsmöglichkeiten verfügte, galten die Stabila- bzw. Napola-Schüler bei Wettkämpfen stets als Favoriten.

Nach dem Ersten Weltkrieg war 1919 gegenüber der Stabila am Gollenrand an der Danziger Straße das Pädagogium des Dr. phil. Adam Reuße als »Höhere Privatschule mit Schülerheim« gegründet worden. Reuße bot jenen jungen Menschen, die nicht den normalen Gymnasialweg absolvieren konnten (wenn beispielsweise nach Versetzung des Vaters die Kinder keinen Ausbildungsanschluß hatten), alle möglichen Hilfen in Tages- oder Abendunterricht mit dem Ziel eines gymnasialen Abschlusses an. Daß hierfür im Raum Köslin ein Bedürfnis bestand, kann man an der schnellen Entwicklung der Schülerzahl bis auf 200 innerhalb von zwei Jahrzehnten ablesen.

Eine weitere schulische Einrichtung verdeutlichte Köslins Sonderstellung als Schulstadt. Das war die Provinzial-Taubstummenanstalt, die 1860 durch einen Landtagsbeschluß ins Leben gerufen worden war. Teilweise nahmen an der Ausbildung 100 Schülerinnen und Schüler teil, die in den Fächern der Volksschule unterrichtet wurden.

Selbstverständlich durften die Mädchen bei einer »höheren Bildung« seit der Mitte des 19. Jahrhunderts nicht zu kurz kommen. Auf Initiative einer Dame (Luise Freytag) wurde 1863 die Private Höhere Mädchenschule gegründet. Schließlich nahm die Stadt das Privatinstitut 1911 als Lyzeum in ihre Obhut. Das 1912 eingeweihte Schulgebäude an der Ecke Hildebrand-/Wilhelmstraße erhielt den Namen »Fürstin-Bismarck-Schule« und erwarb nach dem Ersten Weltkrieg die Gleichberechtigung mit den Knabengymnasien. – Das Lyzeumsgebäude hat ebenso wie die NPEA und das Gymnasium sowie das erst 1939 eingeweihte Regierungsgebäude den Krieg unbeschädigt überstanden.

Was die schnelle Bevölkerungsentwicklung Köslins seit 1720 und dann vor allem im 19. Jahrhundert verursacht hatte, war also nicht die Attraktion als Geschäftsmetropole, sondern die Konzentration von Behörden und Militär. Der Bahnanschluß im Jahre 1859 nach Stettin und Berlin (sowie 1869 nach Osten über Stolp nach Danzig) lieferte eine zusätzliche wirtschaftliche Schubkraft. Während die Einwohnerzahl 1858 erst 10 000 betrug, stieg sie bis 1900 auf das Doppelte und lag 1939 bei über 30 000.

Natürlich gehörten auch Wirtschaftsunternehmen und Arbeiter zum Stadtbild vor 1939. Einige Betriebe blieben mit dem Namen der Stadt eng verbunden. Der älteste war die Papierfabrik, die zeitweilig über 1000 Beschäftigte zählte und sogar firmeneigene Wohnungen errichtet hatte. Als in der Gründerzeit nach 1871 der Wohlstand auch in Pommern die Nachfrage nach verfeinerten Lebensmitteln förderte, machten sich in Köslin drei Unternehmen diesen Trend zu eigen: die Brauerei (1873 gegründet), die Firma Waldemann mit geräucherten Lachs- und Spickbrust-Spezialitäten sowie die Molkerei (1878 bzw. 1895 gegründet). Hinzu kamen Betriebe, die ihre Produkte für die vorherrschende Landwirtschaft herstellten, wie die Landmaschinenfabrik Adolf Krause. Sie alle überstanden die schweren Zeiten des Ersten Weltkrieges und der folgenden Wirtschaftskrise von 1929/30. Ja, sie hielten ihre Betriebe sogar noch bis wenige Tage vor der Einnahme Köslins durch die Rote Armee aufrecht (vor allem die Molkerei). Manche von ihnen trugen auch dazu bei, daß Köslin einen flotteren »Geruch« als nur den einer Beamtenstadt bekam. Die Molkerei machte große Propaganda mit dem »Kösliner Käschen« – als Konkurrenz zu dem »Stolper Jungchen« gedacht –, und das Waldemann-Unternehmen war für die Postverwaltung sogar Anlaß, die Briefe mit dem Stempel »Köslin – Stadt der geräucherten Edellachse« zu versehen.

Das Anziehendste an Köslin war – da hatte Bürgermeister Kröning mit dem eingangs zitierten Slogan recht – die unvergleichliche Lage der »Stadt zwischen Wald, See und Meer«.

Unter Wald verstand man vor allem den als Gollen bezeichneten Bergrücken im Osten der Stadt. Der Name wurde im Mittelalter auch Cholin und Cholm geschrieben und bedeutet in der wendischen Bezeichnung soviel wie Berg. Die Sprach- und Inhaltsgleichheit mit dem Namen (Rauher) Kulm oder Kulmbach in Nordbayern macht Namengleichheit über große Entfernungen deutlich. Der Kösliner Gollen stammt in seinem Kern noch aus der erdgeschichtlichen Epoche des Tertiär, das in Pommern sonst an der Erdoberfläche nicht mehr vorkommt. Der Gollen schiebt sich als geschlossenes Waldgebiet vom Pommerschen Landrücken fast bis zur Ostsee vor. Den Köslinern bereitete er viel Freude, aber auch manche Probleme. Aus der einstigen urwaldartigen Finsternis heraus tauchten nämlich immer wieder Räuber auf, um die Kaufmannszüge zu überfallen. Und die Angst vor gefährlich erscheinenden wilden Tieren hielt die Menschen vom Wald fern. Überliefert ist, daß 1816/17 in den Waldgebieten des Gollen über 150 Wölfe geschossen worden sind. Der letzte Wolf soll 1831 erlegt worden sein (manche sagen: erst 1855).

In meiner Jugendzeit empfanden wir den Gollen keineswegs mehr als finster und abstoßend. Für uns galt eher, wozu ein Gollen-Gedicht in der Kösliner Zeitung aufforderte:

> Wenn der Mondschein abends durch Bäume plinkt,
> und im nächsten Gebüsch eine Nachtigall singt,
>   dann mach 'n Spaziergang, kehr im Gollenwald ein,
> 's braucht ja nicht immer allein zu sein!

Im 20. Jahrhundert mauserte sich der Gollen zu einem gern angenommenen Sport- und Wandergebiet. Kräftige Anstöße zu dieser Entwicklung hatte Turnvater Jahn seit 1815 gegeben. Er regte bekanntlich an, den menschlichen Bewegungstrieb zu fördern. Diese Forderung griff 1837 sogar das preußische Kultusministerium auf, als es gestattete, »geregelte körperliche Übungen unter Leitung und Aufsicht eines hierzu geeigneten Lehrers und unter der Verantwortlichkeit des Gymnasialdirektors« einzuführen. Jahns Ideen von der körperlichen Ertüchtigung wurden nicht nur vom Staat für die Schulen aufgegriffen, sondern auch im privaten Vereinsbereich. Nach 1848, dem Jahr der bürgerlichen Revolution, bildeten sich überall in Deutschland die Turnvereine. In Köslin war der TV Köslin 1861 der älteste. Die Vereine erschlossen gemeinsam mit der Stadt auch den Gollen als sportliches Übungsgebiet.

Zuerst ging man an die Errichtung einer Sportstätte oben auf der Höhe. 1908 war schon mit der Anlage des Sportplatzes begonnen worden. Kurz darauf konnten die »Gollenbergfeste« abgehalten werden. Sie entwickelten sich zu den traditionsreichsten Vereinswettkämpfen in Hinterpommern für leichtathletische Disziplinen, aber auch für das Schlagballspiel. Bis 1943 fanden diese Bergfeste statt, obwohl inzwischen eine moderne Sportplatzanlage am Schwarzen Berg hinter dem Postgebäude von der Stadt Köslin geschaffen worden war.

Auch für den Wintersport hatte man im Gollen seit Anfang des 20. Jahrhunderts gesorgt. Die vom Forst angelegten schnurgeraden Schneisen durch den Wald boten herrliche Langlaufloipen mit beständigem Wechsel fürs Hochsteigen und Bergabfahren. Sogar die pommerschen Skimeisterschaften wurden seit Ende des Ersten Weltkrieges im Gollen durchgeführt. Bessere Höhenunterschiede als im Gollen hatten wir ja in Pommern nicht zu bieten. Zu meiner Jugendzeit war die Anschaffung einer Skiausrüstung – selbst einer einfachen – nicht für jede Familie möglich. Aber einen Rodelschlitten hatte jeder. Infolgedessen hatte die Stadt auch mehrere Rodelbahnen angelegt. Die rasanteste wird mir ewig als Todesbahn in Erinnerung bleiben. Sie trug nicht zu Unrecht diesen Namen, denn sie wurde 1935 einem Klassenkameraden tatsächlich zum tödlichen Verhängnis, als er mit hoher Geschwindigkeit aus einer Kurve an eine Kiefer geschleudert wurde und dabei einen Milzriß erlitt. Bei einer derartig schweren Verletzung versagten damals noch die Operationstechniken und die medikamentösen Hilfsmittel. Wer von Sport spricht, denkt dabei kaum an den Luftsport. Doch bei den Stichworten Luftsport/Köslin sollte man erwähnen dürfen, daß der erste Motorflieger ein gebürtiger Kösliner war: Hans Grade (1879–1946). Er war durch einen anderen Pommern, den aus Anklam stammenden Otto Lilienthal (1848–1896), für die Idee des Fliegens gewonnen worden. Lilienthal war es als erstem gelungen, mit einem selbstgebauten Flugapparat durch die Luft zu gleiten. Grade hörte davon und war so begeistert, daß er schon als Kösliner Gymnasiast – der Vater war Lehrer am Seminar – seine ersten Flugmodelle baute. War Lilienthal als erster Segelflieger zu rühmen, so Hans Grade als erster Motorflieger Deutschlands. Ihm gelang es 1908, mit seinem selbstgebauten Eindecker mit einem nur 38 Kilogramm schweren 36-PS-Motor in die Luft abzuheben und sogar 60 Meter weit zu fliegen. Bereits ein Jahr später gewann er den von dem Industriellen Dr. Karl Lanz ausgesetzten Lanz-Preis für einen Streckenflug von einem Kilometer Länge mit einem weiterentwickelten, wiederum selbstgebauten Flugzeug. Das war der Durchbruch für die Motorfliegerei in Deutschland und für die Errichtung von Grades eigener Flugzeug- und Motorenfabrik in Borkheide (Brandenburg). Im Automobilbau gilt Grade auch als der Konstrukteur des ersten Kleinwagens.

Bevor der Gollen als Sport- und Wandergebiet entdeckt wurde, hatte er schon jahrhundertelang als Kultstätte eine Rolle gespielt, die einst Germanen und dann Wenden für die Verehrung ihrer heidnischen Götter gedient hatte. Im Mittelalter richteten die Christen an gleicher Stelle eine Wallfahrtskapelle ein. Sie soll große Anziehungskraft besessen haben. Auf deren verfallenen Fundamenten schuf die Stadt 1829 mit dem Gollenkreuz ein Ehrenmal für die in den Freiheitskämpfen gegen Napoleon gefallenen Pommern. Der Schreiber der »Kösliner Chronik« begrüßte das Gollenkreuz 1830 mit einem Gedicht, in dem es hieß:

> Im Walde, auf dem Gollen,
> da blinkt ein Kreuz von Stahl
> wohl über die Meereswogen
> und auf das grüne Tal.

Du hohes Kreuz im Walde,
du rufst in stummer Ruh'
aus Deutschlands schweren Tagen
uns ernste Worte zu.

Wie der Kampf der Geister
dem künftigen Geschlecht
die Einigkeit erstritten,
die Freiheit und das Recht.

Am Gollenkreuz legten Abordnungen der Städte und Militäreinheiten bis 1945 ihre Kränze zum ehrenden Andenken an die in den Kriegen gebliebenen Landsleute aus Pommern nieder. Wenige Schritte davon entfernt, lud eine Gaststätte seit der Jahrhundertwende die Wanderer ein. Von einem Aussichtsturm neben der Gaststätte hatte man einen weiten Blick über den Jamunder See zum Meer. – Den Polen scheinen die Symbole deutscher Vergangenheit ein Dorn im Auge gewesen zu sein; denn sie zerstörten das Gollenkreuz (1978) und wollen anstelle des deutschen Denkmales eine polnische Kirche errichten, damit nichts mehr an diesem symbolträchtigen Ort an die Deutschen erinnert.

Der Gollen als Freizeitangebot von über 1000 Hektar Fläche war das größte städtische Waldgebiet mit herrlichen Beständen an Buchen und Eichen, aber auch an Fichten und Kiefern. Der Wald zog keineswegs nur Spaziergänger und Sportler an, sondern auch das nach Besitz strebende Bürgertum. Wer sich das teure Baugelände leisten konnte, das im Vorfeld des Gollen im Bereich der Danziger Straße lag, baute dort seine Villa. So war bis 1945 diese Wohngegend die begehrteste, in der wohlhabende Kaufleute und höhere Beamte von Regierung, Justiz und Schulen unter sich lebten. Die herrschaftlich wirkenden Ein- und Zweifamilienhäuser mit ihren einst sehr gepflegten Vorgärten und dem baumreichen Grün um die Villen haben das Kriegsende unbeschadet überstanden und vermitteln noch immer einen guten Eindruck von der deutschen Wohnkultur.

Die nahe Ostsee und der Jamunder See erhöhten im Sommer den Freizeitwert von Köslin beträchtlich. Nur zehn Kilometer betrug die Entfernung vom Stadtzentrum zum Strand. Um zu ihm zu gelangen, mußte man das andere bedeutende Waldgebiet durchque-

ren, das Köslin im Nordwesten umgab. Wie der Name Buchwald schon sagt, hatte es einen herrlichen Buchenbestand. Der 700 Hektar große Wald war schon seit 1266 im Besitz der Stadt.
Für uns junge Leute waren Meer und Jamunder See per Fahrrad auf Abkürzungen durch den Buchwald in 20 bis 30 Minuten leicht zu erreichen, so daß wir in der Sommerzeit mehr am Wasser als in der Stadt waren. Für die Gymnasiasten war das Bootshaus in Großmöllen am Jamunder See eine ganz besondere Attraktion. Als zuständiger Sportlehrer leitete Vater die Ruder- und Segelkurse. So durfte ich als leichtgewichtiger Steuermann in den Booten der Älteren auf die Richtung achten.
Für die Erwachsenen war bereits 1913 eine Verbindung mit der elektrischen Bahn vom Bahnhof Köslin nach Großmöllen und Nest auf einer Länge von 14,3 Kilometern geschaffen worden. Fast gleichzeitig war in der Stadt zwischen Bahnhof und Gollen bzw. dem Dorf Rogzow am Gollenrand (fünf Kilometer) eine Straßenbahnlinie in Betrieb genommen worden (1911). Am Markt sowie an drei weiteren Stellen waren zweispurige Begegnungsmöglichkeiten eingerichtet worden, an denen die im Fünf-Minuten-Takt verkehrenden Triebwagen einander ausweichen konnten. Der Fahrpreis betrug 1935 nur zehn Pfennige für eine Strecke. Man konnte also beispielsweise vom Fuß des Gollen, wo die Stabila, Reuße, das Kaiser-Wilhelm-Krankenhaus und die Salem-Diakonissenanstalt lagen, mit der Straßenbahn in ca. 30 Minuten an die Ostsee gelangen. Am 1.2.1937 wurde allerdings der Straßenbahnbetrieb zu unserem Leidwesen eingestellt und durch (stinkende) Omnibusse ersetzt.
Die »Elektrische« hat sicher dazu beigetragen, die verträumten Fischerdörfer zu erschließen. Viele begüterte Kösliner erwarben Grundstücke – vor allem in Großmöllen und Nest – und errichteten dort ihre Domizile. Von einfachen Sommerhäuschen bis zu feudalen Strandvillen, in denen man die ganzen Sommermonate verbrachte, war auf der 500 bis 700 Meter breiten Nehrung zwischen Ostsee und Jamunder See alles anzutreffen. So wurden diese Ostsee-Orte praktisch zu Vororten von Köslin.
In den dreißiger Jahren gesellten sich zu den Köslinern am Ostseestrand immer mehr Fremde. Unschwer konnte man bei ihnen die Dialekte aus Berlin, Sachsen oder Schlesien unterscheiden.

Die Verkehrsverbindungen nach Hinterpommern waren ja auch stark verbessert worden. Seit die Autobahn 1935 von Berlin bis Stettin (östlich der Oder) fertiggestellt worden war, wurde die Autoreise an die Ostsee geradezu ein Vergnügen. Auch die Bahn hatte sich mit ihrem Sommerfahrplan auf Touristen aus Berlin eingestellt. Von der Reichshauptstadt nach Großmöllen betrug die Entfernung beispielsweise immerhin 300 Kilometer.

Doch der Badebetrieb in den Hauptbädern (Großmöllen/Nest, Kolberg) wurde manchen Einsamkeitsaposteln zu städtisch. Daher wichen sie in die stillen Fischer- und Bauerndörfer aus. Dort fand man nicht nur idyllische Unterkünfte; man konnte ganz frisch serviert bekommen, was die Fischer im Morgengrauen von ihrem Ostseefang mitgebracht hatten: Flundern, Steinbutt, Dorsch, ergänzt durch Aale aus dem Jamunder See. Auch wir zogen aus Sparsamkeitsgründen in den Sommerferien für drei bis vier Wochen in die Einsamkeit von Bauerhufen, Laase oder Neuwasser. Unsere Vermieter waren Fischer oder Bauern, die für die sommerliche Urlaubszeit ihre eigenen Betten vermieteten und die Mitbenutzung von Herd und Kücheneinrichtung gestatteten. Sie selbst kampierten dann in der einzigen Giebelstube im ersten Stock oder auf Stroh im Stall. Nach altem Grundsatz war der Gast auch bei den einfachen Dörflern König. Man richtete sich bei der Essenszubereitung und Geschirrbenutzung in der Küche, aber auch bei den Ruhebedürfnissen nachts und nachmittags ganz auf den »König« ein, drängte sich in keiner Weise auf, bot jedoch gerne den frischen Fisch oder eigene Gartenerzeugnisse für wenig Geld an.

Die stillen Orte am Jamunder und Buckower See – Neuwasser, Damkerort und Laase – waren wegen ihrer Weltabgeschiedenheit etwas für Individualisten und sparsame Leute. Ihr Reiz lag im »einfachen Leben«, das der ostpreußische Dichter Ernst Wiechert in seinem gleichnamigen Roman angepriesen hat. Die Häuser, in denen wir zwei Zimmer mieteten, waren typische Fachwerkhäuser mit Lehmverputz und reetgedeckten Dächern. Sie lagen nicht geschlossen um eine markante Dorfmitte herum, sondern als Streusiedlung in die Dünen geduckt. Zur 30 bis 50 Meter entfernten Ostsee wateten wir auf einem weichen Sandweg durch die Dünen, die mit Strandhafer bepflanzt waren, um durch die Pflanzenwurzeln das Wandern des Sandes zu verhindern. Oftmals hatte sich bereits lichter Kiefernwald, vermischt mit Krüppellatschen, angesiedelt. – Am Strand gab es in unseren Dorfabschnitten keine Strandkörbe zu mieten wie in den überlaufenen Touristenorten. Man baute sich eine Sandburg, um hinter einem aufgeschütteten Wall vor dem Nordwestwind geschützt zu liegen. Dort gab sich jeder seiner Lieblingsbeschäftigung hin. Das war für mich Lesen, für Mutter Stricken. Wollte man Bewegung haben, lief man kilometerweit am Wasser entlang, und zwar auf dem schmalen Streifen, auf dem die Wellen bei ihrem Auslaufen einen leichtgehärteten Boden hinterlassen hatten. Ihn konnte man leichtfüßiger begehen als den lockeren Sand. Oder man spielte Ball über eine gespannte Schnur; denn Platz hatte man ja am 15 bis 20 Meter breiten Strand in Hülle und Fülle. Nachbargäste tauchten zwar in der Hochsaison der Monate Juli/August auch auf; sie lagerten aber so weit entfernt, daß sie weder durch den Ball beim Spielen noch durch unsere Rufe belästigt wurden.

Zum einfachen Leben gehörten auch die Morgenwäsche in der Ostsee und die bescheidenen Mahlzeiten (gebackene Flundern). Es gab kein Radio und keine Zeitung, und man nahm jede Witterung voll Ergebenheit in Kauf. Unser Urlaubsglück war das stille Genießen am heimatlichen Strand mit dem beständigen Rauschen der Ostsee im Hintergrund.

Abwechslung in unsere Einsamkeit brachten jedes Jahr die Besuche vom Ehepaar Fink aus Berlin (Mutters Cousin) und von Christa Ferber aus Schivelbein. Sie schleppte das Akkordeon ihres Vaters mit, damit unser Vater an den Abenden, irgendwo auf einem Holzstoß sitzend, die bei uns so beliebten Wander- und Heimatlieder spielen konnte. Dann passierte es auch, daß scheue Ortsbewohner sich zu uns gesellten und kräftig mitsangen: »Wir lieben die Stürme, die brausenden Wogen, der eiskalten Winde rauhes Gesicht« oder »Wenn die bunten Fahnen wehen, geht die Fahrt wohl übers Meer« und selbstverständlich unser Nationallied von der Ostsee: »Wo die Ostseewellen trecken an den Strand«. Unser pommersches und deutsches Liedgut kannte damals jeder. Man lernte es in der Schule. Wenn Vater dann überleitete zu dem innigen »Kein schöner Land in dieser Zeit als hier das unsre weit und breit, wo wir uns finden wohl unter Linden zur Abendzeit«,

dann wußten wir, daß auf diese Heimathymne noch das Lied »Guten Abend, gute Nacht« folgte, bevor wir uns still in unsere harten strohgefütterten Holzbetten verdrückten.
Zum Reiz der Kösliner Umgebung gehörte auch das sechs Kilometer entfernt liegende Kirchdorf Jamund. Einst lag es direkt am See, jetzt bereits zwei Kilometer von ihm entfernt. Im Mittelalter war es sogar mit dem Meer verbunden gewesen. Denn an der schmalsten Stelle der Nehrung, die man Deep nennt, hatte es eine schiffbare Wasserverbindung gegeben. So wurden zeitweilig Waren, die für Köslin bestimmt waren, aus der Ostsee durch das Deep zum Jamunder See bis Jamund transportiert, wo sie gelandet werden konnten. Ebenso wie das Deep wuchs auch der See allmählich immer mehr zu, so daß die Schiffsverbindungen nach und von Jamund und Köslin schon vor Jahrhunderten eingestellt werden mußten. Heute hat der See zudem nur noch eine Tiefe von drei Metern. Aber er ist ein ideales Gewässer für Ruder- und Segelboote, weil es nicht die Brandung und die Wellen der Ostsee gibt, aber fast immer ausreichend Wind für ein volles Segel.
Das Besondere an dem verkehrsabgeschiedenen Jamund (1939: 750 Einwohner) war nicht sein nachweisbar hohes Alter – 1224 wurde es erstmals erwähnt, 1331 vom Camminer Bischof der Stadt Köslin geschenkt –, sondern die traditionelle Lebensform der Einwohner. Der Kösliner Schriftsteller Dr. Hermann Grieben hielt 1850 in einer Artikelserie fest, daß Jamund sich »durch seine Bauart wie durch die Tracht und Sitte seiner Einwohner auf höchst merkwürdige Weise von den übrigen pommerschen Ortschaften unterscheidet«. Er hatte folgendes beobachtet:

»Diese Leute bilden einen ganz originellen Menschenschlag. Wenn die Zivilisation die anderen pommerschen Bauern nach und nach umgewandelt hat – hier ist sie spurlos vorübergegangen, hier lebt noch eine längst verschollene Zeit in Tracht und Gebräuchen. Kleiderschnitt, Farbe, Zeug sind von der sonst doch alles auffressenden Mode durchaus unversehrt geblieben... Hier herrscht das Gesetz der Gattung, dem sich alle einzelnen ohne Widerspruch unterordnen.«

In Jamund war der geschlossene Vierkanthof als Haus- und Hofform zu Hause; dort sprach man eine eigene plattdeutsche Mundart, die ans Friesische erinnerte, und man heiratete nicht aus dem Dorf hinaus. Als klassisches Beispiel für die Bodenständigkeit galt die an Stickornamenten reiche Tracht. Es gab in Pommern nur drei Gebiete, in denen die Tracht bis ins 20. Jahrhundert hinein zur normalen Garderobe gehörte. Dazu zählte auch Jamund.

Jeder junge Mensch, der in einer Stadt leben muß, hat einen Drang aufs Land, zu Pferden, Kühen, Schafen und anderem Getier. Mir erging es in Köslin nicht anders. Doch nicht das kulturgeschichtlich hochinteressante Jamund zog mich an, sondern das kleine Gut Schönfelde, 30 Kilometer landeinwärts gelegen. Der Besitzer war Otto Fink, der Bruder meiner Großmutter Klabunde. Wie mich seinerzeit Grünhof magnetisch angelockt hatte, so nun Schönfelde. Es war für Radfahrer, wie meinen Vater, meinen Bruder und mich, in zwei Stunden zu erreichen. Aber Mutter, die sich mit einem Fahrrad nie anfreunden konnte, war auf die Kleinbahn angewiesen.
Das Kleinbahnsystem war in Pommern als Ergänzung zum Fernbahnsystem vor dem Ersten Weltkrieg eingerichtet worden. Solange der Lkw als Transportmittel für Landprodukte noch nicht zur Verfügung stand, griff man auf die eingleisige Kleinbahn zurück. Sie war für den Zweck konstruiert worden, die landwirtschaftlichen Produkte (Kartoffeln) vom Land in die Stadt und den Maschinenbedarf (Traktoren, Erntemaschinen) für die Landwirtschaft aufs Land zu transportieren. Derartige Kleinbahnstrecken gab es im Kösliner Raum beispielsweise von Köslin nach Bublitz und Pollnow und von Belgard nach Bublitz. Ein Kleinbahnzug führte mehrere Güterwaggons mit sich, aber nur einen Personenwagen, höchstens zwei. Daraus ging schon hervor, daß größerer Wert auf Vieh- als auf Menschentransport gelegt wurde. Die Spurweite betrug lediglich 75 oder 100 Zentimeter, und die Dampflok begnügte sich mit einer Geschwindigkeit von 30, höchstens 50 Stundenkilometern. Wer also Zeit hatte, der konnte von dem fauchenden Zug aus in aller Ruhe die Felder, Wiesen und Wälder sowie die verträumten Dörfer betrachten. An einigen Haltepunkten mußte der Lokführer Waggons mit Kartoffeln, andere mit Kunstdünger oder Getränkekästen umrangieren. Die Reisenden mußten sich auf eine langsame Zottelfahrt einstellen.

Aber ans Ziel kam man auf jeden Fall. Obwohl die Kleinbahn von Köslin nach Krampe, der Station für Schönfelde, nur 30 Kilometer zu fahren hatte, mußte man dafür doch zwei Stunden einkalkulieren. Wir flinken Radfahrer waren also schneller in Schönfelde als meine Mutter mit der Kleinbahn. Übrigens war es nach 1945 mit der Kleinbahn-Herrlichkeit vorbei, als die Sowjets die Schienen abtransportierten. Für geruhsames Dahintrödeln hatten sie nichts übrig – dawai, dawai!

Von Krampe aus mußte man auf einem lockeren Weg (ungeschottert und ungeteert, wie er sich auch heute noch darbietet) einen dichten Fichtenwald durchqueren, bevor man nach knapp drei Kilometern das Gut Schönfelde erreichte. Der Besitz von Otto Fink war etwa so groß wie der des Bruders Theodor in Grünhof. Aber Schönfelde hatte einen besseren Boden und vor allem große Waldgebiete mit einem beachtlichen Hirschbestand. Die Jagd lockte dementsprechend viele Gäste an. Zu den Jägern gehörte auch mein Vater, der öfter einmal von Otto Fink den Auftrag erhielt, für bestimmte Abschüsse mitzusorgen. Als ich etwa 15 Jahre alt war, durfte ich Vater oftmals begleiten. Das frühe Aufstehen vor Morgengrauen kostete mich jedesmal schwere Überwindung, aber die Wildbeobachtung bei Sonnenaufgang von einem der vielen Hochsitze aus bot reichliche Entschädigung. Nie werde ich vergessen, wie sich einmal ein grunzendes Wildschweinrudel mit Frischlingen direkt unter dem Jägerstand aufs Feld zu einer schmatzenden Kartoffelmahlzeit schlich. – Ein anderes Jagderlebnis mit meinem Vater hat in mir mächtige Schuldgefühle hinterlassen. Ein prächtiger Rehbock stand auf der Schönfelder Abschußliste. Aber er war offenbar sehr erfahren – wie Hase Mümmelmann bei Hermann Löns – und hatte wochenlang alle seine Nachsteller genarrt. Wie ich nun hinter meinem Vater durch einen lichten Waldabschnitt pirsche, stoppt er plötzlich, deutet auf eine Waldwiese und greift zum Fernglas. Tatsächlich äst dort in aller Seelenruhe »unser« Bock. Aber wir müssen näher an ihn heran, weil der Wald noch kein Schußfeld bietet. Ganz langsam schleichen wir durch das Gehölz, wobei mir die Schleichtaktiken meines Vorbildes Old Shatterhand bei Karl May durch den Kopf gehen. Vorsichtig schaue ich auf den Waldboden und bleibe in den Fußspuren meines Vaters, damit ich ja keinen dürren Zweig zertrete. Für einen Moment hebe ich den Kopf, um zu prüfen, ob der Bock noch vor uns äst. Da macht es unter meinem Fuß knacks, der Bock vernimmt das verdächtige Geräusch –, und in großen Sprüngen stiebt er davon. Betreten schleiche ich hinter Vater nach Hause. Ich hatte ihm den kostbaren Abschuß versiebt.

Aus unserer Schönfelder Zeit – den Jahren 1934 bis 1939 – hingen in Vaters Arbeitszimmer die Geweihtrophäen von sechs Hirschen, darunter von einem ausstellungsreifen Sechzehnender, von ein paar Rehböcken und einem Keiler. Vater war ein treffsicherer Schütze. Diese Fähigkeit habe ich anscheinend geerbt. Denn sowohl in meiner Soldatenzeit wie auch nach dem Krieg war ich stets unter den besten Schützen meiner schießenden Umgebung.

Jugendliche messen das Freizeitangebot ihrer Stadt auch an dem Vorhandensein von Diskos, von Tanzvergnügungen. Das war zu meiner Jugendzeit genauso wie heute. Doch der gute Ton in einer Kleinstadt gebot, an einem »Tanz- und Gesellschaftsunterricht« teilzunehmen. Im Herbst 1938 stand bei meinen Eltern die Überlegung an, wann ihr ältester Sohn die Tanzstunde besuchen solle. Allgemein war man damals der Meinung, daß wir Jungen – durch HJ-Befehlston und -Kommandosprache verroht – dringend die gängigen Umgangsregeln eingepaukt bekommen müßten. Dieser schwierigen Aufgabe widmete sich Tanzlehrer Harke mit seiner Frau aus Kolberg. Ohne Konkurrenz organisierte er in den Städten Kolberg, Köslin, Belgard und Treptow jede Woche einmal im Winterhalbjahr seine Kurse. Sie waren zwar nicht nur für die Jugendlichen des Gymnasiums oder des Lyzeums ausgeschrieben; aber man nahm doch klassenweise daran teil. Nur wenige Jugendliche kamen aus dem Berufsleben.

Als nun im Oktober 1938 die Mehrzahl meiner Klassenkameraden sich entschied, den galanten Umgang mit Damen auf dem Parkett- und allgemeinen Gesellschaftsboden bei Harke zu erlernen, stimmten auch meine Eltern – nur sehr zögernd – meiner Beteiligung zu. Meiner Mutter schien ich mit gerade 17 Jahren noch nicht reif genug für solch ein waghalsiges Unternehmen zu sein. Aber ein Jahr später wäre ich genau in die Vorbereitungsphase zum Abitur gekommen, und diese Aussicht schien ihr wohl noch gefährlicher zu sein, als jetzt womöglich in die Fänge einer jungen Dame zu geraten.

Also zog ich im einzigen Anzug, den ich besaß – im allgemeinen trug ich kurze Kordhose mit Hemd und (Jungvolk-)Jacke –, mit den anderen »Auszubildenden« in den Festsaal bei Zels. Die ersten Stunden durchlitten wir noch ohne das lebende Objekt. Harke unterwies uns zunächst in den einfachen Tanzschritten – ohne Partner. Am Klavier saß ein Mann, der nach Harkes Anweisung ein paar Takte eines Tanzes anschlagen mußte. Mir tat es weh, wie dieser »Pianist« das Klavier bearbeitete, eher einem Schmied gleich. Nun, er sollte uns auch nur musikalisch stimulieren, damit wir graziös »de rechte Fuß vor de linke Fuß« (Originalton Harke) setzten und den schwierigen Takt intus bekamen, den er formulierte: »Und eins und zwei, und eins und zwei.« Wir waren konzentriert und sehr ernsthaft bei der Sache; keiner wollte sich eine Blöße geben und womöglich vor der hohen Damenwelt gerügt werden, weil er »de linke Fuß« statt den rechten zuerst gesetzt hatte.

Dann kam die erste Unterweisung im gesellschaftlichen »Benimm«. Harke machte vor, wie weit man die Hand bei einer Begrüßung seines Gegenübers ausstrecken darf, wie tief man dabei den Kopf zu senken hat, und Frau Harke empfahl den Damen einen leichten Knicks zur Nachahmung für bestimmte Gelegenheiten. Dann waren wir gesellschaftlichen Eleven an der Reihe. Jeder von uns wurde namentlich aufgerufen (»Herr Sieghard Rost«), der Genannte trat ein paar Schritte vor, machte seine von Harke vorgeführte Verbeugung in Richtung Damenriege und trat wieder zurück. Als wir alle aufgerufen waren, kamen die Mädchen dran. Nach ihrem Namensaufruf traten sie jeweils einen Schritt vor und begrüßten uns mit einem Knicks, wobei wir uns oftmals eines häßlichen Grinsens nicht erwehren konnten, wenn die Geschichte gar zu hochgestochen und lustig aussah.

Das war für mich eine günstige Gelegenheit, nach einer möglichen Tanzpartnerin Ausschau zu halten, die alsbald ausgewählt werden sollte. Ein paar Mädchen kannte ich vom Sehen her aus meiner Wohngegend. Sie waren mir zu affektiert, zu wasserstoffsuperoxyd gefärbt, zu schwarzhaarig oder zu unsportlich. Da entdeckte ich eine, die mir bisher nie begegnet war und mir wegen ihres natürlichen Auftretens und ungekünstelten Lächelns entsprach. Als wir Ritter der Tanzfläche dann von Harke aufgefordert wurden, nach der Unterweisung auf dem Parkett jeweils eine Auserwählte sicher nach Hause zu geleiten, spritzte ich zu jener von mir in die engere Wahl genommenen Dame. An jenem Abend war ich der erste, der ihr das Geleit antrug, und so nahm sie an. Ich blieb für die ganze Tanzstundenzeit ihr ritterlicher Begleiter. Sie war gleichaltrig und besuchte die Parallelklasse im Lyzeum. Während ich auf dem ersten Heimweg schüchtern überlegte, welches Gesprächsthema ich wählen und welchen Tonfall ich anschlagen sollte – ich hatte ja noch nie ein Mädchen in vergleichbarer Mission begleitet –, plauderte Marianne ungezwungen von ihrer Schule, wobei es lustig klang, wenn sie mit ihrer verstellten Mädchenstimme Lehrer imitierte.

Gemeinsam lernten wir voller Eifer die Tanzschritte und -figuren der damals gängigen Standardtänze wie Marsch, Foxtrott, langsamer und Wiener Walzer sowie Tango. Als nach einem halben Jahr der Abschlußball immer näher rückte, eröffnete uns Harke, daß der Höhepunkt dabei das Vortanzen der eingeübten Tänze durch jeweils ein Paar darstelle. Da erwachte in Marianne und mir der Ehrgeiz, zu den wenigen Vortänzern zu gehören. Uns faszinierten die sportlich-elegant wirkenden Figuren beim Tango, die uns Harke gelehrt hatte. So konzentrierten wir uns auf diesen flotten Tanz. Wirklich erkor uns Harke zu seinem Tangopaar. Am Abend des Abschlußballes waren wir natürlich furchtbar aufgeregt, als wir so allein auf dem Parkett standen und auf den Einsatz der Kapelle warteten, während von der Empore und von den Seiten des Saales Eltern, Mitpaare und Bekannte uns kritisch beäugten. Aber unsere Konzentration besiegte die herzklopfende Spannung; wir tanzten fehlerfrei und erhielten viel Applaus zu unserer und zur Freude des Tanzlehrerpaares Harke, dessen Renommee durch uns bestätigt worden war.

Bei der Bewertung meiner Tanzstunde komme ich zu positiven Ergebnissen. Die Sicherheit beim Tanzen war ein wichtiger Gewinn, auch wenn später neue rhythmische Tänze die erlernten Figuren ersetzten. Sosehr wir damals Harkes Benimmstudio belächelten, so nisteten sich die Unterweisungen doch im Bewußtsein ein und veranlaßten uns immer wieder, unser Verhalten auf Angemessenheit und Takt kritisch zu überprüfen. Und schließlich weckte die Tanzstunde das Interesse an Schlager- und leichter

Musik, wozu ich auch die Operette zähle. Im Winter 1938 besuchte ich dementsprechend erstmals eine Operettenaufführung im Festsaal Zels, in dem ständig das Theaterensemble aus Kolberg gastierte.

Vor allem Filmschlager erweckten meine Aufmerksamkeit. Und über die Schlagermusik, die über die deutschen Sender per Radioapparat serviert wurde, kam man in die Filmtheater. Besonders hatte es mir die tiefe Stimme der aus Schweden stammenden Zarah Leander angetan, wenn sie im Tschaikowsky-Film mimisch ungeheuer eindrucksvoll sang: »Es ist ja ganz gleich, wen wir lieben und wer uns das Herz einmal bricht. Wir werden vom Schicksal getrieben, und das Ende ist immer Verzicht.« – Oder wenn sie in dem Film »Der Blaufuchs« (1938) die kesse Frage stellte: »Kann denn Liebe Sünde sein? Darf es niemand wissen, wenn man sich küßt, wenn man einmal alles vergißt?« – Mit Willi Birgel zusammen hatte sie sich im Film »Zu neuen Ufern« (1937) mit »So bin ich und so bleib ich, yes, Sir ...« in die deutschen Männerherzen gesungen. Die tiefste Stimme, die eine Frau überhaupt erreichen konnte, das Kontra-Alt, zog uns »jugendliche Helden« in ihren Bann. – Von den Männern imponierte mir vor allem Peter Igelhoff, der Komponist und klavierspielende Sänger, mit seinen Schlagern »In meiner Badewanne bin ich Kapitän«, »Das Nachtgespenst geht um« oder »Wenn ich vergnügt bin, muß ich singen, wenn auch die andern springen«. – Ob man verstehen kann, daß ich – ein Jugendlicher der Vorkriegsgeneration – an diesen melodischen Schlagern mit den lustigen Texten mehr Vergnügen habe als an Rock-Hits von heute?

Wer in der Zeit des Dritten Reiches aufgewachsen ist, wurde nach 1945 oft gefragt: »Wie war das alles nur möglich? Warum hat man 1932/33 Hitler gewählt? Seine Unterstützung bedeutete doch den Untergang Deutschlands!« – Solche Fragen ergeben sich aus der Katastrophe von 1945, aber nicht aus der Sicht der Jahre 1932/33. Man muß die Strömungen kennen, auf deren Wogen Hitler 1933 in die Reichskanzlei gespült wurde. Damals war ich gerade elf Jahre alt. Somit habe ich als junger Heranwachsender die Tragödie des Dritten Reiches in Hinterpommern, fernab von den großen Zentren der politischen Entscheidungen, miterlebt. Mein

Horizont umfaßte neben dem Elternhaus die Schule, das Jungvolk und die Kirche.
Den Namen Adolf Hitler registrierte ich zum erstenmal im Jahre 1932. Bis dahin war meine geistige Antenne in meinem dörflichen Geburtsort nicht auf politisches Tagesgeschehen eingestellt gewesen. Die hohe Politik werde – so hörte ich von den Erwachsenen – im fernen Berlin gemacht, und wir Landpomeranzen täten gut daran, uns nicht um sie, sondern um das tägliche Brot zu kümmern. – In der Kleinstadt Treptow hingegen wurde ich im Alter von zehn Jahren eines Besseren belehrt. Ende März 1932 wollte ich abends nach Hause gehen, als ich in der Dunkelheit auf dem Reeperberg mehrere Schüsse hörte. Voller Angst sauste ich zu meinen Eltern, um sie nach Ursache und Hintergrund solcher Schießerei zu befragen. Was Vater mir damals erläuterte, blieb mir für immer im Gedächtnis.
»Vater, warum wurde gerade mitten in der Stadt geschossen?« fragte ich aufgebracht, und Vater erklärte:
»In wenigen Tagen werden die Erwachsenen mit ihrer Wahlstimme entscheiden, wer für die nächsten sieben Jahre Reichspräsident sein und wer in Preußen die Landesregierung stellen soll. Aus diesem Anlaß bekämpfen sich zwei radikale Parteien sogar mit Waffen auf der Straße, die Kommunisten und die Nationalsozialisten.«
»Sind Kommunisten und Nazis keine Deutschen?« forschte ich weiter, weil nach meinen Vorstellungen Schießen nur in Verbindung mit Krieg und mit Deutschlands Feinden zu verstehen war.
»Das ist ja das Schlimme«, erboste sich Vater, »daß Deutsche auf Deutsche wie in einem Krieg schießen, als ob es feindliche Stellungen zu erobern gelte.«
So blieb das Jahr 1932 mit einer Vielzahl von Wahlen (zweimal Reichspräsidentenwahl, Landtagswahlen in Preußen, Bayern, Württemberg, Mecklenburg, Oldenburg und Hessen sowie zwei Reichstagswahlen am 31.7. und 6.11.) – so blieb dieses chaotische Jahr 1932 mit den Straßenschlachten überall in Deutschland (auch in Pommern, siehe Stettin), die mindestens 100 Tote und 400 Schwerverletzte forderten, als abschreckendes Beispiel in der Erinnerung mein Leben lang haften. Welche Ursachen zu den unsinnigen Auswüchsen geführt hatten, blieb in der ganzen Tiefen-

dimension vielen Zeitgenossen verborgen. Was sie vornehmlich beherrschte, war die Frage, wie am besten die trostlose Lage 1932/33 bewältigt werden könnte.
Zur Rettung bot Hitler ein »Programm zu Deutschlands innerer und äußerer Befreiung« (Kösliner Zeitung vom 12.10.1931) an. Darin versprach er die »Beseitigung der Fesseln von Versailles«, die Schaffung eines starken Deutschlands und die Herstellung einer gesunden Wirtschaft ohne Arbeitslosigkeit. Sein Programm enthielt die Themen, die den Menschen auf den Nägeln brannten. Außer der Schießerei am Treptower Reeperberg ist in mir ein zweites Erlebnis deutlich haftengeblieben. Ich saß am 30. Januar 1933 mittags bei unserem Friseur auf dem Stuhl, als ein Fremder die Ladentür aufriß und hineinschrie: »Adolf ist Reichskanzler!« Mein Friseur warf Kamm und Schere auf den Frisiertisch und stürzte jubelnd aus dem Raum: »Jetzt muß erst die Fahne raus!« Lange mußte ich warten, bis er sich so weit gefangen hatte, daß er mich zu Ende frisieren konnte. Als ich auf die Straße hinaustrat, sah ich zu meinem Erstaunen ein Meer von Hakenkreuzfahnen aus den Häusern und Dächern wehen, was ich vorher nie erlebt hatte. Mit der Freude der Hitler-Anhänger über dessen Ernennung zum Reichskanzler durch Reichspräsident von Hindenburg verband sich Hoffnung von Millionen im Volk, daß nun der Retter Deutschlands die Macht ergreifen werde.

Mein Elternhaus stand bis zu diesem Zeitpunkt Hitler reserviert gegenüber. Vater und sein Bekanntenkreis sympathisierten mit den konservativen Deutschnationalen, die in Pommern eine Hochburg hatten. Als sie nach der Reichstagswahl vom 5.3.1933 zusammen mit der NSDAP die Regierung bildeten, schwenkten viele in das Lager Hitlers über. Dazu trug auch erheblich der »Tag von Potsdam« bei. Nachdem der Reichstag am 28.2. – vermutlich mit Wissen und Duldung Hermann Görings, des Parlamentspräsidenten – abgebrannt war, mußte eine neue Versammlungsstätte gefunden werden. Hitler bestimmte zur Eröffnung des Reichstages die Garnisonkirche von Potsdam. Dort, wo die beiden Preußenkönige Friedrich Wilhelm I. und Friedrich II., der Große, ruhten, saßen sich die beiden höchsten Repräsentanten des Deutschen Reiches gegenüber: der Reichspräsident Paul von Hindenburg in der alten Uniform des Generalfeldmarschalls und der Reichskanzler Adolf Hitler im Frack (und nicht im braunen Hemd wie üblich). Hitler verlas seine Regierungserklärung, in der er Einigkeit nach innen und Friedensbereitschaft nach außen signalisierte. Geschickt spielte er am geweihten Ort auf die großen preußischen Traditionen an, sprach von Gehorsam und Vertrauen zu Gott und brachte seine große Verehrung als ehemaliger Gefreiter des Ersten Weltkrieges für den einstigen Generalfeldmarschall zum Ausdruck – eine bewußte Verbeugung vor den nationalen Kräften im Volk. Hindenburg antwortete mit dem Appell, daß der »Geist von Potsdam« von Parteigezänk freimachen und die nationale Selbstbestimmung zu einem einigen und freien Deutschland führen möge.

Die Reden und weitverbreiteten Bilder aus der Potsdamer Garnisonkirche verfehlten draußen ihre Wirkung nicht. Überall in den national gestimmten Kreisen wertete man den Tag von Potsdam als Aufbruch in eine neue Zeit, in der man nicht abseits stehen dürfe. Auch bei uns zu Hause tauschten mein Vater und der befreundete Studienrat Wolter die Argumente aus. Die vaterländisch Gesinnten dürften jetzt nicht zögern, Hitler zu unterstützen, nachdem sein bisheriger scharfer Gegner, der Reichspräsident und Generalfeldmarschall, ihm die Macht anvertraut und in Potsdam symbolisch die Friedenshand gereicht habe. Das war das Hauptargument dafür, daß mein Vater nach dem Gespräch mit Wolter Mitglied in der NSDAP und der SA wurde.

Eine weitere Erinnerung bezieht sich auf eine Gesprächsrunde im Juli 1933 auf dem Marktplatz zu Treptow, wo ich Zuhörer bei einer Diskussion von älteren Freunden war. Auf Empfehlung von Studienrat Wolter war ich im Winter 1932/33 Mitglied der »Scharnhorstjugend« geworden, der Jugendorganisation des »Stahlhelms«. Dieser Stahlhelm war ein Frontkämpferbund, keine Partei. Mit ihm fühlten die ehemaligen Frontsoldaten sich solidarisch verbunden, auch mein Vater. Als Aufgabe hatte sich der Verband gestellt, den Geist der Wehrhaftigkeit in der Jugend zu wecken, damit sie unsere Heimat schützen kann, wie es in der Kösliner Zeitung über einen Stahlhelm-Führer-Appell in Stettin 1931 hieß. Diese Zielsetzung entsprach auch den Intentionen der NSDAP. Warum also, so fragten meine Freunde im Juli 1933, will

Hitler solche Vereinigungen mit identischen Zielsetzungen nicht mehr neben der NSDAP dulden? Denn der Stahlhelm sowie die Deutschnationale Volkspartei (DNVP) waren Ende Juni 1933 von ihren Vorsitzenden auf Hitlers Druck hin aufgelöst worden, womit auch die Existenz der Scharnhorstjugend beendet war. Meine älteren Freunde beschäftigte die Rechtsgrundlage für die Auflösung der Parteien, die entweder verboten wurden (wie KPD und SPD) oder sich selbst auflösten. Das ist rechtlich gar nicht möglich! protestierten sie. Doch im Reichsgesetzblatt wurde am 14.7. verkündet: »In Deutschland besteht als einzige Partei die Nationalsozialistische Deutsche Arbeiterpartei.« Auch wenn die erzwungene Selbstauflösung von Stahlhelm und Scharnhorstjugend rechtswidrig war, meinten Freunde aus der Scharnhorstjugend: Wir können gegen diese Entscheidung nichts machen. Entweder boykottieren wir sie oder versuchen, in der Hitlerjugend unsere Ziele zu verwirklichen. Die meisten stimmten der letzten Alternative zu. Ich schloß mich dieser Mehrheit an und wurde Mitglied der HJ bzw. des Jungvolks, der Jugendorganisation für die Zehn- bis Vierzehnjährigen.
Die Auflösung der Parteien mit dem Ergebnis, daß nur die NSDAP als Einheitspartei geduldet wurde, war ein entscheidender Schritt zur Gleichschaltung des öffentlichen Lebens innerhalb weniger Monate.

Ohne gefragt worden zu sein, war ich im Juli 1933 von der Scharnhorstjugend zum Jungvolk in der Hitler-Jugend gekommen. Eigentlich hätte ich dann mit 14 Jahren in die HJ überwiesen werden müssen. Da ich inzwischen beim Jungvolk eine Führungsposition erklommen hatte, durfte ich bei den »Pimpfen« bleiben – bis ich Soldat wurde. In der Zwischenzeit hatte ich es zum Fähnleinführer gebracht, dem rund 100 Zehn- bis Vierzehnjährige anvertraut waren. Mein Kösliner Fähnlein 2 hieß Frundsberg, gehörte zum Stamm I im Jungbann 1 des HJ-Bannes 295 Köslin. Der Stamm umfaßte das ganze Stadtgebiet und wurde von einem Jugendlichen ehrenamtlich geführt. Der Jungbannführer hingegen war ein Älterer, und der Bannführer war sogar hauptamtlich tätig. Unser Stamm umfaßte drei oder vier Fähnlein und dazu einen Musikzug von etwa 25 Jungen mit Trommeln und Fanfaren. Wie erhaben fühlten wir uns, wenn wir spielend und singend hinter unseren Fahnen durch die Straßen zogen! Seht, wir sind die Zukunft Deutschlands! Wir bauen mit an einer besseren Welt! Das waren unsere Gedanken, die man uns eingeimpft hatte. Wer die Jugend hat, besitzt die Zukunft, war Hitlers Devise. Und wir wollten Garanten dieser Zukunft werden.

Je älter ich wurde, um so mehr machte mir der Dienst im Jungvolk großen Spaß, mochte er nun im eigenen Heim in der Gärtnerstraße in Köslin, bei Geländespielen, bei Nachtübungen, im Zeltlager oder auf Fahrt stattfinden. Je verantwortlicher meine Aufgabe wurde, um so intensiver mußte ich die Zusammenkünfte organisatorisch und inhaltlich vorbereiten. Da waren Lieder und gängige Sprüche auszusuchen, Zitate aus Reden zu sammeln und schriftliche Vorbereitungen für Genehmigungen von Zeltlagern usw. zu treffen. Bei sonntäglichen Zusammenkünften außerhalb der Stadt wurden wir Jungvolkführer für unsere Arbeit weitergebildet. In einer selbstgefertigten Kladde sammelte ich alle möglichen Zitate zur späteren Verwendung in Gruppenarbeiten. Die Themen Vaterland, Volk, »deutsche Tugenden« standen obenan. Einige Beispiele: »Nichtswürdig ist die Nation, die nicht ihr alles freudig setzt an ihre Ehre.« (Friedrich der Große) – »Der Gott, der Eisen wachsen ließ, der wollte keine Knechte; drum gab er Säbel, Schwert und Spieß dem Mann in seine Rechte; drum gab er ihm den kühnen Mut, den Zorn der freien Rede, daß er bestünde bis aufs Blut, bis in den Tod die Fehde.« (Ernst Moritz Arndt) – »Wir Deutsche fürchten Gott, sonst nichts in der Welt.« (Otto von Bismarck)

Das größte Zeltlager erlebte ich im Sommer 1938 an einem kleinen hinterpommerschen See nahe der polnischen Grenze mit etwa 200 Jugendlichen. Am eindrucksvollsten wirken in mir die Abende am See nach. In der Dämmerung wurde ein großes Lagerfeuer angezündet. Drumherum hatten wir uns im Halbkreis niedergelassen und sangen unsere Lieder, die zu der Abendstimmung paßten (»Kein schöner Land in dieser Zeit als hier das unsre weit und breit...«). Keiner von uns wäre damals auf den Gedanken gekommen, daß dieses schöne Land zehn Jahre später schon nicht mehr »das unsre« sein könnte! – Lagerfeuer, Lieder, Geländeausflüge und das Auf-Fahrt-Gehen gehörten in jenen

Jahren vor dem Zweiten Weltkrieg zu den schönsten Jugenderlebnissen. Das Gefühl der Gemeinsamkeit bewirkte ein Empfinden der Stärke und des Stolzes. Wir meinten, ein Rädchen zu sein beim Aufbruch in eine neue, bessere Zeit, die uns am Horizont vorgezeichnet wurde. Wir schwangen auf der gleichen Wellenlänge einer idealistischen Einstellung, die Opfer- und Hingabebereitschaft förderte und das weitere Leben mitprägte. Ein gewaltiger Unterschied in der Grundeinstellung zur Haltung der Nachkriegsjugend (»Ohne mich!«) war vorhanden: Unser Herz hing nicht an materiellen Besitztümern. – Diese Einstellung war wohl auch Anlaß für mein instinkthaftes Handeln, als es einmal in unserem Hause brannte und die Familie schnell mit dem Wichtigsten die Wohnung verlassen mußte. Was ergriff ich, um es zu retten? Meine Büchertasche mit den geistigen Gütern! Die materiellen Dinge in meinem Zimmer ließ ich unbeachtet.

In der Bayerischen Verfassung von 1946 findet sich unter dem Stichwort Bildungsziele der Passus: »Hilfsbereitschaft und Aufgeschlossenheit für alles Wahre, Gute und Schöne.« Die Begeisterung der Jugend für das Wahre und Schöne, für hehre Ideale statt schnöder materieller Interessen, wie sie vom NS-Staat propagiert wurde, schlug auch uns Jugendliche im Dritten Reich in ihren Bann. Leitsätze über das Wahre und Edle wurden uns als sinngebende Wahlsprüche für das Leben mitgegeben – wie der von Walter Flex: »Rein bleiben und reif werden, das ist schönste und schwerste Lebenskunst.« Das Idealbild der Tugenden war gut. Was nicht gut war, erfuhr ich erst nach dem Krieg. Das waren die Staatsführer, die der Jugend ideale Ziele vorsetzten, aber die Jugend für andere Zwecke mißbrauchten und die Tugenden pervertierten. Das aber merkten wir Pimpfe in den Jahren 1933 bis 1939 noch nicht.

Unverdächtige Zeugen für diese meine These von den mißbrauchten Idealen der Vorkriegsjugend sind die Geschwister Scholl, die sich 1933 für Hitler begeistern ließen. Die beiden älteren wurden 1943 wegen Widerstandes gegen Hitler hingerichtet. Die überlebende Inge schreibt folgendes über ihre damalige Einstellung:

»Jetzt wurde das Vaterland groß und leuchtend an den Himmel geschrieben. Und Hitler, so hörten wir überall, wolle diesem Vaterland zu Größe, Glück und Wohlstand verhelfen ... Wir fanden das gut. Aber noch etwas anderes kam hinzu, das uns mit geheimnisvoller Macht anzog und mitriß: die kompakten marschierenden Kolonnen der Jugend mit ihren wehenden Fahnen, den vorwärtsgerichteten Augen und dem Trommelschlag und Gesang. War das nicht etwas Überwältigendes, diese Gemeinschaft? – So war es kein Wunder, daß wir alle – Hans, Sophie und wir anderen – uns in die Hitler-Jugend einreihten. Wir waren mit Leib und Seele dabei.«

Bis 1936 war der Beitritt zur HJ noch freiwillig. Dann wurde per Gesetz vom 1.12.1936 bestimmt:
§ 1 Die gesamte deutsche Jugend innerhalb des Reichsgebietes ist in der Hitler-Jugend zusammengefaßt.
§ 2 Die gesamte deutsche Jugend ist außer in Elternhaus und Schule in der Hitler-Jugend körperlich, geistig und sittlich im Geiste des Nationalsozialismus zum Dienst am Volk und zur Volksgemeinschaft zu erziehen ...
Im Rahmen des gesamten Erziehungskonzeptes spielte die Leibeserziehung eine große Rolle. Schon in seinem Buch »Mein Kampf« hatte Hitler eindeutige Stellung zu Erziehungsgrundsätzen bezogen: »Der völkische Staat hat seine gesamte Erziehungsarbeit in erster Linie nicht auf das Einpumpen bloßen Wissens einzustellen, sondern auf das Heranzüchten kerngesunder Körper. Erst in zweiter Linie kommt dann die Ausbildung der geistigen Fähigkeiten.« Diese Einstellung brachte in den Gymnasien die Aufstockung von zwei auf drei Wochenstunden »Turnen« in allen Klassen, wozu noch Spielstunden kamen. Zusätzlich waren wir mit dem Jungvolk und der HJ noch wenigstens einmal pro Woche auf den Übungsstätten. Meiner Neigung entsprach die Bewertung des Sports durchaus. Meine Schwerpunkte waren dabei Leichtathletik und Handballspiel. Zum frühestmöglichen Zeitpunkt erwarb ich das Jugend- sowie das Sportabzeichen (in Bronze). Am meisten stolz war ich jedoch auf mein HJ-Leistungsabzeichen in Gold, weil es größere und vielseitigere Leistungen forderte, die nur wenige meiner Altersgenossen in Köslin schafften. Beispielsweise gehörte auch das Keulenwerfen (= Handgranaten) mit einer Mindestweite von 60 Metern dazu. Natürlich war gera-

de diese Übung unter dem Wehrsportaspekt eingeführt worden. Aber mir machte sie Spaß, weil ich einer der besten Werfer war. Die Wurfkraft machte mich auch zum guten Handballspieler. Mir reichte es nicht aus, in der Schule oder bei der HJ zu trainieren. Ich suchte den kämpferischen Vereinssport. So wurde ich über den »Kösliner Gymnasiasten-Sportverein« (KGS) Mitglied bei »Preußen Köslin«. Die erste Mannschaft dieses Vereins spielte auf Verbandsebene überall in Hinterpommern. Damit ich schon mit 17 Jahren in dieser Verbandsmannschaft spielen durfte (als halblinker Stürmer), brauchte ich die schriftliche Erlaubnis meines Vaters. Sie von einem Turnlehrervater zu bekommen, war natürlich kein Problem. So spielte ich sonntags in Stargard, Stolp oder auch auf Kasernensportplätzen, wenn ein Polizei- oder Wehrmachtsportverein in unsere Liga aufgestiegen war. – Bleibt noch zu erwähnen, daß wir bis in die Nachkriegsjahre hinein nur den Feldhandball kannten, der auf Feldern der gleichen Längen- und Breitenabmessungen wie Fußballplätze ausgetragen wurde, allerdings nur zweimal 30 Minuten.

Nachdem Partei und Staat seit dem Sommer 1934 praktisch ein- und dieselbe Institution geworden waren, weil die NSDAP alle staatlichen Einrichtungen usurpiert hatte, waren auch die Schulen ein Instrument der Partei geworden. Sie waren laut Kultusministerium in Berlin verpflichtet, in ihren Jahresberichten über Mitgliedschaften der jeweiligen Schüler(innen) einer Schule in der HJ zu berichten. Das Bugenhagen-Gymnasium in Treptow konnte schon im Frühjahr 1936 feststellen: »Die Schülerschaft ist jetzt hundertprozentig in den nationalsozialistischen Jugendverbänden vereinigt. Aus diesem Grunde wurde der Schule auf ihren Antrag vom Herrn Gebietsführer der Hitler-Jugend (Anm.: Er war für ganz Pommern zuständig) das Recht verliehen, die Hitler-Jugend-Fahne hissen zu dürfen.«

Ab Jahresbericht 1939/40 wurde der Fragebogen für die Gymnasien (damals Oberschulen genannt) mit einer eigenen Spalte erweitert, in die – nach Klassen aufgeschlüsselt – die Mitgliedszahlen für Jungvolk/Jungmädel sowie für HJ/BDM aufgenommen werden mußten. Von den drei Kösliner Oberschulen konnte 1939 nur die NPEA eine hundertprozentige Mitgliedschaft vermelden. In meiner waren neun von 417 Schülern keine Mitglieder.

An einigen organisatorischen Veränderungen merkten auch wir Schüler den Zugriff des NS-Staates auf die Institution Schule. Am meisten ärgerte ich mich im Schuljahr 1934/35 – ich hatte mir gerade die neue blaue Schülermütze des Kösliner Gymnasiums gekauft – über das Verbot des Schülermützentragens; »weil es in der deutschen Volksgemeinschaft keine Klassenunterschiede mehr« geben dürfe, lautete die Begründung. Es lebe die sozialistische Gleichmacherei! war die Losung, die mir schon mit 12, 13 Jahren nicht schmeckte. Fortan blieb mir in der Vorkriegszeit nur das Jungvolk-Käppi. Das war wohl die hintergründige Absicht des Ausschaltens von Schülermützen. Alle sollten das gleiche Käppi tragen.

Nach Hitlers »Machtergreifung« (30.1.1933) wurden wir permanent mit Propagandafilmen berieselt, die von der ganzen Schule in einem Kino für zehn Pfennige pro Person angesehen wurden. Dazu zählten die ungemein wirkungsvollen Jubelstreifen über die Reichsparteitage in Nürnberg (1933 betitelt »Sieg des Glaubens«, 1934 »Triumph des Willens«) oder Filme über ermordete SA- und HJ-Führer, so über Horst Wessel oder den »Hitlerjungen Quex«. Die Handlung in dem idealisierten Film hatte ich bald vergessen; haften blieb das Filmlied, das in allen Jugendorganisationen fortan gesungen wurde: »Mögen wir auch untergehen, Deutschland, du wirst leuchtend stehen!« Das Pathos des Erhabenen hatte mit Bild und Ton auch meine Seele ergriffen.
Eine neue Beeinflussungsform waren die für die ganze Schule verordneten Gemeinschaftsempfänge von Radiosendungen in der Aula, wenn Hitler oder Goebbels Reden hielten. Nicht das gelesene, sondern das gesprochene Wort, begleitet von den stimulierenden Heil-Rufen der Zuhörer, sollte auf uns wirken.
Eine Fülle von Feiern und Feierstunden mußten die Schulen einrichten – im Januar 1935 allein drei »stimmungsvoll ausgestaltete nationale Feiertage«, wie die Formulierung im Jahresbericht lautete. Gemeint war
der 15.1. als Saar-Feier aus Anlaß der Rückkehr des Saarlandes zum Deutschen Reich nach einer Volksabstimmung;
der 18.1. als Reichsgründungstag (1871);
der 30.1. als »Tag der nationalen Wiedergeburt« (30.1.1933).

Auch bei Außenveranstaltungen mußte die Schule in den ersten drei Jahren geschlossen mitmachen. So beteiligte sie sich am 30.1.1934 abends an einem Fackelzug durch die Stadt, nahm am 1.5. am »Tag der Arbeit«, wie der 1. Mai damals genannt wurde, geschlossen teil, bot selbst »turnerische und gesangliche Vorführungen« an, um anschließend gemeinschaftlich Hitlers Rede zu lauschen. Selbst der von der NSDAP und der HJ initiierten Sonnwendfeier am 26.6.1934 – mit den entsprechenden ketzerischen Reden – konnte sie sich nicht entziehen.

Für uns Steppkes waren diese Gemeinschaftsveranstaltungen herrliche Unterbrechungen des Schulalltages, wobei wir natürlich nicht die hintergründige Absicht der Beeinflussungstaktik erkannten.

Voller Begeisterung nahmen wir auch zwei andere organisatorische Maßnahmen hin. Das war zum einen die Einführung des Staatsjugendtages anno 1934, weil er (bis zur Aufhebung 1936) eine Stunde Unterrichtskürzung zugunsten eines gemeinschaftlichen Schulwandertages am zweiten Sonnabend des zweiten Vierteljahresmonats einbrachte. Der Sinn dieses Gemeinschaftsunternehmens Schulwandertag war (im Gegensatz zu heute) ideologisch begründet: Die Schule sollte als »Betriebsgemeinschaft« vorgeführt werden.

Zum anderen wurde die Reduzierung der gymnasialen Schulzeit um ein Jahr auf insgesamt acht Jahre verfügt. Diese Regelung trat 1937 in Kraft, so daß im Frühjahr gleich zwei Jahrgangsstufen das Gymnasium verließen (die Unterprima mit einem Notabitur). Der Zusammenhang von Schulzeitkürzung mit gestiegenem Bedarf an Offiziersanwärtern infolge der Wiedereinführung der allgemeinen Wehrpflicht (16.3.1935) war für jedermann offenkundig. Die Freude der vom Notabitur 1937 Betroffenen entpuppte sich zwei Jahre später als Trug, denn zur Entlassung aus der Wehrmacht kamen sie großenteils nicht, weil der anstehende Krieg dies nicht zuließ. So hat der Abiturjahrgang 1937 die längsten Wehrpflichtzeiten seit Generationen auf sich nehmen müssen (mindestens acht Jahre – bis 1945).

Schließlich wurde ich noch von einer weiteren organisatorischen Veränderung betroffen, die unter dem Erlaß-Titel »Vereinheitlichung des höheren Schulwcscns« (20.4.1936) lief. Im Schuljahr

1937/38 wurde mein Jahrgang unter Überspringen der Untersekunda (zehnte Klasse) in die Oberstufe, also Obersekunda (elfte Klasse), überführt. Diese Maßnahme, eine Folgeerscheinung der Schulzeitverkürzung, bedeutete, daß der Stoff der beiden Sekunden »im ersten Jahr der Oberstufe zusammenzufassen« sei. Damals schluckten Lehrer wie Schüler derartige Bestimmungen kommentarlos. Der Vereinheitlichungserlaß brachte für mich eine weitere Entscheidungsnotwendigkeit. Ich mußte zwischen einem sprachlichen und einem mathematisch-naturwissenschaftlichen Zweig der »Oberschule für Jungen« wählen, wie unser gutes, ehrwürdiges Gymnasium nun vereinheitlicht hieß. Ohne Zögern entschied ich mich für den sprachlichen Schwerpunkt mit je vier Wochenstunden in Latein, Französisch und Griechisch, aber nur zwei Stunden in Mathematik sowie zusammen zwei Stunden in Physik und Chemie. Unsere andere Gruppe vernachlässigte die Sprachen (je zwei Stunden Latein und Französisch), hatte dafür aber vier Stunden Mathematik und je zwei Stunden Physik und Chemie. In allen anderen Fächern wurden wir im gemeinsamen Klassenverband unterrichtet: Religion eine Wochenstunde, Deutsch vier, Geschichte und Leibeserziehung je drei, Erdkunde, Biologie, Musik und Zeichnen je zwei. Das ergab für die letzten Klassen jeweils 35 bzw. 36 Wochenstunden. In einer Fünftagewoche wie heute wäre diese große Zahl nicht unterzubringen gewesen.

Von den 18 Schülern meiner Klasse hatten sich nur fünf für den sprachlichen Zweig gemeldet. Außer mir waren dies Ernst Moritz Arndt, Wolfgang Klawonn, Egon Rummler und Eberhard Schweder. Im letzten Schuljahr 1939/40 stieß noch Ulrich Märzke (genannt Jonny) hinzu, der aus Belgard täglich mit dem Zug her-überkam, weil er an seinem Wohnort, wohin der Vater aus beruflichen Gründen verzogen war, keinen Anschluß in der Fächerkombination fand. Wir sechs Primaner »hausten« in unseren Fächern in einem Mini-Klassenzimmer im ausgebauten Dachgeschoß. In den Pausen kam keine Lehreraufsicht zu uns. So hatten wir genügend Muße, uns dort oben auf die nächste Unterrichtsstunde gemeinsam vorzubereiten oder den neuesten Stadtklatsch auszutauschen. Wir führten eine gute Kameradschaft.

Aus dem allgemeinen Verhalten unserer Lehrer im Unterricht konnte man gelegentlich auf deren Einstellung zum NS-Staat schließen. Die meisten waren um Loyalität und politische Neutralität bemüht. Das war bei der feierlichen Zeremonie erkennbar, wenn am Ende und Anfang eines Schuljahres die Klassen geschlossen vor das Schulgebäude zur Flaggenhissung oder -einholung der schwarzweißroten Staats- sowie der Hakenkreuzfahne marschierten. Dann mußte der völlig unpolitische Oberstudiendirektor Lothar Hultzsch eine Rede halten, und wir hatten anschließend alle gemeinsam das Deutschland- sowie das Horst-Wessel-Lied zu singen. Bei diesem Vorgang verzog sich keine Miene unseres Chefs wie unserer Lehrer. Man wußte nicht, wie sie die von oben befohlene Schaudemonstration bewerteten. – Direkte feindselige Äußerungen habe ich nie wahrgenommen. Aber wenn manche das Klassenzimmer mit einem vielsagenden Lächeln bei ihrem schlappen Hitlergruß betraten oder die rechte Hand nur andeutungsweise mit »Hei tler« (statt Heil Hitler) hochhoben, dann verstanden wir solche Gesten als innere Ablehnung und respektierten sie. Daß jemand unsere Lehrer wegen anrüchiger Verneinung des NS-Staates verraten hätte, ist mir – solange ich an der Schule war – nicht bekannt. Während des Krieges scheint sich das geändert zu haben.

Einer von ihnen – Erdkunde- und Französischlehrer Rudolf Brehmer – verstand es meisterhaft, die vom NS-Regime gepriesene Größe des Hitlerstaates zu relativieren. Als z. B. die Autobahn von Berlin nach Stettin mit überschäumendem Loblied auf Hitler, den angeblichen Erfinder der schnellen Straße, eingeweiht worden war, kam Brehmer in die nächste Unterrichtsstunde mit Fotografien von den amerikanischen Autobahnen. So erfuhren wir, daß längst vor Hitler in den USA das bewunderte Autostraßensystem gebaut worden war. Oder wenn wieder einmal ein gigantisches Bauwerk in Deutschland errichtet worden war – mit dem propagandistischen Hinweis, daß dies einzigartig in der Welt und Hitler zu verdanken sei –, informierte Brehmer uns, daß seit 1931 das attraktivste und mit 318 Metern höchste Bauwerk der Welt das Empire State Building in New York sei. Dabei fiel keine Bemerkung über die irreführende NS-Propaganda. Aber wir verstanden, was Prüter zum Ausdruck bringen wollte. So nannten wir ihn, den aus Thüringen stammenden Junggesellen, weil er – wie alle Thüringer und Franken – bestimmte Konsonanten falsch aussprach und statt »Ihr Brüder!« »Ihr Prüter!« schimpfte, was uns zum Lachen, ihn aber zum Zorn reizte.

In den Fächern Geschichte, Deutsch, aber auch in Biologie, Latein und Religionslehre war der NS-Geist spürbar – nämlich in der schriftlichen Aufgabenstellung und in bestimmter einseitiger Darstellung. In Latein beispielsweise wurde lang und breit Tacitus mit seinem Loblied auf das Eheleben der Germanen, speziell auf die Keuschheit der Frau interpretiert. In Biologie maßen wir gegenseitig den Umfang unserer Schädel und fühlten uns als Germanenabkömmlinge bestätigt, wenn wir statt eines Rundkopfes einen Langschädel herausbrachten. Er galt als Nachweis der nordischen Rasse. Daß es nicht auf die äußere Form des Schädels, sondern auf dessen Inhalt ankommt – diese Erkenntnis wurde aus ideologischen Gründen unterdrückt. – Im Fach Geschichte wurden wir angehalten, die deutsche Geschichte mit dem »Auge des Blutes« zu sehen. Das hieß dann, daß wir Alfred Rosenbergs These von Karl dem Sachsenschlächter statt dem Großen vorgesetzt bekamen, weil er die Sachsen, das germanische Mustervolk, gewaltsam zum Christentum bekehrt hatte. Auch der Drang der Germanen sowie der Kaiser im Hochmittelalter nach Italien wurde als verfehlt dargestellt, weil die Deutschen dadurch den Blick nach Osten verloren hätten. – Im Deutschunterricht kam es ebenfalls zur ideologischen Verklärung des Germanentums. Dichtungen wie die Edda, das Nibelungen- und das Hildebrandslied bekamen plötzlich eine dominierende Rolle zugewiesen, weil sie als Ausdruck vorbildlicher Wertehaltungen unserer germanischen Vorfahren proklamiert wurden. Selbst Goethe wurde in schriftlichen Interpretationen (allerdings nicht von seiten unserer Lehrer in Köslin) »als Wissenschaftler von nordisch-germanischer Natur« verfälscht. In seinen »Wanderjahren« habe er den »Plan eines modernen Arbeitsstaates im Sinne eines deutschen Sozialismus« entwickelt. Sein ewiger Sucher und Forscher Faust müsse als Sinnbild germanischen Wesens begriffen werden.

Aufschlußreich sind natürlich die Prüfungsaufgaben und Aufsatzthemen, die in den Oberklassen gestellt wurden – vor allem in Deutsch und Geschichte. Mein Abiturjahrgang in Köslin

(1939/40) mußte jeweils eines der folgenden Themen bearbeiten:
In Deutsch:
1. Fausts Verhältnis zu Gott
2. Der Euphorion der Faustdichtung und das Persönlichkeitsideal der nationalsozialistischen Jugend
3. Innere und äußere Front: Von der Art und dem Sinn des Einsatzes eines kämpfenden Volkes.

In Geschichte:
1. Zweimal englische Einkreisungspolitik gegen Deutschland
2. Ursprung, Weg und Ende des letzten polnischen Staates
3. Die Punkte 1 und 2 des nationalsozialistischen Parteiprogrammes als Grundlage der deutschen Außenpolitik seit 1933.
(Anm.: Die Punkte enthalten die Forderung nach dem »Zusammenschluß aller Deutschen aufgrund des Selbstbestimmungsrechtes der Völker zu einem Groß-Deutschland« sowie »die Gleichberechtigung des deutschen Volkes« und »Aufhebung der Friedensverträge von Versailles und St. Germain«.)

Unter den Aufsatzthemen der Abiturklassen in Köslin fanden sich Aufgaben wie diese:
– Albrecht von Wallenstein und Hitler – ein Vergleich
– Ist Wallenstein in Schillers Trilogie eine Führerpersönlichkeit?
– Schillers »Räuber«, ein Bekenntnis auf die Kameradschaft
– Was ist Rasse?
– »Ich habe keinen Gedanken gelebt, der nicht in euren Herzen gelebt. Und ich forme Worte, so weiß ich keines, das nicht mit eurem Wollen eins« (Baldur von Schirach)
– »Wir wollen ein Geschlecht heranziehen, das stark ist, zuverlässig, treu, gehorsam und anständig« (Adolf Hitler)
– »Wer sein Volk liebt, beweist es einzig durch die Opfer, die er für dieses zu bringen bereit ist« (Adolf Hitler).

Man erkennt unschwer, daß derartige Themen nur bei vorangehender ideologischer Vorbetrachtung zu bearbeiten waren. Was konnte ein Schüler beispielsweise zur Frage »Was ist Rasse?« beisteuern, wenn er nicht erfahren hatte, daß bereits im 19. Jahrhundert der Begriff Rasse vom französischen Adligen Arthur Gobineau und der Begriff Arier von dem in England geborenen Houston Stewart Chamberlain geprägt worden war und daß Hitler diese Schlagworte mit doktrinärer Einseitigkeit verwendet hat-

te! Der Schüler mußte bei den entsprechenden Aufsatzthemen anführen, daß der Arier mit der Kennzeichnung der langen Kopfform die Eliterasse bilde und daß – nach Hitlers Dogma – der völkische Nationalstaat Deutschland die Arierherrschaft zur Grundlage gemacht habe. Dem Schüler wurde eingetrichtert, daß nach des Führers Erkenntnis »die Deutschen« von den Germanen abstammten, die eben die Arier-Eliterasse gebildet hätten. Somit wurde dem jungen Menschen ein Idealbild des Germanen vorgezeichnet. Dieser wurde wegen seiner Einstellung zu Familie und Sitte, zu gemeinschaftlicher Ordnung und Führertum als beispielhaftes Vorbild gepriesen, dem der junge Deutsche nacheifern müsse. Unsere Aufsätze müssen, wenn man die Aufgabenstellungen »richtig« beantworten wollte, vor Germanen-Ideologie nur so getrieft haben! Ob man aber die Wirkung einer Erziehung zum Erhabenen, zu »heldischer Opferbereitschaft«, zu »germanischer Treue« – und wie die Schlagworte alle hießen – auf uns enthusiastisch-verführbare Jugendliche noch 50 Jahre später nachempfinden kann? Bis 1939 hatten Partei, HJ, Schule, Presse und Rundfunk die Jugend im Gleichklang auf Kampf- und Opferbereitschaft eingestimmt. Gegenteilige Mahnungen und Warnungen gab es nicht. So meldeten sich von uns 18 Schülern aus der Abiturklasse bei Kriegsausbruch im September 1939 16 freiwillig zur Wehrmacht. Zugegeben: auch ein bißchen unter dem Aspekt, daß man als Freiwilliger das Reifezeugnis vorzeitig erhalten werde.
Was die Bewertung des Gymnasiums als schulischer Leistungsträger im NS-Staat betrifft, war selbst für Heranwachsende spürbar, daß sich etwa seit 1936 das Koordinatensystem in der Gesellschaft verschoben hatte. Warum das geschah, hätte man in Hitlers »Mein Kampf« nachlesen können, in dem er den Anspruch des Individuums auf bestmögliche Ausbildung dem Anspruch des Staates auf dessen Bedarfslage unterordnete. Wir kannten allerdings das Buch »Mein Kampf« überhaupt nicht – auch nicht wir Jungvolkführer. Aber in der Rückschau wird mir verständlich , daß die Bewertung schulischer Arbeit aus Hitlers »Mein Kampf« und dessen Anweisungen abzuleiten ist. Weil Hitler die Schule und die Schüler als Material für seine ideologisch bestimmten Zwecke verstand, wurde die Schulzeit des Gymnasiums gekürzt, wurden ehemalige Offiziere aus dem Lehrerstand ohne Rücksicht auf die

Unterrichtssituation seit Frühjahr 1939 zum Militär eingezogen, wurden Schüler zur Ernte von Roßkastanien, Kartoffeln und Getreide während der Schulzeit abgeordnet (auch schon vor Kriegsausbruch) und Schulturnhallen (wie die meines Kösliner Gymnasiums) seit Ende 1938 als Getreidelager entfremdet.
Als Jungvolkführer spürte ich, daß die NS-Regierung die Schule ab- und die Jugendführertätigkeit aufwertete. Infolgedessen erfüllte ich lieber meine Pflichten im Jungvolk als in der Schule. Daß diese Einstellung mir eines Tages beim Studium schaden könnte, ahnte ich zwar, verschob aber die Ansprüche an meine Anstrengungen auf eine unbestimmte Zukunft. Irgendwie würde ich schon weiterkommen. Diese Haltung hat mich auch den Krieg bestehen lassen. Aber bei Beginn des Studiums 1945/46 stellte ich selbst die Wissenslücken fest. Prof. Dr. Hans Joachim Schoeps, einer meiner Erlanger Lehrer, der als jüdischer Emigrant aus dem schwedischen Exil zu uns gestoßen war, hat die Lage meiner Generation so erlebt: »Ich kann nur sagen, daß diese angeblich verlorene Generation, vor der das Ausland solche Angst hatte, die weitaus beste und geistig meistbewegte Studentengeneration gewesen ist, die ich kennengelernt habe.«
Wir einstigen Jugendlichen im Dritten Reich mögen gute Jungvolk- und HJ-Führer und schlechte Gymnasiasten gewesen sein. Aber wir hatten aus den bitteren Erfahrungen unserer besten Jugendjahre eben unsere Lektion gelernt – das hatte auch Schoeps erkannt.

Hitlers haßerfüllte Judenverfolgung gehört zu den schlimmsten Kapiteln des Nationalsozialismus. Allerdings wäre es völlig falsch, zu behaupten, das deutsche Volk habe Hitler in seiner Judenfeindlichkeit durch die Wahlen unterstützt. In meiner pommerschen Heimat spielte dieses Thema jedenfalls keine Rolle in der politischen Diskussion. Freilich hatten vor 1933 antijüdische Parolen der Nazis und des von Julius Streicher herausgegebenen Hetzblattes »Der Stürmer« in den Kreisen ihre Wirkung nicht verfehlt, die von der wirtschaftlichen Not besonders betroffen waren und sich daher von Hitlers Hetze gegen die Juden verführen ließen, weil diese an allem schuld seien. Doch das war nur eine kleine Minderheit. Vor 1933 wurden die Juden in Deutschland

weder angepöbelt noch belästigt. Haßgefühle waren nicht vorhanden – zumindest nicht in meiner pommerschen Umgebung.
Ich selbst wurde am Sonnabend, dem 1.4.1933, erstmals mit der »Judenfrage« konfrontiert. Als ich in Treptow meinen üblichen Schulweg einschlug, entdeckte ich an der Marktecke zwei SA-Männer, die breitbeinig vor dem Eingang zum Kaufhaus Rewald standen und ein großes Schild mit der Aufschrift »Kauft nicht bei Juden!« trugen. Bis zu diesem Zeitpunkt war in unserer Familie kein Unterschied zwischen einem jüdischen und einem »arischen« Geschäftsinhaber gemacht worden. Wir wußten meistens gar nicht, welches Geschäft einen jüdischen Besitzer hatte. Nun wurden wir aufgefordert, uns »gegen die jüdische Greuelhetze im Ausland« mit dem Boykott jüdischer Geschäfte, Ärzte, Rechtsanwälte und anderer jüdischer Selbständiger zu solidarisieren. So begann die erste Phase der Judenverfolgung.
Vom Boykott jüdischer Mitschüler kann ich aus dieser Anfangsphase der Judenverfolgung nichts berichten. Sie waren in unseren hinterpommerschen Gymnasien eine verschwindende Minderheit. In Köslin saß in der Untertertia neben mir ein jüdischer Mitschüler, der kreuzbrave, überaus schulgewissenhafte Sohn eines Tabakgeschäftsinhabers. Daß er mal ohne schriftliche Hausaufgabe in die Schule gekommen wäre und vor dem Unterricht wie wir anderen von einem Kameraden abgeschrieben hätte, wäre ihm nicht im Traum eingefallen. Umgekehrt gehörte es auch für ihn zum Ehrenkodex, mir – dem Banknachbarn – eine Vokabel zuzuflüstern, auf die ich beim Abfragen nicht kam. Wegen seiner jüdischen Herkunft oder seines jüdischen Aussehens gab es nie Streit in der Klasse. Er war ein Klassenkamerad wie jeder andere. Eines Tages im Herbst 1935 blieb er dem Unterricht mehrere Tage ohne jede Entschuldigung fern. Als nach dem Grund geforscht wurde, stellte sich heraus, daß die Eltern mit ihm das Weite gesucht hatten.
Wahrscheinlich hatten die Nürnberger Gesetze (15.9.1935) den Anlaß zum Verschwinden gegeben. Sie legten fest, daß »Reichsbürger nur der Staatsangehörige deutschen und artverwandten Blutes« sein könne und Eheschließungen zwischen Juden und deutschen Staatsangehörigen verboten seien. Die Eltern meines Schulkameraden hatten wohl geahnt, daß mit dieser zweiten Pha-

se im Vorgehen gegen die deutschen Juden der NS-Terror noch nicht seinen Höhepunkt erreicht hatte. Ihre gelungene Flucht bewahrte sie vor schlimmerer Verfolgung. Sie gehörten zu den etwa 250 000 Juden, denen bis 1939 die Ausreise gelang, während vermutlich 350 000 noch bei Kriegsausbruch in Deutschland gelebt (besser: vegetiert) haben dürften.

Im Zusammenhang mit der rechtlichen Diskriminierung der Juden durch die Nürnberger Gesetze stand die Ankündigung des Reichserziehungsministers Rust, »vom Schuljahr 1936 ab für die reichsangehörigen Schüler aller Schularten eine möglichst vollständige Rassentrennung durchzuführen«. Fortan enthielten die »Fragebogen für höhere Schulen« eine eigene statistische Spalte, in die je Klasse die Zahl der deutschen, der jüdisch-mischblütigen und der jüdischen Schüler einzutragen war.

In meinem Kösliner Gymnasium wies die Statistik im Frühjahr 1939 keinen jüdischen, aber noch zwei jüdisch-mischblütige Mitschüler aus. Das waren die Gebrüder Schwartze, beide von »nordischer« Erscheinung mit blauen Augen und hellen Haaren, obwohl die Mutter eine (Halb-?)Jüdin mit dunklem Teint war. Der eine bat mich eines Tages, in mein Jungvolk-Fähnlein aufgenommen zu werden. Er wolle genauso wie die Gleichaltrigen an unserem jugendlichen Treiben teilhaben. Ich gab ihm recht und setzte mich bei der Geschäftsstelle des Bannführers für sein Gesuch ein. Vergeblich, die Antwort lautete schlicht: Jüdische Mischlinge haben in unseren Reihen nichts verloren! – Zu meiner freudigen Überraschung erfuhr ich von Schulkameraden, daß Heinz, der eine von den beiden, nicht nur den Krieg mit falschem Paß überstanden hat, sondern sogar in den Offiziersrang aufgestiegen und nach dem Krieg Universitätsprofessor in Gießen gewesen sein soll.

Die Steigerung der Judenverfolgung in der dritten Phase zwischen 1938 und 1941 erlebte ich hautnah in Köslin. Mein Vater – inzwischen zum SA-Sturmführer aufgerückt – hatte die Auszeichnung erhalten, am 9.11.1938 in München an der Erinnerungsfeier für den gescheiterten Hitler-Putsch von 1923 teilnehmen zu dürfen. Als wir schon fest schliefen, wurde ich plötzlich geweckt, weil etwas an die Scheiben des elterlichen Schlafzimmerfensters flog. Mutter schlich vorsichtig ans Fenster und entdeckte im Dunkeln des Gartenhofes in der Danziger Straße eine Frau. Als sie ein wenig geöffnet hatte, bat die dunkle Frauengestalt: »Kann ich mal Ihren Mann sprechen? – Es ist dringend!« Es war die Frau des in der Nähe in einer Dienstwohnung lebenden SA-Standartenführers, der gleichfalls nach München gefahren war. Eilig entfernte sie sich mit vielen Entschuldigungen, nachdem sie von Vaters Abwesenheit erfahren hatte. Wir konnten uns keinen Reim auf diesen Vorfall machen, denn vergleichbare Besuche des Standartenführers oder seiner Frau hatten wir bisher noch nie gehabt – auch nicht tagsüber –, und legten uns wieder zum Schlafen nieder.

Als ich am nächsten Morgen unser Klassenzimmer im Dachgeschoß betrat, von wo man weit über den »Schwarzen Berg« hinwegschauen konnte, standen schon zwei Kameraden am Fenster und deuteten auf den Qualm, der von der eingeäscherten jüdischen Friedhofskapelle hochstieg. Ein anderer Kamerad berichtete, daß er beim üblichen Schulweg über den Wall von der Synagoge nur noch eine rauchende Trümmerstätte gesehen habe. So nach und nach erfuhren wir, was die gelenkte Propaganda uns meldete: Weil in Paris der deutsche Botschaftsangehörige vom Rath von einem Juden erschossen worden war, habe sich der Zorn der deutschen Bevölkerung »spontan« in der Nacht vom 9. zum 10. November 1938 gegen Synagogen und jüdische Wohnungen gerichtet.

Jetzt wußten Mutter und ich, warum die Frau des Standartenführers uns geweckt hatte. Sie wollte offenbar die von Goebbels der SA verordnete »Volks-Spontaneität« an Vater weitergeben. Wie froh waren wir, daß er nicht zu Hause gewesen war und den teuflischen Befehl nicht zu empfangen brauchte. Aber wie entsetzt waren wir, als allmählich durchsickerte, was sonst noch im ganzen Reichsgebiet in dieser »Reichskristallnacht« geschehen war. In unser Mitempfinden den Verfolgten der Kristallnacht gegenüber mischte sich zugleich auch Furcht, daß noch weitere Befehle gegen »Staatsfeinde« ergehen könnten.

Daß die November-Aktion nicht den Schlußstrich unter die Judenverfolgung darstellte, entnahmen wir den Meldungen in unserer Kösliner Heimatzeitung vom Frühjahr 1939, die folgendes beinhalteten:

- In einigen »Fällen mußte mit empfindlichen Strafen gegen Juden eingeschritten werden, die entgegen der Verordnung Namensunterschriften ohne den zusätzlichen Namen Israel gegeben hatten« (also: Siegfried Adler statt Siegfried Israel Adler).
- »Die Große Strafkammer des Kösliner Landgerichtes hatte sich mit zwei Fällen von Rassenschande zu beschäftigen.« Der Grund: »Deutschblütige Männer« hätten sich mit einer Jüdin eingelassen. Deswegen wurden sie zu einem Jahr bzw. sieben Monaten Gefängnis verurteilt. (!)
- »Juden müssen alle Edelmetalle und die Juwelen sofort abliefern.«

Die letzte Phase der Judenverfolgung leitete Hitler mit der Polizeiverordnung vom 1.9.1941 ein, nach der alle Juden den Judenstern auf der Kleidung tragen mußten. Sie endete mit der sogenannten Endlösung, mit Konzentrationslagern und Massenmord.
Aber Hitlers Machthunger war innenpolitisch mit der »Endlösung der Judenfrage« nicht gestillt. Ohne Zweifel steht heute fest, daß er ab 1933 auch die beiden Kirchen »gleichschalten«, das heißt sie in den Dienst des Staates stellen wollte. Das hinderte ihn allerdings nicht daran, schon 1933 mit dem Vatikan das Reichskonkordat abzuschließen und der katholischen Kirche Zugeständnisse zu machen.
Trotz der scheinbaren Neutralität des NS-Staates der Kirche gegenüber ging die durch das Propagandaministerium ferngesteuerte Presse daran, bisweilen gegen die katholische Kirche und ihre Repräsentanten bewußt Stimmung zu erzeugen. Das beweisen unter anderem die folgenden Schlagzeilen in der Kösliner Zeitung vom Monat Mai des Jahres 1937:
»Klosterbruder vergeht sich an Tippelbrüdern. Deutsche Jugend wird in einer Klosterschule mißbraucht.« (7.5.)
»Schandtaten eines katholischen Pfarrers« (Aus einem Prozeß vor dem Trierer Landgericht) (8.5.)
»Zeugenvernehmung des Bischofs von Trier – Der Bischof gibt das lasterhafte Treiben in Klöstern zu« (9.5.)
»Erziehung im Religionsunterricht – Katholischer Geistlicher vergeht sich an jugendlichen Mädchen« (12.5.)
»Unglaubliche Verbrechen eines katholischen Priesters in Ostpreußen« (13.5.)

»Liebeswerben im Beichtstuhl – Katholischer Geistlicher vergeht sich an Minderjährigen« (Freiburger Bereich) (16.5.)
»Jesuitenpater fälschte Kirchenpapiere« (30.5.)
Gegen dieses Zerrbild der angeblichen »Verkommenheit« wurde dann Goebbels aus einer Rundfunkrede mit großen Lettern zitiert: »Wir wollen Sauberkeit, nicht Scheinheiligkeit« – »Regierung und Volk dulden keine Sittenlosigkeit und keine Gesetzesübertretung« (29.5.). – Die von Goebbels veranlaßte Taktik der Nadelstiche mit aufgebauschten Sittlichkeitsskandalen verfolgte die Absicht, die Integrität der katholischen Kirche zu verleumden und deren Priester zu Kriminellen abzustempeln. So konnte auf die Dauer die Macht der katholischen Kirche im Ansehen des Volkes untergraben werden – das erwarteten Hitler und Goebbels.
Die antikirchliche Hetze nahm im Frühjahr 1939 spontan ab, weil zur erwarteten außenpolitischen Konfrontation keine zusätzlichen innenpolitischen Komplikationen erzeugt werden sollten. Hitler sprach nun öfter vom Allmächtigen und von der Vorsehung. Mit solchen verschwommenen Schlagworten wollte er eine Religiosität vortäuschen und Partnerschaft mit den Kirchen anbieten.
In Köslin selbst gab es vor dem Zweiten Weltkrieg nur etwa 500 Katholiken (rund 1,5 Prozent der Einwohner). Im Landkreis lebten etwa 300. Katholiken waren also in Hinterpommern in einer Diaspora, wobei Köslin als Sitz eines Regierungsbezirkes und überregionaler Einrichtungen seit etwa 1825 prozentual mehr Katholiken auswies als andere Städte. Ein eigenes Gotteshaus hatten sie sich seit 1870 mit der St.-Josephs-Kirche in der Schulstraße in neugotischem Stil geschaffen. Sie ist 1945 stehengeblieben.
Auffallend war, daß die pommerschen Katholiken vor dem Krieg in der Presse in Ruhe gelassen wurden. Man suchte nach Anstößigem außerhalb Pommerns, offenbar weil sich solche Vorgänge der Nachprüfung entzogen.
Zum Verständnis der Entwicklung der evangelischen Kirche in Pommern muß man wissen, daß deren Grundströmung nach dem Ersten Weltkrieg durch die Begriffsinhalte patriotisch, national und antimarxistisch bestimmt war. Hiermit waren also Berührungspunkte mit Hitlers Forderung nach national betonter deutscher Kirchenorganisation gegeben. Am extremsten waren die Anhänger der Mathilde Ludendorff im Tannenbergbund vorge-

prescht. Seit 1930 entfalteten sie in Hinterpommern eine emsige Tätigkeit. In einer Versammlung in Köslin waren Forderungen und Vokabeln zu hören, über die man heute nur staunen kann, weil sie Begriffen der späteren Bewegung der »Deutschen Christen« weitgehend entsprachen. Laut Bericht der Kösliner Zeitung vom 16.1.1931 hat der referierende Gast-Pfarrer gesagt: »Die Deutschkirche fordert: Beachtung des Vererbungs- und Rassengedankens als heilige Pflicht für den deutschen Christen, Pflege des Familiengedankens, Gesundheitszeugnisse bei Eheschließungen. Kurz, ein neues Deutschtum, das fest im Volkstum verwurzelt ist, verbunden mit christlicher Frömmigkeit.« Zur Unterstreichung der Forderung nach einem evangelischen Volkschristentum zitierte der Redner die Verse des in Köslin geborenen Bogislav von Selchow:

> Ich bin geboren, deutsch zu fühlen,
> bin ganz auf deutsches Wesen eingestellt:
> erst kommt mein Volk und dann die anderen vielen,
> erst meine Heimat, dann die Welt.

Dies war der geistige Nährboden, der den Deutschen Christen (DC) 1932 bei den Kirchenwahlen in Pommern einen Stimmenanteil von 60 Prozent und 1933 bei der Wahl zur Landessynode 75 Prozent der Sitze bescherte. Gegen die Deutschen Christen bildete sich 1933/34 die »Bekennende Kirche«. Hitler nutzte die Spaltung. Er verfolgte dabei das Ziel, eine nationale Ausrichtung der evangelischen Kirche zu betreiben, die auch in der Organisation dem staatlichen Führerprinzip gleichgeschaltet sein sollte. So ernannte er den hörigen Pfarrer Ludwig Müller zum »Reichsbischof«. Dessen Programm sah folgendermaßen aus:

> »Wie jedem Volk, so hat auch unserem Volk der ewige Gott ein arteigenes Gesetz eingeschaffen. Es gewann Gestalt in dem Führer Adolf Hitler. Aus der Gemeinde Deutscher Christen soll im nationalsozialistischen Staat Adolf Hitlers die das ganze Volk umfassende Deutsche Christliche Nationalkirche erwachsen. Ein Volk! Ein Gott! Ein Reich! Eine Kirche!«

Die DC fanden in Pommerns Gemeinden manchen Widerhall. Der für die Belgarder Nachbarsynode zuständige Superintendent

Zitzke war einer der Wortführer. Aber in Köslin kam es schon 1933/34 zu scharfer Konfrontation, weil der amtierende Superintendent Onnasch die DC energisch bekämpfte und ihren Pfarrern die Kösliner Kanzeln verwehrte.

Diese spannungsgeladene Situation fanden wir vor, als wir im Frühjahr 1934 nach Köslin zogen. Unsere Familie mußte in dem Augenblick zwischen den beiden Fronten wählen, als ich zur Konfirmation gehen sollte. Meine Eltern orientierten sich an der Haltung des Superintendenten Zitzke, eines Verwandten der Grünhofer Tante Frida. So kam ich zu den Deutschen Christen in den Konfirmationsunterricht. Er wurde von dem auswärtigen Pastor Behrend im Gemeindehaus in der Husarenstraße erteilt, das von den Polen später als Theater genutzt wurde.

Konfirmandenunterricht im herkömmlichen Sinn habe ich bei den DC nicht erhalten. Denn vom Alten Testament erfuhren wir gar nichts. Die Begründung lautete: Das Alte Testament sei »alter Judenkram«. Auch das Neue Testament sowie Luthers Katechismus standen keineswegs im Mittelpunkt unserer Zusammenkünfte, sondern kirchliche Tagesaktualitäten. In meine Erinnerung hat sich meine damalige Verwunderung darüber eingegraben, daß wir viel zuviel Zeit für Arbeiten an einer Matrize aufwendeten, auf der wir Informationsblätter abziehen mußten.

Da die Vorbereitung auf ein Bekenntnis zu Jesus Christus aus Glaubensüberzeugung ziemlich oberflächlich war – dieses Empfinden hatte ich jedenfalls –, sah ich mit bangem Gefühl der von mir erwarteten Prüfung entgegen. Als sie zu meiner Verwunderung vor der Konfirmationsfeier ausblieb, hatte ich die naiv anmutende Furcht, daß der Pastor unsere Kenntnislosigkeit während der Feier bloßstellen könnte. Ängstlich begab ich mich daher, begleitet von den anderen Konfirmanden sowie meinen Eltern und Angehörigen, in die Aula der NPEA in der Danziger Straße. Denn eine Kösliner Pfarrkirche war den DC für ihre Konfirmationsfeier verweigert worden. Aber die Prüfung in Sachen Bibel- und Glaubensfestigkeit blieb auch hier aus.

Was mich als Vierzehnjährigen aus aktuellem Anlaß beschäftigte, war die Frage, warum ich nicht in Köslins würdiger Marienkirche eingesegnet werden durfte und warum die evangelischen Christen sich in zwei Lagern gegenüberstanden. Nach meiner Meinung – von den Eltern vorbestimmt – vertrat der Reichsbischof Müller die fortschrittliche Glaubensrichtung. Seine Gegner von der Bekennenden Kirche (BK) verfolgten demnach eine reaktionäre Linie.

So einfach war für mich Vierzehnjährigen die Situation. Mir fehlte eben der Einblick in die höchst bedenkliche Entwicklung für die evangelische Kirche in Deutschland nach Hitlers Machtübernahme. Bedenklich insofern, weil auch die Kirche gleichgeschaltet werden sollte. Als Trojanisches Pferd erwiesen sich dabei die Deutschen Christen, was ich damals noch nicht erkannte. Später wurde mir klar, was beispielsweise die Thüringer Entschließung von 13.11.1933 für Konsequenzen haben mußte, in der es hieß:

»Wir erwarten, daß unsere Landeskirche als eine deutsche Volkskirche sich frei macht von allem Undeutschen in Gottesdienst und Bekenntnis, insbesondere vom Alten Testament und seiner jüdischen Lohnmoral. Wir fordern, daß eine deutsche Volkskirche Ernst macht mit der Verkündung der von aller orientalischen Entstellung gereinigten schlichten Frohbotschaft und einer heldischen Jesusgestalt als Grundlage eines artgemäßen Christentums, in dem an die Stelle der zerbrechenden Knechtseele der stolze Mensch tritt, der sich als Gotteskind dem Göttlichen in sich und seinem Volk verpflichtet fühlt.«

Mit der christlichen Offenbarungsreligion, mit Jesus Christus, dem von Gott gesandten Erlöser des Menschen und seiner Heilsbotschaft, hatte die Christus-Interpretation der DC kaum noch etwas gemein. Man empfand es offenbar als Schmach, daß Jesus aus dem jüdischen Volk stammte. Daher forderte man die Berücksichtigung eines »artgemäßen Christentums« für das deutsche Volk, in dem der Führer gleichberechtigt neben Jesus Christus hochstilisiert wurde und der stolze deutsche Mensch nur noch zwei religiöse Verpflichtungen haben müsse, nämlich »dem Göttlichen in sich und seinem Volk« gegenüber. Die Bezeichnung »gottgläubig« als Glaubensbekenntnis meinte denn auch eher eine pantheistisch verbrämte Volksreligiosität als eine Offenbarungskonfession. Konsequenterweise traten auch die meisten »Gottgläubigen« aus ihrer Kirche aus. Beim Vergleich der Konfessionsangaben der Lehrer in den statistischen Übersichten der drei Kösliner Gymnasien im Jahre 1940 fällt auf, daß an der Oberschule für Jungen sich drei von 33, an der Oberschule für Mädchen zwei von 25 Lehrern als gottgläubig ausgaben, während es an der NPEA fast 50 Prozent taten, nämlich 17 von 36. Ein Hinweis, daß die Lehrerschaft der NPEA am stärksten von der nationalsozialistischen Weltanschauung erfaßt war.

Wer ein halbes Jahrhundert später nur ein Kopfschütteln über das religiöse Unverständnis der Deutschen Christen aufbringt, hat nicht erkannt, daß die geistige Stimmungslage im Jahre 1933 einen religiösen Neuanfang geradezu ersehnte und daß die öffentlichen Bekundungen und Gesten Hitlers in den ersten Monaten nach der Übernahme der Kanzlerschaft einen solchen Neubeginn zu verheißen schienen. Daß Hitlers Absicht jedoch darin bestand, die Grundfesten christlichen Glaubensgutes zu erschüttern, ahnten die Anhänger der DC nicht.

Es muß allerdings der evangelischen Geistlichkeit hoch angerechnet werden, daß sie schon 1933/34 in beträchtlicher Anzahl zu einer klaren Abgrenzung bereit war. Als erstes wurde Ende 1933 der Pfarrernotbund ins Leben gerufen, der davor warnte, »daß sich mit dem Bischofsamt (Anm.: des Reichsbischofs Müller) nicht ein unevangelischer Führer-Begriff bei uns einschleicht«. Dann formulierte die Synode in Barmen (29.–31.5.1934) eine scharfe Absage an die völkische Theologie der DC. Die in Barmen verabschiedeten Bekenntnissätze gegen die »Irrtümer der Deutschen Christen« hatte Karl Barth aus Basel (1886–1969) entworfen, der wohl bekannteste protestantische Theologe des 20. Jahrhunderts. Im Zentrum der »Barmer Erklärung« standen die Sätze: »Wir verwerfen die falsche Lehre, als könne und müsse die Kirche als Quelle ihrer Verkündigung außer und neben diesem einen Worte Gottes auch noch andere Ereignisse und Mächte, Gestalten und Wahrheiten als Gottes Offenbarung anerkennen. Wir verwerfen die falsche Lehre, als dürfe die Kirche die Gestalt ihrer Botschaft und ihrer Ordnung ihrem Belieben oder dem Wechsel der jeweils herrschenden weltanschaulichen und politischen Überzeugung überlassen.«

Die vom Pfarrernotbund und der Barmer Synode ausgehende »Bekennende Kirche« (BK) verstand sich vornehmlich als innerkirchliche Gegenbewegung zu den Deutschen Christen und (noch) nicht als politische Opposition zum NS-Staat. Somit war die Geistlichkeit der Lutheraner in zwei Lager gespalten. Eine weitere breite Schicht verhielt sich neutral, weil man durch die Konfrontation zwischen BK und DC eine Ausweitung der Auseinandersetzung zwischen Kirche und Staat befürchtete. Das war ein Gedanke, der die Lutheraner erschrecken ließ, weil sie seit vier Jahrhunderten in der Tradition des Gehorsams dem Staat gegenüber erzogen worden waren.

Sehr bald erkannte man allerdings, daß der vom NS-Staat geforderte Untertanengehorsam die Toleranzgrenze in Glaubens- und kirchlichen Verfahrensangelegenheiten überschritt. In Köslin machte diese Erfahrung als erster der Superintendent Onnasch. Weil er in der Marienkirche eine Erklärung des Pfarrernotbundes gegen Reichsbischof Müller verlesen hatte, wurde er vom NS-hörigen Stettiner Kirchenkonsistorium abgesetzt. Onnasch wehrte sich: »Mein oberster Führer ist nicht der Reichsbischof, sondern der Herr Christus.« Ein Jahr später – 1935 – wurde er zwar wieder als Superintendent eingesetzt, aber er wurde jetzt von der Gestapo überwacht, bedroht und vorübergehend inhaftiert. Ähnlich erging es anderen Pastoren der Bekennenden Kirche (BK) aus der Kösliner Umgebung ab 1937.

Auch das pommersche Predigerseminar der BK in Finkenwalde bei Stettin mußte 1937 aufgelöst werden. Bemerkenswert ist der Name des Seminarleiters von damals: Pastor Dietrich Bonhoeffer. Er wurde einige Zeit später zu einem zentralen Leitbild eines evangelischen Widerstandes gegen die NS-Diktatur. Im Gefolge des 20.7.1944 wurde er inhaftiert und am 9.4.1945 – kurz vor Kriegsende – im bayerischen Konzentrationslager Flossenbürg hingerichtet.

Auch Superintendent Onnasch endete auf tragische Weise. Ihm war ab Herbst 1941 Aufenthaltsverbot für Pommern von der Gestapo verhängt worden. In seinem Verbannungsort Berlinchen (Ostbrandenburg) wurde er nach der Eroberung des Städtchens von Sowjetsoldaten erschossen. Die Russen interessierte nicht, daß er zum Kösliner Widerstandssymbol gegen die Unterdrückung seiner Kirche geworden war. Er war Deutscher und somit für sie vogelfrei.

Sein Sohn Bernhard, mein Kösliner Schulkamerad, schrieb mir nach dem Krieg, daß Vater Onnasch – »ein bewußt nationaler Mann und ein guter Deutscher« – anläßlich einer Urlaubsreise im Jahre 1929 dem Parteitag der NSDAP in Nürnberg beigewohnt habe. Dabei hätten ihn die Andachten und Gottesdienste in den einzelnen Lagern so beeindruckt, daß er erwogen habe, Mitglied der NSDAP zu werden. Da er jedoch einer der wenigen deutschen Intellektuellen war, die in Hitlers »Mein Kampf« die negativen Äußerungen über das Christentum gelesen hatten, blieben ihm gewisse Bedenken. Sie verstärkten sich durch die Befürchtung, daß ein Pfarrer als Mitglied einer Partei nicht mehr Vertrauensperson für alle Gemeindemitglieder sein könne. Die Zuneigung des Superintendenten Onnasch zu Hitler vor 1933 infolge seiner deutschnationalen Gesinnung und die spätere Frontstellung gegen Hitler ab 1934 scheinen mir typisch für eine Vielzahl evangelischer Geistlicher zu sein.

Übrigens hatte nicht nur Superintendent Onnasch wegen seines Eintretens für die BK im Dritten Reich zu leiden. Im Jahre 1939 wurden seine drei Söhne vom Gymnasium verwiesen, weil sie den Standpunkt ihres Vaters vertraten. Bernhard konnte seiner Verfolgung durch eine Meldung als Kriegsfreiwilliger entgehen.

Nur am Rande bekam ich als Soldat im Feld mit, daß im August 1941 in Köslin ein kirchlicher Vorgang für starken öffentlichen Wirbel sorgte. Elf Kameraden meiner Schule hatten an Bibelstunden der BK teilgenommen. Diese waren nur erlaubt, wenn ein Pastor die Leitung übernommen hatte. Weil die Bibelstunden jedoch in private Wohnungen verlegt worden waren, galten sie als anrüchig. Außerdem hatten die Schüler Briefe religiösen Inhalts an Soldaten verschickt, die ehemals Schulkameraden gewesen waren. Dies war grundsätzlich untersagt, »weil die religiöse Betreuung der Soldaten der Wehrmachtsseelsorge vorbehalten ist«, wie die Begründung in dem »Strafbescheid« des HJ-Gebietsführers aus Stettin gegen die elf Schulkameraden hieß. Zwei Schüler – damals 17 und 15 Jahre alt – wurden sogar von der Schule verwiesen, die anderen verloren ihre HJ-Dienstgrade oder erhielten Beförderungsverbote. Noch schlimmer erging es einigen Vätern der elf Schüler, sofern sie im Beamtenstatus waren, wie mein ehemaliger gütiger Lateinlehrer, Studienrat Seefeldt. Sie wurden aus Köslin

strafversetzt. – So mußte ich erfahren, daß auch das Privatleben von Schülern meines Gymnasiums bespitzelt wurde und sie bedroht und unterdrückt wurden.
Welch starke Kraft von der intakten BK ausging, zeigte sich ab März 1945 in Köslin, als die Sowjets die Stadt eingenommen hatten. Von den knapp 35 000 Köslinern waren etwa 5000 in der Stadt geblieben. Da die Marienkirche für polnisch-katholische Gottesdienste sehr bald beschlagnahmt worden war, wurde der Betsaal in der Rosenstraße der Mittelpunkt der deutschen evangelischen Kirchengemeinde. Sie war arm und vogelfrei geworden. Dazu kam, daß der Tod reiche Ernte hielt. Allein 1000 Beerdigungen nahmen Pastoren oder deren Helfer im Jahre 1945 vor – auf dem Friedhof und auch in Privatgärten. Aus dem Kampf der BK-Pastoren für einen rechten Christenglauben in der deutschen Heimat war der Kampf ums nackte Leben unter Fremdherrschaft geworden. Was die Überlebenden gewannen, war die Verinnerlichung ihres bedrohten Glaubens, die sie befähigte, die chaotischen Verhältnisse der Eroberungs- und Nachkriegszeit zu bestehen.
Die heutige Bewertung jener Zeit der Spaltung der evangelischen Kirche in Deutsche und Bekennende Christen darf nicht von dem Endzustand der Entwicklung ausgehen, sondern muß den Ansatzpunkt in den zwanziger Jahren – wie einleitend erwähnt –, aber auch die pseudoreligiösen Äußerungen Hitlers berücksichtigen. Dessen ständige Beschwörung der »Vorsehung« und des »Herrgotts« in Verbindung mit seinen Aufrufen, den allgemeinen Sittenverfall und den gottlosen Marxismus zu überwinden, hinterließ bei den Gläubigen den Eindruck, daß Hitler kein Antichrist sein könne.
Erst nach dem Krieg wurde mir klar, daß Hitler die Gläubigen getäuscht hatte und daß der Streit zwischen Deutschen und Bekennenden Christen über eine angemessene Kirchenorganisation und Glaubenselemente sinnentfremdend gewesen war. Wir Deutschen Christen hatten wohl mehr auf das Hakenkreuz als auf das Christenkreuz geschaut. Das war unser Fehler und Irrtum gewesen.

Seit dem Frühjahr 1939 lebten wir in großer politischer Anspannung in Deutschland, die selbstverständlich auch Pommern und mein Kösliner Gymnasium erfaßte. Die letzte unbeschwerte Schulveranstaltung war das Wintersportfest am 18.2.1939. Die einzelnen Jahrgangsstufen demonstrierten ihre turnerischen Leistungen vor Eltern, Gästen und Kameraden. Meine Klasse mußte zeigen, welche Geraden und Haken sie im Boxen gelernt hatte. Anschließend wurden die Turngeräte beiseite geschafft, damit die Turnhalle in einen Tanzsaal für die älteren Semester umgestaltet werden konnte. Es sollte das letzte Mal sein, daß die Turnhalle ein festliches Aussehen erhalten hatte. Denn als das neue Schuljahr 1939/40 nach den Osterferien am 12.4. mit dem Aufmarsch aller 417 Schüler und 33 Lehrer vor den beiden Fahnenmasten zur üblichen Flaggenehrung begann, erfuhren wir vom Direktor, daß die Turnhalle nicht mehr benutzt werden könne. Der Grund ließ uns aufhorchen. Sie war in den Osterferien mit Getreide belegt worden, weil die vorhandenen Lagerräume nicht ausreichten. Dieser vielsagende Eingriff sollte nicht die einzige Behinderung in meinem gymnasialen Abschlußjahr 1939/40 bleiben. Andere Vorgänge bekamen Vorrang vor den schulischen Ausbildungsnotwendigkeiten. Dabei war man zu Silvester so hoffnungsvoll in das neue Kalenderjahr 1939 gewechselt. Denn im Herbst 1938 hatte die Stimmung bei uns einen Höhepunkt erreicht, als das Münchener Abkommen vom 30.9. die Sudetenkrise beendete und der britische Ministerpräsident Chamberlain bei seiner Rückkehr nach London das Ergebnis als großen Erfolg seiner Appeasement-Politik verkündete. »Peace for our time« lautete für ihn seine beglückende Parole, und Hitler erklärte, sein Land habe nun keine Ansprüche mehr, da die Schmach der Diktatverträge von 1919 mit Deutschland und Österreich getilgt sei. Meiner Generation schien eine große Zukunft in Frieden bevorzustehen.

Ich spüre noch heute den Schrecken, als ich am Morgen des 15. März 1939 im Radio die Nachricht hörte, daß deutsche Truppen in die »Rest-Tschechei« einmarschiert seien, nachdem Staatspräsident Hacha das »Schicksal des tschechischen Volkes vertrauensvoll in die Hände des Führers« gelegt habe. Meine frohe Erwartung vom Herbst 1938 auf eine lange Friedensperiode erhielt einen schweren Dämpfer.

Im Geschichtsunterricht hatten wir gelernt, daß Caesar, der vom Senat in Rom die Befehlsgewalt über das Heer nur in Gallien, nicht im Kernland Italien erhalten hatte, genau wußte, daß er das Grenzflüßchen Rubicon zwischen Italien und der Provinz Gallien nicht mit seinem Heer überschreiten durfte. Als er dennoch im Januar 49 v. Chr. über den Rubicon setzen ließ, hatte er geltendes Recht gebrochen. Der Bürgerkrieg um die Macht in Rom war unausweichlich geworden.

Diese Erinnerung an Caesar schoß mir am 15.3.1939 durch den Kopf. Ich spürte als Siebzehnjähriger: Jetzt hatte Hitler seinen Rubicon in der Außenpolitik überschritten. Die Besetzung der Rest-Tschechei war nicht mehr Ausdruck einer berechtigt erscheinenden Revisionspolitik hinsichtlich des Versailler Vertrages, sondern Ausdruck einer das Recht brechenden Eroberungspolitik. Der Einmarsch in Prag war ein Bruch des Völkerrechtes. Infolgedessen lautete die bange Frage in jenen Tagen: Wie werden Großbritannien und Frankreich reagieren? Was kommt auf uns junge Männer zu?

Zunächst schien es bei den diplomatischen Protesten des westlichen Auslandes zu bleiben. Man fand sich offensichtlich mit Hitlers Errichtung des »Protektorates Böhmen und Mähren« sowie der Einrichtung der selbständigen Slowakei ab, wollte aber weiteren Rechtsbrüchen Hitlers offensiv begegnen. Als im Sommer 1939 die Meldungen von polnischen Ausschreitungen gegen Deutsche in Bromberg, Thorn oder Posen zunahmen, zeichnete sich eine neue Komplikation ab, ausgelöst durch Hitlers Infragestellung der Existenz der »Freien Stadt Danzig« und die Forderung nach einem exterritorialen Zugang von Pommern über den polnischen »Korridor« nach Ostpreußen.

Trotz der spannungsgeladenen Atmosphäre des Sommers wollten wir am 25.8.1939 den 45. Geburtstag meines Vaters würdig feiern. Als wir zusammen mit Verwandten und Freunden beim Kaffeetisch die neuesten Nachrichten über den Nichtangriffspakt zwischen Deutschland und der Sowjetunion ausdeuteten, schlug unsere Wohnungsklingel an. Ich öffnete; ein Soldat stand vor mir: »Ich muß Herrn Leutnant Rost sprechen!« Er hatte den Gestellungsbefehl zu überbringen. Wie am 25.8.1914 wurde Vater auch 1939 wieder an seinem Geburtstag Soldat. Von der Kaffeetafel weg mußte er sofort in die Kaserne in Köslin einrücken. Unsere Stimmung schwenkte sofort um. Was hatte die Maßnahme zu be-

deuten? Hatte der überraschende Hitler-Stalin-Pakt falsche Hoffnungen geweckt? Wenn der Vertrag Krieg bedeutete, warum holte man dann Vater, da er doch vorher nie zu Reserveübungen eingezogen worden war?
Zwei Tage später, am Sonntag, dem 27.8., meldete die Kösliner Zeitung, daß ab Montag, 28.8., Lebensmittelkarten für jeden Deutschen eingeführt würden. Das bedeutete: Die wirtschaftliche Mobilmachung ging der militärischen voraus – so vermuteten wir. Für nahezu elf Jahre mußten fortan die Deutschen mit der Lebensmittelkarte leben (bis zum 1.3.1950). Im Jahre 1939 entsprachen die Zuteilungswerte für Fleisch (2800 g), Fett (1360 g), Zucker (1120 g) – Brot, Kartoffeln, Milch und Eier waren anfangs noch nicht kontingentiert – einem Nährwert von knapp 2500 Kalorien pro Tag und Person. Die eigentliche Hungerzeit kam erst 1946/7, als die Kalorienwerte auf 1000 bis 1100 absanken, weil Deutschlands Kornkammern (Pommern!) verloren waren. – Meine Mutter hatte übrigens nie zu hungern, solange sie in Köslin lebte. Im schlimmsten Fall halfen die Schönfelder mit einem Huhn, einem Stück Fleisch, Wild, Mehl oder Eiern aus.
Die vorbereitete Lebensmittelbewirtschaftung erweckte in uns am 27.8. den Argwohn, daß wir systematisch auf einen Krieg zusteuerten. Der Angriff auf Polen am 1.9. war in der Tat langfristig vorbereitet worden. Das erkannte jeder bei Kriegsbeginn, auch wenn Hitler scheinheilig vom »Zurückschießen« sprach.
Hatten wir nach den Osterferien mit der Sperrung unserer Turnhalle die erste Beeinträchtigung im Schuljahr 1939/40 hinnehmen müssen, kam es nach den Sommerferien noch dicker. Im August wurde unsere Klasse geschlossen zum Getreide-Ernteeinsatz abkommandiert. Denn die Einberufungen zur Wehrmacht hatten vor keinem Berufszweig haltgemacht, auch nicht vor der Landwirtschaft. Den Ausfall an Arbeitskräften sollten wir Schüler wettmachen.
So trafen wir uns jeden Morgen am Kösliner Bahnhof, erhielten dort unsere Freifahrtscheine und fuhren Richtung Kolberg, um tagsüber auf einem Gut im Raum Funkenhagen bei der Einbringung der Roggenernte zu helfen. Ich war solche Feldarbeit gewohnt. Infolgedessen nahm ich diese Art von »Schulaufgabe« gelassen hin. Trotz der körperlichen Beanspruchung heckten wir

noch manchen Blödsinn aus. Auf der Rückfahrt beispielsweise schloß ich eine Wette mit Klassenkameraden ab, daß ich noch vor Köslin den Zug zum Halten bringen würde. Die Wette galt. So schlich ich mich – vom Schaffner unbemerkt – in das Bremserhäuschen im letzten Zugwagen und drehte während der Fahrt mit aller Kraft das Bremsrad fest. Zwar blieb der mit nur drei Personen- und einem Güterwagen ausgerüstete Zug nicht gleich auf freier Strecke stehen; aber der Lokführer merkte, daß die Zugkraft erheblich abgenommen hatte. Also beauftragte er den Schaffner, der Sache auf den Grund zu gehen. Beim nächsten Halt kam er schnurstracks nach hinten zum Bremserhäuschen. Als er mich darin entdeckte, brachte er nur die Worte heraus: »Das wird ja immer allerhander!« Dieser grammatikalisch ungewöhnlich lustige Protestruf bereichert seither meinen pommerschen Wortschatz.

Mit angezogener Bremse liefen auch weiterhin unsere Vorbereitungen auf das Abitur, dessen schriftliche Prüfung im Februar 1940 stattfinden sollte. Während der ersten drei Wochen des Polenfeldzuges blieb die Schule geschlossen. Wir älteren Schüler mußten erneut in den Ernteeinsatz, diesmal zur Kartoffelernte im Hinterland von Köslin. Meine Klasse war äußerst primitiv in einem leeren Raum untergebracht, der lediglich mit Stroh als Schlafunterlage ausgestattet war. Zum Waschen mußten wir ins Freie unter eine Pumpe. Das Wasser war so kalt, daß man die ganze Woche lang die vom Kartoffelsammeln verdreckten Finger nicht sauber bekam. Wir mußten ja mit bloßen Händen arbeiten; Handschuhe gab es nicht.

Unsere Kartoffelernte-Arbeit war so organisiert worden, daß ein von einem Pferd gezogener Kartoffelroder jeweils eine Anbaureihe durchkämmte. Der Roder schleuderte mit seinem schaufelartigen Rechen die Kartoffeln aus der Erde auf die Seite. Jeder von uns Sammlern erhielt einen markierten Abschnitt zum Auflesen der Kartoffeln in eine geflochtene Kiepe. Der eingeteilte Abschnitt war so groß, daß man gerade fertig wurde, bis das Pferd mit dem Roder von der anderen Seite zurückkam. Für jede Kiepe, die man zu einem bereitgestellten Kastenwagen schleppen mußte, gab es eine Marke. Am Abend konnte man sie für bares Geld eintauschen, wobei der Kurs bei zehn Pfennig je Marke lag. Da man je Tag etwa 50 Kiepen schaffen konnte, sprangen hierfür also fünf Reichsmark heraus.

Natürlich quälten wir uns auf dem Kartoffelacker nicht wegen des Geldes. Wir waren ja nicht freiwillig aufs Land gezogen. Auch ohne die kleine Entlohnung hätten wir die ungewohnte Arbeit auf uns nehmen müssen. Wir machten aus der Situation das Beste. Ablenkungen jeder Art waren willkommen. Zu den beliebten Spielchen gehörte das Werfen mit kleinen, nicht lesefähigen Kartoffeln auf den Rücken des Nachbarn oder des Pferdes, um deren Reaktion zu testen. Oftmals entwickelte sich daraus eine regelrechte Kartoffelschlacht, in der jeder gegen jeden kämpfte. Dann mußte unser aufsichtführender Gutsvertreter schon gewaltig dazwischendonnern, bis wieder Frieden auf dem Acker herrschte.

Zu Ablenkungen kam es an Schönwetterabenden, wenn manche von uns auf ihren Rädern in das ferne Nachbardorf fuhren, wo »unsere Mädchen« aus Köslin gleichfalls zur Kartoffelernte eingesetzt, aber viel feudaler in zweistöckigen Feldbetten untergebracht waren. Wir flachsten uns gegenseitig an, obwohl unsere ungepflegte Arbeitsmontur nicht gerade für eine Brautschau geeignet war, kamen uns aber unheimlich ritterlich vor, weil wir uns schutzbeflissen nach unseren Mädchen umsahen.

Nachdem am 17.9. auch die Sowjetarmee in Polen einmarschiert war und das Ende des ersten »Blitzfeldzuges« sich abzeichnete, durften wir am 19.9. unseren Unterricht fortsetzen. Doch es fehlte uns angesichts der müden Unterrichtssituation an ernsthafter Lernbereitschaft und Zielstrebigkeit. Denn der Unterrichtsausfall war erschreckend hoch, weil außer meinem Vater noch zehn weitere Lehrkräfte unseres Gymnasiums im Laufe der Monate August und September eingezogen wurden – also fast ein Drittel. Nur drei pensionierte Lehrer sprangen freiwillig ein (Rohloff, Koltermann und Brehmer). Als Folge des zunehmenden Unterrichtsausfalles verbreitete sich schnell die Meinung, die Schule habe in Kriegszeiten an Wert verloren. Ich hatte mich bei Beginn des Schuljahres freiwillig bei Studienrat Dr. Vogel für eine Jahresarbeit im Fach Geschichte gemeldet. Als Thema hatte er mir im Hinblick auf die aktuelle Lage das Verhältnis Deutschland – Polen seit dem Nichtangriffspakt beider Staaten vom 26.1.1934 anhand von drei Fachzeitschriften auf den Weg gegeben. Das Sichten meiner Quellen hatte mir ungeheuren Spaß gemacht und auch schulischen Auftrieb gegeben. Doch als am 1.9. der Krieg ausbrach, war es mit meiner geistigen Muße vorbei. Die Jahresarbeit war für mich gestorben.

Das Interesse wandte sich dem Kriegsgeschehen zu. Was die Heerführer und unsere Landser leisteten, erfuhr ich aus den brandneuen Nachrichten im Radio. Auf der Landkarte suchte ich die eroberten Orte und ließ mich von der Begeisterungsstimmung des Nachrichtensprechers mitreißen. Die allgemeine Stimmung und die Auswirkungen einer nationalen Erziehung arbeiteten in mir. Darf ich abseits stehen und noch unnötigerweise zur Schule gehen, wenn die Front mich braucht? Waren wir nicht jahrelang zu Gemeinschaftsbewußtsein und Opferbereitschaft erzogen worden? »Ein Reich, ein Volk, ein Führer« lautete eins dieser Schlagworte. Mußte ich als Fähnleinführer im Jungvolk nicht Vorbild sein, wenn Volk und Führer mich riefen?

Das waren die Gedanken, die mich nach Kriegsbeginn beschäftigten. Das Ergebnis meiner Überlegungen trug ich meinen Eltern vor, als Vater gerade an einem Wochenende auf Urlaub zu Hause war: »Morgen melde ich mich als Kriegsfreiwilliger beim Wehrbezirkskommando!« Vater hatte wohl mit dieser Ankündigung gerechnet und schwieg. Vielleicht dachte er auch an seine spontane Freiwilligenmeldung im August 1914. Mutter hingegen war überhaupt nicht einverstanden: »Du machst erst dein Abitur, sonst kannst du später kein Abschlußzeugnis vorweisen!« – »Erst müssen wir den Krieg gewinnen, dann kann ich im Frieden weitermachen!« argumentierte ich. Es kam zu einem heftigen Disput. Doch als Ergebnis stand fest: Ich melde mich freiwillig!

Zusammen mit einigen Schulkameraden erschien ich bei der Kösliner Meldestelle. Mein Personalausweis wurde verlangt. Nach einem Blick auf mein Geburtsdatum erklärte der Beamte kühl: »Werden Sie man erst 18 Jahre, dann können Sie wiederkommen!« Meine Verblüffung war groß. Mit einer Abweisung hatte ich überhaupt nicht gerechnet. Also mußte ich in Geduld meinen 18. Geburtstag am 7.11. abwarten und weiterhin brav zur Schule gehen.

Mein 18. Geburtstag fiel auf einen Dienstag, an dem Vater nicht mit mir zu Hause feiern konnte, weil er in Hammerstein bei Neustettin zur Bewachung polnischer Kriegsgefangener eingesetzt war. Aber in Gedanken war er bei mir. Was er mir zu sagen hatte, übermittelte er mir in einem Brief, der in Abschrift erhalten ist und für mich ein wertvolles Familiendokument ist, weil es sein letzter, inhaltsreicher Brief an mich war. Darin appellierte er an mich:

> »Wenn Du nun ins Leben hinaustrittst, so sollst Du Dir stets bei allem Handeln vor Augen halten Dein Ziel, aber auch den Weg und die Mittel, wie Du das Ziel erreichen willst ...
> Noch ein Wort über den Weg zum Ziel: Halte Dich stets an Dein Gewissen! Das sagt Dir das Richtige ... Erkenne Deinen Gott nicht in Äußerlichem, nicht in menschlichen Glaubenssätzen: Dein Gott ist in Dir, in Deinem Gewissen. Sei Dir dessen stets bewußt, werde nicht gottlos! Und wenn Dich einmal Zweifel plagen, dann frage Gott, bete zu ihm! Er gibt Dir Gewißheit und Sicherheit.
> Daß Du fleißig sein wirst in Deiner Arbeit, davon bin ich überzeugt. Sei auch fröhlich im Kameradenkreis! Vergiß nicht die Musik! Halte Dich fern von allem Schmutz, halte Leib und Seele rein!«

Vaters Appell, mich an meinem Gewissen zu orientieren, beruhte auf der Einstellung, daß Gott uns seine sittlichen Gebote über das Gewissen vermittle, wie es die Wortanalyse zum Ausdruck bringt: »Ge-«wissen bedeutet die Zusammenfassung des Wissens, bedeutet das zur sittlichen Erkenntnis gebrachte Wissen.
Auf einer gemeinsamen sonntäglichen Wanderung durch die Kiefernwälder bei Hammerstein hatte er mir dieses »zur sittlichen Erkenntnis gebrachte Wissen« als geistigen Verwandten von Kants kategorischem Imperativ erläutert. Denn der Königsberger Philosoph hatte in seiner »Kritik der praktischen Vernunft« festgestellt: »Zwei Dinge erfüllen das Gemüt mit immer neuer und zunehmender Bewunderung und Ehrfurcht, je öfter und anhaltender sich das Nachdenken damit beschäftigt: der gestirnte Himmel über mir und das moralische Gesetz in mir.«
Kant war ein Denker seiner Zeit, der Aufklärung. Bei allem Respekt vor dem großen Philosophen darf nicht übersehen werden, daß die Aufklärer an die Stelle Gottes das Denkmal der Vernunft

Ostseebad Ahlbeck – der charakteristische Aussichtspavillon, ein Wahrzeichen am Strand der Insel Usedom (20)

Auf der Insel Usedom (21)

Greifswald mit dem "Langen Nikolaus", der Nikolaikirche mit dem 98 Meter hohen Turm (22)

Alte Beckstein-Bürgerhäuser am Marktplatz von Greifswald mit der "Dicken Marie" (Marienkirche) (23)

Anklam – der durch Bombenangriffe stark zerstörte Geburtsort Otto Lilienthals, des Dädalus der Neuzeit, mit Nikolaikirche (24)

Am Strand von Bansin (25)

Stettin – Blick über die Oder auf die Hakenterrasse mit dem Stadtmuseum (li.) und dem Regierungsgebäude der Provinz Pommern (26)

Stettin – das alte Herzogsschloß der Greifenfürsten (27)

setzten. Wohin die Entwicklung führen kann, wenn die Vernunft der einzige Handlungsmaßstab wird, haben gottlose Menschen wie Hitler oder Stalin aufgezeigt. Jesus Christus – der Sohn Gottes und Erlöser der Menschen –, die Zehn Gebote – diese religiöse Komponente wurde von den Aufklärern als überflüssig erklärt. Unmittelbar nach Vollendung meines 18. Lebensjahres sprach ich erneut beim Wehrbezirkskommando vor. Diesmal wurde mir großzügig die Aufnahme in die Freiwilligenliste gestattet. Aber wiederum erlebte ich eine Überraschung, denn nur drei Waffengattungen standen mir zur Auswahl zur Verfügung: die Infanterie (das »Stoppelhopser«-Dasein behagte mir nicht), die Nachrichtentruppe (sie erschien mir zu unsoldatisch) und die Flak (Abkürzung für Flugabwehrkanone). Ich entschied mich für die Flakartillerie, die der Luftwaffe zugeordnet war. Doch bis ich Soldat werden durfte, vergingen abermals zwei Monate.

In der Zwischenzeit war ich Schüler auf Abruf. Das war eine Situation, die nur noch geringe Neigung für schulische Anstrengungen enthielt. Außerdem kannten wir ja den Erlaß des Berliner Erziehungsministeriums vom 8.9.1939, der bestimmte, daß Abiturienten, die ihre Einberufung zum Wehrdienst nachgewiesen hatten, ein Abgangszeugnis mit dem inhaltsschweren Vermerk erhalten sollten: »Ihm wird die Reife zuerkannt.« So hatte ich praktisch schon vier Monate im voraus mein Abitur in der Tasche. Dementsprechend gering war mein schulischer Einsatz. Ich zielte rechnerisch darauf hin, nicht auf eine Note Fünf abzusinken. Völlig zu Recht lautete die knappe »Allgemeine Beurteilung« dann auch in meinem »Abgangszeugnis« vom 7.1.1940: »Sein körperliches Streben war gut, sein geistiges befriedigte.« Mit dieser Bemerkung traf mein gütiger Klassenleiter, Studienrat Richard Seefeldt, genau meine Einstellung vom Herbst 1939. Immerhin brachte ich es unter den 16 Zeugnisnoten auf sechs Zweier (darunter meine späteren Studienfächer Geschichte und Erdkunde). Störend wirkten die vier Vierer in Latein, Griechisch, Mathematik und Physik. Zu Fünfern und Sechsern allerdings hatte ich es nicht kommen lassen. Das gerettete Dokument meines abiturberechtigten Abgangszeugnisses hat mir nach dem Krieg gottlob manche Unannehmlichkeit erspart. Denn ich durfte ohne erneutes Schulbankdrücken mein Studium aufnehmen.

Als mein Abiturjahrgang offiziell vom 12. bis 15.2.1940 zur schriftlichen Reifeprüfung aufgerufen wurde, nahmen aus meiner Klasse 8a nur noch drei teil – von 19, die wir zu Ostern 1939 in die letzte Gymnasialklasse eingetreten waren (Karl Heinz Damaschke, Dieter von Lücken und Joachim Plauk). Die anderen 15 – einer war im Sommer 1939 verzogen (Egon Rummler) – hatten bereits als Kriegsfreiwillige den grauen Waffenrock angezogen.

Doch bevor wir in alle Winde zerstreut wurden – und vor allem: bevor Eberhard Damm und Erwin Klabunde als Offiziersanwärter in den nächsten Tagen einrücken mußten –, wollten wir alle gemeinsam mit einem großen Fest Abschied von unserem Schulleben nehmen. Dazu mieteten wir den großen Saal im Konzerthaus Zels und druckten einen »Gestellungsbefehl« – dem Sprachzuschnitt der Zeit entsprechend – mit der Aufforderung an unsere Eltern, Bekannten, Lehrer und Freundinnen, sich am Sonntag, dem 12.11.1939, »zum Freiwilligenball der Klasse 8a der Oberschule für Jungen einzufinden. Dieser Gestellungsbefehl und gute Laune sind mitzubringen.« So konnte unser fröhliches Abschiedsfest in einem friedlichen Zeitabschnitt durchgeführt werden, denn nach dem Polenfeldzug schwiegen überall die Waffen.

Für eine Reichsmark Eintrittsgeld waren wir in der Lage, alle Unkosten zu tragen (Saalmiete, Tanzkapelle, Materialkosten). Die zeitaufwendigste Vorbereitung hatte unser »Künstler« Friedrich Wilhelm Schulz übernommen. Da er hervorragend malen konnte, drangen wir in ihn, Porträts von allen Klassenkameraden anzufertigen und mit ihnen die Brüstung der Saalempore zu dekorieren. Diese Idee zündete. Einen derartigen, allein auf die Festveranstalter abgestimmten Saalschmuck hat das Konzerthaus Zels nie erlebt. Wir Abiturienten waren alle glänzender Stimmung. Wir glaubten, allen Grund dafür zu haben. Äußerlich herrschte Frieden, und die Schulzeit ging ihrem Ende entgegen, ohne daß wir noch hätten straucheln können. Als das Fest, der Sperrstundenregelung entsprechend, um Mitternacht abgebrochen werden sollte, war unsere Stimmung auf dem Höhepunkt und nicht zu bremsen. Keiner wollte nach Hause ins Bett. Da kam Dieter von Kronenfeld auf die glänzende Idee, die Klassenfeier im Dachgeschoß in der väterlichen Generalsvilla fortzusetzen. Alle waren einverstanden. Aber meine Mutter moserte; es sei nun genug, denn am nächsten Tag müsse ich ja wieder ausgeruht in die Schule gehen. Wiederum fand Vater Verständnis für mich und unsere nicht wiederholbare Schlußfeier. Wie froh war ich, daß er übers Wochenende Urlaub bekommen hatte und mir so gütig zur Seite stehen konnte. Bei Kronenfelds ging es hoch her. Der großzügige Vater hatte Freifahrt für den Weinkeller gegeben, so daß niemand dursten mußte. Wir alle waren schrecklich ausgelassen; denn wir genossen die freudige Gelegenheit, daß wir als gute Schulkameraden auf so heitere Art Abschied nehmen durften, und verdrängten Zukunftsängste, die im Unterbewußtsein unsere stillen Begleiter waren. Wann ich nach Hause gekommen bin, weiß ich nicht mehr. Doch daß ich noch zu Hause gewesen bin, bevor die Schule mich um acht Uhr wieder aufnahm, das weiß ich genau. Das gleiche kann nicht jeder meiner Klassenkameraden behaupten. Damaschke war jedenfalls am Montag bei Unterrichtsbeginn in der Villa Kronenfeld unansprechbar alkoholisiert. Erst am Nachmittag soll er wieder einigermaßen zu sich gekommen sein.

50 Jahre später wollte ich aus Anlaß unseres Goldenen Abiturs alle ehemaligen Klassenkameraden zu einer Wiedersehensfeier einladen. Nach mühevollen Recherchen stellte sich heraus, daß von der einstigen Abiturklasse des Schuljahres 1939/40 – von anfangs 19, dann 18 Schülern – zwölf gefallen waren. Nur noch vier lebten. Davon konnten lediglich Dr. Ernst Moritz Arndt und Joachim Plauk 1990 mein Angebot zu einem Treffen in meinem Hause annehmen, während der vierte Überlebende, Hans Claassen, infolge der Nachwirkungen seiner schweren Kriegsverletzungen nicht mehr reisefähig war.

Der Kriegstod hat also in unserem Abiturjahrgang die reichliche Ernte von 66 Prozent eingefahren. Voller Trauer und Erschütterung sehe ich meine lebensfrohen Kameraden von einst neben mir in der Klasse. Voller Dankbarkeit bin ich, daß ich nach einem halben Jahrhundert in guter Gesundheit ihrer gedenken darf. Keine Schul- oder Stadtchronik, kein Denkmal und keine Gedenktafel pflegen die Erinnerung an meine toten Klassenkameraden, die 1939 wie ich voller Ideale waren, deren altruistische Werteinstellungen jedoch schändlich von einem das eigene Volk verratenden »Führer« mißbraucht wurden. Daß wir als Opfer für seine ideologisch vorgeprägten Eroberungs- und Unterwerfungspläne dienen mußten, das haben wir 1939 nicht gespürt. Um so bitterer wurde das spätere Erwachen, und um so salziger schmecken heute die Tränen, die wir, die Angehörigen der »verlorenen Generation«, um unsere gefallenen Kameraden vergießen.

Die Auswirkung einer außenpolitischen Maßnahme vom Herbst 1939 bekamen auch wir in unserer Familie zu spüren. am 28.9. wurde nämlich im deutsch-sowjetischen Grenzvertrag die »Grenze der beiderseitigen Reichsinteressen« als Ausführung zum geheimen Zusatzprotokoll des Hitler-Stalin-Paktes festgelegt. Davon waren auch Baltendeutsche betroffen, sofern sie in den drei baltischen Staaten (Litauen, Lettland, Estland) lebten. Ihnen war freigestellt worden, ihre baltische Heimat zu verlassen, bevor die Rote Armee das Land besetzte. Davon machten viele tausend Gebrauch. Sie wurden zunächst einmal in Privatwohnungen der beiden Ostprovinzen Pommern und Ostpreußen untergebracht, bevor sie 1940 in ihre vorgesehenen Wohnorte einziehen konnten – zumeist in das ehemalige Westpolen, das 1939 als Reichsgau Wartheland bzw. Westpreußen ins Reich eingegliedert war.

Auch wir nahmen im Oktober ein Ehepaar aus Riga, zwischen 40 und 50 Jahre alt, auf. Beide waren bildhübsche, schwarzhaarige Menschen mit einer dunkleren Hautfärbung, als sie bei uns üblich war. Da meine Großmutter Klabunde bei Verwandten auf dem Land gebraucht wurde, durften die Baltendeutschen das Zimmer der Großmutter beziehen. Das Mittagessen bereitete Mutter auch für sie zu. Für die anderen Mahlzeiten sorgten sie selbst. – Was mir an dem Mann besonders auffiel, war sein Interesse für die Radionachrichten aus seiner Heimat. Infolgedessen suchte er immer russische Sender, da er Russisch verstand. Für deren Propagandameldungen hatte er nur die abweisende Formulierung übrig: »Jetzt blasen sie wieder!« Er war eben in der Lage, zwischen Wahrheit einer Information und Propaganda zu unterscheiden. Diese Fähigkeit ging mir damals noch ab. Ich war ja seit meinem zwölften Lebensjahr in einem Staat mit gelenkter Propaganda aufgewachsen. Was aus dem Ehepaar geworden ist, entzieht sich meiner Kenntnis. Ich kann nur hoffen, daß es 1945 rechtzeitig aus dem Warthegau fliehen konnte. Denn die aus dem Baltikum stammenden Bewohner wurden nach der Eroberung des Warthegaues durch die Sowjets besonders hart verfolgt.

Die Unabhängigkeit, welche die drei baltischen Staaten im Herbst 1939 infolge der sowjetischen Besetzung verloren hatten, gewannen sie endgültig erst im Jahre 1990 zurück.

Von der Schule hatten wir mit unserem »Freiwilligenball« Abschied genommen. Eine offizielle Entlassungsfeier gab es nicht, weil fast alle Abiturienten nach und nach ab Herbst 1939 zum Militär eingezogen wurden. Auch von der Familie nahm ich Weihnachten 1939 Abschied. Vater hatte Urlaub bekommen und ich bereits meine Einberufung zum 8.1.1940 in der Tasche. So leiteten wir den Heiligen Abend zu Hause noch einmal mit unseren drei Instrumenten ein: Klavier, Geige und Cello.
Ich hatte drei Jahre zuvor ein Schulcello in die Hand gedrückt bekommen, weil Musiklehrer Max Holste für das Schulorchester noch einen Cellospieler benötigte. Er hatte mich zu dieser Aufgabe überredet, weil ich musikalisch sei und lange Finger zum Greifen der Saiten habe. Also schlug ich die Laufbahn zum Berufsmusiker im Schulorchester ein. Ein paarmal trat Holste mit seiner »Band« auch in der Öffentlichkeit auf. Die Gäste spendeten jedesmal reichlich Beifall. Ob sie in ihr Klatschen auch den Cellospieler Rost einbezogen, vermerkten die Zeitungsberichte nicht.
Damit wir zu Hause als Trio wirken konnten, hatte Bruder Dankwart das Geigenspiel erlernt. So saßen wir zu dritt am Heiligen Abend 1939 an unseren Instrumenten, um ein letztes Mal das Largo von Händel zu spielen. Als wir geendet hatten, waren alle Anwesenden im Zimmer (auch unsere Baltendeutschen) sehr ergriffen. Die Ungewißheit der Zukunft lastete schwer auf uns. Doch daß wir niemals mehr als Trio würden gemeinsam musizieren können, das ahnte damals niemand. Denn sechs Monate später fiel Vater in Frankreich, und Dankwart kam mit einem steifen linken Arm aus dem Krieg. Wenn ich heute irgendwo Händels Largo höre, überfällt mich jedesmal eine innere Rührung, weil ich an unsere »Abschiedssymphonie« zu Weihnachten 1939 in Köslin denken muß.

Bürgermeister Kröning hatte das Charakteristische von Köslin 1937 auf die Formel »Stadt zwischen Wald, See und Meer« gebracht. Er hätte neben der Topographie auch noch die reichhaltigen kulturellen und wirtschaftlichen Angebote erwähnen können. Nach der Vertreibung der Deutschen haben die Polen diese Vorzüge für den Ausbau ihrer Großstadtmetropole in Ostpommern genutzt. Dabei ist allerdings das Gesicht der Kommune total verändert worden. Der innere Kern um den Markt ist durch Beschießung und Brandschatzung kaum wiederzuerkennen. Das bauliche Charakteristikum von heute sind die Hochhäuser für die junge Großstadt (über 100 000 Einwohner) in neuen Wohnbaugebieten.

9. Hinterpommerns Kennzeichen: Wasser, Wald, Weizacker

Das historische Pommern glich, wenn man es auf der Landkarte ansah, einem Schmetterling. Seine Flugrichtung war nach Norden, zur Ostsee ausgerichtet, und sein rechter Flügel, Ostpommern, war größer als sein linker. Er reichte von der Oder bis zur Niederung von Danzig, genauer bis nach Lauenburg und Bütow. Das waren immerhin 300 Kilometer Luftlinie, was der Entfernung von Berlin bis Bremen und Kassel oder von München bis Prag und Frankfurt entspricht.

Von diesem rechten Schmetterlingsflügel hat man kaum einmal in Schulbüchern oder Reiseprospekten etwas gelesen. Er schien den Zeitgenossen nichts Besonderes zu sein. Was die Pommern jedoch über ihre Heimat empfanden, hat ihr Landsmann Bernhard Trittelvitz (1878–1969, in Wusterbarth, Kreis Belgard, geboren) in Plattdeutsch (Rügenscher Prägung) verdichtet:

> As ik noch bi dir wier,
> mien Pommerland,
> heff ik woll wüßt,
> wur schön du büst,
> un hoff mi freugt an Land un Strand,
> an brune Heide un witten Sand,
> an Busch un Brook, an Has' un Reh
> un an de wiede blage See.

Trittelvitz skizziert mit wenigen Begriffen die landschaftsbestimmenden Merkmale: Busch (= Wald), Bruch (= Moore), Heide (= Felder) und natürlich die See (= Meer) mit dem endlosen Strand und feinem Sand. Das Gesicht Pommerns war auf die Ostsee ausgerichtet. Von dort waren die Gletscher der Eiszeit gekommen, um die Oberfläche aus der Tertiärzeit zuzuschütten und mit den Ablagerungen aus Skandinavien neu zu gestalten. Und dorthin hatten die Schmelzwasser sowie die Küstenflüsse Wasser, Erde und Sand aus der Endmoräne, dem Pommerschen Höhenrücken, zurücktransportiert.

Das Ergebnis dieser (post)glacialen Vorgänge ist die heutige Landschaftsgliederung von Meer und Meeresküste, Tiefland und Bergrücken. Erfreulicherweise fehlt diesem Dreiklang jeder Schematismus. Je weiter man nach Osten kommt, desto höher werden die Berge (bis zu 300 Meter hoch) und desto umfangreicher wird die Waldfläche. Endlos scheinende Felder wechseln mit Bachauen und Wäldern. Wo einst Chausseen die weiten Ackerflächen durchquerten, wurden sie von hohen Birken- oder Lindenbäumen eingesäumt. Hoch über der Straße wuchsen sie mit ihren Ästen zusammen und bildeten die charakteristischen Baumdome, die den Menschen vor Sonne und Schnee wie in einem Kirchenraum beschirmten und ihn in der Stille der Natur zu Einkehr und Frömmigkeit hinführten. Freunde aus Süddeutschland, die vor kurzem erstmals Hinterpommern bereisten, stellten voller Staunen fest: »So schön und abwechslungsreich haben wir uns das Maikäferland nicht vorgestellt!«

Die Unkenntnis über Hinterpommerns landschaftliche Schönheit findet ihre Begründung darin, daß dort nicht das Gigantische, sondern das Maßvolle, das Normale regierte. Und dies findet weniger Aufmerksamkeit als das Außergewöhnliche.

Bei diesem Stichwort werde ich an das ritterliche Ideal des Hochmittelalters erinnert, an »diu mâze« (das Maß). Die rechte Mitte zu wahren zwischen »muot« und »minne« (also zwischen Mut/Tatendrang und Verehrung der Frau), das lag dem Ideal »mâze« zugrunde, wofür wir heute den Begriff Maßhalten (nämlich in unserer Lebenseinstellung) verwenden.

Dieses menschliche Postulat ist in der hinterpommerschen Natur verwirklicht: Die Flüsse sind Bäche, aber keine reißenden Ströme (auch die Oder nicht, seitdem sie unter Friedrich dem Großen kultiviert worden ist), die Berge sind Hügel und keine Felsgipfel; die Ausgleichsküste ist – der Name sagt es bereits – auf Ausgleich, Maßhalten bedacht; die Ostsee ist ein großer See, aber kein eigentliches Meer (daher ohne Gezeiten und mit geringem Salzgehalt); selbst das Klima hält die rechte Mitte zwischen dem osteuropäischen, trockenen Kontinental- und dem westeuropäischen niederschlagsreichen Seeklima. Die auf Ausgleich, Maßhalten eingestellte Natur konnte keine gigantisch in den Himmel ragenden Alpen gebrauchen. Oder aber sie hätten in dieser Landschaft auf das notwendige Maß reduziert werden müssen.

Die Landschaft des Maßhaltens prägte auch den Menschen. Seine Bauten paßten sich in Höhe und Umfang der Umwelt an. Wolkenkratzer oder flächenzerstörende Fabrikanlagen waren in Pommern undenkbar. Schwerverbrecher und Einbrecher kamen allenfalls von außen, von anderen Provinzen. Deshalb ließen die Landbewohner auch vertrauensvoll ihre Wohnungen bei Tag und Nacht unverschlossen. Streitereien regelte man intern ohne Hinzuziehung von staatlichen Behörden. Daß es Gerichte oder Polizisten gab, wußte man vom Hörensagen. Direkte Kontakte mit ihnen suchte und kannte man nicht. – Das waren die Gründe, daß Pommern – Landschaft und Mensch – im Geiste des Maßhaltens lebte und das Exzentrische, Bombastische und Ausgefallene mißachtete.

Zum Reichwerden hatte die Natur in Hinterpommern keine Voraussetzungen geliefert. Die hafenfeindliche Ausgleichsküste ließ nur dürftige Küstenfischerei und Fremdenverkehr im Sommer zu. Bodenschätze waren nicht vorhanden. Infolgedessen dominierte die Landwirtschaft. Das von der Grundmoräne hinterlassene flache Hinterland, das sich von der Küstenzone bis zum Höhenrücken erstreckt, enthält zu 80 Prozent Mittelklasseboden, bestehend aus sandigem Lehm und vor allem Sand. Dennoch war über die Hälfte der Gesamtfläche Pommerns für Ackerland oder Gärten erschlossen. So kam es, daß mehr als ein Drittel der Bevölkerung in der Land- und Forstwirtschaft tätig war. Angesichts der kargen Bodenverhältnisse mußten Gutsbesitzer und Bauern gute Kenntnisse in Bodenkunde, Chemie und Volkswirtschaft besitzen, um finanziellen Gewinn aus dem richtigen Anbau von Getreide und Hackfrüchten oder aus der zweckmäßigen Viehhaltung zu erwirtschaften. Als sich im 18. Jahrhundert herausstellte, daß auf dem sandigen Boden die Kartoffel vorzüglich gedieh, wurde sie zur wichtigsten Erwerbsquelle in der Landwirtschaft.

Wer heute auf der alten Reichsstraße 2, die von Stettin nach Danzig führt, zwischen Körlin und Köslin bei Biziker (Biesiekirz) die Augen aufhält, entdeckt dort ein modernes Denkmal mit einer riesigen Kartoffel. Dieses Monument haben die Polen nach dem

Krieg errichtet. Es steht an einer richtigen Stelle. Denn unweit von diesem Denkmal, nämlich in Streckenthin (Strzykocin) im Kreis Köslin, hatte die alteingesessene Adelsfamilie von Kameke auf einer 5000 Hektar großen Fläche die weltbekannte und Deutschlands größte Saatkartoffel-Zuchtanlage geschaffen. Auch im Anbau und in der Züchtung von Kartoffeln gab es pommersche Pioniertaten.

Je weiter man sich von der Ostsee nach Süden entfernt, um so mehr gewinnt das Land an Höhe, aber auch an Bewaldung und Seenreichtum. Wir kommen in den Pommerschen Höhenrücken, einen Teil des Baltischen Höhenrückens, der sich parallel, aber in gebührendem Abstand zur Ostseeküste von Mecklenburg über Pommern bis zum Baltikum erstreckt. Er zeigt dem Menschen heute, wo der letzte eiszeitliche Vorstoß sein Ende fand. Seine höchsten Erhebungen liegen bei Bütow. Der Turmberg, schon außerhalb Pommerns, hat eine Höhe von 331 und der Schimmritzberg eine von 256 Metern. Der Grund für solche Höhen ist nicht eine besondere Eismächtigkeit in diesem Gebiet, sondern sind tektonische Hebungen in der Erdrinde gewesen.

Was der Eispanzer aus Skandinavien hinterließ, waren Massen von Geröll und die verschiedensten Bodensortierungen. Die Schmelzwasser sorgten für die weitere Oberflächengestaltung (Abflußrinnen, Seen) und Bodentrennung. Der leichte Sand wurde am weitesten bergab transportiert – daher die großen Sandgebiete im Süden des Höhenrückens. Wirtschaftlich betrachtet, bietet der Höhenrücken gar nichts für gewinnbringende Unternehmungen. Er blieb deshalb bis heute ein zusammenhängendes Wald- und Seengebiet. Vornehmlich in dem Viereck zwischen Schlawe, Stolp, Bütow und Rummelsburg gab es dichte Fichtenwälder, die dem Wild (Hirsche, Rehe) besten Schutz boten. Daher ließ sich deutsche Jagdprominenz aus Politik und Wirtschaft gerne von den hinterpommerschen Rittergutsbesitzern in die Reviere einladen.

»Hohe« Jagdbesuche aus Berlin und dem Reich waren dann auch die einzige aufregende Abwechslung, die es für die Menschen in diesen Waldgebieten gab. Sie lebten vor allem von der Forstwirtschaft und gehörten zu den Ärmsten im ganzen Land. Man beschrieb ihren Zustand mit einer Anekdote. Die Kreise Rummelsburg und Bütow sind so arm, sagte man, daß sie sich gemeinsam nur eine Lerche leisten können. Diese mußte vormittags im Rummelsburger Kreis und nachmittags im Bütower Bereich singen, damit jeder etwas von dem Gesang hatte.

In diesem armen Lerchenland nahm Reichskanzler Otto von Bismarck, der prominenteste Deutsche seiner Zeit, seinen ständigen Wohnsitz – nicht aus zufälliger Laune, sondern aus zielgerichteter Absicht. Er kannte sich nämlich in Hinterpommern bestens aus. Geboren war er 1815 zwar auf dem väterlichen Gut Schönhausen an der Elbe. Aber schon 1816 siedelte der Vater mit seiner Familie nach Pommern über. Auf dem Gut Kniephof (Konarzewo) bei Naugard, das die Familie Bismarck im 18. Jahrhundert durch Heirat erworben hatte, verlebte Otto seine Knabenjahre. Nach der Schul- und Studienzeit übernahm er zusammen mit seinem Bruder Bernhard die Leitung des Betriebes. Eines Tages lernte er in dem Haus eines Freundes in der Nachbarschaft Johanna von Puttkamer kennen. Sie war in Reinfeld (Barnowice) im Kreis Rummelsburg aufgewachsen. Dort fand auch die Verlobung der beiden statt, der die Hochzeit in der für Hinterpommern typischen Fachwerk-Dorfkirche in Alt Kolziglow (Kolczyglowy) im Jahre 1847 folgte. Bei der Festtafel wünschte Hans von Kleist-Retzow dem »tollen Bismarck«, wie er genannt wurde, »frohe Fahrt nach kühnem Raubzug mit köstlicher pommerscher Beute«.
Bismarck hatte also die Rummelsburger Waldeinsamkeit schätzengelernt. Als ihm König Wilhelm I. im Jahre 1867 für seine staatlichen Verdienste eine Dotation bewilligte, verwendete er diese Geldmittel zum Ankauf des Gutes Varzin (Warcino), zwischen Rummelsburg und Schlawe gelegen. Es hatte jahrhundertelang pommerschen Adelsgeschlechtern gehört, zunächst den von Zitzewitz (1485–1692), dann den von Massow und von Podewils und schließlich der Familie Blumenthal (1809–1867). Hierher zog sich der Reichskanzler mit seiner Familie oft wochenlang zurück, so daß in dieser Zeit ein eigenes Postamt eingerichtet wurde, das die Verbindung zwischen Varzin und Berlin, zwischen Hinterpommern und den europäischen Residenzen aufrechterhalten mußte. So kam durch Otto von Bismarck, der sich immer zu Pommern bekannte, die weite Welt in die bisher eher abgeschiedene

ländliche Welt. Die Pommern waren stolz auf ihren Bismarck, zumal er sich nicht von der kleinen Welt abkapselte, sondern den Umgang mit seinen bei ihm Beschäftigten suchte. Dazu gehörte auch, daß er an den Erntefesten in Varzin teilnahm. Als bei so einer Gelegenheit die Großmagd beim Tanz den Kanzler so richtig in Fahrt gebracht hatte, lobte Bismarck: »Noch keine Großmacht der Erde hat mich so herumzuschwenken vermocht wie meine Großmagd!«
Das Herz des Pommern schlägt höher, wenn er heutzutage Varzin aufsucht. Denn er kann feststellen, daß viel mehr an den Fürsten erinnert, als man im allgemeinen vermutet. Äußerlich macht das Schloßgebäude einen gepflegten Eindruck. Es hat sein heutiges Aussehen durch den rechten Flügelanbau von 1874, den Bismarck veranlaßte, sowie einen weiteren des Jahres 1901 erhalten. Jüngst wurden Dach und Fassaden restauriert, so daß die Substanz des Herrenhauses nicht weiter verfällt.
Eine Fülle von Einzelheiten erinnert an Bismarck. Am eindrucksvollsten gibt das ehemalige Arbeitszimmer die Atmosphäre seines Alltags wider. Der Parkettfußboden, die Wandtäfelung, der aus Hirschgeweihen zusammengefügte Kronleuchter, der große Konferenztisch, ein Stuhl und vor allem der grüne Großkamin mit der Inschrift »In trinitate robur« (In der Dreiheit liegt die Stärke) sind noch erhalten.
Das war Bismarcks außenpolitische Maxime ab 1871, dem Gründungsjahr des Deutschen Reiches. Wenn die drei Kaiserreiche Deutschland, Österreich und Rußland zusammenstünden, so war Bismarcks Argumentation, könnte der Friede in Europa von niemandem gestört werden. Zur Erhaltung des Dreikaiserabkommens von 1873 lud er die maßgebenden Persönlichkeiten in die Privatsphäre von Varzin ein, so den russischen Außenminister Giers und den österreichisch-ungarischen Außenminister Graf Kalnoky. Mit ihm soll Bismarck unter den Zweigen einer jahrhundertealten, mächtigen Eiche im Schloßpark das Dreikaiserbündnis von 1881, den Neutralitätspakt zwischen Deutschland, Österreich und Rußland, vorbereitet haben.
An der Ostseite des Bismarck-Anbaues hat das Bronzerelief von des Kanzlers Lieblingspferd Schmetterling wieder seinen alten Stammplatz bekommen. Es war in den Nachkriegswirren auf ei-

nem Schrotthaufen gelandet. Dank des Oberschlesiers Piotr Manka, eines Lehrers an der Forstschule im Varziner Schloß, ist das Bronzerelief wieder restauriert und an der Giebelwand angebracht worden. Mankas Einsatz für die Wiederherstellung mancher Bismarck-Gedenkstätten bezieht auch den ehemaligen Friedhof der Familie ein. Bis Kriegsende 1945 lebte noch des Kanzlers 82jährige Schwiegertochter Sibylle Malwine, die Gemahlin des zweiten Sohnes Wilhelm Otto Albrecht, im Schloß zu Varzin. Nach dem frühen Tod ihres Mannes (1901) hatte sie auf der Waldeshöhe des »Kleinen Richtberges« – etwa einen Kilometer vom Schloß entfernt – eine Begräbnisstätte mit Mausoleum errichten lassen. Hier sollten die Gebeine der Familie des zweiten Kanzlersohnes ihre letzte Ruhestätte finden, und zwar die von Wilhelm und Sibylle sowie deren Sohn Nikolaus, der 1940 verstarb. Nach der Einnahme des Ortes durch die Rote Armee ging die alte Dame freiwillig in den Tod. Ihr Leichnam wurde zunächst von Gutsbeschäftigten im Park beigesetzt und dann auf dem Familienfriedhof. Bis 1957, dem Jahr des Abzuges der Sowjetsoldaten aus Varzin, sollen Schloß und Mausoleum unzerstört geblieben sein. Dann aber wurden die gesamten Friedhofsanlagen schändlich verwüstet. Die ansässigen Polen machen für dieses Zerstörungswerk die Sowjets verantwortlich. Rund 30 Jahre lang blieben die Grüfte aufgesprengt, die Grabkapelle eingeebnet, und die Särge waren entfernt worden. Waldgräser, Sträucher und kleine Bäume breiteten sich auf dem geschändeten Friedhof aus – als Dokument der Unmenschlichkeit und Würdelosigkeit. Dann machte sich Manka – noch in der Zeit der Diktatur – heimlich daran, wenigstens die beim Wüten verschobenen Grabplatten der drei Kanzler-Angehörigen auf Zementunterlagen zu verlegen. Die vollständige Wiederherstellung der ehrwürdigen Begräbnisstätte bleibt eine Zukunftsaufgabe.
Allen Pommern dürfte es ein Anliegen sein, die geschichtsträchtige Vergangenheit von Varzin dem Vergessenwerden zu entreißen. Denn Varzin gehört geistig allen Pommern, weil sich der verehrte Reichskanzler als Pommer bekannte. »Nur wer Pommern kennt«, schrieb Bismarck einmal, »kann begreifen, wie glücklich wir uns hier fühlen; aber der begreift es auch ganz.« Dieses Bekenntnis könnte auch von Max Schmeling stammen, einem der populärsten Sportler Deutschlands der Vorkriegszeit.

Der einstige Boxweltmeister im Schwergewicht erwarb 1937 Ponickel, gleichfalls im Kreis Rummelsburg gelegen. Dieses Gut war im 15. Jahrhundert von dem Adelsgeschlecht von Puttkamer eingerichtet worden, damit das Land urbar gemacht werden sollte. Schmeling bekundete als geborener Brandenburger mit seiner Kaufentscheidung, welche anziehenden Kräfte von unserem Hinterpommern und der armen Gegend um Rummelsburg ausgehen konnten. Wir waren dankbar, daß Schmeling und seine Frau Anny Ondra, eine bekannte Filmschauspielerin, sich gleichfalls zu unserer Heimat bekannten, und wir sind betrübt, daß von dem Gutshof Ponickel heutzutage nichts mehr anzutreffen ist.

Auch wir Pommern hatten unsere eigene Schweiz – wie Sachsen, Franken oder Holsteiner. Der Begriff Schweiz wurde in Anlehnung an das reizvolle Alpenland auf manche Regionen Deutschlands übertragen, in denen Berge, Seen und Wälder ein besonders harmonisches Ganzes bilden. Das traf im Pommerschen Höhenrücken auf das Dreieck zwischen den Städten Bad Polzin im Norden, Neustettin im Osten und Dramburg im Westen zu. Der landschaftliche Reiz in der Pommerschen Schweiz lag in dem Seenreichtum.

Schlaue Leute haben errechnet, daß es über 4000 Seen mit einer Größe von jeweils einem Hektar und mehr in dieser Seenplatte geben soll. Ihre Besonderheit besteht darin, daß sie unterschiedliche Formen und Tiefen aufweisen. Bald ziehen sie sich in länglicher Form hin; dann sind es Rinnenseen, die durch die Schmelzwasser unter dem Eis entstanden sind und daher große Tiefen haben (Drahtzigsee 83 Meter, Großer Pielburger See 54 Meter, Großer Lübbesee 46 Meter). Bald schmücken sie sich mit zahlreichen Buchten. Dann sind sie nacheiszeitliche Wassersammelbecken. Auch ihre Ausdehnung zeigt unterschiedliche Maße: Der Drahtzigsee bei Tempelburg ist der größte mit 19 Quadratkilometern. Über die kleinsten kann man einen Stein werfen.

Was den Wassersportler besonders anzieht, ist das Phänomen, daß viele Seen miteinander verbunden sind. Wer weite Fahrten unternehmen will, kann sich beispielsweise bei Tempelburg dem Drahtzigsee anvertrauen und sich auf der Drage an Falkenburg und Dramburg vorbei nach Süden zur Netze und weiter zur Oder

treiben lassen. Die gleiche Richtung nach Süden kann einschlagen, wer bei Neustettin vom Vilmsee aus über die Küddow die Netze hinter Schneidemühl ansteuern will. Nach Norden, direkt zur Ostsee, streben die Persante und die Rega, wie schon erwähnt.
– Bis zum Beginn des Krieges war die Seenplatte nur den Eingeweihten als sommerliche Attraktion bekannt. Inzwischen machen die Polen große Anstrengungen, um Fremde (auch aus Deutschland) in die Pommersche Schweiz zu locken.
Die größte Stadt im Pommerschen Höhenrücken war Neustettin (1939: 20000 Einwohner). Wegen ihrer zentralen Lage im Seengebiet und speziell an dem langgezogenen Ufer des Streitzigsees mit schönen Parkanlagen nannte sie sich auch die Perle Hinterpommerns. In ihrer geschichtlichen Entwicklung hatte sie immerhin 600 Jahre benötigt, um die Schönheit der Naturumgebung als charakteristisches Kennzeichen der Stadt zu entdecken. Vorher war ihr Merkmal die gute Verteidigungssituation auf der schmalen Landbrücke zwischen Vilm- und Streitzigsee gewesen. Aus diesem Grund hatte Pommernherzog Wartislaw IV. im Jahre 1310 hier eine Feste anlegen lassen. Denn das »neue Stettin« mußte auf der Hut vor den brandenburgischen und polnischen Nachbarn sein.
Nur 35 Kilometer weiter westlich waren zur gleichen Zeit wie die pommersche Feste Neustettin zwei weitere Burgen angelegt worden: Tempelburg und Draheim, die nur fünf Kilometer voneinander entfernt lagen. Die strategische Bedeutung der Salzstraße von Kolberg ins Netzegebiet und nach Polen durch diesen Landstrich war ausschlaggebend für die Errichtung der Burgen gewesen. Der Templerorden hatte sie zwischen 1290 und 1300 errichtet. Als der Papst 1312 den Orden aufhob, fiel das Gebiet an die Johanniter, bis Polen sich das Land einverleibte (1407–1657). Dabei unterstellte er Tempelburg der polnischen Starostei (Verwaltung) Draheim. Erst 1657 gewann der Große Kurfürst aus Brandenburg Land und Burg Draheim für sich. Die Bedeutung als Feste ging im Siebenjährigen Krieg verloren, als die Russen die Burg eingeäschert hatten. Obwohl Polen zweieinhalb Jahrhunderte lang das Gebiet um Draheim besessen hatte, war die Bevölkerung deutsch geblieben. Aber der polnische König hatte in seinem gegenreformatorischen Eifer die evangelischen Gottesdienste verboten. –

Heutzutage erinnert nur die Ruine Draheim an die ehemaligen Auseinandersetzungen. Die kräftigen Mischwälder und die buchtenreichen Seen ringsumher lassen keine Erinnerung an ein unter Polen, Ritterorden und Brandenburg heiß umkämpftes Grenzgebiet aufkommen.
Auch die beiden anderen Städte der Seenplatte – Falkenburg und Dramburg – verdanken ihre Gründung und Entwicklung der strategischen Lage an dem Fluß Drage. Schon im ausgehenden 13. Jahrhundert war das Gebiet den Brandenburgern zugefallen. Polen hatte hier im Gegensatz zu Draheim und Tempelburg keine Machtposition begründen können. Dramburg kann sich rühmen, in seinen Mauern im Februar 1377 sogar einem deutschen Kaiser Herberge geboten zu haben (Karl IV.). In jüngster Zeit geriet Falkenburg ins braune Blickfeld, als Hitler in der Nähe – am Krössinsee – die Ordensburg Krössin zur Schulung der Partei-Elite errichten ließ. Das gab ab 1934 den dortigen Ziegeleien mächtigen Auftrieb.
Bis auf den heutigen Tag haben selbst die größeren Orte in der Seenplatte mit jeweils rund 10 000 Einwohnern ihren Kleinstadtcharakter bewahrt. Nur in Neustettin ist nach 1945 die Einwohnerzahl auf rund 40 000 gestiegen. Auch die Industrieanlagen hielten in ihrem Umfang Maß und beeinträchtigen nicht die Naturschönheit der Umgebung.

Der Pommersche Höhenrücken bot zwar in seinem östlichen Teil bei Rummelsburg und Bütow die Schönheit des Waldes, zeugte aber zugleich von wirtschaftlicher Armut. In seinem westlichen Teil hingegen – um den Madüsee herum – ist von Wald oder Höhenrücken überhaupt nichts mehr zu sehen. Heute breitet sich hier eine baumlose Ebene aus. Früher, um 1200, als dieses Gebiet dem Kloster Kolbatz geschenkt worden war, fanden die ersten Siedler, die man aus Franken und der Altmark gerufen hatte, dichte Laubwälder und die sumpfigen Niederungen um den Madü- und den Plönsee vor. Bald stellte sich heraus, daß die deutschen Kolonisten einen Glücksgriff getan hatten. Denn so guten Schwarzerdeboden, eine Mischung aus tonigem Material eines Gletscherstausees und Lößablagerungen, gibt es in ganz Deutschland nur selten (Magdeburger Börde, Leipziger Tieflandsbucht). Daher warf er

reichen Gewinn ab, wenn man Weizen und Zuckerrüben anbaute. Nach dem Hauptort des Gebietes hat er die Bezeichnung Pyritzer Weizacker bekommen. Man kann ruhig sagen: Aus diesem Acker war Gold zu machen!
Der Wohlstand war an der berühmten und in Pommern farbenprächtigsten Weizacker Tracht abzulesen, besonders an den zahlreichen Knöpfen an Weste und langem Rock des Mannes. Bei den reichsten Bauern mußten diese Knöpfe ganz aus Silber sein, aber nicht drei bis vier an der Zahl, sondern 50 bis 60.
Weil die Frauen mehrere Röcke übereinander tragen mußten, erinnerten sie in ihrer Erscheinung an eine wandelnde Glocke. Ihre Tracht war besonders farbenprächtig. Blau die Haube, weißer Tüll als Kragenhals, schwarz das riesige seidene Umschlagtuch, bunt die Seidenschürze über den dunkelfarbigen Röcken und rot oder blau die Strümpfe. Unübersehbar war die kostbare Dekoration: dicke Bernstein- oder Korallenketten und Plattstickereien auf den Strümpfen. Die prächtigen Trachten wurden noch bis zum Ersten Weltkrieg getragen. In den dreißiger Jahren war eine allmähliche Wiederbelebung des Trachtentragens zu beobachten. Erhalten hat sich vor allem der Grundsatz, der von der Mädchentracht erwartet wurde:

> Blag as de Kurnblaum un rot as de Mahn
> möten uns're Mäkes de Kleedröck stahn.

Dieses Plattdeutsch gleicht eher dem Märkischen und beweist seine vielfältigen Erscheinungsformen in Pommern zwischen Lauenburg und Rügen. Daß sich die Tradition der Weizacker Tracht bis ins 20. Jahrhundert hinein halten konnte, dürfte auf den Stolz der selbständigen Bauern zurückzuführen sein. Seit der Ansiedlung der deutschen Kolonisten hatte es nur Bauern und Bauerndörfer gegeben, zunächst unter der Oberhoheit des Klosters Kolbatz, dann unter der des Herzogshauses, das die Ländereien des Klosters nach der Reformation an sich nahm.
Außer dem dunklen Schwarzerdeboden sorgt der Madüsee für Besonderheiten, die man in Pommern sonst nicht antrifft. Da fällt zunächst seine Größe von 37 Quadratkilometern aus dem Rahmen der anderen Binnenseen. Sodann läßt sich an seinen Uferlinien nachweisen, wie naturverändernd der Mensch seit dem Mit-

telalter hier eingegriffen hat. Um 1200 wollten die Kolbatzer Mönche an der Plöne Wassermühlen errichten und stauten zu diesem Zweck den Seespiegel auf. Friedrich der Große wiederum ließ den See absenken, weil er aus dem Moor- und Sumpfgebiet Ackerland gewinnen wollte (rund 10000 Hektar sprangen dabei heraus). So legte er acht neue Dörfer mit 150 Kolonistenfamilien an. – Schließlich zeichnet sich der See durch großen Fischreichtum aus, besonders an Maränen, die es sonst nicht mehr in Norddeutschland gibt. Das alleinige Vorkommen der Maränen im Madüsee hat den Anlaß zu der schönen Sage von dem Abt zu Kolbatz geboten, der Maränen – wie auf der Speisekarte Roms – bei sich vermißte. Davon erfuhr der Teufel, der eine Wette anbot. Wenn er bis zum Morgengrauen, bevor der erste Hahn krähte, in einem Sack die seltenen und schmackhaften Fische aus Italien herbeischaffen würde, sollte der Abt seine Seele dem Teufel vermachen. Als dieser aus Italien zurückkehrte, krähte gerade der erste Hahn im Kloster Kolbatz. Da hatte der Teufel die Wette verloren. Der Sack mit den Moränen entglitt ihm in den See, wo sie sich seither prächtig vermehrten.

Am Rande des Weizackers liegen zwei Städte: Pyritz im Süden, Stargard im Norden. Beide beanspruchten das schmückende Attribut »pommersches Rothenburg«. Wem stand die ehrende Bezeichnung aber zu? – Nun, wenn man bei dem Stichwort Rothenburg die unversehrte Erscheinung des mittelalterlichen Stadtbildes meint, dann muß man Pyritz und Stargard unter diesem Aspekt vergleichen.
Beide Städte traten seit der ersten Missionierungsreise Ottos von Bamberg (1124) aus dem Dunkel der Vorgeschichte. Der pomoranische Flecken Pyritz, 40 Kilometer südöstlich von Stettin, war die Ausgangsstation für die Christianisierung Pommerns. Dort soll Bischof Otto die ersten wendischen Pommern getauft haben, 7000 an der Zahl, so berichten die Chronisten. An dieses Ereignis erinnert bis heute der Otto-Brunnen. Damals gab es nur ein »castrum«, einen wendischen Burgwall. Neben ihm hat sich dann ab Ende des 12. Jahrhunderts der deutsche Ort entwickelt, der 1263 vom Greifenherzog Magdeburger Stadtrechte erhielt. Dank der günstigen Lage an einer alten Handelsstraße und im Weizacker-

gebiet gelangte die deutsche Stadt schnell zu Wohlstand und konnte oder mußte sich als pommersche Grenzfeste gegen Brandenburg eine beachtenswerte Verteidigungsanlage leisten, die bis zum Zweiten Weltkrieg alle Wirren überdauert hat. Der Stadtmauerring bis zur üblichen Höhe von sechs Metern ist in der Mitte des 15. Jahrhunderts fertiggestellt worden und bot dem nach Schönheit suchenden Auge beinahe Unvergleichliches, nämlich acht Türme, 26 Wiekhäuser sowie zwei Tore: das Stettiner Tor im Norden und das Hohe oder Bahner Tor im Süden. Obwohl Pyritz im Dreißigjährigen Krieg mehrfach geplündert und durch Brände geschädigt wurde, ist es immer wieder aufgebaut worden und in alter Vollkommenheit wiedererstanden. Mit der Mauritiuskirche, der gotischen Hauptkirche aus dem 14./15. Jahrhundert, sowie dem schlichten Rathaus und den zwei- bis dreistöckigen Bürgerhäusern mit schmuckem Fachwerk war es ein idyllisches Landstädtchen (1939 mit 11 000 Einwohnern), das in Pommern einen guten Ruf genoß. Doch im Februar/März 1945 wurde es neben Kolberg und Schneidemühl zu den am heißesten umkämpften Städten in Pommern. Mehrfach wechselte es den Besitzer. Die bürgerliche Bausubstanz wurde ein einziger Trümmerhaufen; doch ein Tor und die Stadtmauer überstanden die Kriegswunden. Auch Stargard hatte wichtige Argumente für seinen Anspruch auf den Titel pommersches Rothenburg anzuführen. Als Bischof Otto erstmals nach Pommern kam (1124), existierte an dem Übergang über die Ihna bereits ein pomoranisches »castrum«, auf das der Stadtname Bezug nimmt: Alte Burg bzw. Altenburg. Ein Beauftragter des Herzogs, ein Kastellan, verwaltete von hier aus das Land. Gegen Ende des 12. Jahrhunderts ließen sich neben der wendischen Siedlung deutsche Kolonisten und Handwerker nieder. Sie begannen um 1230 mit dem Bau der Wehranlagen und erwarben 1243 (oder 1253) deutsches Stadtrecht. Die neue Siedlung blühte dank des florierenden Handels mit Getreide vom Pyritzer Weizacker über die Ihna zur Ostsee schnell auf und wurde so zur Konkurrentin des benachbarten Stettin. Als dann in der ersten Hälfte des 15. Jahrhunderts die pommerschen Herzöge mit häufigen Aufenthalten ihre Vorliebe für Stargard zu erkennen gaben, wuchs der nachbarliche Neid, der zu jahrelangen Fehden zwischen den Städten ausuferte, obwohl beide gemeinsam der Hanse angehörten. – Seit Jahrhunderten wissen die Menschen, daß nachbarlicher Städte- oder Staatenstreit zum Niedergang führen kann, wenn er in Fehden oder Krieg ausartet. Von dieser immer wiederkehrenden Erfahrung blieben die Pommern nicht ausgespart. Der wirtschaftliche Konkurrenzkampf erbrachte für Stargard einen zeitlosen Nebeneffekt. Die wohlhabende Bürgerschaft setzte sich selbst bauliche Denkmäler, die nach Jahrhunderten immer noch imponierten. Da wären zunächst die beiden Hauptkirchen zu nennen: die Johanniskirche (der Name ist vom Johanniterorden abgeleitet, der in der Stadt Grundbesitz hatte) aus dem 15. Jahrhundert sowie die dreischiffige Basilika-Hauptkirche zu St. Marien – gleichfalls aus dem 15. Jahrhundert, aber mit Vorläuferkirche aus dem 12./13. Jahrhundert. Beide konnten mit unterschiedlichen Superlativen aufwarten. Die Johanniskirche hatte mit 99 Metern Höhe den höchsten Turm in ganz Pommern (1893 aufgesetzt), und die Marienkirche konnte sich mit dem Rang der größten Backsteinkirche Pommerns brüsten. Aber beide hielten sich an das pommersche Prinzip, die Superlative nicht noch übersteigern zu wollen, sondern Würde mit Maß zu kombinieren. Deshalb überließ man es anderen Städten in Deutschland, noch höhere Kirchtürme zu errichten (z. B. Ulmer Münster mit rund 160 Metern) und noch geräumigere Kirchen zu schaffen (z. B. die Danziger und die Lübecker Marienkirche).

Es geht hier um die Frage: Wer verdiente vor dem Krieg den ehrenden Titel eines pommerschen Rothenburg? Wenn man bei einer Bewertung das geschlossene Stadtbild zugrunde legt, kann Pyritz einige Vorteile verbuchen. Wenn man die Pracht einzelner Schaustücke in den Vordergrund rückt, liegt Stargard vorn. Sein Reichtum war sichtbar in dem Rathausgiebel am Markt mit Schmuckdekoren aus der Spätgotik und der Renaissance (16. Jahrhundert) und in vielen Bürgerhäusern, wie der Ratsapotheke – gleichfalls mit üppigem Maßwerk aus der Übergangsphase von der Gotik zur Renaissance – oder der Alten Wache mit einem (in Pommern seltenen) Laubengang aus der Barockzeit. Schließlich hatte auch Stargard seine Stadtmauer fast ganz bewahrt; unter seinen vier Stadttoren war eines, das Mühlentor, das etwas Einmaliges in ganz Pommern darbot. Es war nämlich ein Wassertor mit zwei trutzigen Türmen. Seit 1411 überspannte es die Ihna, um

Eindringlinge abzuwehren, die auf dem Fluß die Stadt zu erobern versuchten.

Aus dem Schulunterricht nahmen wir pommerschen Kinder staunend die Kenntnis mit, daß in Stargard die bekannte Firma Mampe Likör angesiedelt sei und daß mitten durch den Schornstein dieser Firma der 15. Längengrad verlaufe (wie übrigens auch durch Hoff an der Ostsee), der für die Festlegung der Mitteleuropäischen Zeit maßgebend ist.

So hatte also vor dem Krieg jede der beiden Konkurrentinnen, die mit dem mittelalterlichen Rothenburg verglichen werden wollten, ihre eigenen Merkmale, die bis in die Blütezeit der deutschen Städte zurückreichten. Beide präsentierten sich durch ihre geschichtlich geprägte Backsteingotik und ihr Gesamtbild als steingewordenes Mittelalter. Sie beanspruchten durch ihr Gesamtbild zu Recht die pommersche Anspielung auf Rothenburg. Im Krieg ist das fränkische Original trotz eines Fliegerangriffs mit einem blauen Auge davongekommen. Pyritz ist zu 90 Prozent, Stargard zu 70 Prozent zerstört worden. Der polnische Wiederaufbau hat zwar einzelne Prachtbauten wieder restauriert, aber das mittelalterliche Stadtbild von Grund aus verändert. Sozialistische Einheitsblöcke traten an die Stelle individueller deutscher Baukultur. Eine vergleichende Betrachtung mit Rothenburg bleibt heute ein Traum der deutschen Vergangenheit.

Eine andere Kommune legte sich gleichfalls einen schmückenden Beinamen zu. Aber mit der Idylle einer mittelalterlichen Kleinstadt wollte sie nicht verglichen werden. Ihr Orientierungspunkt war Paris, Frankreichs pulsierende Metropole in Wirtschaft und Kultur. Freilich war Stolp die größte Stadt in Hinterpommern (1939: 50 000 Einwohner; heute rund 100 000); aber seine Bevölkerungszahl konnte nun wirklich keinen Vergleich mit Paris beanspruchen. Da mußten andere Kriterien herangezogen werden. Eine oberflächliche Betrachtung der geschichtlichen Entwicklung machte eher Unterschiede als Ähnlichkeiten deutlich. Paris war bereits seit dem Jahr 488 Hauptstadt des fränkischen Königreiches und hatte um 1200 etwa 100 000 Einwohner – in einer Zeit, die Stolp gerade erst den Einstieg in die Geschichte ermöglichte. Damals bestand eine pomoranische Wallburg auf dem rechten

Ufer der Stolpe. Ab Mitte des 13. Jahrhunderts entwickelte sich auf dem linken Ufer eine deutsche Kolonie. Sie mußte zwar die Auseinandersetzungen um den Besitz des Landes zwischen dem Herrscher von Pomerellen, dem polnischen König und dem Markgrafen von Brandenburg über sich ergehen lassen. Aber sie erfuhr auch eine starke Förderung zur selbständigen Stadt nach dem üblichen Grundmuster in Pommern. Von dem rechteckigen Markt als Mittelpunkt gingen die Hauptstraßen in vier verschiedene Richtungen. Zu ihrem Schutz erhielt die Anlage – unter Einbeziehung des wendischen Teiles rechts der Stolpe – eine Stadtmauer. Deutsches Stadtrecht (Lübecker Vorbild) wurde Stolp im Jahre 1310 von dem Markgrafen von Brandenburg zugesprochen, der das Land Stolp nach dem Aussterben der Fürsten von Pomerellen geerbt hatte. Nachdem es 1317 an das pommersche Herzogshaus gefallen war (Wolgaster Linie), fand Stolp schließlich eine Ausgestaltung zur Residenzstadt. Dazu gehörte natürlich ein herzogliches Schloß mit Schloßkirche. Nach einem großen Brand wurde 1507 ein neues Schloß gebaut. Dieses wurde bis in das 17. Jahrhundert von Mitgliedern des Greifengeschlechtes gerne aufgesucht und bewohnt.

Die Vernichtungswut der Roten Armee vom März 1945 hat nur die Kirche überstanden. Das teilweise zerstörte Schloß wurde von den Polen wiederhergestellt und beherbergt heute ein Museum, in dem viele Exponate an ihre deutsche Herkunft erinnern, obwohl das Wort »deutsch« im Museumsführer und in den geschichtlichen Darstellungen verschwiegen wird. Zinnkrüge verraten aber doch ihre Hersteller (Erdmann Lauffert 1664, Jacob Priebe 1693); in einem schweren Mörser kann man die deutsche Inschrift lesen: Jacob Lewscher goß mich anno 1603. In der Kirche (Schloß- oder Johanniskirche) sind die Epitaphien für Herzogin Anna von Croy (gest. 1660), Schwester des letzten Greifenherzogs Bogislaw XIV., und für ihren Sohn Ernst Bogislaw von Croy (gest. 1684) unübersehbar. Manche Grabmäler hoher Bediensteter verraten in deutscher Sprache, was die Menschen an der Schwelle vom Leben zum Tod bewegt hat. So ist rund um einen rechteckigen Epitaph noch deutlich lesbar: »Weil Gott und Hohe Fürstengnad üns hie die Ruh gegönnet hat, so lass auch Du unberührt, bis üns Gott selbst von hinen führt. Für Fürstliche Croyshe Cammer Frau.«

Wie das Vorbild Paris hat also auch Stolp höchste Persönlichkeiten in seinen Mauern bewundert und begraben. Aber auf diese repräsentative Vergangenheit bezieht sich die schmückende Formel Klein-Paris weniger, sondern auf die Entwicklung seit Ende des 19. Jahrhunderts. In der sogenannten Gründerzeit nach 1871, als nach dem militärischen Sieg über Frankreich ein jahrzehntewährender Aufschwung in Deutschland auch dem Osten zur wirtschaftlichen Blüte verhalf, mauserte sich Stolp abermals in seiner Geschichte zu einer Metropole im östlichen Hinterpommern. Im Jahre 1870 war zudem die durchgehende Eisenbahnverbindung von Berlin über Stettin und Stolp nach Danzig hergestellt worden, so daß die 350 Kilometer entfernte Reichshauptstadt Berlin leicht für den Personen- wie den Güterverkehr erreichbar wurde. Der Waldreichtum der Umgebung Stolps war Ausgangspunkt für den Aufbau der größten Möbelfabrikation Ostdeutschlands (in der auch Bismarck einkaufte). Die Produkte des Umlandes lieferten die Rohstoffe für Nahrungsmittel-, Fisch- und Papierverarbeitung. Der »Stolper Jungchen« war ein Markenkäse, der nicht nur in Deutschland guten Absatz fand.

Auch auf kulturellem und gesellschaftlichem Gebiet wurde Stolp zu einem geistigen Mittelpunkt, an dem natürlich auch die Adelsfamilien des Umlandes teilhatten. Ein vielseitiges Angebot an Schulen, ein Stadttheater, zahlreiche neue Verwaltungs- und Repräsentationsbauten, der weitere Ausbau der Garnison und Restaurationsbetriebe (Café Reinhardt) gaben der aufstrebenden Stadt ein besonderes Gepräge. Nachdem die Wälle vor der Stadtmauer eingeebnet worden waren, entstanden dort breite Straßen und Parkanlagen, die durchaus an die Pariser Boulevards erinnerten und auch heute wieder Bewunderung erregen. Schließlich erhielt Stolp durch den Ausbau eines kleinen Flugplatzes (1926) Luftanschluß an die große, weite Welt. Es war für jedermann offensichtlich, daß Stolp das bedeutendste Wirtschafts- und Kulturzentrum zwischen Stettin und Danzig geworden war. Schmunzelnd überließen die bescheidenen Hinterpommern den stolzen Stolpern ihren hohen Anspruch, als Klein-Paris betrachtet zu werden, zumal sie geschworen hatten, Abschied zu nehmen von der Überheblichkeit, die sich in folgendem Reim ausdrückte:

Stolp ist eine Stadt.
Lauenburg ist auch noch wat.
Bütow ist ein Fleck.
Leba ist ein Dreck.

Was die Stolper als echte Pommern auswies und daher für die anderen so sympathisch machte, war die Wahl ihres Leitspruches im neuen Rathaus (dem dritten in der Stadtgeschichte) von 1900:

Feststehen immer – stillstehen nimmer.

Das Rathaus mit seinen vielen Wappen in der Vorderfront ist erhalten. Aber die Inschrift über dem Portal mit der für die deutschen Pommern typischen Geisteshaltung haben die Polen entfernt.
Nach dem verpflichtenden Motto des Rathauses handelten alle. Zwei der herausragenden Persönlichkeiten, die aufs engste mit Stolp verbunden waren, seien besonders erwähnt. Der eine war Heinrich von Stephan (1831–1897), der in Stolp geboren und als der beste Postminister Deutschlands, als Erfinder der Postkarte und Gründer des Weltpostvereines in die Geschichte eingegangen ist und deshalb geadelt wurde. Der andere war Gebhard Leberecht von Blücher (1742–1819). Er war zwar in Rostock geboren worden, aber als Chef der Stolper Husaren verbrachte er 14 Jahre in dieser Stadt. Als preußischer Generalgouverneur für Pommern und Neumark sowie als »Marschall Vorwärts« war er der militärische Gegenspieler Napoleons und genoß in ganz Deutschland jedermanns Achtung. – Ob außer diesen beiden großen Persönlichkeiten noch andere Stolper die Vorbildstadt Paris je zu Gesicht bekommen haben, darüber wollte man sich in Stolp vor dem Krieg nicht so genau äußern.

Wenn wir in Köslin bei Sportfesten Mannschaften aus Stolp empfingen, begrüßten wir sie oft spöttisch mit dem Liedvers:

Wo kommen all die Kaschuben her?
Aus Stolp, aus Stolp, aus Stolp!
Es sind so viele wie Sand am Meer.
In Stolp, in Stolp, in Stolp!

Natürlich wußten wir, daß in der Stadt keine Kaschuben lebten. Wir wollten die Kameraden aus der Nachbarschaft einfach nur necken. Die Antwort auf die Frage, woher die Kaschuben kommen, hätte auch »aus Bütow« oder »aus Leba« heißen können. Mit der Erwähnung dieser Städte waren nämlich genau diejenigen Landstriche genannt, in denen vor dem Zweiten Weltkrieg noch Kaschuben lebten. Aber die zweisilbigen Städtenamen Bütow und Leba paßten nicht zum Liedrhythmus. Daher mußte es »aus Stolp« bzw. »in Stolp« lauten.
Es gab auch den offiziellen Begriff Kaschubei. Damit war das Hauptwohngebiet der Kaschuben südwestlich von Danzig im ehemaligen Westpreußen um die Städte Karthaus (Kartuzy) und Berent (Koscierzyna) gemeint. Die staatlichen Entscheidungen hatten die Kaschuben schon vor 1919 entweder zu deutschen oder zu polnischen Staatsangehörigen gemacht. Dementsprechend waren sie auch konfessionell gespalten. In Pommern hatten sie in der Reformation den evangelischen Glauben angenommen, in Polen den katholischen. Aber ihre Sprache und ihre Sitten pflegten sie über die Grenze hinweg. Ja, die Brandenburger ließen das Kaschubische sogar als Amtssprache zu, als der Kreis Bütow nach dem Aussterben des Greifengeschlechtes nach dem Dreißigjährigen Krieg an die Hohenzollern kam. An dieser Toleranz hätten sich andere Staaten ein Beispiel nehmen können (Polen)! Sogar kaschubische Predigten gab es in den evangelischen Kirchen am Lebasee; die letzte wurde 1854 gehalten – in Schmolsin/Kreis Stolp. Dann aber mangelte es an kaschubisch sprechenden Pfarrern und Gläubigen. Bei der Volkszählung des Jahres 1925 bezeichneten sich als Kaschuben: im Landkreis Lauenburg 149 Personen (von 62 000 Einwohnern) und im Kreis Bütow nur 15 Personen (von 29 000 Einwohnern).
Waren die etwa 150 000 Kaschuben in Westpreußen und Ostpommern nun Deutsche oder Polen? Keines von beiden! Sie waren ein Teilstamm der wendischen Pomoranen, die sich irgendwann Kassuben oder Kaschuben nannten. Sie führten ein zurückgezogenes Landleben, so daß Bismarck sagte: Reinfeld, der Geburtsort seiner Frau, liege so nahe an Polen, daß man dort »nächtlich die Wölfe und Cassuben heulen« höre. Zu ihnen zählten auch die Slowinzen mit den Wohnsitzen um den Lebasee. Erstmals taucht der

Name Cassubia in einer Urkunde im Jahre 1238 auf. Hiermit ist der Teilstaat gemeint, der sich vom östlichen Hinterpommern bis zur Weichsel erstreckt, also eine Region des ehemaligen Pomerellen. Zwar ist das Gebilde Cassubia im Mittelalter untergegangen. Aber erhalten hat sich der Titel »dux Cassubiae«, Herzog von Kassubien. Er wurde von den Nachfolgebesitzern, den Pommernherzögen der Stettiner Linie, ebenso übernommen wie von den brandenburgisch-preußischen Erben in Berlin, die unter ihren 22 offiziellen Titeln auch den des »dux Cassubiae« bis ins 20. Jahrhundert aufführten.

Die Polen haben nach dem Krieg in dem Dorf Klucken am Südrand des Lebasees ein Freilichtmuseum der slawischen Slowinzen eingerichtet – nicht aus Toleranz gegenüber der Kultur der Kaschuben, sondern aus polnischen Propagandazwecken. Man will bei den ahnungslosen Besuchern den Eindruck vortäuschen, daß es sich im Raum Stolp – Leba um uralten polnischen Lebens- und Kulturraum handle. Wenn man die Kaschuben fragt, welcher Nation sie sich zurechnen, kann man als Antwort hören, sie fühlten sich zuwenig deutsch, um Deutsche zu sein, und zuwenig polnisch, um Polen zu sein.

Daß sie eine gegenüber Deutschen und Polen eigenständige Volkskultur gepflegt haben, verrät ihr Stammesname. Der Kaschube lebte einst in einer bezaubernden Landschaft von paradiesischer Ursprünglichkeit mit Wald und See, aber auch mit biblischer Armut. Infolgedessen war zum Ankauf der Kleidung kein Geld übrig. Alles, was man trug, mußte die Familie selbst herstellen. Zweckmäßigkeit hatte Vorrang vor Schönheit. Schmückende Dekorationen fehlten. Aus der Herstellungsart ihrer Garderobe leitete sich der Volksname her. »Ka« bedeutet Falte und »schubis« Rock. Demnach war also das Kleidungs-Kennzeichen der Faltenrock aus selbstgefertigtem Leinen- oder Wollstoff.

Einer breiteren Öffentlichkeit wurden die Kaschuben durch das Weihnachtslied des aus Riga stammenden Dichters Werner Bergengruen bekannt gemacht: »Wärst du, Kindchen, im Kaschubenland geboren ...!«

Dann preist der Dichter die Vorteile der Geburt des Heilandes im Kaschubenland an: Nicht auf Heu, sondern auf ein »Strohsäckchen, darüber ein Bettchen und viele Kissen, gefüllt mit Daunen«, wäre es gebettet worden. Auch an warmer Kleidung und Nahrung hätte es nicht gemangelt – »Wärst du, Kindchen, doch bei uns geboren!« Das Lied schließt zuversichtlich:

> Doch dir genügt ja schon der gute Wille,
> unsre Wünsche nimmst du hin als Gaben.
> Die Herzen zum Opfer bringen wir dem Schöpfer.
> Verachte uns nicht, obwohl wir arm sind!

Hat der Balte Bergengruen mit der Innigkeit dieses Weihnachtsliedes etwa mehr zur Sympathiewerbung für die Kaschuben beigetragen als der Kaschube Günter Grass mit seinen ganzen literarischen Erzeugnissen? (Mütterlicherseits ist Grass kaschubischer Abstammung.)

Goethes Faust kommt bei seiner Reflexion über Gott und Natur zu der Erkenntnis, daß menschliches Erbe erst innerlich verkraftet werden muß, bevor es zum eigenen, von innen anerkannten Besitz kommen kann: »Was du ererbt von deinen Vätern hast, erwirb es, um es zu besitzen!«
Die pommerschen Grundbesitzer – Junker wie Bauern – handelten nach diesem Grundsatz. Sie anerkannten den Wert des ländlichen Grundbesitzes. Daher benutzten sie ihn auch nicht zum Verschachern, allenfalls zur Abrundung und Vergrößerung. Diese Einstellung zahlte sich vor allem nach dem Ersten Weltkrieg aus. Wer vor der Inflation seinen Grundbesitz verkauft hatte, um von dem Erlös seinen Ruhestand in Stettin oder Berlin zu genießen, dem ging es schlecht. Wer dagegen seinen Besitz erhalten hatte, dem ging es gut.
Dabei hätten die kargen Böden oftmals Anlaß bieten können, sich von dem jeweiligen Grund zu trennen. Doch es fällt auf, daß der Adel, der sich vom 12. bis 14. Jahrhundert in Pommern aus den eingesessenen Wenden und den zugewanderten Deutschen entwickelte, seine Stammsitze jahrhundertelang nicht aufgab, vielmehr gewisse regionale Schwerpunkte bildete. So war beispielsweise der Kreis Belgard vornehmlich eine Domäne zweier Adelsgeschlechter. Im nördlichen Teil traf man meist auf die Manteuffels, im südlichen Teil auf die Kleists. Aus deren Herrensitz in Schmenzin (östlich von Belgard) stammte auch der Dichter Hein-

rich von Kleist (1777–1811); auch wenn er in Frankfurt an der Oder geboren wurde, wo sein Vater damals gerade als preußischer Major seinen Dienst tat, so war er doch ein Pommer, wenn man die Herkunft des Geschlechtes berücksichtigt. Der letzte Besitzer von Schmenzin, Ewald von Kleist, war von 1933 an ein scharfer Gegner Hitlers; kurz vor Kriegsende, im März 1945, wurde er von den Nazis als Widerstandskämpfer hingerichtet. – Sein gleichnamiger Vorfahr Christian Ewald von Kleist (1715–1759), der aus Zeblin bei Bublitz stammte, stand als dichtender Offizier (»Ode an die preußische Armee«) gewissermaßen Modell für den edlen Major von Tellheim in Lessings »Minna von Barnhelm«.
Nur historisch ganz versierte Pommern wußten bisweilen, welche Adelsgeschlechter aus dem wendischen Pomoranenstamm hervorgegangen oder Nachkommen eingewanderter Deutscher waren. Wer wollte schon die uralte Abstammung an den bekannten Adelsnamen erkennen, die etwa lauteten: Borcke, Bonin, Brockhusen, Bülow, Bulgrin, von der Goltz, Flemming, Glasenapp, Grumbkow, Kameke, Kleist, Krockow, Manteuffel, Münchow, Natzmer, Podewils, Puttkamer, Schwerin, Sydow, Tauentzien, Thadden, Versen, Wedel, Wolde, Zitzewitz.
Die wendischen Adligen waren ebenso wie ihre Stammesangehörigen seit dem 13./14. Jahrhundert ins Deutschtum hineingewachsen und unterschieden sich im Denken und Handeln bald nicht mehr von den Deutschen. Im 17./18. Jahrhundert gehörten sie alle zum Rückgrat der brandenburgisch-preußischen Verwaltung und Armee. In den Heeren Friedrichs des Großen gab es 60 Generäle aus pommerschem Adel, gegenüber anderen Landesteilen eine überdimensional hohe Zahl. Drei von ihnen waren sogar Generalfeldmarschälle: Caspar Otto von Glasenapp, Henning Alexander von Kleist und Conrad Christoph Graf von Schwerin. In Friedrichs Schlesischen Kriegen (zwischen 1740 und 1763) verlor allein das Geschlecht von Kleist 49 seiner Mitglieder – ein kaum verkraftbarer Blutzoll! Friedrich schätzte nun mal die Pommern über alle Maßen. Mit ihnen, so sagte er, »jage ich den Teufel aus der Hölle«.
Der pommersche Adel spielte also in der preußischen Geschichte eine maßgebende Rolle. Man könnte erwarten, daß diese herausgehobene gesellschaftliche Funktion sich in der Lebensweise auch

in den heimatlichen Schloßanlagen widerspiegelte. Wenn man jedoch die bis zum Zweiten Weltkrieg vorhandenen Herrensitze betrachtet, dann kommt man zu dem Ergebnis, daß auch der Adel sich an Pommerns Gesetz des Maßes gehalten hat. Das heißt, kein noch so hochgestellter Minister oder General hat je versucht, die königliche Prachtentfaltung in Berlin oder Potsdam zu imitieren – so wie es beispielsweise der reiche Finanzminister Fouquet probierte, in Vaux bei Melun/Paris mit einem Märchenschloß noch seinen eigenen König Ludwig XIV. in Versailles zu übertrumpfen. An der Ostsee baute man nach pommerschen Maßstäben. Daran hielten sich selbst die Herzogsfamilie und der Deutsche Ritterorden.

Dieser hatte nach dem Vorbild der Marienburg an der Nogat/Weichsel auch in Bütow eine stattliche Burg angelegt (1397–1409). Im Gegensatz zur Marienburg in der Tiefebene breitete sich die Bütower Anlage auf der Bergnase des Pommerschen Höhenrückens mit einer Länge von 75 Metern und einer Breite von 50 Metern aus. Sie war zwar der größte Profanbau des Mittelalters in Pommern, aber eben doch eine Stufe bescheidener ausgeführt als andernorts üblich. Das war wohl auch der Grund, daß sie bis auf den heutigen Tag erhalten geblieben ist. (Die Polen haben sie teilweise für Hotelzwecke umgebaut.) Hinterlassenschaften aus der Zeit des Ritterordens begegnet man in West- und Ostpreußen in jedem Städtchen. In Pommern hatte der Deutsche Ritterorden seine Bauten in Bütow, in Schlochau (1312–1325 erbaut), in Lauenburg (1363 vollendet) und in Schivelbein (1384–1455) hinterlassen. Aber sie konnten sich mit den in Ostpreußen üblichen mächtigen Burganlagen nicht messen. Daher sprach man in Pommern bescheidener von Schlössern (statt von Burgen).

Natürlich lebte auch der pommersche Adel in Schlössern und Herrenhäusern; und natürlich ließ er sie auch nach dem Baugeschmack der jeweiligen Entstehungszeit gestalten. Im Renaissancestil waren beispielsweise noch vor Kriegsbeginn die Schlösser in Spantekow (Kreis Anklam), in Penkun (Kreis Greifenhagen, aber westlich der Oder; ein Schulenburg-Bau – das älteste erhaltene Schloß in Pommern!), ferner in Mellenthin (auf Usedom), in Krangen (Kreis Schlawe) zu bewundern. – Als der prächtigste Barockbau in ganz Pommern (und sogar in Preußen) galt das

Schloß Stargordt (zwischen Regenwalde und Schivelbein). Es war von Generalfeldmarschall Adrian von Borcke in den Jahren 1717–1720 errichtet und mit wertvollen Möbeln sowie Gobelins seiner Zeit ausgestattet worden. Dieses einzigartige Schmuckstück wurde im März 1945 von Sowjetsoldaten angezündet und existiert nicht mehr.

Nun darf nicht der Eindruck entstehen, daß (Ost-) Pommern nur das Land der adligen Gutsbesitzer gewesen sei. Nein, es war das Land der Gutsherren und der Bauern. Diese hatten sich am besten in geschlossenen Dörfern halten können, wo sie nicht Gefahr liefen, in die Frondienst-Abhängigkeit eines Adligen zu geraten. Klassisches Bauernland traf man im Pyritzer Weizacker, aber auch in den Kreisen Stolp oder Greifenberg an. Beispielsweise konnte der Ort Starkow im Kreis Stolp im Jahre 1934 eine große Bauernehrung durchführen, weil in dem Dorf von 26 vorhandenen Höfen alle 26 bereits über 350 Jahre in ein und derselben Familie geblieben waren. Davon waren wiederum 16 mehr als 400 Jahre in derselben Familie, also 13 bis 14 Generationen lang. Es fällt nicht schwer, sich in die Köpfe und Herzen der Menschen zu versetzen, die von Generation zu Generation auf eigenem Hof gelebt hatten und plötzlich – manchmal innerhalb von 15 Minuten – alles im Stich lassen mußten.

Auch wenn die Menschen in Ostpommern – Gutsbesitzer und Tagelöhner, Bauern und Handwerker – nach den pommerschen Gesetzen maßvoll gelebt hatten, das Schicksal, das sie 1945 ohne Ansehen der Person traf, war maßlos und machte sie alle besitz- und heimatlos.

10. Die Oder – Pommerns Lebensnerv

Jahrhundertelang war die Oder Deutschlands Strom gewesen. Heute ist sie Deutschlands Ostgrenze – aber nur noch auf einer Länge von 150 Kilometern (zwischen Einmündung der Lausitzer Neiße bis 20 Kilometer oberhalb von Stettin). Daß sie einmal ein polnischer Fluß werden könnte, daran hat wohl niemand vor dem Krieg nur einen Gedanken verschwendet. Zu eindeutig deutsch besiedelt war das Stromgebiet beiderseits der 860 Kilometer langen Oder – bis auf die 40 Kilometer im Quellgebiet zwischen Olmütz und Mährischer Pforte. Rächender Siegerwille hat hier eine Unrechtsgrenze geschaffen, die noch Generationen beschäftigen wird.

Ehe die Oder 30 Kilometer südlich von Stettin auf pommerschen Boden trifft, ist sie bereits zu einem regelrechten Strom angeschwollen, der sich in zwei Hauptarme teilt – in die Ost- und Westoder –, und die Wasserfluten an Stettin vorbei in den Dammschen See, von dort über das Papenwasser in das Stettiner Haff und über drei Mündungsarme in die Ostsee transportiert. Dem menschlichen Unternehmungsgeist bot der Strom seit eh und je eine vorzügliche Handelsstraße bis weit ins Hinterland hinein. Als dann die Oder durch Kanäle mit der Spree und der Havel und somit mit Berlin verbunden worden war, wuchs ihre Bedeutung als Schiffahrtsstraße noch mehr. Von Oberschlesien konnte Steinkohle abwärts und von Schweden über die Ostsee Eisenerz transportiert werden, so daß im Raum von Stettin eisenverarbeitende Industrieanlagen und Hydrierwerke (bei Pölitz) aufblühten.

Welche hervorstechende Bedeutung der Strom einmal bekommen würde, haben seine Namengeber wohl nie geahnt. Für sie, die Wenden, war die Oder einfach das Wasser. Wir können die Namensdeutung folgern aus der Praxis, die bei Wörtern mit Od- am Anfang gehandhabt wurde. Im Kreis Lauenburg beispielsweise gibt es Dörfer, die im ausgehenden Mittelalter bald mit O-, bald mit Wo- geschrieben wurden, also Ossecken und Wossecken. Wenn wir davon ausgehen können, daß die Od-er einstmals auch Wod-er genannt wurde, dann fragen wir uns, was Wod- auf slawisch heißt. Die Wod-ka-Trinker wissen meist, daß sie ein klares

Wässer-ken/Wässer-chen zu sich nehmen. (Die slawische Endsilbe -ka ist gleichbedeutend mit niederdeutsch -ken bzw. -chen; z. B. Männe-ken/Männ-chen.) Ist die Annahme dann so ferne, daß Od-er im Wendischen auch als Wod-er verwendet worden ist, was beides auf deutsch nichts anderes als Wasser bedeutet?

Ob man nun die Namensableitung akzeptiert oder nicht, so steht doch fest, daß dieses Wasser – die Oder – der Lebensnerv Pommerns geblieben ist. Es bildet das Rückgrat der Schmetterlingslandschaft und Stettin gleichsam das Herz des Schmetterlings. Poetische Elogen – wie sie Vater Rhein dargeboten wurden – sind allerdings unserer Oder kaum gesungen worden. Joseph von Eichendorff, im schlesischen Oderbereich zu Hause, konnte sich gerade noch zur blumigen Bemerkung »blauer Strom« durchringen. Dagegen preist sein schlesischer Dichter-Landsmann Arnold Ulitz sein Umfeld: »Die Oder ist von allen deutschen Strömen der umwaldetste.«

Davon profitierten besonders die Großstadtbewohner Stettins. Sie waren von Wald umgeben (nur im Südwesten nicht). Welche Ausflugsmöglichkeiten bot vor allem die vielgeliebte Buchheide östlich der Oder sowie die Gollnower Heide, nach Norden anschließend. Zu Tausenden fuhr man sonntags in die Wälder – auch, um den guten Kuchen in den zahlreichen Gaststätten zu probieren. Die Ortsnamen im Gollnower Bereich – wie Arnimswalde, Christinenberg, Friedrichsdorf, Karlshof, Luisenthal – erinnerten daran, daß erst die preußischen Könige im 18. Jahrhundert diese einst völlig unbewohnten Landstriche durch Kolonisten hatten erschließen lassen.

Vor dem Krieg war jeder Pommer stolz auf seine Hauptstadt. Auch wenn er Stettin nie zu Gesicht bekommen hatte, konnte er doch in wenigen Worten dem Fremden erzählen, was die Großstadt an der Oder gegenüber anderen Kommunen hervorhob; denn von keiner anderen Stadt Pommerns erfuhr man aus der Presse und im Schulunterricht so viel wie von dem »Herzen«.

Drei Dinge vor allem wußte der Pommer, um seine Hauptstadt zu preisen:

Sie war die Zentrale für alle obersten Behörden der Provinz Pommern mit dem Oberpräsidenten an der Spitze der Verwaltung.

Sie demonstrierte die florierende Wirtschaftskraft des Landes durch ihre günstige Lage an der Oder und im Schnittpunkt aller Verkehrswege.

Ihr Kultur- und Freizeitangebot mit Theater, Stadtbibliothek, Staatsarchiv, Filmhäusern, Schulen, Vereinen, Verlagen und den zahlreichen Parks, Wäldern und kleinen Seen war für jedermann verlockend.

Gerade weil Stettin eine herausragende Bedeutung – nicht nur für Pommern, sondern auch für Berlin und das Reich – hatte, griffen die Polen 1945 nach dem pommerschen Herzen, obwohl es auf dem Westufer der Oder liegt und somit bei der Festlegung auf eine Grenze an Oder und Neiße bei Deutschland hätte verbleiben müssen. Ob Stalin von Anfang an im Sinne hatte, Stettin dem polnischen Rachen zu überlassen (schriftlich erstmals am 26.7.1944 dem Lubliner Komitee als kommunistischer Vertretung Polens zugesagt), oder erst im Sommer 1945 die Grenze westlich an Stettin vorbei über das Haff verlaufen und von der Insel Usedom westlich von Swinemünde noch ein Fünftel einbeziehen ließ, müssen die Archivunterlagen in Moskau erweisen. Jedenfalls blieb nach der Einnahme Stettins durch die Rote Armee ab 30.4. zunächst in der Schwebe, ob ein deutscher kommunistischer Bürgermeister (anfangs Erich Spiegel, dann Erich Wiesner) das Sagen haben sollte oder die von Polen usurpierte Macht der Stadtverwaltung. Das machte den aus der Stadt geflohenen Deutschen Mut zur Rückkehr. Doch Stettin wurde am 5.7.1945 den Polen zum Raub freigegeben.

Nur wenige Hundert entgingen der Vertreibung und harrten in ihrer Heimatstadt aus. Erst im Frühjahr 1991 durften sie eine eigene »Sozial-Kulturelle Gesellschaft der deutschen Minderheit in Stettin« ins Leben rufen. Allein in der Stadt Stettin ließen sich innerhalb eines Jahres rund 1000 in diese Vereinigung aufnehmen. Im ganzen Regierungsbezirk (Wojewodschaft) rechnet man mit etwa 20 000 Deutschen. Die wenigen Stettiner erkennt man sofort an der Aussprache (Stettinää), wie das Vorstandsehepaar Bobek. Die meisten Mitglieder jedoch stammen aus anderen Teilen Hinterpommerns, aus Oberschlesien und Westpreußen. Man muß einmal ihre Versammlungsräume gesehen haben, die sie im Haus Grüne Schanze 19 angemietet haben, um zu erfahren, wie innig die deutsche Minderheit an der pommerschen Geschichte hängt. Über vier Jahrzehnte konnte sie nur die polnische Version über die Vergangenheit Stettins und Pommerns hören. Der Begriff deutsch oder Deutsche kam darin nicht vor. Kein Wunder, daß die Deutschen heute ihre eigene geschichtliche Identität neu erfahren und erlernen wollen.

Eine öffentliche Konfrontation mit der deutschen Stadtgestaltung Stettins bot das Jubiläumsjahr 1993. Vor 750 Jahren, am 2.4.1243, hatte nämlich Herzog Barnim I. die Odersiedlung in den Rang einer deutschen Stadt mit deutschem Recht (Magdeburger Vorbild) erhoben. Diesen Anlaß wollte selbst die polnische Stadtverwaltung nicht übergehen und organisierte ein dreitägiges Festprogramm mit Ausstellungen, Konzerten und Festreden (2.-4.4.). Auch deutsche Vertreter wurden eingeladen, um ein Grußwort zu sprechen. Der Staatspräsident der Republik Polen, Lech Walesa, fühlte sich aufgefordert, der Stadtrechtsfeier eine polnische Deutung aufzudrücken, indem er von der »1000jährigen slawischen Geschichte« sprach und die Stettiner zu »Garanten für diese polnische Erde« hochstilisierte. Von solchen nationalistischen Umdeutungen der Geschichte distanzierte sich jedoch der Präsident des Stettiner Stadtparlamentes, Dr. Jan Otto: »Man muß die Geschichte so nehmen, wie sie ist, und nicht, wie man sie aus politischen Gründen gerne haben möchte.«

Das ist richtig und von deutscher Seite nie bestritten worden. Aber die Deutschen waren es, die das Gesicht Stettins rund 800 Jahre lang geprägt haben, und nicht die Polen.

Gewiß, Stettin ist durch alliierte Bombenangriffe fast zu Zweidrittel zerstört worden; aber die deutsche Vergangenheit bestimmt noch heute das Stadtbild. Vor allem durch drei imposante Baukomplexe: die St.-Jakobi-Kirche, das Schloß und die Hakenterrasse. Sie sind Zeugen der drei wichtigen Bauepochen der Stadt: des Mittelalters, der Barock- und der Neuzeit.

Das am weitesten in die Geschichte zurückreichende Bauwerk ist die Jakobikirche. Der aus Bamberg stammende Kaufmann Beringer hatte bereits 1187 die Vorläuferkirche errichtet und bewirkt, daß das Bamberger Michaeliskloster das Patronat übernahm. Das bedeutete, daß die Pfarrer von St. Jakobi bis zur Reformationszeit vom Bamberger Michelsberg ernannt, zumindest bestätigt werden

mußten. Das Gotteshaus wurde im Laufe der Zeit mehrfach erweitert, so daß schließlich im Innern 10 000 Gläubige Platz gefunden haben.
An der Orgel saß im 19. Jahrhundert ein ganz berühmter Organist: Carl Loewe. Er stammte zwar aus der Gegend von Halle, aber 45 Jahre lang hielt er Stettin die Treue als Musikdirektor, weil er sich »recht glücklich unter den biederen Pommern« fühlte, wie er versicherte. Seinen musikalischen Ruhm begründete er mit seinen Balladenkompositionen. Manche seiner rund 400 Balladen sind zu Volksliedern geworden. Testamentarisch bestimmte er, daß sein Herz in den Pfeiler neben der Orgel eingemauert werden sollte. Die Stettiner erfüllten den letzten Willen und ehrten zudem den berühmten Meister mit einem Denkmal vor der Kirche, das die Inschrift trug: »Wer singt, kann in den Himmel sehen«, obwohl die Redewendung galt: Pomerania non cantat (In Pommern singt man nicht).
Die Polen haben der St.-Jakobi-Kirche zu neuer Ehre verholfen. Seit 1972 ist sie Bischofskirche, seit 1985 Kathedrale. (Dieser Ehrentitel wird in der katholischen Kirche nur besonders ehrwürdigen Gotteshäusern außerhalb Roms zuteil.)
Mitunter werde ich von Pommernreisenden gefragt: Warum gab es ausgerechnet in der Hauptstadt Stettin keine Marienkirche, obwohl sonst jedes Pommernstädtchen seine Marienkirche hatte? Nun, auch in Stettin war die Kirche zu St. Marien die Hauptkirche des Ortes. Erst nach deren Abbruch im Jahre 1831 nahm die Jakobikirche die erste Stelle unter den Kirchen ein.
Das Schloß hat mit der Stadt gemeinsam das Schicksal als »vielumkämpfte Braut« der Herren aus Brandenburg-Preußen. Pommern sollte nach dem Tod des letzten Greifenherzogs als Erbe an die Markgrafen von Brandenburg fallen. Doch die Schweden, die seit 1630 in den Dreißigjährigen Krieg eingegriffen hatten, verhinderten dies. Nach Kriegsende mußten die Brandenburger noch 72 Jahre lang um die Braut Stettin kämpfen, bevor diese dann mit dem neuen Preußen vermählt werden konnte.
Aber was mußte der Brautschmuck, das Schloß, bis 1720 noch alles mitmachen! Mit dem Bau hatte Herzog Barnim III. schon 1346 begonnen. Seine heutigen Ausmaße allerdings erfuhr das Schloß erst im 16. Jahrhundert – im Renaissancestil. Dem menschlichen

Auge muß sich um 1600 ein auffallender städtebaulicher Kontrast zwischen dem gewaltigen Renaissancebau auf der Uferhöhe und der Altstadt darunter in mittelalterlicher Backsteingotik geboten haben.

Mit der Beschaulichkeit des Stadtlebens war es vorbei, als der Große Kurfürst 1677 heftig um seine Braut Stettin warb. Bei der Belagerung wurde das Schloß stark beschädigt. Aber kaum war es endgültig preußisch geworden, wurde es in neuem Glanz wiederhergestellt. Die ganze Stadt bekam ab 1720 ein verändertes Aussehen, als König Friedrich Wilhelm I. aus dem mittelalterlichen Stettin eine barocke Festungsstadt machen ließ – mit drei starken Forts und zwei neuen Toren. Diese beiden Tore, das Berliner (oder Brandenburger) Tor sowie das Königstor, wurden 1724 bis 1728 von dem holländischen Baumeister Cornelius Wallrawe errichtet. Sie muten eher als Prachtbauten an zum Ruhme des Königs denn als Zweckbauten zur Verteidigung der Stadt. Diese beiden waren als einzige Barocktore in Norddeutschland zu bewundern. Sie haben sogar den Zweiten Weltkrieg überstanden – mit den alten lateinisch gehaltenen Inschriften.

Die Hakenterrasse oberhalb der Oder hebt sich pompös von der alten Stadt ab. Sie ist das Kennzeichen für das Stettin, das sich nach 1871 in der Gründerzeit rasch entwickelte. Die neue Waffentechnik hatte die alten Verteidigungsanlagen überflüssig gemacht. Daraufhin ließ man in Stettin den Festungscharakter beseitigen und anstelle der Wall- und Wehranlagen breite Boulevards mit grünen Parkanlagen, aber auch neue Stadtteile mit prächtigen fünf- bis siebengeschossigen Komforthäusern erstehen. Ganz hoch wollte Stettin bei diesem Vorhaben hinaus. Als Städteplaner engagierte es nämlich den berühmtesten Modernisierungskünstler von Paris, Georges Haussmann (1809–1891). Wer heute durch Stettin fährt, dem fällt die Ähnlichkeit der Boulevardbauten in Paris mit denjenigen in Stettin auf. Wuchtige Portale, reiche Fassadendekorationen sowie auffallende Balkons und Erker verzieren die einstigen großbürgerlichen Prachthäuser, von denen noch heute viele stehen.

Das hauptsächliche Wahrzeichen für das neue Stettin wurde die Hakenterrasse, die an der Stelle des abgerissenen Forts Leopold angelegt wurde. Manche Gäste meinen, sie müsse wohl einen Haken haben, wie der Name zu besagen scheint. In Wahrheit trägt sie den Namen des Erbauers, des in Köslin geborenen Oberbürgermeisters Dr. Hermann Haken (1828–1917). Als er im ersten Jahrzehnt des 20. Jahrhunderts die Anlage schuf, ahnte er wohl selbst nicht, daß die 500 Meter lange und 20 Meter breite Terrasse das Auge mehr anziehen würde als die alte Stadt. Da es keinen herzoglichen Fürsten mehr gab, durfte die Regierung der Provinz sich dort niederlassen, damit sie von oben immer einen guten Überblick über das Pommernland behalte. Mit ihr durften andere zentrale Landeseinrichtungen in die neuen Prachtbauten einziehen, die nur einen Fehler hatten: Sie imitierten den Stil der Gotik und der Renaissance, anstatt einen eigenen zu entwickeln.

Einen Stilbruch mit der alten Zeit bedeutet der heutige polnische Name der Hakenterrasse: Waly Chrobrego. Gemeint ist damit Herzog Boleslaw Chrobry (992–1025). Er war der größte militärische Wilderer seiner Zeit in Europa. Nicht nur Stettin brachte er vorübergehend in seine Gewalt; er überfiel auch Kiew, die Lausitz und die Mark Meißen. Ausgerechnet nach diesem ungezügelten Eroberfürsten wurde Stettins Paradeanlage benannt. Für die deutschen Pommern soll das keine historische Herausforderung sein?! Ebenso eine weitere: Der im Stadtbild dominierende Kaiser-Wilhelm-Platz, von dem sternförmig acht breite Straßen ausgehen, wurde in Platz Grunwaldzki umgetauft. Mit Grunwald soll an die Schlacht von Tannenberg von 1410 erinnert werden, in der das polnisch-litauische Heer den Deutschen Ritterorden besiegte. Mehr noch: Der Ordensstaat wird von polnischen Historikern als »frühe Ausprägung des deutschen Imperialismus« gebrandmarkt. Daher wird Grunwald in Polen als Sieg über Deutschland mystifiziert. Die Umbenennung des zentralsten Platzes in Stettin bedeutet demnach in polnischer Version eine Glorifizierung eines angeblich polnischen Sieges über Stettin und Deutschland im Jahre 1945. Das ist Geschichtsschreibung auf polnisch. Solange derartige geschichtsfälschenden Provokationen das Verhältnis zu Deutschland belasten, sieht es schlecht aus für die angestrebte Versöhnung zwischen Polen und Deutschen.

Wenn vorhin bemerkt wurde, daß die drei auffallendsten Baukomplexe zugleich die geschichtliche Entwicklung Stettins symbolisieren – nämlich die Jakobikirche das kontinuierliche Fortwirken des Zeitgeistes vom Mittelalter bis in unsere Tage; der Schloßbereich das Stettin der barocken Preußenzeit und die Hakenterrasse die Gründerzeit –, dann soll hiermit keineswegs ausgedrückt werden, daß Stettin keine weiteren schönen Besonderheiten zu bieten habe.

Jedem Besucher wird das Alte Rathaus gezeigt. Im Mittelalter war es ein unbeachteter Zweckbau, heute ist es ein restauriertes Kleinod Stettins. Bei seiner Entstehung war es in das malerische Altstadtviertel am Heumarkt eingebettet, eingerahmt von engen Gassen und schmalbrüstigen Häusern. Heute fehlt dieser Rahmen; das ehemalige Rathaus ist allein übriggeblieben. Die mittelalterliche Umgebung existiert nach den Kriegszerstörungen nicht mehr. Oberhalb der steinernen Fundamente wartet die eingeebnete Fläche auf eine neue Gestaltung. Zunächst fällt der Blick auf einen Holzzaun, durch den man gelegentlich polnische Archäologen bei ihrer Arbeit beobachten kann. Sie versuchen, aus dem Untergrund des wendischen Alt-Stettin aus der Zeit des 10./11. Jahrhunderts Kenntnisse ans Tageslicht zu fördern. Ihren Kollegen, den polnischen Restauratoren, muß man für ihre Arbeit am Rathaus hohe Anerkennung zollen. Nur die Außenmauern waren nach den Luftangriffen im Jahre 1944 noch stehengeblieben. Bei der Rekonstruktion ab 1972 knüpften die Restauratoren beim Südgiebel an das barocke Aussehen an, das nach der Zerstörung des Jahres 1677 dem Rathaus gegeben worden war. Dem Nordgiebel hingegen setzte man eine dekorative Verblendung mit fünf gleich hohen Backsteinpfeilern vor, so daß er wie eine alte gotische Fassade wirkt. An das gotische Original erinnert der Ratskeller, der allen Zerstörungen getrotzt hat. Seine massigen Sterngewölbe lassen durchaus einen Vergleich mit dem Remter in der Marienburg zu. Angesichts der verwüsteten Altstadt ringsumher gerät man geradezu in Hochstimmung ob des wiederhergestellten Alten Rathauses, dessen älteste Bauteile ins 13./14. Jahrhundert zurückreichen und vom deutschen Unternehmergeist der Stadt erzählen.

Einen sinnfälligen Nachweis für unternehmerischen Kaufmannsgeist liefert das einst als schönstes Haus Stettins geschätzte Gebäude oberhalb des Alten Rathauses: der Loitzenhof. Er wurde von der Kaufmannsfamilie Loitz in der Mitte des 16. Jahrhunderts errichtet und legt heute – nach der Restaurierung – wieder Zeugnis von dem Reichtum der Kaufmannsdynastie der Loitze ab. Der Stammvater Michael Loitz aus Klempin (bei Stargard) muß ein unternehmerisches Genie gewesen sein. Sein Aufstieg vom Lehrling zum Großkaufmann in Sachen Getreide- und Salzhandel ist geradezu sagenhaft und vergleichbar mit den Karrieren der Tellerwäscher, die es in Amerika zum Millionär brachten. Die Loitzes besaßen außer ihrer Handelsniederlassung in Stettin weitere in Danzig und Lüneburg. Mit einer eigenen Handelsflotte hielten sie die Verbindung zu ihren Zweigstellen aufrecht. Sie hatten auch ein eigenes Bankhaus gegründet, das gewinnbringende Geschäfte mit den Großen der Zeit machte, so auch mit dem polnischen König. Daher wurden die Loitzes als die »Fugger des Nordens« bestaunt. Von ihrer einstigen Handelsmacht kündet wenigstens das Stammhaus in restaurierter Gestalt – ein typisches Stück aus der Blütezeit Stettins.

In die älteste Stadtgeschichte zurück weist ein Gebäude am früheren Königsplatz und in der Nähe des Königstores: die St.-Peter-und-Paul-Kirche. Sie steht an der Stelle, wo 1124 Bischof Otto die Wenden zum Christentum bekehrt und den Grundstein für die erste Kirche in Stettin gelegt haben soll. Ehrwürdig wirkt der einschiffige Backsteinbau aus dem 15. Jahrhundert mit seiner hölzernen Flachdecke vom Ende des 17. Jahrhunderts; ehrwürdig ist vor allem der Standort an historischer Stelle. Vielleicht haben gerade deshalb die Bomben die bauhistorische Kostbarkeit bei ihren Vernichtungsschlägen ausgespart.

Unübersehbar bleiben also im heutigen Stettin die deutschen Vergangenheitszeugnisse – auch für denjenigen, der Pommerns Hauptstadt noch nie vorher gesehen hat. Übersehbar allerdings sind die deutschen Persönlichkeiten, die mit der Stadt aufs engste verbunden sind. Von einigen Stettinern soll wenigstens kurz berichtet werden.

Polnische Stadtführer kennen sich mit diesen Personen bestens aus – so gut, daß sie einen Namen bewußt unterschlagen, den der Zarin Katharina II. Sie wurde 1729 als Prinzessin Sophie von Anhalt-Zerbst im noch vorhandenen Haus an der Großen Domstraße 1 geboren – einer Querstraße zum Schloß. Ihr Vater, Fürst Christian von Anhalt-Zerbst, lebte damals als preußischer Offizier mit seiner Familie in Stettin. Wenn man die Polen nach der Geburtsstätte fragt, sagen sie ganz offen, daß sie Katharina nicht mögen, weil sie 1772 als Zarin die Erste Teilung Polens herbeigeführt und somit den späteren Verlust der Selbständigkeit Polens eingeleitet hat. Katharina jedoch hat zeitlebens ihre Geburtsstadt Stettin von Petersburg aus mit jährlichen Goldmedaillen beschenkt.

Am Roßmarkt, gleich um die Ecke zur Großen Domstraße, wurde eine weitere Zarin geboren: Prinzessin Sophie Dorothea von Württemberg. Auch ihr Vater war als Offizier während des Siebenjährigen Krieges in Stettin. Im Jahre 1776 wurde Sophie die zweite Frau des Zaren Paul I. (russisch Maria Feodorowna) und somit die Schwiegertochter Katharinas II. Ein Kuriosum, daß gleich zwei von sechs aus Deutschland stammenden Zarinnen in Stettin das Licht der Welt erblickten.

Stettin ist auch die Geburtsstadt vieler berühmter Männer wie Ludwig Giesebrecht (Geschichtsschreiber), Franz Kugler (Verfasser der »Kunstgeschichte Pommerns«), Martin Wehrmann (»Geschichte Pommerns«), Adolf Pompe (Dichter des Pommernliedes), Alexander Döblin (Schriftsteller, »Berlin, Alexanderplatz«), Karl Ludwig Schleich (Arzt und Schriftsteller).

Einen größeren Bekanntheitsgrad als diese Männer der Feder hatte in Deutschland Generalfeldmarschall Friedrich Carl von Wrangel (1784–1877), meist nur als »Papa Wrangel« bekannt. Sein Geburtshaus stand am Kohlmarkt 10, nahe bei der St.-Jakobi-Kirche. Im Volk war er ungemein beliebt, vor allem wohl auch, weil er – der deftige pommersche Haudegen – mit der hochdeutschen Sprache auf Kriegsfuß stand und selten einmal den dritten und vierten Fall richtig traf. Die Menschen kannten weniger seine kriegerischen Ruhmestaten als die Anekdoten über ihn, von denen es unzählige gab, wie diese:

Als Wrangel in Stettin Kommandierender General war, bat er den berühmten Porträtmaler Ludwig Most zu sich. Er wollte von dem Stettiner Künstler einige Vorfahren malen lassen, damit auch er eine Ahnengalerie aufweisen konnte.

»Haben Herr General einige Porträts von den Vorfahren, damit ich die charakteristischen Gesichtszüge treffen kann?« forschte Most. Wrangel wehrte ab: »Det is nich nötich, machen Se nur een bißken Ähnlichkeit mit mich und ziehen Se sie richtich an. Persönlich jekannt hat ihr ja doch keener!«

Für Bismarckfreunde wird das erhaltene Hotel Preußenhof (das von 1797 bis 1905 ganz schick als Hôtel de Prusse firmierte) in der Lindenstraße einer Erwähnung wert sein. Es war das führende Hotel in ganz Pommern, in dem höchste Fürsten, Finanz- und Industriebarone abstiegen. Dort hat Otto von Bismarck wenige Tage vor Weihnachten 1846 bei Kerzenlicht in seinem Zimmer den berühmt gewordenen Werbebrief an Heinrich von Puttkamer geschrieben, der so anfing:

»Verehrter Herr von Puttkamer. Ich beginne dieses Schreiben damit, daß ich Ihnen von vornherein seinen Inhalt bezeichne; es ist die Bitte um das Höchste, was Sie auf dieser Welt zu vergeben haben, um die Hand Ihrer Fräulein Tochter.« – Der als »toller Bismarck« bekannte Freier geht davon aus, daß der Adressat über sein »äußerliches Auftreten« genug erfahren kann. Deshalb will er eine »Darstellung des innern Lebens« geben. Rückhaltlos schildert der 31Jährige seine bisherige innere Entwicklung und bittet devot, ihm die Gelegenheit zu einer Stellungnahme einzuräumen, »ehe Sie eine definitive Ablehnung aussprechen«.

Als »Tor zur Welt« rühmten die Stettiner ihre Oderstadt, die durch Eingemeindungen bis 1941 auf 400 000 Einwohner angewachsen war. Mit dem »Tor« war die günstige Lage an dem Oderstrom und mit der »Welt« die Seefahrt über die Ostsee in die Weltmeere gemeint. Wenn man von der Hakenterrasse auf den Hafenbereich der Lastadie schaute (mit Lastadie bezeichnete man im Mittelalter eine Schiffsbeladestelle) oder wenn man die weißen Schiffe des Seedienstes Ostpreußen vom Oderkai ablegen sah, dann bekam man unweigerlich Fernweh zum Meer. Dorthin, zum Vorhafen Swinemünde, waren es nur 65 Kilometer, seit der Durchstich durch den Südteil der Insel Usedom (1880) als »Kaiserfahrt« für eine Verbesserung und Verkürzung gesorgt hatte. (Polnische Luftkissenboote bewältigen die Strecke Stettin – Swinemünde heutzutage in einer Stunde.) Seither war der Schiffsverkehr so gewaltig angestiegen, daß Stettin zum größten Ostseehafen und drittgrößten Hafen Deutschlands wuchs. Freilich wurde diese Entwicklung auch gefördert durch den Ausbau des Frei-

und des Industriehafens sowie den Großschiffahrtsweg von der Oder zur Havel und nach Berlin. Somit wurde der Stettiner Hafen auch für die Reichshauptstadt das Tor zur Welt, durch das Schwerstgüter (Kohle, Erze, Holz, Getreide, Düngemittel, selbst Sojabohnen aus dem fernen Asien) ein- und ausgeführt werden konnten.

Kein anderer Strom kann in bezug auf die Mündungen einen Vergleich mit der Oder aufnehmen. Am ehesten noch Rhein und Donau mit ihren Deltas, die Inseln verschiedener Größe entstehen ließen. Doch der Odermündung stellten sich von jeher zwei große Inseln von unterschiedlicher Gestalt und Größe entgegen. Wollin mit nahezu 250 Quadratkilometern ist die östliche der beiden Inseln. Sie wird durch die Dievenow vom Festland und durch die Swine von der Insel Usedom getrennt. Mit 445 Quadratkilometern ist Usedom fast doppelt so groß. Eine Insel ist es deshalb geblieben, weil der westliche Oderarm, die Peene, sie vom Festland trennt.

Auch wenn die Inselgestalten im Atlas ein unterschiedliches Aussehen zeigen, so haben sie doch eine gemeinsame Entstehung und ein gemeinsames landschaftsbestimmendes Gesicht. Ihren Kern bildeten voreiszeitliche Schollen, die als Inseln aus den abziehenden Schmelzwassern ragten. An diesen Kernen setzten sich nach dem Eisrückgang Ablagerungen fest, und der ständige Nordwestwind trieb das leichte Material gen Osten. Es stellte durch lang-gezogene Nehrungen eine Verbindung zwischen den Kernen her (auf Usedom zwischen Zinnowitz und Koserow schön zu erkennen.)

Mit Vorpommern hingegen haben die Inseln die Überflutung der Grundmoränenlandschaft gemeinsam. Dadurch entstanden Buchten, Bodden genannt. Der größte Bodden ist das Achterwasser, das weit in die Insel Usedom hineinragt. Noch etwas Gemeinsames haben die Inseln: den Wechsel von Flach- und Steilküste. Für dieses merkwürdige Nebeneinander sind die Endmoränenstränge verantwortlich, die sich von Norden nach Süden erstrecken. Wo sie ans Wasser stoßen, entsteht die Steilküste, wo sie im Inneren auftreten, bilden sie eine abwechslungsvolle Landschaft mit Erhebungen sogar über 100 Meter und mit dunklen Seen. Einer von ihnen, der Jordansee auf Wollin, ist besonders sagenumwoben. Schon die Germanen sollen hier ihrer Gottheit Nerthus ein Heiligtum errichtet haben. Die romantische Lage der Seen in dichten Buchenwäldern, die stellenweise Urwaldcharakter annehmen, hat die Menschen von jeher zu eigenwilligen Deutungen und Phantasievorstellungen verführt und zu Sagenbildungen veranlaßt. Erst in unseren Tagen erkennt man, welcher Reichtum dem Menschen mit Wald und Tier auf den Inseln beschert worden ist. Daher werden weite Inlandsteile als Naturschutzgebiete ausgewiesen, um typischen Tieren (Seeadlern, Kranichen, Störchen und Fischottern) dauerhaften Lebensraum zu garantieren.

An der Odermündung – so berichtet die Sage – hat einst eine ruhmreiche Riesenstadt gelegen, ein Venedig der Ostsee. Die älteste schriftliche Aufzeichnung über diese untergegangene Stadt stammt von dem Chronisten Adam von Bremen, der um das Jahr 1075 niederschrieb:

>»Vineta ist die größte von allen Städten, die Europa hat. Die Stadt ist angefüllt mit Waren aller Völker des Nordens; nichts Begehrenswertes oder Seltenes fehlt.«

Als ich in die Grundschule ging, hörten wir mit Staunen, was uns alles über das pommersche Vineta erzählt wurde. Denn die Sage berichtete: Der Reichtum Vinetas war so groß, daß die Bewohner nur edles Metall für ihre prächtigen Gebäude verwendeten: goldenes Erz für die Stadttore und das Rathaus, Silber für Kirchenglocken: Die Kinder spielten beim Murmeln auf den Straßen nur mit Silbertalern. Wegen solcher Maßlosigkeiten wurde Vineta eines Tages von Gott bestraft; denn die bewunderte Stadt versank mit all ihrem Reichtum, mit Mann und Maus im Meer. Wenn es am Johannistag, an dem Vineta unterging, ganz ruhig auf dem Meer ist, dann können bisweilen Fischer bei klarem Wasser auf dem Grund die zerborstene goldene Stadt sehen und aus der Tiefe herauf die Glocken läuten hören.

Wie bei der Suche nach der sagenhaften Insel Atlantis hatte man vergebens nach diesem geheimnisvollen »Venedig des Nordens« geforscht. Als ungefähre Standortbestimmung hatte die Sage die Insel Usedom angegeben. Auch mehrere Namen waren für die Stadt aufgetaucht: Jumne, Jomsburg, Vineta, Julin. Dann stellte man vor dem Zweiten Weltkrieg die Frage: Warum hat Bischof

Otto ausgerechnet in dem gottverlassenen Wollin seinen Bistumssitz begründet? Es muß damals um 1130/1140 die bedeutendste Stadt in Pommern gewesen sein, folgerte man. Und siehe da: Deutsche Ausgrabungen zwischen 1934 und 1941 sowie polnische ab 1952 ergaben die Richtigkeit dieser These. Denn unter dem Marktplatz des neuen Wollin identifizierte man 15 übereinander gelagerte Schichten, von denen die unteren zwölf auf eine etwa 10000 Menschen beherbergende Großstadt von etwa vier Kilometern Länge aus der Zeit zwischen 850 und 1150 wiesen. Mehrfach muß die Niederlassung zerstört und dann wiederaufgebaut worden sein. Die Bewohner waren Wikinger und Wenden. Als Zerstörer kommen Dänen in Frage; denn deren Überfälle von Kriegsschiffen aus auf Siedlungen im pommerschen Küstenbereich sind ab 1019 bis in die Mitte des 12. Jahrhunderts belegbar. Ein schwerer Überfall in der Zeit um 1160/1170 scheint dann den endgültigen Untergang der ruhmreichen Handelsmetropole und die Verlegung des Bischofssitzes von Wollin nach dem benachbarten und sicheren Cammin bewirkt zu haben.

Das sagenumwobene Vineta hat es demnach tatsächlich gegeben, aber nicht bei Usedom, sondern unter dem heutigen Wollin. Einige Jahrzehnte nach der letzten Zerstörung durch Dänen scheint die Stadt völlig verlassen gewesen zu sein, bis nach 1200 neues Leben in die Siedlung zurückkehrte. Nach der Niederlage von 1227 bei Bornhöved war dann die Dänengefahr endgültig beseitigt, und um 1250 verlieh Herzog Barnim I. der nun deutschen Stadt Wollin lübisches Recht. Aber zu dieser Zeit hatte sich bereits Stettin zur Hauptstadt des Greifengeschlechtes gemausert.

Im März 1945 hat Wollin abermals einen Untergang hinnehmen müssen. Weil die Rote Armee an der Dievenow zum Halten gezwungen war, wurde das kleine Wollin durch sowjetische Artillerie in Schutt und Asche gelegt. Mit einem Grad von 90 Prozent Zerstörung war es eine der am schwersten getroffenen Städte in Pommern.

Wenige Tage vor dem zweiten Untergang Wollins war am 12.3. 1945 über Swinemünde durch 700 amerikanische Bomber die Hölle niedergegangen, obwohl die wirtschaftliche Bedeutung dieses Städtchens gering war. Was die US-Luftflotte bewog, Swinemünde gnadenlos zu bombardieren, denn eine Flakabwehr existierte nicht, war nicht die Situation als Vorhafen von Stettin, sondern der Flüchtlingsstrom von verängstigten Menschen aus Ostpommern und Ostpreußen, dem der direkte Fluchtweg über die Oder bei Stettin bereits abgeschnitten war. Er suchte daher mit armseligen Trecks über die Inseln Wollin und Usedom in den Westen zu entkommen. Zur Mittagszeit, als die Massen sich am dichtesten um den Swine-Übergang drängten, fiel die todbringende Bombenlast auf sie herab. Die Toten konnte man gar nicht alle zählen. Rund 20000 Opfer wurden in schnell ausgehobenen Massengräbern an dem nahen Berg Golm bestattet. Eine würdige Mahn- und Gedächtnisstätte – sie liegt auf deutscher Seite hart an der Grenze zu Polen – erinnert heute an jenen schrecklichen Terrorangriff, der mit dem Angriff auf Dresden vier Wochen vorher in seiner Zielsetzung vergleichbar ist.

Ein Schauer läuft mir jedesmal über den Rücken, wenn ich an jenen Unheilstag von Swinemünde denken muß. Denn meine Mutter war kurz zuvor auf ihrer Flucht durch Swinemünde gehastet und hat aus der Ferne mitgelitten, als der Boden unter ihren Füßen bei den schweren Erschütterungen durch explodierende Bomben erbebte. Wenn Mutter eine der 20000 Toten gewesen und in einem Massengrab verscharrt worden wäre, hätte ich niemals von ihrem Tod und der Todesart erfahren. Ich hätte vermuten müssen, daß sie entweder noch in Köslin oder irgendwo auf den Fluchtstraßen ein Opfer des Krieges geworden wäre. »Vermißt« hätte es in der Sprache der Statistik geheißen. Hunderttausende sind auf diese qualvolle Weise als Vermißte aus dem Leben geschieden. Darum: Wanderer, kommst du zum Golm bei Swinemünde (oder an eine andere Gedächtnisstätte des Krieges), dann gedenke solcher Schicksale und bete ein Vaterunser für sie!

Ein anderer Ort auf der Insel Usedom rückte in zwei Kriegen in das Blickfeld der Weltöffentlichkeit: Peenemünde. Dort war 1630 König Gustav Adolf von Schweden gelandet, um auf protestantischer Seite in den Krieg einzugreifen. Und dort – in der Einsamkeit zwischen Peenemünde und Karlshagen – waren 1937 von Hitler in aller Heimlichkeit Versuchsanstalten für Raketentechnik aufgebaut worden.

Am 3.10.1942 gelang es den deutschen Raketentechnikern, vom Peenemünder Versuchsgelände aus die erste Fernrakete der Welt in die Luft zu schießen. Sie hatte ein Gewicht von 13,5 Tonnen und flog mit einer Geschwindigkeit von 1500 Metern pro Sekunde 90 Kilometer hoch und 190 Kilometer weit. Der Kopf des Forscher- und Technikerteams, Wernher von Braun (1912–1977), hatte sich seit seinem Abitur für Raketen begeistert und zielstrebig einen Flug zum Mond ins Auge gefaßt. Die Verwendung der in Peenemünde konstruierten Raketen als Waffen gegen England (als Vergeltungswaffen V 1 und V 2 bezeichnet) betrachtete Braun als Umweg für den Flug zum Mond, den er später in den USA verwirklichte.

In den Nachtstunden des 18.8.1943 jedoch unterbrachen die Bomben, die von 600 britischen Maschinen abgeworfen wurden, die Konstruktion der Raketenwaffen. Die Zerstörungen hielten sich zwar in Grenzen; dennoch bewirkten sie, daß V 1 und V 2 viel später als geplant zum Einsatz kamen und nicht in der vorgesehenen Massenproduktion hergestellt werden konnten.

Peenemünde darf den Ruhm für sich in Anspruch nehmen, die Geburtsstätte für die Weltraumraketen zu sein und am Anfang der Geschichte der Raketentechnik zu stehen. Knapp zwei Jahrzehnte, bevor die Amerikaner in Cape Kennedy und die Russen in Baikonur ihre Raketenbahnhöfe eröffnen konnten, waren deutsche Forscher bereits auf pommerschem Boden erfolgreich gewesen.

Der pommersche Lebensnerv Oder (Strom und Mündungsbereich) wurde 1945 seiner Zentralfunktion beraubt, Bindeglied zwischen Ost- und Westpommern zu sein und für gleichmäßige Blutzufuhr in beide Landesteile zu sorgen. Erst wenn es gelungen ist, der Grenze das Trennende zu nehmen und die Oder wieder als Brücke zu verstehen, wird es zu pulsierendem Leben beiderseits des Stromes kommen – wie zu unserer deutschen Zeit. An dieser Zukunftsaufgabe geduldig mitzugestalten, gebietet die Vision vom Europa der Regionen.

11. Wiederkehrender Glanz in Vorpommern

Das kommunistische Polen hatte die gewaltsame Grenzziehung quer durch Pommern mit dem Argument zu rechtfertigen versucht, es kehre in historisch rechtmäßige Gebiete zurück, weil vor der deutschen Kolonisation dort einstmals Slawen (wendische Pomoranen) gelebt hätten. Wenn Schweden und Dänen 1945 eine vergleichbare Argumentation vorgebracht hätten, wäre das deutsche Pommern vollständig von der Landkarte gestrichen worden. Denn das Königreich Schweden war seit dem Dreißigjährigen Krieg bis 1720 bzw. 1815 im (Teil-)Besitz Westpommerns geblieben, und Dänemark hatte im Hochmittelalter eine Lehnshoheit über pommersche Gebiete ausgeübt. Aber Schweden und Dänemark machten 1945 keine Besitzrechte geltend, und so beließen die Siegermächte »großzügig« den westlichen Teil Pommerns bei Deutschland.
Aber der deutsche (kommunistische) Teilstaat »DDR« schaffte den Namen Pommern 1946 ab und verbot seinen Gebrauch – in vorauseilendem Gehorsam gegenüber dem Großen Bruder in Moskau, der keine belastende Erinnerung an sein Grenzdiktat wünschte.
So mußte die 1946 beiseite geschobene westpommersche Prinzessin einen Dornröschenschlaf von zweimal 22 Jahren hinnehmen, bevor sie aus dem Spuk erwachen und wieder an ihr vergangenes Leben anknüpfen durfte. Sofort entsann sie sich ihres alten Glanzes, den sie einst im Ostseeraum verbreitet hatte. Es war kein Glanz, der von Herrscherkronen oder Bankpalästen ausgestrahlt hatte; es war der Glanz, der von der Ostseeküste, der romantischen Landschaft und den selbstbewußten Städten mit ruhmreicher Vergangenheit ausgegangen war. Und diesen Glanz galt es wieder aufzufrischen.

In einer Sendung des Bayerischen Rundfunks wurde meine pommersche Heimat der Vorkriegszeit so charakterisiert: »Diese Landschaft kennt weder heitere Idylle noch pralle Folklore. Sie weiß nichts von Lebensfreude; sie macht nicht trunken.«
Dem Autor dieser Aussage muß die Frage entgegengehalten wer-

den: Warum war dann dieses Land aber so anziehend für die Menschen aus Deutschland? Die Zahl der Gäste-Übernachtungen stieg bis 1939 kontinuierlich an.

Nehmen wir als Beispiel die Insel Usedom. Deren Bauern- und Fischerdörfer – und auch der Namengeber der Insel, das Städtchen Usedom – liegen alle abgewandt vom Ostseestrand an der Binnenküste. Die Ausgleichsküste ist ja zum An- und Auslaufen von Booten ungeeignet. Aber seit 100 Jahren herrscht betriebsames Leben auf der Insel. Von Zinnowitz über Koserow, Bansin, Heringsdorf und Ahlbeck bis nach Swinemünde zog es die Binnenländer in diese Landschaft (ohne heitere Idylle und ohne Lebensfreude?, wie es im BR-Beitrag hieß). Der Grund: Die Berliner hatten ihre Ostsee-Badewanne entdeckt, die zur Steigerung ihrer Lebensfreude ganz erheblich beitrug!

Den Startschuß zu dieser Entwicklung hatte der preußische Kronprinz und spätere König Friedrich Wilhelm IV. gegeben. Als die königliche Familie 1820 den Oberförster Bernhard von Bülow in dessen kleiner Siedlung besuchte, wurde der 25jährige Kronprinz gebeten, der Niederlassung einen Namen zu geben. Was er sah und roch, waren Heringe. Also taufte er den Flecken »Heringsdorf«, der bald nicht mehr wiederzuerkennen war. Immer wieder zog es die königliche Familie dorthin. Deren Trend nach Usedom fand in Berlin viele Nachahmer. Adlige und das wohlhabende Bürgertum reisten gleichfalls an die Ostsee. Die Eröffnung der Eisenbahnlinie Berlin – Stettin (1846) mit der Umsteigemöglichkeit auf ein Bäderschiff erleichterte die Reise ganz erheblich.

Was am Strand zunächst fehlte, waren Möglichkeiten zum Umziehen oder – noch besser: – zum Übernachten. So erwarben findige Unternehmer aus Berlin und Stettin Gelände im Dünenbereich und errichteten Pensionen, Hotels und dazu Badeanstalten. Bald stellte sich heraus, daß die Mitglieder der Großstadtgesellschaft an der Ostsee gleichfalls unter sich waren. Das gehobene Bürgertum bevorzugte Ahlbeck, die Königsfamilie sowie Adel und Prominenz von Industrie und Film gaben sich in Heringsdorf ein Stelldichein, Künstler und Kleinbürger zog es nach Bansin. Die Villen und Hotels am Strand gaben schon äußerlich Auskunft, aus welchen Schichten Besitzer und Besucher kamen. Alle drei Orte wurden um die Jahrhundertwende offiziell in den Rang

eines Seebades erhoben und wuchsen allmählich zusammen. Heringsdorf erhielt 1907 eine Rennbahn und später sogar einen kleinen Flugplatz für eine Direktanbindung an Berlin. Ahlbeck baute sich eine Seebrücke mit einem hölzernen Aussichtspavillon und vier Ecktürmchen. Dieses Ensemble blieb das weithin sichtbare Wahrzeichen am Usedomer Ostseestrand. In Bansin wurde der Schriftsteller Hans Werner Richter geboren (1908–1993), der Begründer der »Gruppe 47« und Autor von pommernbezogenen Büchern (»Deutschland, deine Pommern«).
In unseren hinterpommerschen Stranddörfern hörten wir vor dem Krieg mit Staunen, daß die mondänen Seebäder von Swinemünde westwärts allein im Jahre 1938 weit mehr als eine Million Übernachtungen aufweisen konnten. Dazu kamen noch die Übernachtungen auf der Insel Wollin in Misdroy und Dievenow. Wir waren keineswegs neidisch auf diese Zahlen. Denn an der stillen Küste Hinterpommerns hatten wir unsere Strandfreiheit. Doch auf Usedom breiteten sich Strandburgen und -körbe dicht bei dicht aus. An den Fähnchen, die am Strandkorb flatterten oder quer über die Sandburg gespannt waren, konnte man die Herkunft der Gäste erkennen. Berliner und Sachsen gaben den Ton an.
Dann kam der gleichmachende Sozialismus. Er enteignete und kollektivierte. Die glanzvollen Häuser und Hotels aus Kaiser- und Vorkriegszeit lebten nur noch von dem einstigen Flair. Die Wende von 1989/90 kam gerade noch rechtzeitig, um den Verfall aufhalten zu können. Privat- und Ortsinitiativen haben eine Änderung der Verhältnisse eingeleitet. Usedoms Strandattraktion als Badewanne Berlins gewinnt neue Anziehungskraft. – Es müssen nicht immer heitere Idylle, pralle Folklore oder Trunkenheit der Sinne sein, die einen Landstrich anziehend machen!

Rügen nimmt unter allen deutschen Inseln der Ost- und der Nordsee eine Sonderstellung ein. Mit 926 Quadratkilometern ist sie die größte Insel. Trotz der großen Fläche ist keine Stelle auf dem Eiland mehr als sechs Kilometer von der Küste entfernt. Die topographische Entwicklung der Insel führte zu Landschaftsformen, die für Deutschland einmalig sind.
Wenn man sich Rügen von Osten, von der Ostsee her nähert, erlebt man am eindrucksvollsten, daß man eine Insel von unge-

wöhnlicher Schönheit vor sich hat. Das Weiß der steilen, bis zu 120 Meter hohen Kreidefelsen wechselt mit flachen Nehrungen und hügeligem Grün ab. Noch heute sehe ich dieses Schauspiel der Unterschiede von Farbe und Höhe vor mir, wie ich es an einem klaren Maitag im Jahre 1932 erlebt habe. Ein Klassenausflug führte uns von Treptow nach Swinemünde, von wo wir mit dem Dampfer »Hertha« die Seebrücke von Sellin auf Rügen ansteuerten. Sie existiert nicht mehr, wohl aber die 600 Meter lange Landebrücke im benachbarten Binz, an der auch größere Bäderdampfer anlegen können.

Beide Orte hatten sich seit 1870 zu stark besuchten Seebädern gemausert. Sie genießen den Vorteil, an einem flachen Sandstrand und an der Granitz zu liegen, einem hügeligen Buchenwaldgebiet, das im Süden in die stark zerlappte Halbinsel Mönchgut übergeht. Diese elf Kilometer lange Halbinsel ist aus zwei Gründen erwähnenswert. Zum einen ist sie ein typisch rügensches Gebilde, das aus verschieden großen Inselkernen besteht. Diese Inselkerne sind über alle eiszeitlichen Vorgänge hinweg Land geblieben und nach der Eiszeit durch Materialablagerungen miteinander verbunden worden. So wie die fünf Inselkerne auf Mönchgut zu einem zerlappten Landkomplex zusammengefügt worden sind, ist es mit anderen Kernen auf der gesamten Insel Rügen in gleicher Weise geschehen. – Zum anderen haben die Mönchgutbewohner ihre Lebenseigenart in Tracht und Gebräuchen am längsten in Pommern bewahrt. In ihren Dörfern hatte sich seit dem 17./18. Jahrhundert die tägliche Kleidung zur Tracht mit Varianten als Sonntags- oder Trauertracht entwickelt. Erst im Jahre 1959 soll die letzte Frau gestorben sein, die noch tagein, tagaus ihre schöne Tracht getragen hat. Besonderes Kennzeichen der Männer war die weite weiße Hose, bei den Frauen der blaue Schirm, das bunte Umlegetuch sowie Bernsteinschmuck.

Wie man auf Rügen zu Bernstein kommen kann, habe ich als Schüler auf unserer Klassenwanderung am Strand entlang von Binz in Richtung Mukran und Saßnitz erfahren. Am Tag zuvor hatte ein schwerer Sturm die See aufgewühlt. Ausnahmsweise war er nicht vom Westen gekommen, sondern hatte vom Osten her die Wellen auf die Ostküste gepeitscht. Dabei hatte er den Strand mit Tang (Braunalgen) geradezu überschwemmt. Einheimische verrieten uns, welche Bedeutung der Tang haben könnte: »Hebt det Krut hoch, dun fullt Bernstein rut!« In der Tat: Mit meinem Wanderstock schüttelte ich insgesamt 50 bis 60 Bernsteinstücke aus dem Tang, wobei das prächtigste Exemplar von der Größe einer halben Handfläche war. Irgendwann war das »Gold der Ostsee«, das Nadelholzharz aus der Tertiärzeit, an der Bernsteinküste nördlich von Königsberg gelöst und ins Meer geschwemmt worden. Da es spezifisch leicht ist, war es in der Tangschicht festgehalten und uns in Rügen direkt vor die Füße serviert worden.

Wer mit offenen Augen Rügen erwandert, kommt aus dem ehrfürchtigen Staunen nicht heraus. Den nachhaltigsten Eindruck dürfte die Halbinsel Jasmund im Nordosten bei jedem Besucher hinterlassen. Natur und Mensch haben bei der Gestaltung dieses schönsten Teiles mitgewirkt. Nirgendwo sonst in Norddeutschland haben die eiszeitlichen Gletscher die geologische Kreideformation unangetastet gelassen wie in den weißen Kreidefelsen der Stubbenkammer. Der Königsstuhl fällt 119 Meter senkrecht zur Ostsee hinab. Von ihm hat man eine herrliche Fernsicht auf das Meer. Nach Süden zu ziehen die spitzen Wissower Klinken, die den Dolomiten ähneln, das Auge des Malers geradezu magisch an. Mit dem berühmten Bild, betitelt »Kreidefelsen auf Rügen«, hat Caspar David Friedrich aus Greifswald (1774–1840) die erhabene Natur der Stubbenkammer in seiner romantischen Sicht erhöht und verewigt. Seine typischen Landschaftsgemälde (»Rügenlandschaft mit Regenbogen«, »Blick auf Arkona bei aufgehender Sonne«, »Blick vom Rugard bei Bergen auf Rügen«) wollen keine realistische Wiedergabe der Natur sein, sondern stimmen durch ihre Melancholie den Betrachter auf das Geheimnis der Natur ein. Die »Kreidefelsen auf Rügen« geben uns zwar den Blick frei auf die spitzen Zinken über dem Wasser, eingerahmt von verwitterten Buchenästen, aber die offenbarte Natur bewahrt doch letztlich ihr hintergründiges Geheimnis.

Voller Geheimnisse scheint die ganze Halbinsel zu sein. Sagen und Legenden werden von Generation zu Generation weitergetragen. Eine von ihnen besagt, daß der berüchtigte Seeräuber Klaus Störtebeker seine geraubten Schätze in einer Felsenhöhle von einer gleichfalls geraubten Jungfrau bewachen lassen wollte. Doch die Schöne starb inmitten der Kostbarkeiten und irrt als

Geist in der Gegend umher. Adalbert von Chamisso hat die Sage in seinem Gedicht »Die Jungfrau von Stubbenkammer« nachempfunden:

> Ich trank in schnellen Zügen
> das Leben und den Tod
> beim Königsstuhl auf Rügen
> am Strand im Morgenrot.
>
> Ich kam am frühen Tage
> nachsinnend einsam her
> und lauscht' dem Wellenschlage
> und schaute übers Meer.
>
> Wie schweifend aus der Weite
> mein Blick sich wieder neigt,
> da hat sich mir zur Seite
> ein Feenweib gezeigt.
>
> An Schönheit sondergleichen.
> wie nimmer Augen sah'n,
> mit goldner Kron' und reichen
> Gewändern angetan.
>
> Sie kniet' auf Felsensteinen,
> umbrandet von der Flut,
> und wusch, mit vielem Weinen,
> ein Tuch, befleckt mit Blut.

Geheimnisumwittert ist auch das Waldgebiet im Inneren, westlich vom Königsstuhl, um den Herthasee und die Herthaburg. Schwarz scheint dem Betrachter das Wasser des 15 Meter tiefen und 170 Meter langen Sees entgegen. Das Dunkel des moorigen Wassers findet eine Verstärkung durch die dichten, sonnenundurchlässigen Buchenbestände. Die Romantik des Ortes wird ergänzt durch die sagenumwobene Herthaburg oberhalb des Sees. Zu erkennen ist nur noch ein 120 Meter langer und etwa 15 Meter hoher Erdwall aus wendischer Zeit. Aber findige Lateiner, die in der »Germania« des Tacitus gelesen hatten, daß die Germanen ihre Gottheit Nerthus, das heißt »Erdmutter«, in einem Tempel an einem kühlen Wald verehrten, lokalisierten zu Anfang des

17. Jahrhunderts den Herthasee nebst -burg mit den uralten Buchen als die von Tacitus beschriebene Kultstätte der Nerthus, aus der sie Hertha machten. Und man entdeckte auch in der Nähe einen »Opferstein«, auf dem viel Blut durch Menschenopfer für die Göttin geflossen sein soll. Kein Wunder, daß feinfühlige Menschen den Herthasee schnell wieder fliehen – »aus Widerwillen«, so begründete Effi Briest im gleichnamigen Roman von Theodor Fontane ihre Abneigung gegenüber der Stätte.

Erst zur Zeit von Tacitus bzw. Christus soll zwischen dem Inselkern von Jasmund (mit Herthasee und Stubbenkammer) und dem nördlichen Inselkern Wittow eine Landverbindung durch eine Nehrung hergestellt worden sein. Im Zentrum von Wittow stoßen wir in Altenkirchen auf die älteste Kirche in Pommern. Vom ersten Bauabschnitt der dreischiffigen Basilika aus der Zeit um 1200 sind noch Chor und Apsis im romanischen Stil erhalten. Einer der Ortsgeistlichen, Gotthard Ludwig Kosegarten (1758–1818), entwickelte sich zu einem angesehenen Dichter seiner Zeit. Sogar mit den Dichterfürsten in Weimar, mit Goethe und Schiller, tauschte er seine Briefe aus. – Ein Dichter des 20. Jahrhunderts fühlte sich gleichfalls von Wittow und dem nördlichsten Punkt Pommerns, dem Kap Arkona, angezogen: Gerhart Hauptmann. Im Gästebuch des Gastwirtes Schilling in Arkona trug er in dichterischer Kurzform ein, was er auf jener Inselspitze an mythischer Vergangenheit empfunden hat:

> Kap Arkona
> meerumschlungen
> und kreidegrün,
> märchendurchklungen
> und heldenkühn,
> Herden im Hage,
> reifendes Feld,
> flüsternde Sage,
> lug in die Welt!

Von »Heldenkühnheit« sprechen auch die Reste der Jaromarsburg bei Arkona. Nur noch ein zehn Meter hoher und 250 Meter langer Erdwall erinnert daran, daß hier eine mächtige Fliehburganlage bestand, ähnlich wie in Bergen und Garz. Innerhalb des

Wallringes hatten die wendischen Ranen eines ihrer bedeutendsten Heiligtümer errichtet, den Tempel für den Gott Swantewit. Über Aussehen und Ausmaße von Burganlage, Tempel und Swantewit-Statue sind wir durch den dänischen Augenzeugen Saxo Grammaticus (1150–1220) gut orientiert.

Die Untertanen der wendischen Ranen-Fürsten waren beileibe keine »Heiligen«. Der Zeit entsprechend liebten sie die Seeräuberei. Ihre Raubzüge dehnten sie bis Lübeck und Dänemark aus. Da schlug der Dänenkönig Waldemar I. im Jahre 1168 mit einer Expedition zurück. Er eroberte die Jaromarsburg und unterwarf ganz Rügen. Fürst Jaromar I. mußte die Lehnshoheit des Dänenkönigs anerkennen und sich taufen lassen. Als Zentren für die Missionierung wurden Klöster in Bergen und auf Hiddensee gegründet. Somit markiert das Jahr 1168 den Beginn der Christianisierung der Insel Rügen vom dänischen Bistum Roskilde aus. Da dieses deutsche Kolonisten ins Land holte, begann somit auch ab 1168 die deutsche Siedlungsepoche auf Rügen.

Das Geschlecht der Rügen-Fürsten wurde für Germanisten insofern interessant, als aus ihm der einzige Minnesänger ganz Norddeutschlands hervorging: Fürst Witzlaw III. Mit seinem Tod im Jahre 1325 starb auch das regierende Herrschergeschlecht auf Rügen aus. Der lachende Erbe war der Greifenherzog Wartislaw IV. von Pommern (Wolgaster Linie). Rügen war fortan politisch und ethnisch mit dem deutschen Pommern verbunden, auch wenn zunächst noch dänische Lehnsoberhoheit bestand.

Der Begriff Fürstentum hat sich dennoch auf Rügen gehalten. Man versteht darunter das 330 Quadratkilometer große Gebiet im Süden der Insel um Putbus. Im Hochmittelalter war der Besitzer eine Adelsfamilie gewesen, die sich Putbus nannte. Zwischen 1483 und 1702 existierten zwei Linien, eine dänische und eine rügensche. Als letztere ausstarb, fiel das Erbe an den dänischen Freiherrn Malte zu Putbus. Er wurde 1727 von Kaiser Karl VI. in den deutschen Reichsgrafenstand erhoben. Ein Nachkomme erhielt 1807 den Titel eines schwedischen Fürsten, den er beibehielt, als Rügen 1815 an Preußen fiel. Die männliche Linie starb zwar 1854 aus, aber Nachkommen der weiblichen Linie behaupteten den Besitz bis zur Enteignung durch die Kommunisten im Jahre 1945. Zum (Bade-)Tourismus und zur Rügenwerbung haben drei Per-

sonen zu Anfang des 19. Jahrhunderts erheblich beigetragen. Der Pfarrer und Dichter Kosegarten schilderte die Schönheiten seiner noch weitgehend unbekannten Insel in überschwenglichen Epen. Seine Lobeshymnen in zahlreichen Schriften weckten das Interesse bei wohlhabenden Intellektuellen (Wilhelm von Humboldt, Friedrich Schleiermacher u. a.). – Zum Wort des Schriftstellers gesellte sich die Bild-Werbung (unbeabsichtigt natürlich) des Malers Caspar David Friedrich, den es immer wieder auf die Insel zog und der mit seinen vielen Skizzen und Bildern von Rügen-Motiven zur Bekanntheit beitrug. Der dritte »Werbeträger« war der Putbuser Fürst. Er baute seinen Besitz zu einer kleinen Residenzstadt im klassizistischen Stil aus, wobei der berühmte Architekt und »Baumeister Preußens« Carl Friedrich Schinkel (1781–1841) Ideenlieferant war. Zu den Putbuser Anziehungsobjekten zählte vor allem das Schloß. (Der Umbau von 1825 mit Wiederaufbau von 1867 galt als schönste klassizistische Anlage in Norddeutschland. Sie wurde nach dem Krieg von den kommunistischen Machthabern dem Verfall preisgegeben und existiert heute nicht mehr.) Aber auch der Park mit seltenem Baumbestand, eine Orangerie, ein Theaterbau, ein Pädagogium und natürlich ein Badehaus sowie die Badeanlagen im nahen Lauterbach an der Ostsee trugen ganz erheblich zur Werbung für Rügen bei. Das bewirkte auch ein Bau-Exot, nämlich das Jagdschloß Granitz, inmitten eines herrlichen Laubwaldgebietes auf der gleichnamigen Halbinsel gelegen. Obwohl Putbus nicht unmittelbar ans Meer stößt, entwickelte es sich doch ab 1820 für vier Jahrzehnte zum bevorzugten Luxusbad für Persönlichkeiten von Rang und Namen. Zu den Gästen zählte die Königsfamilie wie auch Bismarck, der nach einem mißglückten Attentat auf ihn im Herbst 1866 mehrere Wochen dort Erholung suchte. Dem Adel und dem Großbürgertum folgte der Mittelstand nach Rügen, wo sich ab 1880 ein lebhafter Badebetrieb entwickelte.
Für den Tourismus ist eine gute Verkehrsanbindung notwendig. Zunächst war die Insel nur mit Dampfern oder von Stralsund mit Fähren erreichbar. Seit 1936 besteht eine Brücke für die Bahnverbindung und seit 1937 der Rügendamm für den Straßenverkehr. Als Haupthafen entwickelte sich Saßnitz, wohin seit 1891 Eisenbahnanschluß bestand. Eine Eisenbahn-Fähr-Verbindung

wurde seit 1909 mit Schweden geschaffen. Wenige Kilometer weiter südlich wurde Mukran nach dem Krieg als zweiter Hafen ausgebaut, von dem seit 1986 eine Fährverbindung nach Memel eingerichtet wurde. Im Hafenumfeld siedelte sich naturgemäß etwas Industrie an: Fischverwertung und Kreideverarbeitung. Infolgedessen ist Saßnitz heute mit etwa 15000 Einwohnern der größte Ort auf Rügen – etwa gleich groß wie Bergen, das Zentrum der Verwaltung und Geburtsort des berühmten Chirurgen Theodor Billroth (1829–1894).
Ein Kapitel über Rügen kann nicht abgeschlossen werden, ohne den wohl berühmtesten Sohn des Eilandes erwähnt zu haben: Ernst Moritz Arndt (1769–1860). Er war in Schoritz an der Südspitze Rügens als Sohn eines ehemaligen Leibeigenen geboren worden. Hautnah hatte er also das Elend der Unfreiheit der Person wie der Nation erlebt (Rügen war bis 1815 schwedisch) und wurde infolgedessen nach seinem Studium in Greifswald und Jena zu einem wortgewaltigen Vorkämpfer für das Recht der Völker gegen den Unterdrücker Napoleon. Zu seinen bekanntesten patriotischen Gedichten gehört »Was ist des Deutschen Vaterland?«. Die zweite Strophe läßt uns heute noch Arndts Protest gegen die deutsche Kleinstaaterei nachempfinden:

> Was ist des Deutschen Vaterland?
> Ist's Pommerland, Westfalenland?
> Ist's, wo der Sand der Düne weht?
> Ist's, wo die Donau brausend geht?
> O nein, nein, nein!
> Sein Vaterland muß größer sein!

Seinen publizistischen Kampf für die Herstellung der staatlichen Einheit und Freiheit Deutschlands verfocht er in Bonn als Universitätsprofessor für Geschichte weiter. Auch als anerkanntes Mitglied der gehobenen Gesellschaft am lieblichen Rhein fühlte er sich als Pommer und war erfüllt vom »Heimweh nach Rügen«:

> O Land der dunklen Haine,
> O Glanz der blauen See,
> O Eiland, das ich meine,
> Wie tut's nach dir mir weh!

Nach Fluchten und nach Zügen
Weit über Land und Meer,
Mein trautes Ländchen Rügen,
Wie mahnst du mich so sehr!

Die Heimat würdigte den in Bonn verstorbenen und begrabenen Dichter und Historiker mit vielen Ehrungen. Beispielsweise errichtete man auf dem 91 Meter hohen Berg Rugard bei Bergen an der Stelle, wo sich im 9. Jahrhundert eine bedeutende Burg der Fürsten von Rügen erhoben hatte, einen 26 Meter hohen »Ernst-Moritz-Arndt-Aussichtsturm«, von dem man eine weite Rundsicht über die ganze Insel hat. Und die Gelehrtenstätte in Greifswald erhielt den Namen »Ernst-Moritz-Arndt-Universität«.
Mit dem Namen eines anderen Dichters, mit Gerhart Hauptmann, ist die Insel Hiddensee verbunden. Sie ist mit ihren 19 Quadratkilometern Fläche auf 17 Kilometern Länge (und einer Breite zwischen 100 und 2000 Metern) wie ein Wellenbrecher der großen Schwester Rügen vorgelagert und nur per Schiff erreichbar. Größeres Aufsehen erregte die Insel in Deutschland, als 1872 nach einer Sturmflut bei Neuendorf am Strand ein 16teiliger Goldschmuck aus der Wikingerzeit (um 1000) gefunden wurde. Die große Goldspange enthält Tierornamente und ein eingelegtes Kreuz.
Im 19. Jahrhundert war die Insel, deren Bewohner von Fischfang und Weidewirtschaft lebten, nur in speziellen Kreisen der Gesellschaft als »dat söte Länneken« (das süße Ländchen) bekannt. So auch bei Goethe; denn in seinen »Maximen und Reflexionen« stoßen wir auf den Satz: »Liebes gewaschenes Seelchen ist der verliebteste Ausdruck auf Hiddensee.« Goethe hatte wohl die Koseform »min lewet wittet Seelken« gehört und sie vom Plattdeutschen ins Hochdeutsche übertragen.
Kein Wunder, daß »dat söte Länneken« seit der Mitte des 19. Jahrhunderts auf Künstler aller Richtungen eine große Anziehungskraft ausübte. Viele schmückende Attribute erhielt die Insel, wie »Capri der Ostsee« oder »pommersches Ithaka«. Auf den großen schlesischen Dichter Gerhart Hauptmann (1862–1946) muß sie geradezu wie ein Magnet gewirkt haben, seit er 1885 erstmals nach Hiddensee gekommen war. Hier sind viele seiner Werke ent-

standen: »Die versunkene Glocke«, »Iphigenie in Delphi« und vor allem »Schluck und Jau«. Nach dem Ersten Weltkrieg zog er sich in jedem Sommer in das Dorf Kloster zurück, wo er ein eigenes Haus erworben hatte (»Seedorn«), das heute als »Gerhart-Hauptmann-Gedächtnisstätte« dient. Auf Hiddensee wollte er auch begraben sein. Als er 1946 in seinem Haus im schlesischen Agnetendorf starb, erlaubten Sowjets und Polen tatsächlich seine Überführung zum Friedhof in Kloster. Sein Grab schmückt ein besonders schöner Findling, der lediglich seinen Namen trägt.

Das Leben auf Hiddensee hat sich seit Hauptmanns Zeiten verändert. Um 1900 wurden jährlich 500 Badegäste gezählt, um 1930 bereits 6000, vor der Wende um die 30000. Dazu kamen noch jährlich 250000 bis 300000 Tagesgäste, die mit den Schiffen in Kloster oder Vitte anlegten. Dementsprechend hat man sich in den Fischerdörfern mit ihren rund 1300 Inselbewohnern, als die Heringszüge aus unerklärlichen Gründen ausblieben, vom Fischfang auf den Fremdenverkehr umgestellt. Wie gut, daß keine Motorfahrzeuge nach Hiddensee mitgenommen werden dürfen, sonst würde aus dem Capri der Ostsee, dem »söten Länneken«, bald ein zweiter Potsdamer Platz (Berlin) werden. Visionär hat Gerhart Hauptmann geahnt, was aus seiner Insel zu werden drohte:

> Es war einsam hier,
> tief, tief!
> Verlassenheit über der Insel schlief.
> Dann kam der Lärm,
> ein buntes Geschwärm,
> entbundener Geist,
> verdorben, gestorben zu allermeist.
> Und nun leben wir in fremdmächtiger Zeit.
> In meines Hauses stillem Raum
> herrscht der Traum.

Das Problem einer Verfremdung des Eilandes scheinen die Verantwortlichen zu erkennen. Als das Ziel der Fremdenverkehrspolitik nennen sie daher »Einklang von Natur, Mensch und umweltverträglicher Technologie«. Man muß sie unterstützen, denn Hiddensee muß ein pommersches Kleinod bleiben!

Die Höhenunterschiede auf Rügen reichen von Normalnull bis zum Piekberg, dem höchsten Punkt auf Rügen mit seinen 161 Metern über dem Meeresspiegel. Auf dem vorpommerschen Festland hingegen fehlen diese Charakteristika. Die höchste Erhebung, südwestlich von Demmin, bringt es gerade auf 37 Meter. Was dort landschaftsbestimmend ist, hat der aus dem Pyritzer Gebiet stammende Schriftsteller Richard Voß (1851–1918) folgendermaßen skizziert:

»Weit erstreckt sich das flache Land, unabsehbar weit. Es ist Plattland, und die Sprache seiner Bewohner greift mir ans Herz. Schön ist das flache, weite Land. Wohin das Auge blickt, Felder und Wiesen, und immer wieder Felder und Wiesen. Den Horizont umfaßt ein schwarzes Band. Das sind die Kiefernwälder, deren Stämme feierlichen Säulen aus Porphyr gleichen und deren Wipfel Dome bilden, die der Sturm durchbraust wie Orgelklang.«

Unwillkürlich wird man bei dieser Beschreibung an Caspar David Friedrichs Gemälde »Wiesen bei Greifswald« erinnert, das den Blick vom Westen zur Stadt freigibt. In Ergänzung zu der Qualifizierung von Voß (Felder – Wiesen – Kiefernwälder am Horizont) steht auf Friedrichs Gemälde am Horizont die dunkle Silhouette der Stadt Greifswald, aber nicht drohend, sondern eingebunden in das flache Land. Die Städte liegen nur wenige Meter oberhalb der Normalnull-Linie (Greifswald zwei bis fünf, Anklam und Demmin jeweils sieben Meter) und ducken sich in die flache Landschaft.
Eine Sonderrolle innerhalb dieser Landschaft in Vorpommern spielt die Halbinselkette vom Darß über die Zingst zum Bock. Nur eine einzige schmale Landverbindung besteht vom Darß über das Fischland nach Westen, wo bereits Mecklenburg beginnt. Allerdings besteht vom Städtchen Barth aus eine Bahn- und Straßenverbindung nach Zingst. Die drei Halbinseln sind außerordentlich unruhig. Sie verändern permanent ihr Aussehen. Der Darß, ein waldbedeckter Inselkern von sechs Metern Höhe, wie er auf Rügen öfter anzutreffen ist, schiebt seine Spitze bei Darßer Ort jährlich um knapp zehn Meter nach Norden. Die Zingst ist erst seit 1874 mit dem Darß zur Halbinseleinheit verbunden, und der Bock stößt wie ein Ziegenbock seine Sandhaken immer weiter nach Osten.

Die Trennung vom Festland durch die Bodden hat der Halbinsel-korona eine Abgeschiedenheit beschert, die für Tier und Mensch eine Bereicherung bedeutet. So hat sich dort ein Vogelparadies gebildet, das von Seeadlern, Kranichen, Fischreihern, Störchen und den üblichen wasserliebenden Bewohnern bevölkert wird. Und so hat sich in Ahrenshoop, Pommerns westlichstem Dorf mit rund 1000 Einwohnern, bereits seit der Jahrhundertwende ein Malerparadies herauskristallisiert. Eine Malschule für Freilichtmalerei lockte viele Kunstliebhaber in diese Künstlerkolonie.

Wenn jemand auf dem Friedhof in Zingst die Worte »Hier ist mine Heimat – hier bün ick to Hus« auf einem Grabstein liest, wird er vielleicht über die banal klingende Weisheit die Nase rümpfen. Doch die Inschrift bezieht sich auf das Gedicht »Mine Heimat«, das von Martha Müller-Grählert (1876–1939) stammt. Sie wurde in Barth geboren. Die einfachen Worte auf dem Grabstein schlagen eine geistige Brücke zu ihrem Gedicht, das in seiner Vertonung gewissermaßen zum plattdeutschen Nationallied der Pommern wurde:

> Wo de Ostseewellen trecken an den Strand,
> wo de gele Ginster bläuht in 'n Dünenstrand,
> wo de Möwen schriegen grell in't Stormgebrus,
> dor ist mine Heimat, dor bün ick to Hus.

Erstmals wurde es 1907 veröffentlicht und dann 1910 vertont. Seither ging es in verschiedenen Versionen durch den Ostsee- und Nordseebereich, ja es ist sogar in Amerika wie in Australien bekannt. Die Friesen singen zwar von den Nordseewellen, die an ihren Strand trecken, aber wir Pommern lassen uns unsere Martha Müller-Grählert nicht in eine Friesin umfunktionieren. Sie war und blieb eine Pommerin – auch im fernen Japan, wo ihr Mann vorübergehend berufstätig war.

Die an den Strand treckenden Ostseewellen waren schon im Mittelalter die Ursache für die geradezu explosionsartige Entwicklung zweier Hansestädte, die nur 30 Kilometer auseinanderliegen: Stralsund und Greifswald. Auch wenn sie einst Handelskonkurrenten waren, so vermitteln heute ihre Stadtbilder den Eindruck, daß sie liebende Schwestern in der bauwütigen Kunstepoche der Gotik gewesen seien. Vieles ist zwar zerstört – in Stralsund durch alliierte Bomben, in Greifswald durch starken Verfall der Bausubstanz in der Zeit der Mißwirtschaft der Kommunisten –, aber viele einzelne Kostbarkeiten zeugen immer noch von der Glanzzeit des Mittelalters, als die wohlhabenden Städter ihre privaten Wohnhäuser mit hochragendem Giebelschmuck zierten, aber auch repräsentative Gebäude für die Allgemeinheit errichteten: Rathäuser und Kirchen. Während man sich in den Städten Hinterpommerns jeweils mit einer Hauptkirche beschied, gab es in Stralsund und Greifswald jeweils drei Hauptkirchen. Sie sind in beiden Städten denselben Schutzpatronen geweiht worden; sie heißen infolgedessen auch gleich: St. Marien, St. Nikolai und St. Jakobi. Ihre ältesten erhaltenen Teile weisen ins 13. Jahrhundert zurück. Man sieht den Kirchen an, daß sie keine Zweckbauten waren, sondern mit ihren hoch aufstrebenden Pfeilern und Fassaden Gott dienen und mit ihrer Innengestaltung den gläubigen Analphabeten das biblische Geschehen optisch vermitteln wollten. Verschiedene spätgotische Freskenmalereien an Wänden und Pfeilern, die in den letzten Jahrzehnten entdeckt worden sind, darunter eine sechs Meter hohe Christusgestalt (in der Greifswalder Marienkirche), sind eben keineswegs nur museale Denkwürdigkeiten.

Zweckbauten allein sollten auch die Rathäuser nicht sein. Der prunkvollen gotischen Rathausfront in Stralsund sieht man an, daß sie das auf Repräsentation bedachte neue Lebensgefühl des Bürgertums verkünden wollte. Man war nicht nur durch Handel reich geworden, man wollte den Reichtum auch zeigen. Kirchen, Rathäuser und Wohnhäuser in bevorzugter Lage am Markt oder in den Hauptgassen versinnbildlichten die Macht und den Wohlstand.

> »Hier wohnten Menschen voll Abenteuerlust und Behutsamkeit, prächtig, stolz, abgehärtet, furchtlos, grausam, trotzig, fromm.«

So charakterisierte Ricarda Huch die »Meeresstadt Stralsund«. Das Stralsunder Rathaus mit der Gliederung durch sechs gleich hohe gotische Giebelfronten ist Ausdruck dieses Hansestolzes, den Ricarda Huch anspricht. Es gilt als das schönste Rathaus in ganz Norddeutschland. Überhaupt hat Stralsund seinen mittelal-

terlichen Stadtkern so gut wie kaum eine andere norddeutsche Stadt bewahren können.
Dabei mußte es in seiner Geschichte mannigfache Gefahren überstehen, die letzte bei einem Bombenangriff 1944. Zuvor hatte 1628 Wallenstein im Dreißigjährigen Krieg fürchterliche Drohungen ausgestoßen. Er werde Stralsund einnehmen und zerstören, auch wenn es mit Ketten an den Himmel geschmiedet sei. Doch mußte er sein Vorhaben nach zweimonatiger vergeblicher Belagerung aufgeben. Die Ketten zum Himmel waren stärker als seine Kanonen. Mit Napoleons Heeren geriet Stralsund noch einmal in die Wirren kriegerischer Auseinandersetzungen. Mit jener Zeit ist der Name Ferdinand von Schill verbunden. Als preußischer Offizier leistete er mit seinem Husarenregiment den Belagerern tapferen Widerstand. Als die Franzosen dann doch in Stralsund eindrangen, fiel Schill 1809 im Straßenkampf, elf seiner Offiziere wurden in Wesel standrechtlich erschossen, 500 Soldaten hart bestraft. Major Schill ging zusammen mit den Kolberger Festungskommandanten Nettelbeck und Gneisenau als preußischer Heros in die Geschichtsbücher ein.
Greifswald kann nicht mit militärischen Glanztaten aus vergangener Zeit aufwarten. Aber dennoch wird ein hoher Offizier in der Stadt verehrt. Im April 1945 übergab nämlich der Ritterkreuzträger Oberst Petershagen als letzter Ortskommandant die mit Tausenden von Flüchtlingen überfüllte Stadt kampflos dem Feind, um sie vor der Zerstörung durch ein drohendes Artilleriebombardement zu bewahren.
Einst war Greifswald als »Leuchte Pommerns« das geistige Zentrum des Ostseeraumes. Antriebsmotor für die bahnbrechende Entwicklung zur einzigen Universitätsstadt Pommerns war der Greifswalder Heinrich Rubenow. Er hatte es 1447 zum Dr. jur. und 1449 zum Bürgermeister von Greifswald gebracht. In dieser Funktion setzte er gemeinsam mit dem Bischof von Cammin und dem Greifenherzog Wartislaw IX. die Gründung einer Universität durch, deren erster Rektor er wurde. Sie ist das Aushängeschild der Stadt bis in unsere Tage geblieben.
Stralsund hatte sich Napoleon mit Kanonen widersetzt, Greifswald tat dies mit der Waffe des Wortes. Es wurde zu einem geistigen Zentrum des Widerstandes gegen den Franzosenkaiser, wor-

an Ernst Moritz Arndt einen großen Anteil hatte. Viele Namen bedeutender Persönlichkeiten stehen in den Immatrikulationslisten der pommerschen Universität, so die Nichtpommern Ulrich von Hutten, Adalbert von Chamisso, und Hermann Löns sowie die Pommern Caspar David Friedrich und Theodor Billroth.
Wer von Greifswald spricht, denkt wohl gleichzeitig an die Klosterruine Eldena vor den Toren der Stadt. Durch die Gemälde C. D. Friedrichs ist die Ruine zu einer weltbekannten Stätte irdischer Vergänglichkeit geworden. Im Jahre 1199 von Zisterziensermönchen gegründet, wurde Eldena zu einem der reichsten Klöster in Pommern, dem auch die Insel Hiddensee und die Halbinsel Mönchgut auf Rügen gehörten. Mehrere Mitglieder des Herzogshauses wählten sich das Kloster als Begräbnisstätte. Im Dreißigjährigen Krieg begann die Anlage zu verfallen. Erst C.D. Friedrichs Bilder machten den Greifswaldern die Bedeutung der letzten Reste von Spitzbogenfenstern und Kirchenmauern bewußt. Seither wird dem gänzlichen Untergang Einhalt geboten.
Wie Greifswald hat auch das benachbarte Grimmen (15000 Einwohner) den Krieg unversehrt überstanden. Seine dekorativen Bauten aus der (Spät-)Gotik, nämlich die Marienkirche (13. Jahrhundert), das Rathaus mit einem auffallenden Treppengiebel (14.–15. Jahrhundert) sowie drei Tortürme (15. Jahrhundert), sind bemerkenswert.
Historische Reminiszenzen werden in dem nordwestlich von Stralsund gelegenen Städtchen Barth wach. In seiner Residenz starb 1325 der Minnesänger Fürst Witzlaw III. Unter dem Pommernherzog Bogislaw XII. wurde Barth abermals Residenzstadt (von 1570 bis 1605). In dessen Regierungszeit fiel die Gründung einer »Fürstlichen Druckerei«, die 1588 die »Barther Bibel« in niederdeutscher Sprache herausbrachte. Das Schloß ist erhalten, aber vielfach umgebaut. Sogar einen königlichen Bewohner hat es gehabt: den in Polen entthronten König Stanislaus Leszczinski, der dort 1710/11 Zuflucht nahm.
Mit keiner anderen Stadt in Vorpommern fühlte sich das Greifengeschlecht so verbunden wie mit Wolgast. Es lag nahe der Peenemündung in die Ostsee an einer strategisch günstigen Stelle, die auch den Übergang zur Insel Usedom erlaubte. (Daher laufen die Eisenbahn- und Straßenverbindungen der Neuzeit über Wolgast

nach Usedom.) Infolge seiner ersten urkundlichen Erwähnung in der ersten Hälfte des 10. Jahrhunderts gehört es zu den ältesten (bekannten) Orten in Pommern. Als das Herzogtum 1295 in zwei Linien aufgeteilt wurde, machte Bogislaw IV. Wolgast zur Residenzstadt (Herzog Otto I. regierte in Stettin). Sie blieb es fast ununterbrochen bis 1625 und hat dem Herrschaftsgebiet den Namen Herzogtum Pommern-Wolgast gegeben. Von den fürstlichen Bauten steht nichts mehr. Die älteste Burg auf einer vorgelagerten Insel in der Peene wurde bereits 1330 durch ein neues Schloß ersetzt. Was davon nach dem Dreißigjährigen Krieg von Dänen und kaiserlichen Truppen sowie nach dem Nordischen Krieg von Russen noch übriggelassen worden war, wurde mit Erlaubnis der schwedischen Regierung als Steinbruch freigegeben. Die steinernen Hinterlassenschaften des Greifenhauses existieren somit nicht mehr. Aber die Gebeine von drei Pommernherzögen ruhen seit ihrer Beisetzung ungestört in ihren Sarkophagen in der Gruft der St.-Peters-Kirche.

Bei so viel Erinnerung an Fürstlichkeiten sollte man nicht vergessen, daß Wolgast die Geburtsstadt von Philipp Otto Runge (1777–1810) war. Er wurde neben C. D. Friedrich der bedeutendste Maler der Romantik in Deutschland. Was er mit seinen Gemälden bezweckte, hat er so formuliert:

»Ich will mein Leben in einer Reihe von Kunstwerken darstellen. Wenn die Sonne sinkt und wenn der Mond die Wolken vergoldet, will ich die fliehenden Geister festhalten.«

Auch als Dichter und Volksgutbewahrer wird er von den Pommern verehrt. Aus seiner Geschichte »Vom Fischer und syner Fru« kennen wohl alle pommerschen Knirpse die wiederkehrenden Verse, die vom Fischer an den sprechenden Fisch »Buttje« gerichtet werden:

Manntje, Manntje, Timpe Te,
Buttje, Buttje in der See
myne Fru, de Ilsebill,
will nich so, as ik wohl will.

Buttje erfüllt in dem Märchen alle Wünsche des Fischer-Ehepaares, bis es den Bogen überspannt und alles verliert.

Die pommersche Landschaft mit der grenzenlos scheinenden Ebene, mit den unheimlichen Mooren und dem mitunter gefährlichen Meer bot offensichtlich gute Voraussetzungen für das Wirken von Maler- und Dichternaturen. Einige von ihnen erlangten sogar Weltruhm, wie die beiden Zeitgenossen C. D. Friedrich und Ph. O. Runge, die zudem noch aus derselben Gegend stammen. Ein anderer, der Dichter Adolf Pompe (1831–1889) – ein gebürtiger Stettiner, der später in Demmin lebte –, ist wahrscheinlich nur in Pommern bekannt. Als Pompe in Mitteldeutschland studierte und auf Kneipen seine Mitstudenten die Lieder ihrer Heimat singen hörte, ärgerte er sich, weil er sein Land am Meer nicht mit einem bekannten Lied repräsentieren konnte. So setzte er sich hin und gab seinen Empfindungen über seine ferne Heimat freien Lauf. In fünf Strophen besang er sein – nein: unser – geliebtes Land. Die erste Strophe lautet:

> Wenn in stiller Stunde Träume mich umweh'n,
> bringen frohe Kunde, Geister ungeseh'n,
> reden von dem Lande meiner Heimat mir,
> hellem Meeresstrande, düsterm Waldrevier.

Pompes Verse, die nach der Melodie »Freiheit, die ich meine«, gesungen werden, ergreifen wegen ihrer Sentimentalität unweigerlich alle Herzen der Pommern. Sein Pommernlied wurde zum »Nationallied« aller Pommern. Außer der deutschen Nationalhymne gibt es kein Lied, das die Pommern (vor allem aus dem Ostteil) innerlich mehr packt als Pompes Lied.

Seine berufliche Heimatstadt Demmin, an der Grenze zu Mecklenburg gelegen, wurde vom Chronisten Adam von Bremen bereits um 1075 als »sehr große Stadt« und »wichtiger Handelsplatz« gerühmt. Von der Größe und Bedeutung der einstigen Hansestadt mit florierendem Getreide- und Viehhandel reden nur noch steinerne Zeugen, wie die St.-Bartholomäi-Kirche mit einem fast 100 Meter hohen Turm, das Rathaus und Teile der Stadtmauer mit dem Luisentor, das mit 31 Metern Höhe zu den höchsten in Pommern zählt.

Wie in Demmin wurde auch in Anklam (20 000 Einwohner) die Altstadt ein Opfer von verheerenden Bombenangriffen der Anglo-Amerikaner. Die Ruine der St.-Nikolai-Kirche gemahnt an die Zerstörungen des Krieges, an einen Tag, als in der Mittagssonne die todbringende Bombenfracht fürchterlich unter der ahnungslosen Zivilbevölkerung wütete. Trotzdem kann Anklam noch mit einem Superlativ aus dem Mittelalter aufwarten: Das Steintor aus dem Jahr 1434 mit einem Staffelgiebel ist das höchste Stadttor in ganz Pommern (32 Meter). – Wer denkt beim Namen Anklam übrigens heute noch an Otto Lilienthal (1848–1896)? Der Dädalus der Neuzeit, dem es als erstem Menschen gelang, mit Gleitflügen bis zu 300 Meter in der Luft zu schweben, ist gebürtiger Anklamer. Der Flugpionier mußte seine Leidenschaft fürs Fliegen bei einem Testflug 1896 bei Berlin mit dem Leben bezahlen. Aber auf seinen Erkenntnissen und Erfahrungen konnten der Segelflug und später die Luftfahrt aufbauen.

Wenn man dem Hauptstrang der Bahnlinie von Stralsund über Anklam nach Berlin folgt, stößt man an der Grenze nach Brandenburg auf Pasewalk (16000 Einwohner). Der dicke Rundturm mit dem bezeichnenden Namen »Kiek in de Mark« weist auf die Kämpfe zwischen Pommern und Brandenburg im 15. Jahrhundert hin. Ältere Bürger denken mit zwiespältigen Gefühlen darüber hinaus an die Novembertage 1918, als in Deutschland die Republik ausgerufen wurde und der Gefreite Adolf Hitler im Lazarett in Pasewalk, wo er eine Augen-Kriegsverletzung auskurierte, beschloß, »Politiker zu werden«.

Nördlich von Pasewalk treffen wir auf eine Landschaft, die überhaupt nicht in das vorpommersche Klischee von Weite paßt – von weiten Feldern und flachen Moorgebieten. Die Ückermünder Heide um die Städtchen Torgelow und Ückermünde ist mit 1000 Quadratkilometern das größte zusammenhängende Waldgebiet in ganz Pommern (zum Vergleich: Das Stettiner Haff hat nur 900 Quadratkilometer). Üppige Laubwälder darf man jedoch nicht erwarten. Auf den unfruchtbaren Sand- und Tonablagerungen wachsen gerade noch die bescheidenen Birken, Kiefern und Heidekräuter. Im Mittelalter war das Ganze ein Urwaldgebiet, ein von den Pommernherzögen bevorzugtes Jagdrevier. Unter den Preußenkönigen Friedrich Wilhelm I. und Friedrich dem Großen setzte die gezielte wirtschaftliche Erschließung des Landes ein. Die ersten Kartoffeln auf pommerschem Boden wurden hier – bei Torgelow – auf Friedrichs Befehl angepflanzt.

Seit der Wende von 1989/90 steht abermals eine wirtschaftliche Aufbauarbeit (für ganz Vorpommern) an. Denn das sozialistische DDR-System hat das Land in einen Bankrott geführt, unter dem alle leiden. – Zu den wirtschaftlichen Problemen kamen nach der Wende noch die organisatorischen. Zwei Fragen vor allem mußten beantwortet werden: Wie soll Vorpommern, der bei Deutschland verbliebene kleinere Teil der ehemaligen preußischen Provinz, staatlich organisiert werden? Man entschied sich für die Zuordnung zum westlichen Nachbarn als Staat Mecklenburg-Vorpommern. Viele Pommern meinen, ihre geschichtlichen Bindungen mit Brandenburg-Preußen hätte besser eine Kombination Brandenburg-Vorpommern ergeben. Die Probe aufs Exempel kam mit der zweiten Frage: Wie sollen die neuen Verwaltungs-, die Kreisgrenzen gezogen werden? Die Landtagsmehrheit stellen die Mecklenburger. Es fiel ihnen schwer, die historischen Landesgrenzen zu respektieren und pommersches Territorium bei pommerschen Landkreisen zu belassen. Toleranz gegenüber dem kleineren Partner will eben gelernt sein. – Zu den wirtschaftlichen und organisatorischen Aufgaben kam noch eine dritte: die Wahrung der pommerschen Identität – nach innen wie nach außen. Die Vorpommern müssen sich bewußt sein, daß sie nunmehr für ganz Pommern denken und sprechen müssen, nachdem die Hinterpommern zu Fremden in ihrer eigenen Heimat gemacht worden sind.

12. Mein pommersches Vermächtnis

Pommern war in den Kriegen früherer Jahrhunderte von Polen und Schweden, von Russen und Franzosen immer wieder erobert, ausgeraubt und geknechtet worden. Nach der Vertreibung Napoleons blieb das »Land am Meer« für fast eineinhalb Jahrhunderte frei von fremden Heeren – von 1812 bis 1945. Es war Pommerns glücklichste Zeit. Deshalb konnte Bismarck in einem Brief (1848) versichern, daß er »in ziemlicher Vergessenheit der Zeitereignisse ein pastoral-idyllisches Leben« in Hinterpommern führe. Die großen Zeitgeschehen spielten sich weit weg ab. Das Land lebte in einer Art Zeitlosigkeit, in einer Oase der Stille. Selbst in seinem Zentrum, der aufstrebenden Großstadt Stettin, pulsierte nicht die großzügige Weltoffenheit Hamburgs, nicht die kokette Verführbarkeit Frankfurts und nicht die kultur-geschäftige Umtriebigkeit Münchens. Mit politischen oder zeitgeschichtlichen Sensationen wollte Pommern nicht aufwarten.
Gerade deshalb konnte das Land am Meer einen Menschenschlag hervorbringen, dessen Reichtum nicht auf dem äußeren Geltungsdrang des Scheins, sondern auf den inneren Werten des Seins gegründet war. Wortkargheit, Genügsamkeit, Zähigkeit, Zufriedenheit und Arbeitsfreude waren wertehaltige Grundmuster des konservativen Naturells der Pommern. Dafür steht eine Vielzahl von Sinnsprüchen, die in jenen Jahrzehnten entstanden sind, wie diese:

> Hul din Mul un do din Wark!
> Steck din Nase nich in jeden Quark!
> Nix as dusend flitig Hänn
> Maken unsrer Not en Enn!

oder: Hart im Ertragen,
 Karg im Sagen,
 das ist rechte Pommernart!

Auch das Thema des Abituraufsatzes, das Rudolf Virchow im Kösliner Gymnasium 1839 bearbeiten mußte, ist Ausdruck pommerscher Denk- und Geisteshaltung: »Ein Leben voll Arbeit und

Mühe ist keine Last, sondern eine Wohltat.«
Die Geisteshaltung wurde von solchen Wertauffassungen geprägt; in solchen ethischen Zielvorstellungen wurde die Jugend erzogen. Infolgedessen bin ich nach meiner Herkunft und Passion auch geistig mit meiner Heimat verbunden und bekenne – in Anlehnung an den Kennedy-Satz »Ich bin ein Berliner« – als mein Vermächtnis:

Ich bin ein Pommer!

Gerade weil meine Heimat das abgebrannte und 1945 fast zu Tode gequälte Hinterpommern ist, gerade weil diese gedemütigte Heimat ihrer deutschen Wurzeln beraubt werden soll, tut ein Bekenntnis not,

»daß Heimat Liebe ist, die tief im Herzen lebt,
daß für die Heimat man auch Opfer bringt
und ihr die Treue hält, solang das Herz noch schlägt«,

wie es ein Landsmann in der Pommerschen Zeitung (1975) formuliert hat.
Die Heimat im Herzen zu bewahren, ist die eine Seite des Bekenntnisses zu ihr. Zumal die Erinnerung an die Heimat das einzige Paradies ist, aus dem wir nicht vertrieben werden können. Die Heimat als Vermächtnis an die Nachkommen weiterzugeben, ist die andere Seite. Man muß sich von unserer deutschen Heimat im Osten rufen lassen und muß sie zum Anschauen bringen. »Keine Glocke schlägt von selber an. Wenn niemand sie bewegt, bleibt sie stumm.« Diese Sentenz des römischen Dichters Titus Maccius Plautus (um 250–184 v. Chr.) sollte uns Mahnung sein, die Glocke der deutschen Heimat im Osten immer wieder zu bewegen und zum Klingen zu bringen.
Nüchterne Zeitgenossen haben nun die Frage aufgeworfen, ob das einst stille Land an der Ostsee ohne Deutsche noch Heimatempfinden auslösen könne. Wer so fragt, kennt nicht den Reichtum der pommerschen Landschaft mit dem endlos langen Küstensaum, mit dem feinen Sandstrand, den einsamen Wäldern, den stillen Seen, den kaum überschaubaren Kartoffelfeldern und dem weiten Blick in die Ferne. Wer so fragt, weiß nichts von den in der Heimat verbliebenen Pommern, die sich seit 1991 in eige-

nen Vereinigungen zusammengeschlossen haben, und weiß nichts von den Landsleuten aus Deutschland, die jährlich wieder zu Tausenden nach Pommern reisen. Gemeinsam forschen sie nach dem Woher und dem Wohin, nach den deutschen Wurzeln Pommerns. Für sie ist die verlorene Heimat nicht sentimentale Vergangenheitsbewältigung, nicht romantischer Ballast, sondern realistischer Auftrag, sich für die historische Wahrheit einzusetzen.

Für die Geschichte Pommerns markiert das Jahr 1945 die schlimmste Zäsur. 800 Jahre lang hatten die Deutschen dem Land ein deutsches Gesicht geformt. Dann wurde die gesamte einheimische Bevölkerung vertrieben. Daß das kommunistische Polen der inhumanen Vertreibung den Schein einer historischen Rechtfertigung zu geben versuchte, war Ausdruck des schlechten Gewissens und eines überholten vorgestrigen Nationalismus. Gewiß, die Vertreibung aus Pommern mit allen ihren schrecklichen Begleiterscheinungen ist nicht mehr umkehrbar. Sie ist inzwischen selbst Geschichte geworden. Aber die Bewertung der Vertreibung ist korrigierbar – vor allem von polnischer Seite. Erst wenn sie als Unrecht und Verbrechen anerkannt und die 800jährige deutsche Gestaltung des Landes nicht totgeschwiegen, sondern gewürdigt wird, kann eine neue Einstellung von Polen und Deutschen zur Heimat Pommern erwachsen.

Ansätze dazu sind nach der Wende ab 1990 erkennbar. Beispielsweise wurde in Köslin im Sommer 1992 in der ehemaligen Stadtmühle eine Köslin-Ausstellung eröffnet, bei der erstmals Exponate auf die deutsche Vorkriegszeit wiesen. Erstmals erfuhren polnische Ausstellungsbesucher, daß die Stadt deutsch gewesen ist. – In Kolberg wurden 1991 – ein anderes Beispiel – gefallene deutsche Luftwaffensoldaten gefunden, deren neue Gräber auf dem städtischen Friedhof mit deutschen Grabinschriften versehen wurden (Feldwebel Horst Stobbe und Gefreiter Johannes Evers) und fortan von der örtlichen deutschen Vereinigung gepflegt werden dürfen. – Auf dem Friedhof des Ostseebades Henkenhagen bei Köslin wurde 1993 ein ehrwürdiger »Gedenkstein zur Erinnerung und zum Gedenken der Toten und Opfer des Krieges« mit gleichlautenden Inschriften in deutscher und polnischer Sprache errichtet. – Selbst die bisher in Polen totgeschwiegene Vertreibung der Deutschen erfährt eine neue Bewertung: »Unsere Phantasie reicht nicht aus, um sich das Grauen dieses Exodus bewußt zu machen, den die Deutschen mit dem Namen ›Vertreibung‹ beschreiben.« (Wojciech Wieczorek, Polens ehemaliger Botschafter in der DDR, in der katholischen Monatsschrift »Wiez« – Ende 1992.) – »Auch das Wort Vertreibung ist kein Tabu mehr. Die Polen gewöhnen sich sogar an den Gedanken, daß selbst ein Volk, das meistens Opfer war, auch selbst manchmal Täter sein kann.« (Janusz Reiter, Polens Botschafter in Deutschland, im Sammelband »Deutsche und Polen – 100 Schlüsselbegriffe«.) – Das sind ermutigende Ansätze für ein Umdenken auch auf polnischer Seite zu partnerschaftlicher Kooperation zwischen beiden Völkern. Sie muß das deutsche Kulturerbe in Pommern festhalten, bewahren und – materiell wie ideell – zum Nutzen beider Völker weiterentwickeln. Solche Kooperation muß den Pommern erlauben, daß sie ihre geschichtlichen Wurzeln aufdecken und ihr kulturelles Erbe als Vermächtnis an die Zukunft weitergeben – aus dem Geist, wie ihn Landsmann Günther Schulz in der Pommerschen Zeitung (1985) verstanden hat:

> Oft denk ich an die Ahnen,
> die in der Heimat ruh'n.
> Sie werden stets mich mahnen,
> hier meine Pflicht zu tun.
>
> Drum trag ich als Vermächtnis
> tief in dem Herzen mein:
> Was wir verloren haben,
> darf nie verloren sein!

Wir beweinen die Vergangenheit unseres deutschen Pommernlandes; aber wir wollen zugleich arbeiten und beten für die Zukunft unserer ostdeutschen Heimat in einem besseren Europa.

Personen- und Sachregister

Abkürzungen: Fam. = Familie, Hzg. = Herzog, Kg. = König, HP = Hinterpommern, P = Pommern, Pr. = Preußen, StR = Studienrat, WT = Woldisch Tychow

Aberglaube in P 39–41
Adam von Bremen 275, 297
Adel, Adelsgeschlechter 46, 56, 59–60, 243, 259–262
Administrator 63
Ahlers, Fam. 68–69
Ahrenshoop 292
Albrecht der Bär 42
Allodialgut 65, 114
Altenkirchen 285
Alt Kolziglow 243
Alumnat 172–174, 178
Anklam 144, 297–298
Annaberg 55
»Arier« 211–212
(Kap) Arkona 285
Arndt, Ernst Moritz (Rügen) 288–289, 295
Arndt, Ernst Moritz (Köslin) 208, 235
Askanier 29, 42
Ausgleichsküste 152, 160
Aufklärung 232–233

Bad Polzin 121, 148–150, 246
Baltendeutsche in P 75–76, 236
Bauerhufen 189
Bauerntum 60–62, 249–250, 262, 266, 276
Barnim I., Hzg. 266, 276
Barnim III., Hzg. 267
Barth 291–292, 295
Barth, Karl 222
»Befreiung« 14, 20–21, 147
Bekennende Kirche 219, 222–225
Belbuck, Kloster 32, 164–167, 180
Belgard 56, 71, 85, 121, 141–145, 157
bella gerant alii 57
Bergen, Gut 60, 81, 114, 135

Bergen (Rügen) 288
Bergengruen, Werner 84–85, 258–259
Bernhard von Clairvaux 31
Bernstein 24, 282–283
Betriebsgröße (Landwirtschaft) 64–65
Bidder, Pfr. 68–69, 75–76
Billroth, Theodor 288, 295
Bischof, Bistum von P 37–39, 41, 145, 155–157, 180
Bismarck von, Otto 148, 243–245, 257, 273, 287, 300
Blücher, Marschall 256
Bock (Halbinsel) 291
Bodden 152
Bogislaw I., Hzg. 29
Bogislaw II., Hzg. 180
Bogislaw IV., Hzg. 144, 296
Bogislaw V., Hzg. 35
Bogislaw X., Hzg. 29, 38, 59
Bogislaw XII., Hzg. 295
Bogislaw XIII., Hzg. 40
Bogislaw XIV., Hzg. 29, 40, 180, 254
Boleslaw I. von Polen 143, 157, 269
Boleslaw III. von Polen 32, 144, 157
Bolkow 60, 62
Bonin von 46, 77
Bonhoeffer, Dietrich 223
Bonow, Fam. 63, 69
Borck, Fam. 68–69, 94–95
Borcke von 39–40, 46, 62, 135, 262
Bornholm 25
Borries von 114, 138
Brandenburg(er) 14, 28, 29, 35, 41–49, 51–52, 144–145, 147, 157–158, 180, 248, 254, 257, 267
Braun von, Wernher 278
Brehmer, Rudolf 209

Brockhusen von 62
Bronzezeit 24, 113
Buckower See 189
Bütow 44, 102, 242–243, 256–257, 261
Bugenhagen, Johannes 38, 129, 165–169
Burgunder (Volk) 25, 155
Busch, Pfr. 75, 80

Cammin 32, 38–39, 41, 102, 155–157
Chamisso von, Adalbert 284, 295
Claassen, Hans 235
Christianisierung s. Missionierung
Croy von 254

Dahlke, Paul 155
Dänen, Dänemark 28–29, 161, 276, 279, 286
Damkerort 189
Damaschke, Karl Heinz 234, 235
Damm, Eberhard 234
Darß 47, 291–292
Deep (Begriff) 152, 191
Deep bei Treptow 155
Demmin 297
Denkmal/Denkmäler 10, 73, 186–187, 277
Deputat 62, 65
Deutsche Christen 219–225
Deutsche Freundeskreise 21, 265–266
Deutscher Ritterorden 145, 261, 269
Dievenow 151, 155, 274
Dixi (BMW) 93
Döblin, Alexander 272
Dorfbrunnen 67–68
Draheim 44, 247–248
Dramburg 102, 246, 248
Dumke, Fam. 65, 69, 121, 127–129

Einwohner in P (Zahlen) 33, 51, 141–142, 163
Eiszeit in P 23, 109, 239, 242, 274, 282–283

Eldena 295
Elisabeth von P 35
Erich I., Hzg. und Kg. 30, 161
Ernteeinsatz 228–230
Evangel. Kirche in P 218–225

Fachwerkkirchen in P 71–72
Falk, Jochen 172
Falkenburg 248
Feininger, Lionel 155
Feix, Georg, Pfr. 75
Ferber, Dr., Fam. 91–92, 190
Fick, Fam. 81, 84–85, 101, 132–140, 146
Fink, Fam. 192–194
Findlingskirchen in P 72
Flurnamen in P 27–28, 58
Franz I., Hzg. 59
Friedrich, Caspar David 283, 287, 291, 295
Friedhöfe 10–11, 73, 139–140, 245, 302
Friedrich I., Barbarossa 29
Friedrich I., Kg. in Pr. 44–45
Friedrich II., der Große 44–45, 49, 60, 75, 87–88, 119, 182, 199, 250, 260, 264, 298
Friedrich Wilhelm, Gr. Kurfürst 43–44, 46, 60, 247, 268
Friedrich Wilhelm I., Kg. 44, 46–47, 97, 161, 181, 199, 264, 268, 298

Gabriel, Fam. 78
Germanen in P 24–27, 210, 212, 274
George, Heinrich 36, 123, 155
Geschichtskenntnis über P 16–19
Giesebrecht, Ludwig 272
Glasenapp von 260
Gneisenau von 158
Gnesen 31–32, 37
Gollen 152, 184–187
Golm 277
Goten in P 25
»gottgläubig« 221–222
Grade, Hans 186
Granitz 282, 287

Greif, Pommernsymbol 28
Greifengeschlecht, -herzöge 28–35, 38–41, 144, 254, 295–296
Greifswald 44, 102–103, 165, 181, 289, 292–295
Grenzmark 50–51
Gresens, Schulrat 80
Grimmen 295
Grimnitz, Vertrag von 42
Grobe 144
Großer Kurfürst: s. Friedrich Wilhelm
Großgrundbesitzer 61, 64
Grünhof 81, 85, 131–140
Gymnasium/-en 167–172, 177, 181–182, 207–213, 215, 226, 230, 233–235, 237

Hackbarth, Fam. 64, 68–69
Hakenterrasse 268–270
Harke, Ehepaar 194–196
Hauptmann, Gerhart 285, 289–290
Herder, Johann Gottfried 49–50
Herthasee, Herthaburg 284–285
Heym, Gisela 172
Hiddensee 289–290
Hindenburg von, Paul 199–200
Hinterpommern, Begriff 36, 41
Hitler, Adolf 52–53, 55, 197–207, 212–217
Hitlerjugend 201–208, 212–213
Hochdeutsch 13, 129–130
Hoff 153
Hohenzollern 42, 47
Holz, Fam. 62
Holste, Max, StR 237
Holzpantinen s. Schlorren
Huch, Ricarda 293
Hugenotten 44
Hultzsch, Lothar 209
Hungerharke 124

Igelhoff, Peter 197
Illyrer 24
Indogermanen 26
Inflation 54–55

Jahn, Turnvater 176, 185
Jamund 126, 191–192
Jamunder See 152, 179, 187–189, 191–192
Jaromar, Jaromarsburg 285
Jasmund 283–286
Jershöft 153
Jordansee 274
Johanniterorden 247, 252
Juden 213–217

Kalnoky, Graf 244
Kameke von 242
Kant, Immanuel 232
Kapp-Putsch 56
Kantzow, Thomas 37, 47
Kapitulation 1945 20
Kaschuben, Kaschubei 256–259
Karl IV., Kaiser 35, 248
Kartoffel, -ernte 36, 118–119, 229–230, 241–242, 298
Katharina II., Zarin 49, 271–272
Katholiken in P 166–167, 218
Kirche(n) in P 71–73
  Kirchenkampf 217–225
  Kirchenglocke(n) 73–74, 78
  Kirchenordnung 39, 46, 166
  Kirchenprovinz P 37, 223
Kirchhöfe s. Friedhöfe
Klabunde, Fam. 81–85, 132
Klabunde, Erwin 234
Klapper 58, 64
Klawonn, Wolfgang 208
Kleinbahnsystem 192–193
Klein Paris s. Stolp
Kleist von 46, 77, 259–260
Kloster (allgemein) 32–33
Klucken 258
Kniephof 148, 243
Koch, Hermann 63, 68, 90–91
Köslin 38, 39, 46, 102, 157–163, 179–197, 201–202, 204–206, 208–238, 302
Körlin 38, 142
Kolbatz, Kloster 32, 248–249

Kolberg 29, 31, 38, 46, 71, 83, 156–160, 163, 197
Kolonisierung 30, 33–34
Königsstuhl 283
Kosegarten, Gerhard Ludwig 285, 287
Kristallnacht s. Reichskristallnacht
Kröning, Bürgermeister 179, 184
Kronenfeld von, Dieter 234–235
Kugler, Franz 272
Küster (Beruf) 98–99, 111

Laase 189
Labes 126
Lanz, Karl; Lanzpreis 186
Lastadie 273
Lauenburg 44, 78, 102, 261
Leander, Zarah 197
Leba 47, 151, 153–154, 256–257
Lebasee 36, 152, 154
Lebensmittelkarten 228
Leckow, Gerhard 172
Lehrer:
 –Auftrag 110–114
 –Ausbildung 96, 101–102, 182
 –Dasein in WT 97–101, 105–117
 im NS-Staat 209–210
Lilienthal, Otto 185, 298
Lipski, Jan Jozef 11
Loewe, Carl 267
Löwenthal, Richard 53–54
Loitz, Fam. 270–271
Lonzkedüne 36, 154
Lothar I., Kaiser 32
Lücken von, Dieter 234
Luther, Martin 166

Madüsee 248–250
Märzke, Ulrich 208
Maikäferlied 17–18
Manka, Piotr 245
Manteuffel von 82, 259
Maränen 250
Mieszko I., Hzg. 143
Missionierung 27, 30–33, 37, 250, 286

Mitt, Fam. 68
Mönchgut 126, 282
Müller-Grählert, Martha 292
Müller, »Reichsbischof« 219, 221–222
Mukran 288

Napoleon 44, 158, 294
NAPOLA/NPEA 182
Neander, Pfr. 60, 70–71, 73–74, 97, 99
Nehrung 152, 154, 188
Nerthus, Gottheit 274, 284–285
Neske 62
Nest (Ort) 188–189
Nettelbeck, Joachim 158
Neumark 42, 145, 147
Neustettin 167, 246–247
Neuwasser 189

Oberschlesien 55
Oberschullehrer 103
Oder 24–25, 43–44, 47–48, 263–278
Ohm, Helene 173
Oliva 32
Ondra, Anny 246
Onnasch, Fam. 220, 223–224
Orgel(n) 77, 110–111, 156
Otto von Bamberg 27, 30–31, 37, 70, 144, 250–251, 271, 276

Pabst, Ferdinand, StR 169–170
Pasewalk 298
Pastoren (in WT) 75–76, 96–99, 101
Pechstein, Max 154
Peene 44, 274
Peenemünde 277–278
Persante 59, 81, 112–113, 125, 156–157
Plauk, Joachim 234, 235
Plattdeutsch 13, 27, 34, 129–130, 249, 292
Podewils (Ort) 78
Polanen 26, 143
Polen 13–15, 26–29, 31–32, 37,

43–44, 47–51, 55, 143, 157, 160, 254, 265–266
Polonisierung 13–15, 27, 143, 146, 160, 258, 266, 269
Pomerellen 144, 254, 258
Pommern
  Menschl. Charakterzüge 17, 36–37, 47, 57, 59, 92, 128, 130–131, 300–301
  Landschaftl. Merkmale 151–154, 179, 189–190, 239–241, 246–248, 274–275, 279, 281–282, 291–292, 298
  Name 26, 36, 41, 52
  Symbol(e) 21, 28
Pommernlied 5, 297
Pommersche Schweiz 36, 149, 246–248
Pommersches Rothenburg 250–253
Pomoranen 13, 26–30, 143, 157, 257, 260
Pompe, Adolf 5, 272, 297
Potsdam (Tag von) 199–200
Prämonstratenserorden 32, 144, 164
Präparandenanstalt 102
Putbus 286–287
Puttkamer von 243
Pyritz 32, 71, 102, 126, 250–253
Pyritzer Weizacker 248–250

Quaderkirchen in P 72

Ranen 286
»Rasse« 210–212
Reeperberg 176
Reformation in P 38
Regenwalde 59
»Reichskristallnacht« 215–216
Reinbern (Mönch) 31
Reinfelde (Ort) 243, 257
Reparationen 54
Retzin, Gut 81–85
Reuße, Adam 182
Revekol 152
Richter, Hans Werner 281

Ritterorden s. Deutscher Ritterorden
Rogzow 188
Rowe 155
Rubenow, Heinrich 294
Rügen 25, 43–44, 281–289
Rügenwalde 30, 160–161
Rugier 25, 155
Rummelsburg 243
Rummler, Egon 208, 234
Runge, Philipp Otto 296–297

Saßnitz 287–288
Schicke, Dietrich 172
Schiffstragödien 161–162
Schill von, Ferdinand 294
Schimmritzberg 36, 242
Schinkel, Carl Friedrich 159, 287
Schivelbein 144–147, 261
Schlawe 42
Schleich, Karl Ludwig 272
Schlorren 95, 126
Schmeling, Max 245–246
Schmenzin 259–260
Schmidt-Rottluff, Karl 154
Schmolsin 257
Schneidemühl 50
Schönfelde 192–194
Schoeps, Hans Joachim 213
Scholl, Geschwister 203–204
Schriftarten 107
Schule (in P):
  Auftrag, Erziehungsziele 108, 168–170, 204, 212, 231, 235
  Volksschulwesen 96–97, 101–102, 106–107
  und Kirche 96–98, 110, 167–169
  im NS-Staat 205–213, 215, 222, 224, 226, 229–230, 233–235
Schulrat (in P) 79–80
Schulz, Friedrich Wilhelm 234
Schwartze, Fam. 215
Schweden 41, 43–45, 48, 277, 279
Schweder, Eberhard 208
Schwerin, Graf 260
See in HP 36, 152, 246, 249–250

Seefeldt, Richard, StR 224, 233
Seeger, Annemarie 92–94
Seidel, Ilse 172
Selbstbestimmungsrecht 50, 53
Sidonia von Borcke 39–40
Sigismund, Kaiser 42
Slawe(n) 13–15, 25–30, 146, 263–264
Slowinzen 257–258
Sorenbohm 83, 153, 155
Spickbrust 120, 161
Sprache 49, 129
STABILA 182
Städte in P
 »Entkernung« 147, 178
 Entwicklung 34, 149, 163, 179–181
 Kennzeichen 141, 163, 179
 Stadtrecht 34, 145, 149, 157, 250–251, 266
»Stahlhelm« 200
Stargard 167, 250–253
Stargordt 262
Starkow 262
Stein, Freiherr von 60
Steinzeit 24, 112–113
Stephan von, Heinrich 36, 122, 256
Stettin 13–14, 21, 27, 29, 32, 34, 41, 43, 46, 57, 71, 102, 122, 124, 167, 198, 263–274, 280, 300
Stift s. Bischof/Bistum
Stolp 14, 27, 42, 124, 163, 253–256
Stolpmünde 160–161
Stralsund 44–45, 292–294
Strauß, Franz Josef 53–54
»Suum cuique« 45
Swantewit 286
Swinemünde 273, 276–277

Tacitus 24–26, 210, 284–285
Tagelöhner 62, 65, 67, 122, 126
Tannenberg 269
Tannenbergbund 218
Tempelburg 44, 247
Templerorden 247
Tertiär in P 112, 184, 239, 283
Teßmann, Fam. 83

Tews, Fam. 136–138
Torgelow 298
Trachten in P 126, 191–192, 249, 282
Treptow/Rega 39, 155, 163–178, 198–200, 205, 214
Trittelvitz, Bernhard 239
Tychow 58–59 (s. auch Woldisch T.)

Uckermark 42
Ückermünde 298
Ulrich, Hzg. 39, 180
Umerziehung 11, 19–20
Ureinwohner 24
Usedom 144, 274, 277–278, 280–281

Vandalen 26
Varzin 243–245
Veneter 26
Verkehrssituation in HP 120–121, 189, 255
Versailler Vertrag 50, 53, 182, 226–227
Verschleppung 68–69, 147
Vertreibung 13, 15, 19–22, 51, 68–69, 147, 262, 277, 302–303
Vick(e), Fam. 146
Vietzow 77, 94–95
Vineta 275–276
Virchow, Rudolf 36, 146, 182, 300
Vogel, StR 230
»Volk« 49
Voß, Richard 291

Wagenknecht, Fam. 99–100
Wahlen in P 48, 198
Wanderdüne(n) 154
Wangenheim von 92–94
Wartislaw IV., Hzg. 144, 247, 286
Wartislaw IX., Hzg. 294
Wedel von 145
Wehrmann, Martin 272
Weizacker s. Pyritzer Weizacker
Wenden 13, 15, 26–29, 33–34, 58, 155, 263, 276

Wendt, Jochen, StR 99–100
Weske, Gutsbesitzer 62–69, 73, 107
Westfälischer Friede 41
Wiener Kongreß 45
Wiechert, Ernst 91, 189
Wikinger 276
Wittkamp, Gabriele 172
Witzlaw II., Fürst 160, 295
Witzlaw III., Fürst 286
Woedtke von 62
Wolden von 59, 72
Woldisch Tychow:
 Name 58–59
 Kirche/Friedhof 9, 70–78
 Sozialstruktur 63–67
 Schule 85–101, 104–117
 Lebensweise 88–95, 117–130
Wolgast 34, 295–296
Wollin 32, 37–38, 40, 71, 165, 274–276
Wolter, Hugo, StR 200
Wrangel, Generalfeldmarschall 272
Wrucken 118, 128
Wusterbarth 59, 71

Zeppelin 124
Zingst 291–292
Zisterzienserorden 32, 295
Zitzke, Pfr. 220
Zwergschule 108–110